逐条解説
投資法人法

額田雄一郎 [編著]

一般社団法人 金融財政事情研究会

はしがき

　いわゆる「投資法人法」は、「投資信託及び投資法人に関する法律」(昭和26年法律第198号)の中の、投資法人に関する部分(第1編および第3編)である。投資信託及び投資法人に関する法律は、昭和26年に「証券投資信託法」として制定され、平成10年に「証券投資信託及び証券投資法人に関する法律」と改められた際に投資法人制度が創設され、その後、平成12年に主として投資法人制度について抜本的に改正され、現在に至っている。

　その間、本法については、信託業法、会社法、信託法、金融商品取引法等の数多くの法律の改正および制定に伴う改正および整備が行われた。中でも平成17年の会社法制定による整備は「第3編　投資法人制度」の抜本的な変更を伴うものであり、本法の前提となる法制である会社法の基礎的な概念の変更、本法の条文番号の変更、本法において準用する各種法制の条文番号・内容の変更などを伴うものであった。

　そこで、本書は、金融庁の任期付国家公務員として、資産の流動化に関する法律とともに、平成17年の会社法現代化に伴う本法の整備作業に携わり、また、その後、弁護士として金融・会社法務の実務に携わる編著者が、実務界の要請に応えるべく、投資法人法について逐条的に解説を試み、また、利用者の利便性向上のため、読替え後の準用条文をまとめたものである。

　また、平成12年の投資法人制度の改正以降、投資法人法制の抜本的な改正はなされていなかったところ、平成24年3月7日より、金融審議会「投資信託・投資法人法制の見直しに関するワーキング・グループ」において、投資法人法制の見直しに向けた具体的な議論が始まった。資金調達手段の多様化を含めた財務基盤の安定性の向上や投資家からより信頼されるための運営や取引の透明性の確保等の観点から、投資法人法制の見直しを検討することについての金融審議会総会(同年1月27日)での大臣諮問に基づくものである。

　投資法人の中でも、とりわけ不動産投資法人(以下「リート」という)の市場は、この10年で、新規設立、上場、成長期、安定期、リーマンショック後の一連の資金調達の問題、破綻、買収や合併等の再編など、ひととおりの

ことをジェットコースターのように経験し、そのつど様々な課題に向き合ってきた。リートの市場が次の10年のサイクルにおいてさらなる成長を遂げるため、今回の議論はこれまでの10年間の課題を総ざらいする絶好の機会となっている。議論の概要を紹介すると以下のとおりである。

第1に、不動産という原資産に裏付けられた商品でありながら、リートの投資口価格は金融市場の変動の影響を受けざるを得ず、リーマンショックのような金融逼迫時に、資金調達手段の制約等の財務上の課題が顕在化した。そのため、①財務基盤の安定性を向上させるための資本政策の多様化措置について、投資法人の簡素なガバナンス構造・導管体としての性格も踏まえて検討する必要があり、例えば、新たな資金調達手段として、ライツオファリング、転換投資法人債、種類投資口などの検討や、新たな資本政策手段として、無償減資、自己投資口取得などの検討が提案されている。また、②合併手続について、投資家利益に配慮し、簡易合併制度の利用基準を発行可能投資口基準から資産規模基準へ見直すことの検討が提案されている。

第2に、運用体制に必要な人員・ノウハウの確保、投資物件の提供を含め、リートの経営遂行上スポンサー企業への依存度が高まらざるを得ず、スポンサーによる信用補完等のメリットもある半面、スポンサーの利益と投資家の利益が相反する懸念がある。そのため、①資本政策等に関するガバナンス体制の見直しが提唱され、例えば、スポンサーから独立した意思決定を確保するため、投資法人の役員会によるチェック機能をより広く活用することや、資本政策の多様化にあたり、既存投資家との利益相反性が高い場合、既存投資家保護のため、新たな手段の実施に係る投資主総会決議についてみなし賛成制度の見直しをすることの検討が提案されている。また、②公正な市場取引担保のために投資口をインサイダー取引規制の対象とし、その場合、会社関係者の範囲や重要事実をどのようにするかについての検討が提案されている。

平成17年当時の会社法現代化に伴う整備法令案の作成においては、当然のことながら、会社法現代化に伴う「整備」の一線を越えることは許されず、投資法人法制独自の論点に手をつけることはできなかった。その後、リーマンショック前後の激動の実務において、リートのM&Aやファイナンス案件

に実務家として接する中で、リートの取り得る選択肢の狭さと、翻って確保されるリートの「箱」としての安定性との狭間で歯がゆい想いをすることもあった。税制との調整も重要な分野である。リート市場のさらなる成長と投資家保護との最適なバランスを目指した、充実した議論がなされることを願うとともに、本書がその一助となれば望外の喜びである。

　本書では、投資法人法制の見直しの対象となり得る点について、「コラム」という形でその現状と課題を紹介している。

　本書の成立においては、平成16年に任期付国家公務員として金融庁にお世話になって以来、様々な方々から温かい励ましのお言葉やご指導、ご支援をいただいた。また、編著者の所属するアンダーソン・毛利・友常法律事務所の数多くの同僚弁護士からも、理論および実務の観点から貴重なご示唆をいただいた。とりわけ、本書の「計算等」および「外国投資法人」に関する部分については、八木俊則弁護士にご助力いただいた。この場を借りて皆様に厚くお礼を申し上げたい。

　最後に、本書の刊行を5年近くにわたって忍耐強く支えていただいた金融財政事情研究会の平野正樹氏に改めてお礼申し上げたい。

平成24年7月

額田　雄一郎

■ 編著者略歴

額田　雄一郎（ぬかだ　ゆういちろう）

アンダーソン・毛利・友常法律事務所　パートナー弁護士
（http://www.amt-law.com/）
【執筆担当箇所】　1条・2条、61条～116条、128条～186条の2、220条～223条

　平成11年東京大学法学部卒業、同年大手都市銀行に入行、平成13年10月弁護士登録・アンダーソン・毛利法律事務所（当時）に入所、平成16年任期付国家公務員として金融庁総務企画局において各種法制（会社法現代化に伴う金融庁所管法令の横断的整備、投資信託法、資産流動化法、金融商品取引法等）に関する企画・立案に従事、平成18年米国・コロンビア大学ロースクール卒業、同年英国・Slaughter and May法律事務所ロンドン・オフィスにて勤務、平成19年アンダーソン・毛利・友常法律事務所に復帰。日本私法学会、信託法学会、資産評価政策学会、日本スポーツ法学会会員。

　著書・論文・講演は『逐条解説 資産流動化法〔改訂版〕』（金融財政事情研究会、2009年、改訂）、『ANALYSIS公開買付け』（商事法務、2009年、共著）、「Real estate- new trends in Japan」Corporate INTL 2012年2月・3月号、「Mergers & Acquisitions」（Japan Chapter）（European Lawyer Reference、2012年、共著）、「多様なケースから学ぶTOBの最新実務と論点 - 多岐にわたる事案や想定ケースを具体的に解説」（2010年6月。ストック・リサーチ主催セミナー）、「ヨーロッパにおけるM&A：TOB規制と企業結合規制の観点から」（2010年11月。アンダーソン・毛利・友常法律事務所、Slaughter and May法律事務所、海外投融資情報財団主催、日本政策金融公庫国際協力銀行後援セミナー）ほか多数。

　主な取扱分野は、TMK／REIT関連の不動産・ファイナンス取引、TOB・株式譲渡・組織再編、海外企業の買収（アウト・バウンド）等のM&A取引、会社法・金融関連規制法の企業法務・金融法務に関する相談、サッカー関係のスポーツ法務など。

■ 共著者略歴

上林　英彦（かんばやし　ひでひこ）

アンダーソン・毛利・友常法律事務所
【執筆担当箇所】　117条～127条、187条～219条

　平成13年慶應義塾大学法学部卒業、平成16年10月弁護士登録・アンダーソン・毛利法律事務所（当時）に入所、平成21年英国・Eversheds法律事務所ロンドン・オフィスにて勤務、平成22年Eversheds法律事務所中東グループ（UAEアブダビ・カタール国ドーハ）勤務、平成23年アンダーソン・毛利・友常法律事務所に復帰。

著書・論文・講演は『注釈　金融商品取引法〔2〕業者規制』（金融財政事情研究会、2009年、共著）、「中東のハブ、アラブ首長国連邦への進出と法務」金融法務事情1942号、「事例研究を基本にした利益相反管理体制整備と行政処分」（2009年3月。金融証券リサーチ主催セミナー）ほか多数。

　主な取扱分野は、金融機関への法的助言業務（銀行法、金融商品取引法、投資信託法、信託業法等）、中東諸国の投資・規制調査など。

山田　貴彦（やまだ　たかひこ）

アンダーソン・毛利・友常法律事務所
【執筆担当箇所】　コラム

　平成16年慶應義塾大学法学部卒業、平成18年10月弁護士登録・アンダーソン・毛利・友常法律事務所に入所、平成21年任期付国家公務員として金融庁総務企画局市場課において各種法制（投資信託法、資産流動化法、金融商品取引法等）に関する企画・立案に従事、平成24年アンダーソン・毛利・友常法律事務所に復帰。

　著書・論文・講演は『逐条解説2011年金融商品取引法改正』（商事法務、2011年、共著）、「平成23年改正金商法政府令の解説（4・完）資金供給・資産活用に向けた見直し」旬刊商事法務1964号（共著）、「適格投資家向け投資運用業の活用による新しいファンドビジネス〜立法担当官による制度の概要・留意点の解説〜」（2012年5月。金融財務研究会主催セミナー）ほか多数。

　主な取扱分野は、金融規制法（金融商品取引法、投資信託法、銀行法等）、アセット・マネジメントなど。

用　語　等

　本書では、平成23年6月24日法律第74号による改正時点の「投資信託及び投資法人に関する法律」の投資法人に関する部分（第1編および第3編）を解説している。

　なお、本書中の意見にわたる記述は、各著者の現時点での個人的見解であり、各著者の現在または過去に所属する組織の見解ではない。

　投資信託及び投資法人に関する法律のうち、投資法人に関する部分には、その性質上、会社法を準用する条文や、会社法を参考にしたと思われる条文が数多く存在する。これらは、日本の会社法制の根幹をなす制度を投資法人にも適用しようとするものであり、基本的には、その解釈が確立された（と思われる）ものであることから、本書においても、それらの条文については、参照している条文のみを示すにとどめ、具体的な解釈は会社法等の解釈書に委ねることとした。

　本書では、特段の断りがない限り次のように表記している。
① 　法律等の名称
・投資信託及び投資法人に関する法律は「投信法」「投資法人法」「本法」「法」または「この法律」としている。
・投資信託及び投資法人に関する法律施行令は「施行令」としている。
・投資信託及び投資法人に関する法律施行規則は「施行規則」としている。
・投資法人の計算に関する規則は「計算規則」としている。
・金融商品取引法は「金商法」または「金融商品取引法」としている。
・金融商品取引業等に関する内閣府令は「金商業等府令」としている。
・資産の流動化に関する法律は「資産流動化法」としている。
・財務諸表等の用語、様式及び作成方法に関する規則は「財務諸表等規則」としている。
② 　本文中、条文番号の記載については、漢数字に代えてアラビア数字を用いている。

③　準用条文については、下記のとおり記載している。
・_____：読替規定を置かなくても当然にして読み替えられる部分
・_____：法律において読替規定を置くもの
・~~~~~~~~~~：政令において読替規定を置くもの

　なお、準用条文については、実務上の便宜のため、会社法などの投資法人法以外の条文については読替え後の条文を極力掲載したが、紙面の都合上、非訟手続に関する条文や投資法人法の条文などについては読替え後の条文を掲載していない。

目　次

第1章　総則（法第1編）

第1条（目的） …………………………………………………………… 2
第2条（定義） …………………………………………………………… 4

第2章　投資法人（法第3編第1章）

第1節　通　則 …………………………………………………… 12

第61条（法人格） ……………………………………………………… 12
第62条（住所） ………………………………………………………… 12
第63条（能力の制限） ………………………………………………… 13
第63条の2（商行為等） ……………………………………………… 13
第64条（商号等） ……………………………………………………… 14
第65条（会社法の規定を準用する場合の読替え等） ……………… 15

第2節　設　立 …………………………………………………… 17

第66条（設立企画人による規約の作成等） ………………………… 17
第67条（規約の記載又は記録事項等） ……………………………… 19
第68条（成立時の出資総額） ………………………………………… 31
第69条（設立に係る届出等） ………………………………………… 33
第70条（設立企画人の義務） ………………………………………… 35
第70条の2（設立時募集投資口に関する事項の決定） …………… 36
第71条（設立時募集投資口の申込み等） …………………………… 37
第72条（設立時執行役員等の選任） ………………………………… 46
第73条（設立時執行役員等による調査等） ………………………… 46
第74条（投資法人の成立） …………………………………………… 58

第75条（会社法の準用等） ································· 58

第3節　投資口および投資証券 ································ 67

　　第76条（発行する投資口） ································· 67
　　第77条（投資主の責任及び権利等） ··························· 67
　　第77条の2（投資主の権利の行使に関する利益の供与） ············· 68
　　第77条の3（投資主名簿等） ································ 74
　　第78条（投資口の譲渡） ··································· 80
　　第79条（投資口の譲渡の対抗要件等） ························· 80
　　第80条（自己の投資口の取得及び質受けの禁止） ················· 84
　　第81条（親法人投資口の取得の禁止） ························· 86
　　第81条の2（投資口の併合） ································ 89
　　第81条の3（投資口の分割） ································ 90
　　第81条の4 ··· 91
　　第82条（募集投資口の募集事項の決定等） ····················· 94
　　第83条（募集投資口の申込み等） ···························· 99
　　第84条（会社法の準用） ·································· 105
　　第85条（投資証券の発行等） ······························· 115
　　第86条（投資証券の不発行） ······························· 117
　　第87条（投資証券の提出に関する公告等） ····················· 118
　　第88条（1に満たない端数の処理） ·························· 120

第4節　機　　関 ·· 125

第1款　投資主総会 ··· 125

　　第89条（投資主総会の権限） ······························· 125
　　第90条（招集） ·· 125
　　第90条の2（招集の決定） ································· 127
　　第91条（招集手続） ······································ 128
　　第92条（書面による議決権の行使） ·························· 129
　　第92条の2（電磁的方法による議決権の行使） ·················· 130

第93条（みなし賛成）……………………………………………131
　　　第93条の2（投資主総会の決議）………………………………132
　　　第94条（会社法の準用）…………………………………………133
　第2款　投資主総会以外の機関の設置 ………………………………142
　　　第95条 ………………………………………………………………142
　第3款　役員および会計監査人の選任および解任 …………………144
　　　第96条（選任）………………………………………………………144
　　　第97条（投資法人と役員等との関係）…………………………144
　　　第98条（執行役員の資格）………………………………………145
　　　第99条（執行役員の任期）………………………………………146
　　　第100条（監督役員の資格）……………………………………147
　　　第101条（監督役員の任期）……………………………………150
　　　第102条（会計監査人の資格等）………………………………151
　　　第103条（会計監査人の任期）…………………………………152
　　　第104条（解任）……………………………………………………153
　　　第105条（役員会等による会計監査人の解任）………………154
　　　第106条（役員の解任の投資主総会の決議）…………………155
　　　第107条（会計監査人の選任等についての意見の陳述）……156
　　　第108条（役員等に欠員を生じた場合の措置）………………156
　第4款　執行役員 …………………………………………………………158
　　　第109条（職務）……………………………………………………158
　　　第110条（業務の執行に関する検査役の選任）………………161
　第5款　監督役員 …………………………………………………………163
　　　第111条 ……………………………………………………………163
　第6款　役　員　会 ………………………………………………………165
　　　第112条（役員会）…………………………………………………165
　　　第113条（役員会の招集）………………………………………166
　　　第114条（役員会の権限等）……………………………………167
　　　第115条（会社法の準用等）……………………………………169
　第7款　会計監査人 ………………………………………………………171

第115条の2（会計監査人の権限等）……………………………171
　　第115条の3（監督役員等に対する会計監査人の報告）………173
　　第115条の4（投資主総会における会計監査人の意見の陳述）………173
　　第115条の5（会計監査人の報酬）…………………………………174
第8款　役員等の損害賠償責任………………………………………174
　　第115条の6（役員等の投資法人に対する損害賠償責任）………174
　　第115条の7（役員等の第三者に対する損害賠償責任）…………178
　　第115条の8（役員等の連帯責任）…………………………………179
　　第116条（役員等の責任を追及する訴え）…………………………179

第5節　事務の委託 ……………………………………………183

　　第117条（事務の委託）………………………………………………183
　　第118条（事務の委託を受けた者の義務）…………………………187
　　第119条（一般事務受託者の責任）…………………………………188
　　第120条………………………………………………………………193
　　第121条………………………………………………………………193
　　第122条………………………………………………………………193
　　第123条………………………………………………………………193

第6節　投資口の払戻し ………………………………………194

　　第124条（払戻請求）…………………………………………………194
　　第125条（払戻し）……………………………………………………195
　　第126条（払戻金額の公示）…………………………………………196
　　第126条の2（違法な払戻しに関する責任）………………………197
　　第126条の3（投資主に対する求償権の制限等）…………………198
　　第127条（違法に払戻しを受けた者の責任）………………………199

第7節　計　算　等 ……………………………………………204

　1　総　　論 ……………………………………………………………204
　2　一般に公正妥当と認められる企業会計の慣行 …………………204

        3　会社法会計との相違等 　　　　　　　　　　　　　　　　　205
        4　出資総額 　　　　　　　　　　　　　　　　　　　　　　　207
    第1款　会計の原則 　　　　　　　　　　　　　　　　　　　　　　208
      第128条 　　　　　　　　　　　　　　　　　　　　　　　　　　208
    第2款　会計帳簿等 　　　　　　　　　　　　　　　　　　　　　　208
      第1目　会計帳簿 　　　　　　　　　　　　　　　　　　　　　　208
        第128条の2（会計帳簿の作成及び保存） 　　　　　　　　　　208
        第128条の3（会計帳簿の閲覧等の請求） 　　　　　　　　　　209
        第128条の4（会計帳簿の提出命令） 　　　　　　　　　　　　212
      第2目　計算書類等 　　　　　　　　　　　　　　　　　　　　　212
        第129条（計算書類等の作成等） 　　　　　　　　　　　　　　212
        第130条（計算書類等の監査） 　　　　　　　　　　　　　　　214
        第131条（計算書類等の承認等） 　　　　　　　　　　　　　　215
        第132条（計算書類等の備置き及び閲覧等） 　　　　　　　　　217
        第133条（計算書類等の提出命令） 　　　　　　　　　　　　　219
        第134条 　　　　　　　　　　　　　　　　　　　　　　　　　219
    第3款　出資剰余金等 　　　　　　　　　　　　　　　　　　　　　219
      第135条（出資剰余金） 　　　　　　　　　　　　　　　　　　　219
      第136条（利益の出資総額への組入れ） 　　　　　　　　　　　　221
    第4款　金銭の分配等 　　　　　　　　　　　　　　　　　　　　　222
      第137条（金銭の分配） 　　　　　　　　　　　　　　　　　　　222
      第138条（金銭の分配に関する責任） 　　　　　　　　　　　　　225
      第139条（投資主に対する求償権の制限等） 　　　　　　　　　　227

第8節　投資法人債 　　　　　　　　　　　　　　　　　　　　　　231

    第139条の2（投資法人債の発行） 　　　　　　　　　　　　　　　231
    第139条の3（募集投資法人債に関する事項の決定） 　　　　　　　233
    第139条の4（募集投資法人債の申込み） 　　　　　　　　　　　　236
    第139条の5（募集投資法人債の割当て） 　　　　　　　　　　　　238
    第139条の6（募集投資法人債の申込み及び割当てに関する特則）　238

第139条の7（会社法の準用）……………………………………239
　　　第139条の8（投資法人債管理者の設置）………………………247
　　　第139条の9（投資法人債管理者の権限等）……………………248
　　　第139条の10（投資法人債権者集会）……………………………253
　　　第139条の11（担保付社債信託法等の適用関係）………………265
　　　第139条の12（短期投資法人債に係る特例）……………………265
　　　第139条の13（短期投資法人債の発行）…………………………266

第9節　規約の変更……………………………………………………272
　　　第140条（規約の変更）……………………………………………272
　　　第141条（投資口の払戻しに係る規約の変更）…………………272
　　　第142条（最低純資産額を減少させることを内容とする規約の変更）…275

第10節　解　　散………………………………………………………278
　　　第143条（解散の事由）……………………………………………278
　　　第143条の2（解散した投資法人の合併の制限）………………279
　　　第143条の3（投資法人の解散の訴え）…………………………279
　　　第144条（会社法の準用）…………………………………………281

第11節　合　　併………………………………………………………286
第1款　通　　則………………………………………………………286
　　　第145条（合併契約の締結）………………………………………286
　　　第146条（合併のための払戻しの停止）…………………………287
第2款　吸収合併………………………………………………………288
　　　第147条（吸収合併契約）…………………………………………288
　　　第147条の2（吸収合併の効力の発生等）………………………291
第3款　新設合併………………………………………………………292
　　　第148条（新設合併契約）…………………………………………292
　　　第148条の2（新設合併の効力の発生等）………………………293
第4款　吸収合併の手続………………………………………………293

第1目　吸収合併消滅法人の手続 …………………………………293
　　　　第149条（吸収合併契約に関する書面等の備置き及び閲覧等）………293
　　　　第149条の2（吸収合併契約の承認等）……………………………297
　　　　第149条の3（反対投資主の投資口買取請求）……………………298
　　　　第149条の4（債権者の異議）………………………………………300
　　　　第149条の5（吸収合併の効力発生日の変更）……………………302
　　　第2目　吸収合併存続法人の手続 …………………………………302
　　　　第149条の6（吸収合併契約に関する書面等の備置き及び閲覧等）…302
　　　　第149条の7（吸収合併契約の承認等）……………………………305
　　　　第149条の8（反対投資主の投資口買取請求）……………………307
　　　　第149条の9（債権者の異議）………………………………………309
　　　　第149条の10（吸収合併に関する書面等の備置き及び閲覧等）……310
　　第5款　新設合併の手続 …………………………………………………312
　　　第1目　新設合併消滅法人の手続 …………………………………312
　　　　第149条の11（新設合併契約に関する書面等の備置き及び閲覧等）…312
　　　　第149条の12（新設合併契約の承認）……………………………315
　　　　第149条の13（反対投資主の投資口買取請求）…………………316
　　　　第149条の14（債権者の異議）……………………………………318
　　　第2目　新設合併設立法人の手続 …………………………………319
　　　　第149条の15（投資法人の設立の特則）…………………………319
　　　　第149条の16（新設合併に関する書面等の備置き及び閲覧等）…319
　　第6款　雑　　則 …………………………………………………………320
　　　　第149条の17（1に満たない端数の処理）…………………………320
　　　　第150条（会社法の準用）…………………………………………322

第12節　清　　算 …………………………………………………………326

　第1款　通　　則 …………………………………………………………326
　　　　第150条の2（清算の開始原因）……………………………………326
　　　　第150条の3（清算投資法人の能力）………………………………326
　　　　第150条の4（投資主総会以外の機関の設置）……………………327

第151条（清算執行人等の就任） …………………………………327
第152条（清算執行人等の届出） …………………………………332
第153条（清算執行人等の解任等） ………………………………332
第153条の2（清算執行人の職務） ………………………………334
第153条の3 …………………………………………………………334
第154条（清算執行人の報酬） ……………………………………336
第154条の2（清算監督人の職務） ………………………………337
第154条の3（清算人会） …………………………………………339
第154条の4（清算執行人等の清算投資法人に対する損害賠償責任）…342
第154条の5（清算執行人等の第三者に対する損害賠償責任）………342
第154条の6（清算執行人等の連帯責任） ………………………343
第154条の7（清算執行人等の責任を追及する訴え） …………343
第154条の8（執行役員等に関する規定の適用） ………………347
第155条（財産目録等の作成等） …………………………………348
第156条（財産目録等の提出命令） ………………………………348
第157条（債務の弁済等） …………………………………………349
第158条（残余財産の分配） ………………………………………351
第159条（決算報告の作成等） ……………………………………352
第160条（清算事務終了の通知等） ………………………………354
第161条（帳簿資料の保存） ………………………………………355
第162条（清算の監督命令） ………………………………………356
第163条（会社法の準用） …………………………………………356

第2款　特別清算 ………………………………………………356
第164条 ………………………………………………………………356

第13節　登　　記 ………………………………………………359

第165条（投資法人に係る登記） …………………………………359
第166条（設立の登記） ……………………………………………360
第167条（変更の登記等） …………………………………………363
第168条（解散の登記） ……………………………………………364

第169条（合併の登記）……………………………………364
第170条（清算執行人等の登記）…………………………365
第171条（清算結了の登記）………………………………366
第172条（登記簿）…………………………………………366
第173条（設立の登記の申請）……………………………367
第174条（合併の登記の申請）……………………………368
第175条………………………………………………………369
第176条（清算執行人等に係る登記の申請）……………370
第177条（商業登記法の準用）……………………………370
第178条………………………………………………………372
第179条………………………………………………………372
第180条………………………………………………………372
第181条………………………………………………………372
第182条………………………………………………………372

第14節　雑　　則 ……………………………………373

第183条（内閣総理大臣が選任した検査役等の報酬）…373
第184条（内閣総理大臣による登記の嘱託）……………374
第185条（民事訴訟法の準用）……………………………374
第186条（国税徴収法等の適用）…………………………375
第186条の2（公告）………………………………………375

第3章　投資法人の業務（法第3編第2章）

第1節　登　　録 ……………………………………382

第187条（登録）……………………………………………382
第188条（登録の申請）……………………………………384
第189条（登録の実施）……………………………………387
第190条（登録の拒否）……………………………………388

第191条（変更の届出） …………………………………………390
　第192条（解散の届出等） ………………………………………392

第2節　業　　務 …………………………………………………393

第1款　業務の範囲 ……………………………………………393
　第193条（資産の運用の範囲） …………………………………393
　第194条（資産の運用の制限） …………………………………397
　第195条……………………………………………………………398
　第196条（投資法人の発行する投資証券等の募集等） ………400
　第197条（投資証券の募集等に当たつての金融商品取引法の準用等）…403

第2款　業務の委託 ……………………………………………404
　第198条（資産運用会社への資産の運用に係る業務の委託） ………404
　第199条（資産運用会社） ………………………………………405
　第200条（利害関係を有する金融商品取引業者等への委託の禁止） …407
　第201条（特定資産の価格等の調査） …………………………409
　第202条（投資法人から委託された権限の再委託等） ………414
　第203条（契約を締結している投資法人等に対する書面の交付） ……416
　第204条（資産運用会社の責任） ………………………………422
　第205条（資産運用会社による資産の運用に係る委託契約の解約）…422
　第206条（投資法人による資産の運用に係る委託契約の解約） ……423
　第207条……………………………………………………………424
　第208条（資産保管会社への資産の保管に係る業務の委託等）……425
　第209条（資産保管会社の義務） ………………………………428
　第209条の2（資産の分別保管） ………………………………429
　第210条（資産保管会社の責任） ………………………………430

第3節　監　　督 …………………………………………………433

　第211条（業務に関する帳簿書類） ……………………………433
　第212条（営業報告書の提出） …………………………………434
　第213条（立入検査等） …………………………………………435

第214条（業務改善命令）……………………………………………436
第215条（通告等）……………………………………………………438
第216条（登録の取消し）……………………………………………439
第217条（登録の抹消）………………………………………………439
第218条（監督処分の公告）…………………………………………440
第219条（投資証券等の募集の取扱い等の禁止又は停止命令）………440

第4章　外国投資法人（法第3編第3章）

第220条（外国投資法人の届出）……………………………………444
第221条（外国投資法人の変更の届出）……………………………451
第222条（外国投資法人の解散の届出）……………………………452
第223条（外国投資証券の募集の取扱い等の禁止又は停止命令）……453

コラム

- 種類投資口の導入 …………………………………………122
- REITのライツ・オファリング ……………………………123
- 自己投資口取得の解禁 ……………………………………124
- REITによる無償減資 ………………………………………229
- REITの導管性要件 …………………………………………230
- 転換投資法人債（新投資口予約権付投資法人債）…………271
- REITにおけるガバナンス …………………………………432
- REITとインサイダー取引 …………………………………442

| 資料1 | 金融審議会資料（金融庁のウェブサイトより抜粋して転載）…455
　① 金融審議会第一部会「中間整理（第一次）」（平成11年7月6日）……………………………………………………455
　② 集団投資スキームに関するワーキンググループ報告「横断的な集団投資スキームの整備について」（平成11年11月30日）…………………………………………………………461
　③ 金融審議会第一部会「中間整理（第二次）」（平成11年12月21日）…………………………………………………468

| 資料2 | 導管性要件の概要……………………………………470

第1章

総　則
（法第1編）

第1条

> （目的）
> **第1条** この法律は、投資信託又は投資法人を用いて投資者以外の者が投資者の資金を主として有価証券等に対する投資として集合して運用し、その成果を投資者に分配する制度を確立し、これらを用いた資金の運用が適正に行われることを確保するとともに、この制度に基づいて発行される各種の証券の購入者等の保護を図ることにより、投資者による有価証券等に対する投資を容易にし、もつて国民経済の健全な発展に資することを目的とする。

1 趣　　旨

本条は、投資法人法の目的を定めるものである。「投資信託及び投資法人に関する法律」は、昭和26年に「証券投資信託法」として制定され、平成10年に「証券投資信託及び証券投資法人に関する法律」と改められた際に投資法人制度が創設され、その後、平成12年に主として投資法人制度について抜本的に改正され、現在に至っている[1]。

2 本法の制定および現在に至る重要な改正の概略

(1) 「証券投資信託法」の制定（昭和26年6月4日施行）

本法は当初、条文数として38条からなる「証券投資信託法」として昭和26年に制定された。その趣旨は、資本蓄積の要請に応ずる重要な一施策として、証券投資信託の制度を確立し、証券投資信託の受益者の保護を図ることにより産業資金の調達を図ること等にあった[2]。なお、戦前より個別業法に基づかない投資信託は存在したものの、法的根拠の明確化や受益者保護のための監督規定を設けたことにも本法制定の意義があった。

制定当時は信託の仕組みを利用したいわゆる契約型投資信託のみが本法において規定され、会社型投資信託については、当時の状況からすると、経営

---

[1] 投資法人法の平成12年改正までの改正の経緯の詳細については、乙部辰良『詳解投資信託法』2頁（第一法規出版、2001年）を参照。
[2] 第10回国会衆議院大蔵委員会（昭和26年5月22日）趣旨説明参照。

面から成立困難と予想されたことなどから法的制度として取り上げることは見送られた[3]。結局、本法による会社型投資信託制度（すなわち投資法人制度）の導入はその後50年近くを経た(2)の平成10年改正まで待つこととなる。

(2) 平成10年改正（平成10年12月1日施行）

上述の「証券投資信託法」は、その制定以降、随時の改正を経ていたものの、証券投資信託に対する規制法としての基本的な枠組みは変更されることなく存続してきた。しかし、平成10年に至り、いわゆる日本版金融ビッグバンの一部としての金融システム改革法により、証券投資法人制度の導入、外国投資信託規制の導入、私募投信の実質的解禁、その他のきわめて多岐にわたる全面的改正が行われた。これにより条文数は従来の38条から253条まで増加し、商法等の準用条文を算入すると実質的に600条を数える膨大な条文を含む法律へと改組された。そして、会社型投資信託である証券投資法人制度の導入により、法律名も「証券投資信託及び証券投資法人に関する法律」と改められた。

従来の契約投資信託に加え、会社型投資信託として証券投資法人制度を導入した趣旨は、海外において幅広く活用されている会社型投資信託の例（米国のミューチュアル・ファンド（Mutual Fund）、英国のオープン・エンド投資会社（OEIC：Open-Ended Investment Company）、独仏の会社型投資信託など）を参照し、グローバル・スタンダードとして会社型投資信託の導入が世界の趨勢であるとの見方がその背景にあった。

具体的制度としては、投資者が資産運用の諸問題について、株主という立場で意見・指図を行うという形式とし、収益の分配は利益の配当という形で受け取り、場合によっては株主たる地位をセカンダリー市場で売却して資金回収を可能とするという仕組みを導入することが目的であった。一方で、会社法上の（制定当時の商法上の）株式会社規制を会社型投資信託にそのまま適用すると株式会社に適用される諸々の規制から使い勝手の悪いファンドとなるため、投資者の意向に従ってファンドが運営管理されるという建前を守りつつ、投資ビークルとして簡素化された仕組みを実現しようとした[4]。

3　原秀三（証券取引委員会総務課）「証券投資信託法の解説」財政経済弘報264号1頁。

なお、この平成10年改正により導入された証券投資法人制度はその名が示すように、いまだ有価証券投資目的のファンドとしての使用に限定されていた。

(3) 平成12年改正（平成12年11月30日施行）

平成12年には、本法は、有価証券のみならず、不動産等を含む幅広い資産に対する投資が可能な横断的な投資法制へと改組された。「証券投資法人」は「投資法人」と名称が変更され、これに伴い法律名からも「証券」という文字が削除され、現在の「投資信託及び投資法人に関する法律」という名称に改められた。

投資法人法は、平成12年改正後も、独自の改正、ならびに、平成17年の会社法制定、平成18年の金融商品取引法への改正などに伴う整備を経ており、また、投資法人を取り巻く経済的・社会的環境も大きく変遷しているため、これらに応じた一定の調整・考慮が必要であるものの、現在の投資法人法の解釈の出発点としては、平成12年の抜本的改正における議論が重要である。そのため、巻末資料として、①金融審議会第一部会「中間整理（第一次）」（平成11年7月6日）、②集団投資スキームに関するワーキンググループ報告「横断的な集団投資スキームの整備について」（平成11年11月30日）、③金融審議会第一部会「中間整理（第二次）」（平成11年12月21日）を金融庁のウェブサイトより抜粋して、転載している。

（定義）

第2条

1～11　（略）

12　この法律において「投資法人」とは、資産を主として特定資産に対する投資として運用することを目的として、この法律に基づき設立された社団をいう。

---

[4]　以上、証券投資法人制度導入の趣旨について第142回国会大蔵委員会（平成10年4月10日）長野政府委員による説明および西村善嗣（大蔵省金融企画局市場課投資サービス室長）「資産運用業の今後の課題」月刊資本市場156号4頁参照。

13　この法律において「登録投資法人」とは、第187条の登録を受けた投資法人をいう。

14　この法律において「投資口」とは、均等の割合的単位に細分化された投資法人の社員の地位をいう。

15　この法律において「投資証券」とは、投資口を表示する証券をいう。

16　この法律において「投資主」とは、投資法人の社員をいう。

17　この法律において「投資法人債」とは、この法律の規定により投資法人が行う割当てにより発生する当該投資法人を債務者とする金銭債権であつて、第139条の3第1項各号に掲げる事項についての定めに従い償還されるものをいう。

18　この法律において「投資法人債券」とは、投資法人債を表示する証券をいう。

19　この法律において「資産運用会社」とは、登録投資法人の委託を受けてその資産の運用に係る業務を行う金融商品取引業者をいう。

20　この法律において「資産保管会社」とは、登録投資法人の委託を受けてその資産の保管に係る業務を行う法人をいう。

21　この法律において「一般事務受託者」とは、投資法人の委託を受けてその資産の運用及び保管に係る業務以外の業務に係る事務を行う者をいう。

22　（略）

23　この法律において「外国投資法人」とは、外国の法令に準拠して設立された法人たる社団又は権利能力のない社団で、投資証券又は投資法人債券に類する証券を発行するものをいう。

1　趣　　旨

　本条は、投資法人法において重要な意義を有する用語の定義を定めるものである。なお、本書においては、投資法人に関する用語の定義のみを取り上げている。

2 「投資法人」(12項)

　投資法人とは、資産を主として特定資産に対する投資として運用することを目的として、投資法人法に基づき設立された社団をいう。

　「主として特定資産に対する投資として運用」の「主として」とは、投資法人の財産の総額の2分の1を超える額を特定資産に対する投資として運用することを目的とすることと解されている。例えば、投資法人が投資として運用する有価証券や不動産等の特定資産の合計額が投資法人の財産の総額の2分の1を超えていれば「主として」に該当する。換言すると、投資法人は、特定資産以外の資産に対する投資が2分の1未満にとどまる限り、本条の解釈としては特定資産以外のいかなる種類の資産に対して投資することも許容される（ただし、一般的には特定資産以外への投資は規約や上場規則等の他の規制に服する）[5]。

　法人型のファンドにおいては、投資者が集まって社団を設立することによりファンドが形成される。投資法人は、投資者を社員たる投資主とし、投資主総会、役員（執行役員・監督役員）、役員会、会計監査人という機関をもって自立的に行動する法主体である。投資の仕組みについては、設立企画人により、投資法人の規約として定められる。投資法人の資産の管理、運用、収益分配等の実際の業務は、規約の定めに従い、資産の運用を行う金融商品取引業者、資産の保管を行う資産保管会社、その他の事務を行う一般事務受託者に委託される。投資法人自体の機能は、ファンドの受け皿と投資者の集団的な意思決定に純化されている。投資法人法では、投資法人に関わる金融商品取引業者等についての規定に加え、投資者の手段として設立された投資法人というファンドの適正な運営を確保するため、社団の法律関係自体についても会社法等の規定を準用しつつ詳細な規定を置いている[6]。

　「特定資産」とは、有価証券、不動産その他の資産で投資を容易にすることが必要であるものとして施行令3条に定める以下の資産をいう（本条1項）。

　① 有価証券
　② デリバティブ取引に係る権利

---

[5] 乙部辰良『詳解投資信託法』14頁（第一法規出版、2001年）。
[6] 乙部辰良『詳解投資信託法』13頁（第一法規出版、2001年）。

③ 不動産
④ 不動産の賃借権
⑤ 地上権
⑥ 約束手形（①に該当するものを除く）
⑦ 金銭債権（①、②、⑥および⑩に該当するものを除く）
⑧ 当事者の一方が相手方の行う①〜⑦に掲げる資産の運用のために出資を行い、相手方がその出資された財産を主として当該資産に対する投資として運用し、当該運用から生ずる利益の分配を行うことを約する契約に係る出資の持分（①に該当するものを除く）
⑨ 商品（商品先物取引法2条1項に規定する商品をいう。以下同じ）
⑩ 商品投資等取引（次のⓐ〜ⓓに掲げる取引をいう。以下同じ）に係る権利
　ⓐ 商品投資に係る事業の規制に関する法律2条1項に規定する商品投資（同項3号に掲げるものを除く）に係る取引（以下「商品投資取引」という）
　ⓑ 商品先物取引法2条14項に規定する店頭商品デリバティブ取引
　ⓒ 当事者が元本として定めた金額について当事者の一方が相手方と取り決めた商品の価格もしくは商品指数（商品先物取引法2条2項に規定する商品指数をいう。以下同じ）の約定した期間における変化率に基づいて金銭を支払い、相手方が当事者の一方と取り決めた商品の価格、商品指数もしくは金融指標（金融商品取引法2条25項に規定する金融指標をいう）の約定した期間における変化率に基づいて金銭を支払うことを相互に約する取引（これらの金銭の支払とあわせて当該元本として定めた金額に相当する金銭または商品を授受することを約するものを含む）またはこれに類似する取引（ⓐおよびⓑに掲げる取引に該当するものを除く）
　ⓓ 当事者の一方の意思表示により当事者間においてⓒに掲げる取引を成立させることができる権利を相手方が当事者の一方に付与し、当事者の一方がこれに対して対価を支払うことを約する取引またはこれに類似する取引

第２条

　平成12年改正により、有価証券のみならず不動産や金銭債権など、施行令３条において「特定資産」として定める幅広い資産への投資が可能となった。特定資産の範囲については、金融イノベーションを促進し自由な商品設計が可能となるよう、横断性と自由度の高い運用型集団投資スキームを整備する必要があり、財産権を幅広く投資運用の対象とすべきものとされ[7]、多様な金融商品の組成を促すという観点からはなるべく幅広いことが望ましいと考えられるが、他方、投資信託制度は投資信託委託業者等が投資者の資金を預かって運用するものであることから投資者保護の観点が重要となり、投資信託委託業者の適格性の確保および投資者のニーズ、その資産が取引される市場におけるニーズ等を勘案して特定資産の範囲を規定している。それらのニーズ等を勘案し特定資産として必要と認められる資産があれば、政令に新たに追加することになる[8]。

　なお、⑨商品（いわゆる商品の現物）および⑩商品投資等取引に係る権利は、ETF（上場投資信託）の多様化を図るために、平成20年の施行令の改正により、投資信託の主たる投資対象とすることができる「特定資産」に追加されたものである。

3　「登録投資法人」（13項）

　投資法人は、資産の運用行為を行うためには、内閣総理大臣の登録（法187条）を受けなければならず、かかる登録を受けた投資法人を登録投資法人という。

4　「投資口」（14項）

　投資法人における投資口は均等の割合的単位に細分化された投資法人の社員の地位をいい、株式会社における株式に相当するものである。

---

[7]　平成11年11月30日付金融審議会集団投資スキームに関するワーキンググループ報告「横断的な集団投資スキームの整備について」（http://www.fsa.go.jp/p-mof/singikai/kinyusin/tosin/kin010e.htm）。

[8]　平成12年11月13日付金融庁「特定目的会社による特定資産の流動化に関する法律等の一部を改正する法律」の施行に伴う政令案に対するパブリック・コメントの結果について」（http://www.fsa.go.jp/news/newsj/kinyu/f-20001113-2.html）。

投資法人は、株式会社と異なり、権利内容の異なる数種の投資口を発行することはできない。平成12年改正の際、数種の投資口の発行を認めるべきかについて議論がなされたが、資産運用型スキームにおいては複数の種類の投資証券を発行すれば投資者間の利害対立が生ずるため、エクイティ型の発行証券は1種類とすべきであるとされている[9]。また、転換型優先投資口の発行について、規制改革要望に対する回答において、投資法人のガバナンスの構造は、導管体としての性格に照らして、簡素化されたものとなっており、転換型優先投資口の発行については、資本政策の観点から高度な判断を伴うものであり、少数投資主を含む投資主等の利害にも大きく関わるため、投資者保護の観点から、上記のような特性を有する投資法人に認めることは困難であるとされている[10]。

5 「投資証券」(15項)

投資法人における投資証券は投資口を表示する証券をいい、株式会社における株券に相当するものである。

6 「投資主」(16項)

投資法人における投資主は投資法人の社員をいい、株式会社における株主に相当するものである。

7 「投資法人債」(17項)

投資法人における投資法人債は、投資法人法の規定により投資法人が行う割当てにより発生する当該投資法人を債務者とする金銭債権であって、法139条の3第1項各号に掲げる事項についての定めに従い償還されるものをいい、会社法における社債（会社法2条23号）に相当するものである。

---

[9] 平成11年11月30日付金融審議会集団投資スキームに関するワーキンググループ報告「横断的な集団投資スキームの整備について」(http://www.fsa.go.jp/p_mof/singikai/kinyusin/tosin/kin010e.htm)。
[10] 平成21年1月20日付内閣府規制改革会議「全国規模の規制改革要望に対する各省庁からの再回答について」における金融庁回答分・管理番号5060025 (http://www8.cao.go.jp/kisei-kaikaku/accept/200810/0120/0120_1_05.xls)。

8 「投資法人債券」(18項)

投資法人における投資法人債券は、投資法人債を表示する証券をいい、会社法における社債券に相当するものである。

9 「資産運用会社」(19項)

登録投資法人は資産運用会社にその資産の運用に係る業務の委託をしなければならず(法198条1項)、登録投資法人の委託を受けてその資産の運用に係る業務を行う金融商品取引業者を資産運用会社という。

10 「資産保管会社」(20項)

登録投資法人は資産保管会社にその資産の保管に係る業務の委託をしなければならず(法208条1項)、登録投資法人の委託を受けてその資産の保管に係る業務を行う法人を資産保管会社という。

11 「一般事務受託者」(21項)

投資法人は、その資産の運用および保管に係る業務以外の業務に係る事務であって法117条各号に掲げるものについては、施行規則169条に従って他の者に委託して行わせなければならず(法117条)、投資法人の委託を受けてその資産の運用および保管に係る業務以外の業務に係る事務を行う者を一般事務受託者という。

12 「外国投資法人」(23項)

外国投資法人は法220条以下の届出義務等の対象となるが、外国の法令に準拠して設立された法人たる社団または権利能力のない社団で、投資証券または投資法人債券に類する証券を発行するものをいう。

第 2 章

投資法人

(法第3編第1章)

第 1 節

通　則

> （法人格）
> **第61条**　投資法人は、法人とする。

1　趣　旨

　資産を主として特定資産に対する投資として運用することを目的として、投資法人法に基づき設立された社団（法2条12項）である投資法人がすべて法人である旨を定めるものであり、会社法3条（法人格）と同趣旨の規定である。

2　解　説

　「法人は、この法律その他の法律の規定によらなければ、成立しない」ものとされている（民法33条1項）ところ、投資法人については、投資法人法が「その他の法律」に該当する。

　会社型の資産運用型スキームとして、投資法人に対して法人格を付与することにより、運用資産に係る権利・義務の帰属の簡明化を図るものである。

> （住所）
> **第62条**　投資法人の住所は、その本店の所在地にあるものとする。

　投資法人の住所を、その本店の所在地とする旨を定めるものであり、会社

法4条（住所）と同趣旨の規定である。

> **（能力の制限）**
> **第63条** 投資法人は、資産の運用以外の行為を営業としてすることができない。
> 2 投資法人は、本店以外の営業所を設け、又は使用人を雇用することができない。

　投資法人は、一般の事業会社と異なり、株式会社の定款に相当する規約の定めるところに従って運用資産を保有し収益を分配する機能に特化した器（ビークル）であることから、投資法人が株式会社のように自律的に事業を営むことは適当ではなく、また、必要ともされていない。そのため、資産の運用以外の行為を営業としてすることはできず（1項）、支店などの本店以外の営業所の設置および使用人の雇用ができない（2項）ものとされている。

> **（商行為等）**
> **第63条の2** 投資法人がその事業としてする行為及びその事業のためにする行為は、商行為とする。
> 2 商法（明治32年法律第48号）第11条から第15条まで及び第19条の規定は、投資法人については、適用しない。

1　趣　　旨

　投資法人がその事業としてする行為およびその事業のためにする行為を商行為とする旨定めるものであり、会社法5条（商行為）と同趣旨の規定である。

2　解　　説

　投資法人は本条1項の定めにより「商行為をすることを業とする」ことに

なるため、商人となる（商法4条1項）。

　投資法人が商人となることにより、その組織には商法第1編の商法総則の規定が、営業上の行為には商法第3編の商行為の規定が適用されるが、商号および商業帳簿については本法において格別に規定したため、商法11条〜15条および19条の規定は投資法人に対しては適用されない旨の規定が設けられ、適用関係の整理がなされている（2項）。

（商号等）

第64条　投資法人は、その名称を商号とする。

2　投資法人は、その商号中に投資法人という文字を用いなければならない。

3　投資法人でない者は、その名称又は商号中に、投資法人であると誤認されるおそれのある文字を用いてはならない。

4　何人も、不正の目的をもつて、他の投資法人であると誤認されるおそれのある名称又は商号を使用してはならない。

5　前項の規定に違反する名称又は商号の使用によつて営業上の利益を侵害され、又は侵害されるおそれがある投資法人は、その営業上の利益を侵害する者又は侵害するおそれがある者に対し、その侵害の停止又は予防を請求することができる。

6　自己の商号を使用して事業又は営業を行うことを他人に許諾した投資法人は、当該投資法人が当該事業を行うものと誤認して当該他人と取引をした者に対し、当該他人と連帯して、当該取引によつて生じた債務を弁済する責任を負う。

1　趣　旨

　投資法人に係る商号規制を定めるものであり、会社法6条1項および2項（商号）、7条、8条（会社と誤認させる名称等の使用の禁止）、9条（自己の商号の使用を他人に許諾した会社の責任）と同趣旨の規定である。

2 解　説

　投資法人の商号について使用制限を設けることにより、「投資法人」という文字を商号に使用している者のみが、本法に基づいて資産の運用を行うものであるという、法的・経済的機能を外部から判断することが容易になる。

（会社法の規定を準用する場合の読替え等）

第65条　この編（第186条の2第4項を除く。）及び第5編の規定において会社法の規定を準用する場合には、特別の定めがある場合を除き、同法の規定中「電磁的記録」とあるのは「電磁的記録（投資法人法第66条第2項に規定する電磁的記録をいう。）」と、「電磁的方法」とあるのは「電磁的方法（投資法人法第71条第5項に規定する電磁的方法をいう。）」と、「法務省令」とあるのは「内閣府令」と、「株式会社」とあるのは「投資法人」と、「株式」とあるのは「投資口」と、「株主」とあるのは「投資主」と、「定款」とあるのは「規約」と、「発起人」とあるのは「設立企画人」と、「株券」とあるのは「投資証券」と読み替えるものとする。

2　この編において準用するこの編の規定により読み替えられた会社法及び商業登記法（昭和38年法律第125号）の規定中「投資法人法」とあるのは、投資信託及び投資法人に関する法律をいうものとする。

　本法の中で投資法人に係る規律を定める「第3編　投資法人制度」および「第5編　罰則」において会社法の規定が数多く準用されている。会社法の規定の準用にあたり、必要な技術的読替えについては、本法または政令で個別に定めているが、下表のとおり、きわめて頻繁かつ定型的になされる技術的読替えについては個別に定めるのではなく、本条1項において、包括的な読替えを定めている。

〈会社法の規定の準用についての包括読替え〉

読替え前	読替え後
電磁的記録	電磁的記録（投資法人法第66条第2項

第65条

	に規定する電磁的記録をいう。）
電磁的方法	電磁的方法（投資法人法第71条第5項に規定する電磁的方法をいう。）
法務省令	内閣府令
株式会社	投資法人
株式	投資口
株主	投資主
定款	規約
発起人	設立企画人
株券	投資証券

　なお、法186条の2第4項において会社法の電子公告に関する規定を投資法人について準用する場合は、本条の包括読替えの対象外とされている（1項）。電子公告調査機関に関する諸規定は「この法律（会社法）又は他の法律の規定による公告を電子公告によりしようとする」（会社法941条参照）場合に適用があるものとされており、投資法人が公告を電子公告によりしようとする場合であっても、電子公告調査は、内閣府令ではなく法務省令において定めるところによるためである。

第 2 節

設　　立

（設立企画人による規約の作成等）

第66条　投資法人を設立するには、設立企画人が規約を作成し、その全員がこれに署名し、又は記名押印しなければならない。

2　前項の規約は、電磁的記録（電子的方式、磁気的方式その他人の知覚によつては認識することができない方式で作られる記録であつて、電子計算機による情報処理の用に供されるものとして内閣府令で定めるものをいう。以下同じ。）をもつて作成することができる。この場合において、当該電磁的記録に記録された情報については、内閣府令で定める署名又は記名押印に代わる措置をとらなければならない。

3　設立企画人（設立企画人が2人以上あるときは、そのうち少なくとも1人）は、次の各号のいずれかの者でなければならない。

一　設立しようとする投資法人が主として投資の対象とする特定資産と同種の資産を運用の対象とする金融商品取引業者（次のイ又はロに掲げる場合にあつては、当該イ又はロに定める金融商品取引業者）

　　イ　当該特定資産に不動産が含まれる場合　宅地建物取引業法第3条第1項の免許及び同法第50条の2第1項の認可を受けている金融商品取引業者

　　ロ　当該特定資産に有価証券及び不動産以外の政令で定める資産が含まれる場合　政令で定める金融商品取引業者

二　前号に掲げる者のほか、他人の資産の運用に係る事務のうち政令で定めるものについて知識及び経験を有する者として政令で定める

> もの
> 4 第98条第2号から第5号までに掲げる者は、設立企画人となることができない。

1 趣　旨

投資法人の規約の作成および設立企画人の資格要件・欠格事由について定めるものである。

2 規約の作成義務（1項・2項）

本条1項・2項は会社法26条と基本的に同趣旨であり、投資法人の設立には、設立企画人が規約を作成し、設立企画人の全員がそれに署名・記名押印することが要求されている。投資法人の設立企画人は、株式会社の発起人に相当するものであり、また、投資法人の規約は、株式会社の定款に相当するものであり、投資法人の組織・運営・管理を定めた基本的規則をいう。

3 設立企画人の資格要件（3項）

投資法人の設立企画人は、株式会社の発起人に相当するものであるが、投資法人の設立は、実質的には、会社型の資産運用型スキームのためのビークルの設立、すなわち一種のファンドの組成行為である。そのため、ファンドを企画・設立する者である設立企画人は、かかるファンドの企画者かつ募集人としての性格が強く、投資者保護上、対象資産および他人の資産を運用する業務に関する十分な知識・能力を有している者であることが望ましい。他方で、多種多様な実務上の必要性を反映し得る資産運用手段を組成可能な仕組みとするため、かかる他人の資産を運用する業務に関する専門知識・能力を有している者ではなくとも、投資者がファンドの組成に直接参加できるものとすることにも一定の意義がある。そのため、設立企画人のうち最低でも1人は、他人の資産を運用する業務に関する専門知識・能力を有している者として、以下のいずれかの者でなければならない（3項）。

　① 設立しようとする投資法人が主として投資の対象とする特定資産と同種の資産を運用の対象とする金融商品取引業者（ただし、当該特定

資産に不動産が含まれる場合は、宅地建物取引業法第3条第1項の免許および同法第50条の2第1項の認可を受けている金融商品取引業者。3項1号。なお、3項1号ロに係る政令の定めは設けられていない）

② 他人の資産の運用に係る事務のうち、設立しようとする投資法人が主として投資の対象とする特定資産と同種の資産に対し、他人の資産を投資として運用する事務について知識および経験を有する者として信託会社等の政令で定めるもの（3項2号、施行令54条）

4　設立企画人の欠格事由（4項）

　投資法人の設立企画人は設立中の投資法人の機関に相当する地位にあり、また、投資者との関係においては、自ら出資の上、他の投資者と同一の事業リスクを負担する起業家としての側面より、実質的には、他人の資産の運用の受託者としての側面が大きい。そのため、株式会社の発起人には欠格事由の定めがないが、投資法人の設立企画人については、投資法人の役員である執行役員と同様の欠格事由（法98条2号～5号）を定めている。なお、設立企画人は、自然人・法人のいずれであってもよいことから、法98条1号は欠格事由とはしていない。

（規約の記載又は記録事項等）

第67条　投資法人の規約には、次に掲げる事項を記載し、又は記録しなければならない。

　一　目的
　二　商号
　三　投資主の請求により投資口の払戻しをする旨又はしない旨
　四　投資法人が発行することができる投資口の総口数（以下「発行可能投資口総口数」という。）
　五　設立に際して出資される金銭の額
　六　投資法人が常時保持する最低限度の純資産額
　七　資産運用の対象及び方針

第67条

 八　資産評価の方法、基準及び基準日

 九　金銭の分配の方針

 十　決算期

 十一　本店の所在地

 十二　執行役員、監督役員及び会計監査人の報酬の額又は報酬の支払に関する基準

 十三　資産運用会社に対する資産運用報酬の額又は資産運用報酬の支払に関する基準

 十四　成立時の一般事務受託者、資産運用会社及び資産保管会社となるべき者の氏名又は名称及び住所並びにこれらの者と締結すべき契約の概要

 十五　借入金及び投資法人債発行の限度額

 十六　設立企画人の氏名又は名称及び住所

 十七　投資法人の成立により設立企画人が受ける報酬その他の特別の利益の有無並びに特別の利益があるときはその設立企画人の氏名又は名称及び金額

 十八　投資法人の負担する設立に関する費用の有無並びにその費用があるときはその内容及び金額

2　前項第3号に掲げる事項につき投資主の請求により投資口の払戻しをする旨を定めるときは、一定の場合においては払戻しを停止する旨を併せて定めることができる。

3　第1項第5号の額は、その上限及び下限を画する方法により定めることができる。

4　第1項第6号の最低限度の純資産額（以下「最低純資産額」という。）は、5000万円以上で政令で定める額を下回ることができない。

5　第1項各号に掲げる事項の細目は、内閣府令で定める。

6　第1項各号に掲げる事項のほか、投資法人の規約には、この法律の規定により規約の定めがなければその効力を生じない事項及びその他の事項でこの法律の規定に違反しないものを記載し、又は記録することができる。

> 7 会社法第31条第1項から第3項までの規定は、規約について準用する。この場合において、同条第1項中「本店及び支店」とあるのは「本店」と、同条第3項中「裁判所」とあるのは「内閣総理大臣」と読み替えるものとするほか、必要な技術的読替えは、政令で定める。

1 趣　旨

　規約の記載事項を定めるものである。基本的な構造は会社法27条、29条（定款の記載又は記録事項）と同様である。規約は投資法人の組織・運営・管理を定めた基本的規則であるが、実質的にはファンドの組成に関する基本的事項を定めたものであり、資産運用の対象および方針、資産評価の基準等、資産運用会社に対する資産運用報酬の額等、株式会社の定款の記載事項ではない事項も必要的記載事項として掲げられており、投資信託における信託契約または信託約款と類似の性質を有するものである。

2　規約の必要的記載事項（1項）

(1) 目　的
会社法27条1号と同趣旨である。

(2) 商　号
会社法27条2号と同趣旨である。

(3) 投資主の請求により投資口の払戻しをする旨またはしない旨

　投資口の払戻しとは、投資口を将来的に消滅させ、その投資口が潜在的に代表していた投資法人の資産価値を現実化して投資主に返還することである。

　投資主の請求による投資口の払戻しを認めないクローズド・エンド型に加えて、投資者のニーズを考慮して、投資口の随時の払戻しが可能であるオープン・エンド型の投資法人を組成することも可能である。クローズド・エンド型か、オープン・エンド型かを規約に記載する必要がある[11]。

　なお、流動性の低い資産に投資するオープン・エンド型については、払戻資金の手当てを講ずるとともに、払戻手続や払戻制限等について定め、投資

者に対して十分なディスクロージャーを行うことが必要であるが、どのような内容とするかはファンドごとに異なるため、法令では適切な対応を求める一般的な規定を設けるとともに、具体的な内容はファンドの組成者が定めることとするのが適当であるとされている[12]。

その一環として、投資主の請求により投資口の払戻しをする旨を規約に定めるときは、一定の場合においては払戻しを停止する旨を併せて定めることができる（2項）。これにより、原則として、投資口の随時の払戻しが可能であるオープン・エンド型としつつ、一定の場合には払戻しを行わない旨を定めることができる。「一定の場合」の例としては、投資法人成立後1年間は払戻しをしないというような期間による定め、毎月1日から20日までの間は払戻しをしないというような時期による定め、投資証券の時価が一定額以下となったときは払戻しをしないというような一定の指標による定めなどが考えられる。

投資口の払戻しの手続等については、法124条～127条に規定されている。

(4) 投資法人が発行することができる投資口の総口数（発行可能投資口総口数）

投資法人は、設立時および設立後において投資口を発行することができる。投資法人の資金調達方法には、投資口のみならず、投資法人債の発行および借入れがあるものの、投資法人が最大でどの程度の投資口を発行するかは、投資法人が保有する資産の規模や、投資口の経済的価値の希釈化の程度を示す重要な指標の1つであり、投資者が利害関係を有する事項であることから、投資法人が発行することができる投資口の総口数（発行可能投資口総口数）は規約の必要的記載事項とされている[13]。

発行可能投資口総口数は、株式会社の発行可能株式総数（会社法37条）に

---

[11] 東京証券取引所における不動産投資信託証券（投資証券であって、投資者の資金を主として不動産等に対する投資として運用することを目的とするもの等。東京証券取引所有価証券上場規程1001条35号）の上場審査の形式要件として、投資法人の規約において、投資主の請求による投資口の払戻しをしないこととされていることが規定されている（同規程1205条2号1）。

[12] 平成11年11月30日付金融審議会集団投資スキームに関するワーキンググループ報告「横断的な集団投資スキームの整備について」(http://www.fsa.go.jp/p_mof/singikai/kinyusin/tosin/kin010e.htm)。

相当するものであるが、公開会社（同法2条5号）においては、新株発行について取締役会への無限定の授権を与えないために、発行可能株式総数が設立時発行株式の総数の4倍を超えてはならない（同法37条3項）とされているのに対し、投資法人にはかかる制限は設けられていない。

投資法人の発行可能投資口総口数は、設立後における新投資口の発行（法82条以下）の上限としての機能を有するほか、投資法人間の吸収合併の簡易合併の要件としての機能を有している。すなわち、吸収合併存続法人は、投資主総会の決議によって、吸収合併契約の承認を受けなければならないところ、吸収合併存続法人が吸収合併に際して吸収合併消滅法人の投資主に対して交付する投資口の総口数が、当該吸収合併存続法人の発行可能投資口総口数から発行済投資口の総口数を控除して得た口数を超えない場合には、かかる投資主総会の決議による承認は不要とされている（法149条の7第2項）。

(5) 設立に際して出資される金銭の額

会社法27条4号と基本的に同趣旨である。設立に際して出資される金銭の額を規約に記載することにより、投資法人の設立当初の運用資産の規模が一定程度、明らかになる。

株式会社と異なり、投資法人の設立時に発行する投資口について、規約に記載した設立に際して出資される金銭の額を満たす応募がないときは、設立を取りやめる（法71条1項7号）ものとされていることから、規約に記載した設立に際して出資される金銭の額を満たす応募があることは投資法人の設立の不可欠な要件となっている。もっとも、ファンドを設立運営するために適正な資産の規模は必ずしも一定額とは限らず、幅のあるものであり、また、一定の幅をもって規約に記載されていれば、投資者としても設定されるファンドの当初の規模を予測することができる。また、設立時の経済状況や、かかる経済状況の短期間の一定の変動可能性を考慮して、一定程度の余

13　投資法人の導管性要件として、規約において投資法人の発行をする投資口の発行価額の総額のうちに国内において募集される投資口の発行価額の占める割合が100分の50を超える旨の記載または記録があるものであることが規定されている（租税特別措置法67条の15第1項1号ハ、租税特別措置法施行令39条の32の3第3項）。巻末資料2参照。また、投資口に係る国内募集割合を50%超とする上記の要件における判定を、発行をする投資口ごとから、発行をした投資口の合計で行うこととする見直しが行われている（「平成23年度税制改正大綱」第3章4.(6)〔国税〕（延長・拡充等）⑤ハ）。

第67条

裕をもって設立に際して出資される金銭の額を設定できるような柔軟な制度が実務上も望ましい。

よって、設立に際して出資される金銭の額は、その上限および下限を画する方法により定めることができる（3項）。

なお、投資法人の設立時の出資総額（投資法人の設立に際して発行する投資口の払込金額の総額）は、1億円を下回ることができない（法68条、施行令57条）。

設立時および設立後の投資法人の投資口の発行にあたり、金銭以外の財産による出資（現物出資）は認められていない。そのため、会社法27条4号は「財産の価額」として現物出資を想定しているのに対し、法67条1項5号は「金銭の額」と規定している。

(6) 投資法人が常時保持する最低限度の純資産額

投資法人が常時保持する最低限度の純資産額（最低純資産額）を規約に記載する必要がある[14]。

投資法人の最低純資産額の制度は、債権者保護を主たる目的とするものである。投資法人の最低純資産額の制度は、当初は、資本金額に見合う資産の確保を要求する株式会社の資本制度に倣って債権者保護を目的として規定されたものであるが、他方で、投資法人については、投資法人の存続している間であっても投資主の請求に応じて投資口の払戻しをする、オープン・エンド型を認め、保有資産の換金による会社財産の流出を許容するものであるため、いわゆる従来の資本制度と、オープン・エンド型を許容する投資法人の制度とは矛盾する関係にある。そこで、いわゆるオープン・エンド型を認めつつ、債権者保護と市場参加者としての信頼確保を図るため、規約において、投資法人が常時保持する最低限度の純資産額を定めることとし、オープ

---

[14] 東京証券取引所における不動産投資信託証券（投資証券であって、投資者の資金を主として不動産等に対する投資として運用することを目的とするもの等。東京証券取引所有価証券上場規程1001条35号）の上場審査の形式要件として、純資産総額が上場の時までに10億円以上となる見込みのあること、および、資産総額が上場の時までに50億円以上となる見込みのあることが規定されている（同規程1205条2号f・g）。なお、これらに対応する上場廃止基準も設けられている（決算期の末日を基準日とし、基準となる金額はそれぞれ5億円および25億円となっており、1年の猶予期間の定めがある。同規程1218条2項4号・5号参照）。

ン・エンド型においても、最低純資産額に一定額を加えた額を確保できる限度において投資主の請求に応じて投資口の払戻しをすることができる（法124条1項3号）ものとされた。

　なお、株式会社の資本制度については、平成17年の会社法現代化における最低資本金制度の見直しにより、最低資本金制度は撤廃され、他方で、株主に会社財産を払い戻す際、会社債権者のために一定額の財産を残しておくために、資本の額を用いずに、端的に一定の純資産額が現実に確保すべきものとする制度となったが、投資法人の最低純資産額の制度については上記の経緯にかんがみ、その影響を受けていない[15]。

　最低純資産額は、5000万円を下回ることはできない（4項、施行令55条）。

　投資法人は、資産の運用として法193条に規定する行為を行うためには内閣総理大臣の登録を受ける必要がある（法187条）が、かかる登録を受けた投資法人の純資産の額が最低純資産額を下回ったときは、内閣総理大臣は、当該登録投資法人に対して一定の期間内（3カ月を下回ることはできない）にその純資産の額が当該最低純資産額以上に回復しない場合には登録を取り消す旨の通告を発しなければならず（法215条2項・3項）、かかる通告を発したにもかかわらず、その一定の期間内に当該登録投資法人の純資産の額が最低純資産額以上に回復しない場合には、当該登録投資法人の法187条の登録を取り消さなければならない（法216条2項）。

(7) 資産運用の対象および方針

　投資法人による資産運用における投資対象および資産運用の方針[16]を規約に記載し、具体的には以下の事項を記載する（施行規則105条1号）。

① 資産運用の基本方針
② 資産運用の対象とする特定資産の種類、目的および範囲
③ 資産運用の対象とする特定資産以外の資産の種類
④ 資産運用の対象とする資産について、その種類、銘柄もしくは通貨ごとの保有額もしくは保有割合に係る制限または取得できる銘柄の範囲に係る制限その他の運用に制限を設ける場合にあっては、その内容

---

[15] 株式会社の最低資本金制度の廃止については、江頭憲治郎編『会社法コンメンタール1(1)』291頁以下〔森淳二朗〕（商事法務、2008年）参照。

⑤ 資産を主として有価証券(金商法2条2項の規定により有価証券とみなされる同項各号に掲げる権利を除く。⑤において同じ)に対する投資として運用すること(有価証券についての同法28条8項6号に規定する有価証券関連デリバティブ取引を行うことを含む)を目的とする場合は、その旨

⑥ 組入資産の貸付けを行う場合は、その目的および範囲

(8) 資産評価の方法、基準および基準日

投資法人の保有する資産について、資産評価の方法、基準および基準日を規約に記載し、具体的には次に掲げる資産の区分に応じ、それぞれ次に定めるものを記載する(施行規則105条2号)。

資産の区分	記載事項
有価証券	公表されている最終価格に基づき算出した価額またはこれに準ずるものとして合理的な方法により算出した価額による旨
有価証券以外の資産	当該資産の種類ごとに、公正妥当な資産の評価の方法

(9) 金銭の分配の方針

投資法人は、投資主に対して、法131条2項の役員会の承認を受けた「金銭の分配に係る計算書」に基づいて、利益を超えて金銭の分配をすることが

---

[16] 東京証券取引所における不動産投資信託証券(投資証券であって、投資者の資金を主として不動産等に対する投資として運用することを目的とするもの等。東京証券取引所有価証券上場規程1001条35号)の上場審査の形式要件として、「運用資産等の総額に占める不動産等の額の比率が70%以上となる見込みのあること」および「運用資産等の総額に占める、不動産等、不動産関連資産及び流動資産等の合計額の比率が、上場の時までに95%以上となる見込みのあること」が規定されている(同規程1205条2号a・b)。なお、これらに対応する上場廃止基準も設けられている(決算期の末日を基準日とし、1年の猶予期間の定めがある。同規程1218条2項1号・2号参照)。

また、登録免許税および不動産取得税の優遇措置を受けるための要件の1つとして、「規約に資産運用の方針として、特定不動産(投資法人が取得する特定資産のうち不動産、不動産の賃借権、地上権又は不動産、土地の賃借権若しくは地上権を信託する信託の受益権をいう。)の価額の合計額の当該投資法人の有する特定資産の価額の合計額に占める割合を100分の75以上とする旨の定めがあること」がある(登録免許税法9条、租税特別措置法72条1項、83条の3第3項1号イおよび地方税法附則11条13項、地方税法施行令附則7条14項1号)。

できる（法137条1項）が、かかる金銭の分配に係る計算書は、規約で定めた金銭の分配方針に従って作成されなければならない（法137条2項）。すなわち、株式会社と異なり、投資主総会による承認が要求されない投資法人の金銭の分配について、金銭の分配に係る計算書の執行役員による作成および役員会による承認にあたり執行役員および役員会を拘束する基準となるのが、規約に記載された金銭の分配の方針である。具体的には次に掲げるものを記載する（施行規則105条3号）。

① 投資主に分配する金銭の総額の計算方法
② 利益（法136条に規定する利益をいう）を超えて金銭の分配をする場合は、その旨および分配に充てるべき金額の計算方法
③ その他金銭の分配の方針として特に定めた事項

⑽ **決　算　期**

投資法人においては決算期の長さ・タイミングについて法律上の制限はなく、各投資法人がそれぞれの規約において定める[17]。

⑾ **本店の所在地**

会社法27条3号と同趣旨である。

投資法人は、会社型の資産運用型スキームのための単なる器にすぎず、それ自体が能動的に資産運用行為を行うことは想定されていない。そのため、投資法人は本店以外の営業所を設けることはできないものとされており（法63条2項）、また、想定される本店の機能も株式会社の本店のものとは異なっており、本店自体に実質的な営業拠点が存在することは想定されていない。

しかし、規約の備置き場所、計算書類等の備置き場所等を定める上で形式上の本店概念が必要であるため、規約に本店の所在地を定めることとされている。

17　東京証券取引所における不動産投資信託証券（投資証券であって、投資者の資金を主として不動産等に対する投資として運用することを目的とするもの等。東京証券取引所有価証券上場規程1001条35号）の上場審査の形式要件として、投資法人の規約において、営業期間または計算期間として定める期間が6カ月以上とされていることが規定されている（同規程1205条2号m）。なお、投資法人の導管性要件として、投資法人の会計期間が1年を超えないものであることが規定されている（租税特別措置法67条の15第1項1号ニ、租税特別措置法施行令39条の32の3第4項）。巻末資料2参照。

なお、「所在地」(規約記載事項、法67条1項11号)は最小行政単位を、「所在場所」(登記事項、法166条2項3号)は住居表示上の番地までを表すものである。

⑿ 執行役員、監督役員および会計監査人の報酬の額または報酬の支払に関する基準

執行役員、監督役員および会計監査人の報酬は、規約において定めた額、または規約においてその額を定めていないときは、規約において定めた報酬の支払に関する基準に従い、役員会がその額を決定するものとされている(法109条4項、111条3項、115条の5第1項)。役員の報酬の額が過大となれば投資者に対する運用利回りが低下することとなり、投資者にとって大きな利害関係を有する事項であり、役員のお手盛りを防止するため、規約において報酬の額を定めるか、定めない場合には報酬の支払に関する基準を定めるものとされている。具体的には、執行役員、監督役員および会計監査人のそれぞれについて、その報酬の具体的な金額またはその計算方法および支払の時期を記載する(施行規則105条4号)。

⒀ 資産運用会社に対する資産運用報酬の額または資産運用報酬の支払に関する基準

資産運用会社に対する資産運用報酬についても、役員の報酬と同様、その額が過大となれば投資者に対する運用利回りが低下することとなり、投資者にとって大きな利害関係を有する事項である。資産運用会社に対する資産運用報酬の支払も、執行役員が役員会の承認を受けて行うことになる(法109条2項7号)が、その額については、規約において報酬の額を定めるか、定めない場合には報酬の支払に関する基準を定めるものとされている。具体的には、資産運用会社に対する資産運用報酬の具体的な金額またはその計算方法および支払の時期を記載する(施行規則105条5号)。

⒁ 成立時の一般事務受託者、資産運用会社および資産保管会社となるべき者の氏名または名称および住所ならびにこれらの者と締結すべき契約の概要

投資法人の一般事務受託者、資産運用会社および資産保管会社は、投資法人の資産運用および運営に直接関与する者であり、どのような者がどのよう

な契約条件により就任するか、とりわけ資産運用会社については、投資法人の資産運用にとって決定的な要素であり、投資者にとっては投資判断上、重要な判断材料となる。

　一般事務受託者、資産運用会社および資産保管会社となるタイミングは投資法人の成立時であるが、投資法人の成立前の設立手続において投資口を引き受ける者が、成立時に一般事務受託者、資産運用会社および資産保管会社となるべき者を知った上で（かつ規約の変更手続なしに変更されずに）引き受けることができるよう、規約の記載事項とされている。

　具体的には、成立時の一般事務受託者、資産運用会社および資産保管会社となるべき者のすべてについて、それぞれ次に掲げるものを記載する（施行規則105条6号）。

① 氏名または名称および住所
② これらの者との間の契約において定めるべき事項のうち、委託すべき業務の内容、契約期間および当該期間中の解約に関する事項、契約の内容の変更に関する事項、これらの者に支払う報酬または手数料の額（具体的な金額またはその計算方法）ならびにその支払の時期および方法その他重要な事項（成立時において資産運用会社となるべき者と締結すべき契約に、資産の運用に係る権限の一部の再委託に関する規定を設ける場合においては、当該規定の内容を含む）

⒂　借入金[18]および投資法人債発行の限度額

具体的には、次に掲げるものを記載する（施行規則105条7号）。

① 借入れの目的、借入金の限度額および借入金の使途に関する事項ならびに借入先を適格機関投資家に限る場合はその旨
② 投資法人債の発行目的、投資法人債発行の限度額および投資法人債の発行により調達した資金の使途に関する事項

なお、借入金および投資法人債発行の限度額について規約に記載すること

---

[18] 投資法人の導管性要件として、投資法人が機関投資家（租税特別措置法67条の15第1項1号ロ(2)）以外の者から借入れを行っていないことが規定されている（租税特別措置法67条の15第1項1号ト、租税特別措置法施行令39条の32の3第8項）。巻末資料2参照。

のできる上限額は、投資法人のガバナンスを尊重するという観点からも法令上一律に定められてはおらず、限度額をいくらにするかの判断はそれぞれの投資法人の判断に委ねられている。また、限度額の記載方法については、金額をもって記載するほうが明確であり、投資者保護に資することから、投資法人の資産総額に対する比率などの記載方法は採用されていない[19]。

(16) 設立企画人の氏名または名称および住所

会社法27条5号と同趣旨である。

(17) 投資法人の成立により設立企画人が受ける報酬その他の特別の利益の有無ならびに特別の利益があるときはその設立企画人の氏名または名称および金額

会社法28条3号と同趣旨である。投資者にとって重大な利害および関心のある事項であることから、株式会社と異なり、規約の任意的記載事項ではなく必要的記載事項とされている。

(18) 投資法人の負担する設立に関する費用の有無ならびにその費用があるときはその内容および金額

会社法28条4号と同趣旨である。投資法人が成立後負担することとなる設立費用は、資産運用のための経費となるものと考えられ、投資者が拠出した資金からこの経費を控除したものが当面の運用資産を形成するものとなる関係にあるため、投資者にとって重大な利害および関心のある事項であることから、株式会社と異なり、規約の任意的記載事項ではなく必要的記載事項とされている。

3 規約の任意的記載事項（6項）

規約の任意的記載事項に関する規定が明文化されている。会社法29条と同趣旨である。

任意的記載事項であっても、規約に定めた以上は、その事項を変更するには、規約変更の手続が必要となる。

---

[19] 平成12年11月16日付金融庁「「特定目的会社による特定資産の流動化に関する法律等の一部を改正する法律」の施行に伴う総理府令案に対するパブリック・コメントの結果について」（http://www.fsa.go.jp/news/newsj/kinyu/f-20001113-3.html）。

4 準用条文（7項）

◇会社法31条1項～3項（定款の備置き及び閲覧等）

1　設立企画人（投資法人の成立後にあっては、当該投資法人）は、規約を設立企画人が定めた場所（投資法人の成立後にあっては、その本店）に備え置かなければならない。

2　設立企画人（投資法人の成立後にあっては、その投資主及び債権者）は、設立企画人が定めた時間（投資法人の成立後にあっては、その営業時間）内は、いつでも、次に掲げる請求をすることができる。ただし、第2号又は第4号に掲げる請求をするには、設立企画人（投資法人の成立後にあっては、当該投資法人）の定めた費用を支払わなければならない。

一　規約が書面をもって作成されているときは、当該書面の閲覧の請求
二　前号の書面の謄本又は抄本の交付の請求
三　規約が電磁的記録をもって作成されているときは、当該電磁的記録に記録された事項を内閣府令で定める方法により表示したものの閲覧の請求
四　前号の電磁的記録に記録された事項を電磁的方法であって設立企画人（投資法人の成立後にあっては、当該投資法人）の定めたものにより提供することの請求又はその事項を記載した書面の交付の請求

3　投資法人の成立後において、当該投資法人の親法人（投資法人法第81条第1項に規定する親法人をいう。以下この項において同じ。）の投資主がその権利を行使するため必要があるときは、当該親法人の投資主は、内閣総理大臣の許可を得て、当該投資法人の規約について前項各号に掲げる請求をすることができる。ただし、同項第2号又は第4号に掲げる請求をするには、当該投資法人の定めた費用を支払わなければならない。

（成立時の出資総額）

第68条　投資法人の成立時の出資総額は、設立時発行投資口（投資法人の設立に際して発行する投資口をいう。以下同じ。）の払込金額（設立時発行投資口1口と引換えに払い込む金銭の額をいう。）の総額とする。

第68条

> 2 前項の出資総額は、1億円以上で政令で定める額を下回ることができない。

1 趣　　旨

投資法人の設立時の出資総額は、投資法人の設立に際して発行する投資口の払込金額の総額とし、1億円以上で政令で定める額を下回ることができない旨を定めている。

2 解　　説

投資法人は、形式上、投資者からの出資金を運用する法人といえるため、投資法人の設立時の出資総額は、設立に際して投資者が出資した金額、すなわち、設立に際して発行する投資口の払込金額の総額となる。なお、投資法人が設立手続により成立するまでは、厳密には投資口を観念することができないため、投資法人の設立に際して発行する投資口を「設立時発行投資口」と定義している。

規約の必要的記載事項である最低純資産額（法67条1項6号）の箇所において説明したとおり、投資法人においては資本制度を採用せず、これに代わるものとして最低純資産額の制度を採用している。投資法人は、価格または価値の変動が当然に予定されている不動産、有価証券その他の特定資産に対して主として投資することを目的とする法人であり、最低純資産額の下限額として法定された額と同額の出資を募りさえすれば設立可能であることとした場合には、投資対象である特定資産の価格・価値変動によって投資法人の純資産の額が直ちに最低純資産額を下回ってしまう事態が予想される。また、投資法人の設立のための費用のうち相当程度のものは投資法人が負担することとなる費用となるため、最低純資産額と同額の出資総額による設立を認めた場合、最低純資産額を純資産の額が下回る事態を招くこととなる。

そのため、諸外国の制度も参考に、設立に必要な出資総額としては、最低純資産額に一定のバッファーに相当する部分を加えたものを要求することが適当であると考えられ、最低純資産額の下限が5000万円（法67条4項、施行令55条）とされているのに対し、設立時の出資総額の下限は1億円（2項、

施行令57条）とされている。

> **（設立に係る届出等）**
> **第69条** 設立企画人は、投資法人を設立しようとするときは、内閣府令で定めるところにより、あらかじめ、その旨並びに設立時執行役員（投資法人の設立に際して執行役員となる者をいう。以下同じ。）の候補者の氏名及び住所を内閣総理大臣に届け出なければならない。
> 2　前項の規定による届出には、規約その他内閣府令で定める書類を添付しなければならない。
> 3　前項の場合において、規約が電磁的記録で作成されているときは、書面に代えて電磁的記録（内閣府令で定めるものに限る。）を添付することができる。
> 4　設立企画人は、第１項の規定による届出をした後でなければ、第71条第１項の規定による通知、設立時発行投資口の引受けの申込みの勧誘その他設立時発行投資口を自ら引き受け、又は他人に引き受けさせるための行為をしてはならない。
> 5　規約は、第１項の規定による届出が受理された時に、その効力を生ずる。
> 6　第１項の規定による届出が受理された規約は、投資法人の成立前は、これを変更することができない。
> 7　会社法第96条及び第97条の規定は、規約の変更について準用する。この場合において、同法第96条中「第30条第２項」とあるのは「投資法人法第69条第６項」と、同法第97条中「第28条各号」とあるのは「投資法人法第67条第１項第17号又は第18号」と読み替えるものとするほか、必要な技術的読替えは、政令で定める。

１　趣　旨

投資法人の設立に関し、一定の事項の内閣総理大臣への事前の届出義務等について定めている。

2 解　説
(1)　設立に係る届出

　設立企画人は、投資法人を設立しようとするときは、あらかじめ、施行規則別紙様式2号により作成した投資法人設立届出書を提出することにより、投資法人を設立しようとする旨ならびに投資法人の設立に際して執行役員となる者の候補者の氏名および住所を内閣総理大臣に届け出なければならない（1項、施行規則107条）。かかる届出には、規約および設立企画人に関する書面等の施行規則108条2項各号に定める書類を添付しなければならない（2項・3項）。

　これは、投資法人の設立はファンドの設定にほかならず、また、投資者に対し出資を勧誘することになるため、投資者保護のため、投資法人の設立過程についても内閣総理大臣の監督に服させる必要があるためである。執行役員の候補者についての届出は、内閣総理大臣への登録手続（法187条以下）との連続性を担保する趣旨である。

　なお、投資法人が成立しなかった場合には、設立企画人は、速やかに、施行規則別紙様式8号により作成した投資法人の不成立に関する届出書を、当該投資法人が成立しなかった理由を明らかにする書面を添付して、提出しなければならない（施行規則110条）。

(2)　設立時発行投資口の引受けの申込みの勧誘等の時期的制限

　設立に際して出資の勧誘を受ける投資者の保護という設立に係る事前届出制度の趣旨から、設立に係る届出をした後でなければ、設立企画人は、設立時発行投資口の引受けの申込みの勧誘等の行為をしてはならない（4項）。

(3)　株式会社の定款に係る認証制度との関係

　設立企画人が作成し、その全員が署名し、または記名押印した規約（法66条1項）は、設立に係る届出が受理された時に、その効力を生ずる（5項）。また、届出が受理された規約は、投資法人の成立前は、創立総会の決議によらなければ変更することができない（6項・7項）。規約は設立企画人が自主的に作成するものであるが、規約の存否・記載内容等について明確性を確保し、後日の紛争を防止するため、規約の効力発生を届出に係らしめ、また、

その後の変更方法を制限するものであり、この点において、株式会社の定款に係る認証制度（会社法30条）と同趣旨である。

3　準用条文（7項）

◇会社法96条（創立総会における定款の変更）

　投資法人法第69条第6項の規定にかかわらず、創立総会においては、その決議によって、規約の変更をすることができる。

◇会社法97条（設立時発行株式の引受けの取消し）

　創立総会において、投資法人法第67条第1項第17号又は第18号に掲げる事項を変更する規約の変更の決議をした場合には、当該創立総会においてその変更に反対した設立時投資主は、当該決議後2週間以内に限り、その設立時発行投資口の引受けに係る意思表示を取り消すことができる。

（設立企画人の義務）

第70条　設立企画人は、法令及び規約を遵守し、その設立しようとする投資法人のため忠実にその職務を遂行しなければならない。

2　設立企画人は、法令及び規約を遵守し、その設立しようとする投資法人に対し、善良な管理者の注意をもつてその業務を遂行しなければならない。

1　趣　　旨

　設立企画人の、法令および規約の遵守義務ならびに設立しようとする投資法人に対する忠実義務および善管注意義務を定めている。

2　解　　説

　投資法人の設立は、実質的には、投資者の出資金を運用するためのファンドの設定であり、設立企画人は、設立しようとする投資法人の業務執行機関として、設立事務処理全般について権限を有する存在である。また、設立しようとする投資法人と設立企画人とは、当然に契約関係に立つわけではな

い。そのため、設立しようとする投資法人、ひいてはその背後の出資者となる投資者の保護を図るため、設立しようとする投資法人に対して忠実義務を課すこととし（1項）、また、委任事務の処理についての受任者の善管注意義務（民法644条）と同趣旨の義務を明示的に課している（2項）。

（設立時募集投資口に関する事項の決定）

第70条の2 設立企画人は、設立時発行投資口を引き受ける者の募集をしようとするときは、その都度、設立時募集投資口（当該募集に応じて設立時発行投資口の引受けの申込みをした者に対して割り当てる設立時発行投資口をいう。以下同じ。）について次に掲げる事項を定めなければならない。

一 設立時募集投資口の口数
二 設立時募集投資口の払込金額（設立時募集投資口1口と引換えに払い込む金銭の額をいう。）
三 設立時募集投資口と引換えにする金銭の払込みの期日又はその期間

2 設立企画人は、前項各号に掲げる事項を定めようとするときは、その全員の同意を得なければならない。

3 第1項の募集の条件は、当該募集ごとに、均等に定めなければならない。

1　趣　　旨

　設立時発行投資口を引き受ける者の募集をしようとするときに、当該募集に応じて設立時発行投資口の引受けの申込みをした者に対して割り当てる設立時発行投資口について設立企画人が全員の同意により定めなければならない事項（口数、払込金額、払込期日・期間）および当該募集の条件の均等性を定めている。本条は、会社法58条（設立時募集株式に関する事項の決定）と同趣旨である。

2　解　説

　投資法人の設立は実質的には投資者の出資金を運用するためのファンドの設定であることから、資産運用型スキームである投資法人の規約作成より後の設立手続は、発起設立ではなく募集設立を基本としたものとなっている。資産流動化スキームである資産流動化法の特定目的会社の設立手続が発起設立のみとなっていること（資産流動化法17条）と対照的である。

（設立時募集投資口の申込み等）

第71条　設立企画人は、前条第1項の募集に応じて設立時募集投資口の引受けの申込みをしようとする者に対し、次に掲げる事項を通知しなければならない。

一　第69条第1項の規定による届出をした年月日

二　第67条第1項各号及び前条第1項各号に掲げる事項

三　投資法人の存続期間又は解散の事由についての規約の定めがあるときは、その定め

四　設立時募集投資口の割当方法

五　払込取扱機関の払込みの取扱いの場所

六　設立時執行役員、設立時監督役員（投資法人の設立に際して監督役員となる者をいう。以下同じ。）及び設立時会計監査人（投資法人の設立に際して会計監査人となる者をいう。以下同じ。）の候補者の氏名又は名称及び住所並びに設立時執行役員の候補者と設立企画人との利害関係の有無及び利害関係があるときは、その内容

七　第67条第1項第5号の額を満たす応募がないときは、設立を取りやめること。

八　一定の時期までに投資法人の設立の登記がされない場合又は内閣総理大臣の登録を受けない場合において、設立時募集投資口の引受けの取消しをすることができること。

九　第115条の6第7項の規定による執行役員、監督役員又は会計監査人の責任の免除についての規約の定めがあるときは、その定め

第71条

　　十　前各号に掲げるもののほか、内閣府令で定める事項
2　前項第5号の払込取扱機関は、銀行等（銀行、信託会社その他これに準ずるものとして内閣府令で定めるものをいう。）でなければならない。
3　第1項第6号に掲げる事項の細目は、内閣府令で定める。
4　前条第1項の募集に応じて設立時募集投資口の引受けの申込みをする者は、次に掲げる事項を記載した書面を設立企画人に交付しなければならない。
　　一　申込みをする者の氏名又は名称及び住所
　　二　引き受けようとする設立時募集投資口の口数
5　前項の申込みをする者は、同項の書面の交付に代えて、政令で定めるところにより、設立企画人の承諾を得て、同項の書面に記載すべき事項を電磁的方法（電子情報処理組織を使用する方法その他の情報通信の技術を利用する方法であつて内閣府令で定めるものをいう。第186条の2第1項第3号を除き、以下同じ。）により提供することができる。この場合において、当該申込みをした者は、前項の書面を交付したものとみなす。
6　設立企画人は、第1項各号に掲げる事項について変更があつたときは、直ちに、その旨及び当該変更があつた事項を第4項の申込みをした者（次項において「申込者」という。）に通知しなければならない。
7　設立企画人が申込者に対してする通知又は催告は、第4項第1号の住所（当該申込者が別に通知又は催告を受ける場所又は連絡先を設立企画人に通知した場合にあつては、その場所又は連絡先）にあてて発すれば足りる。
8　前項の通知又は催告は、その通知又は催告が通常到達すべきであつた時に、到達したものとみなす。
9　設立時募集投資口の引受けに係る払込みは、金銭でしなければならない。
10　会社法第60条、第62条（第2号を除く。）及び第63条の規定は設立時募集投資口について、同法第64条の規定は第2項に規定する銀行等について、それぞれ準用する。この場合において、同法第60条第1項中

> 「前条第3項第2号」とあるのは「投資法人法第71条第4項第2号」と、同条第2項及び同法第63条第1項中「第58条第1項第3号」とあるのは「投資法人法第70条の2第1項第3号」と、同法第64条第1項中「第57条第1項」とあるのは「投資法人法第70条の2第1項」と読み替えるものとするほか、必要な技術的読替えは、政令で定める。

1　趣　旨

　設立時募集投資口の引受けの申込みをしようとする者に対して設立企画人が通知しなければならない事項、設立時募集投資口の引受けの申込みの方法等について定めている。基本的に、会社法59条と同趣旨である。

2　設立時募集投資口の引受けの申込みをしようとする者への通知事項（1項）

　基本的には、株式会社の設立時募集株式の引受けの申込みをしようとする者に対する通知に係る会社法の規定（会社法59条1項）と同趣旨であるが、投資法人に特有の通知事項については以下のとおりである。設立企画人は、通知事項について変更があったときは、直ちに、その旨および当該変更があった事項を申込みをした者に通知しなければならない（6項）。

(1)　法69条1項の規定による届出をした年月日

　投資法人の設立に係る内閣総理大臣への届出を行ったことを明らかにさせるとともに、届出と設立時発行投資口の募集との関連性を示すものである。会社法59条1項1号と同趣旨である。

(2)　法67条1項各号および70条の2第1項各号に掲げる事項

　規約の必要的記載事項（法67条1項各号）および設立時募集投資口に関する事項（法70条の2第1項各号）である。会社法59条1項2号と同趣旨である。

(3)　投資法人の存続期間または解散の事由についての規約の定めがあるときは、その定め

　投資法人の存続期間または解散の事由は規約の任意的記載事項である（法67条6項）が、規約で定めた存続期間の満了または規約で定めた解散事由の

発生は投資法人の解散事由である（法143条1号・2号）ため、通知事項とされている。

投資法人の存続期間は実質的には投資法人の資産運用期間を指し、また、解散の事由としては資産運用の成功（運用資産が一定水準に達したときは解散すると定める場合等）または失敗等が一例として考えられるが、様々なものがあり得る。

(4) 設立時募集投資口の割当方法

設立時募集投資口の割当方法（例えば、申込みの順に、発行予定の投資口の口数に満つるまで割り当てるものとする等）を記載させるものである。

(5) 払込取扱機関の払込みの取扱いの場所

会社法59条1項4号と同趣旨である。株式会社の募集設立と同様、設立時募集投資口の払込金額の払込みは、払込取扱機関に対して行わなければならない（10項において準用する会社法63条1項）ため、その場所を記載させるものである。

(6) 設立時執行役員、設立時監督役員および設立時会計監査人の候補者の氏名または名称および住所ならびに設立時執行役員の候補者と設立企画人との利害関係の有無および利害関係があるときは、その内容

投資法人の設立時の執行役員、監督役員および会計監査人の選任については、その候補者を設立時募集投資口の引受けの申込みの際の通知事項とし、投資者がこれを了解した上で設立時募集投資口の引受けの申込みを行うことにより、当該候補者の選任について同意があったものと取り扱い、設立時募集投資口の割当てが終了した時にそれぞれ選任されたものとみなされ（法72条）、改めて創立総会の決議等による選任手続を経ることはしないものとする。これにより、株式会社の募集設立においては創立総会の招集・開催が必要である（会社法65条1項）のに対し、投資法人においては、設立時執行役員等による調査に基づく設立手続の瑕疵についての報告を設立企画人が受けた場合（法73条参照）を除いて、創立総会を開催する必要がなく、設立手続の簡素化・効率化が図られている。

なお、候補者の氏名「または名称」とされているのは、会計監査人につい

ては監査法人が就任することもあり得るためであって、執行役員および監督役員について法人が就任することを認める趣旨ではない。

　候補者の氏名等に加えて、設立時執行役員の候補者と設立企画人との利害関係の有無および内容が通知事項とされている背景としては、次のようなものがある。投資法人法上、執行役員は設立企画人と利害関係を有する者であってもよく、また、執行役員が設立企画人となった投資運用業者の従業員であるなど、一定の利害関係を有しているほうが設立から実際の資産運用に至るまでの連続性を確保することができ、望ましいという面がある。他方で、執行役員は設立企画人によって進められた設立手続を調査する義務を負う（法73条1項）など、設立企画人を監視・監督する立場も有する。そのため、設立企画人と執行役員の候補者との利害関係の内容を開示させ、投資者に対して判断材料の1つとして提供する方法が取られている。

　なお、監督役員については、設立企画人と一定の利害関係を有する者は監督役員となることができず（法100条参照）、また、会計監査人については、設立企画人との利害関係を問題とする必要性に乏しいため、監督役員および会計監査人の候補者と設立企画人との利害関係については通知事項としていない。

　具体的な通知事項は、次に掲げる者の区分に応じ、以下のとおり定められている（3項、施行規則113条）。

区　　分	通知事項
設立時執行役員の候補者	氏名および住所ならびに当該候補者が次に掲げる者の一または二以上に該当する場合には、次に掲げる区分に応じ、それぞれ次に定めるもの イ　設立企画人の親族（配偶者ならびに二親等以内の血族および姻族に限る。以下同じ。）　当該設立企画人の氏名および親族関係の内容 ロ　設立企画人が法人である場合におけるその役員または使用人（以下「役員等」という。）　当該設立企画人の名称ならびに当該設立企画人における最終役職名およびその在職期間 ハ　設立企画人が法人である場合におけるその主要株主（総株主等の議決権の100分の10以上の議決権に係る株式または出資を自己または他人（仮

第71条

	設人を含む。）の名義をもって所有している株主または出資者をいう。）　当該設立企画人の名称および保有している議決権の数 ニ　設立企画人の親会社（法人の総株主等の議決権の過半数を保有している株式会社をいう。以下同じ。）の役員等　当該設立企画人および当該設立企画人の親会社の名称ならびに当該親会社における最終役職名およびその在職期間 ホ　設立企画人の子会社（法人がその総株主の議決権（法100条3号に規定する議決権をいう。）の過半数を保有する株式会社をいう。以下同じ。）の役員等　当該設立企画人および当該設立企画人の子会社の名称ならびに当該子会社における最終役職名およびその在職期間
設立時監督役員および設立時会計監査人の候補者	氏名または名称および住所

(7)　法67条1項5号の額を満たす応募がないときは、設立を取りやめること

　投資法人の設立は、予定した規模の運用資産が集まること、すなわち、設立に際して出資される金銭の額（法67条1項5号）を満たす応募があることが前提となる。投資法人債の発行や借入れによる資金調達方法はあるものの、設立に際して出資される金銭の額（法67条1項5号）を満たす応募がないときには、必要な資産規模を得ることができず、申込みをした投資者の期待に反することとなるため、設立を取りやめる必要がある。そのため、これを通知事項とし、設立手続における条件としている。

(8)　一定の時期までに投資法人の設立の登記がされない場合または内閣総理大臣の登録を受けない場合において、設立時募集投資口の引受けの取消しをすることができること

　設立時募集投資口の引受けの申込みをし、申込証拠金または払込金額の支払を投資者が行ったにもかかわらず、長期間、投資法人の設立の登記（法74条）がなされず、または、投資法人が内閣総理大臣の登録（法187条）を受けないときには、徒に投資者の出資金を眠らせておくことは投資者保護に反する。そのため、一定の時期をもって、設立時募集投資口の引受けの取消しを

(9) 法115条の6第7項の規定による執行役員、監督役員または会計監査人の責任の免除についての規約の定めがあるときは、その定め

　投資法人は、執行役員、監督役員または会計監査人の任務懈怠による損害賠償責任（法115条の6第1項）について、これらの役員等が職務を行うにつき善意でかつ重大な過失がない場合において、責任の原因となった事実の内容、当該役員等の職務の執行の状況その他の事情を勘案してとくに必要と認めるときは、法115条の6第3項の規定により免除することができる額を限度として役員会の決議によって免除することができる旨を規約で定めることができる（法115条の6第7項）。かかる定めを規約に置いている場合には、その定めは通知事項となる。

(10) その他、施行規則111条で定める事項

以下の事項が定められている。

① 設立時執行役員の候補者の生年月日、略歴およびその者が当該投資法人の設立時執行役員に就任した場合において計算規則74条6号に定める重要な兼職に該当する事実があることとなるときは、その事実

② 設立時執行役員の候補者と成立時に法188条1項4号に規定する資産運用委託契約を締結すべき者との利害関係の有無および利害関係があるときは、その内容

③ 設立時監督役員の候補者の生年月日、略歴およびその者が当該投資法人の設立時監督役員に就任した場合において計算規則74条6号に定める重要な兼職に該当する事実があることとなるときは、その事実

④ 設立時会計監査人の候補者について、その者が公認会計士であるときは、生年月日、略歴および所属する事務所の所在場所、その者が監査法人であるときは、主たる事務所の所在場所および沿革

⑤ 設立時募集投資口の引受けの申込みに際して、当該申込みをした者が支払う手数料の有無および支払う手数料があるときは、その内容

⑥ 当該設立時募集投資口に係る投資証券の募集が、金融商品取引法2条3項1号に掲げる場合に該当するものにあっては、その旨

第71条

⑦　規約に定められた事項（法71条1項1号〜9号および①〜⑥に掲げる事項を除く）であって、設立企画人に対して設立時募集投資口の引受けの申込みをしようとする者が当該者に対して通知することを請求した事項

3　払込金の保管証明制度

払込取扱機関は銀行等（銀行、信託会社その他これに準ずるものとして施行規則112条で定めるものをいう）でなければならない（2項）。払込取扱機関は、設立企画人の請求により、払い込まれた金額に相当する金銭の保管に関する証明書の交付をしなければならず、当該証明書の記載が事実と異なることまたは払い込まれた金銭の返還に関する制限があることをもって成立後の投資法人に対抗することができない（10項において準用する会社法64条）。

4　設立時募集投資口の引受けの申込み

設立時募集投資口の引受けの申込みをする者は、①申込みをする者の氏名または名称および住所、ならびに、②引き受けようとする設立時募集投資口の口数を記載した書面を設立企画人に交付しなければならない（4項）。

5　現物出資の禁止

設立時募集投資口の引受けに係る払込みは、確実に行われることを期し、また、大量にかつ集団的に払込みが行われる場合の事務処理上の便宜も考慮して、金銭でしなければならない（9項）ものとされ、いわゆる現物出資は認められない。

6　準用条文（10項）

◇会社法60条（設立時募集株式の割当て）

1　設立企画人は、申込者の中から設立時募集投資口の割当てを受ける者を定め、かつ、その者に割り当てる設立時募集投資口の口数を定めなければならない。この場合において、設立企画人は、当該申込者に割り当てる設立時募集投資口の口数を、投資法人法第71条第4項第2号の口数

よりも減少することができる。
　2　設立企画人は、投資法人法第70条の2第1項第3号の期日（同号の期間を定めた場合にあっては、その期間の初日）の前日までに、申込者に対し、当該申込者に割り当てる設立時募集投資口の口数を通知しなければならない。
◇会社法62条（2号を除く）（設立時募集株式の引受け）
　　次の各号に掲げる者は、当該各号に定める設立時募集投資口の口数について設立時募集投資口の引受人となる。
　一　申込者　設立企画人の割り当てた設立時募集投資口の口数
◇会社法63条（設立時募集株式の払込金額の払込み）
　1　設立時募集投資口の引受人は、投資法人法第70条の2第1項第3号の期日又は同号の期間内に、設立企画人が定めた銀行等（投資法人法第71条第2項に規定する銀行等をいう。）の払込みの取扱いの場所において、それぞれの設立時募集投資口の払込金額の全額の払込みを行わなければならない。
　2　前項の規定による払込みをすることにより設立時発行投資口の投資主となる権利の譲渡は、成立後の投資法人に対抗することができない。
　3　設立時募集投資口の引受人は、第1項の規定による払込みをしないときは、当該払込みをすることにより設立時募集投資口の投資主となる権利を失う。
◇会社法64条（払込金の保管証明）
　1　投資法人法第70条の2第1項の募集をした場合には、設立企画人は、投資法人法第71条第10項において準用する前条第1項の規定による払込みの取扱いをした投資法人法第71条第2項に規定する銀行等に対し、投資法人法第71条第10項において準用する前条第1項の規定により払い込まれた金額に相当する金銭の保管に関する証明書の交付を請求することができる。
　2　前項の証明書を交付した銀行等は、当該証明書の記載が事実と異なること又は投資法人法第71条第10項において準用する前条第1項の規定により払い込まれた金銭の返還に関する制限があることをもって成立後の

> (設立時執行役員等の選任)
> **第72条** 前条第1項の規定により通知された設立時執行役員、設立時監督役員及び設立時会計監査人の候補者は、設立時発行投資口の割当てが終了した時に、それぞれ設立時執行役員、設立時監督役員及び設立時会計監査人に選任されたものとみなす。

1　趣　　旨

設立時募集投資口の引受けの申込みをしようとする者に対して通知した設立時執行役員、設立時監督役員および設立時会計監査人の候補者のみなし選任について定めるものである。

2　解　　説

投資法人の設立時の執行役員、監督役員および会計監査人の選任については、その候補者を設立時募集投資口の引受けの申込みの際の通知事項とし(法71条1項6号)、投資者がこれを了解した上で設立時募集投資口の引受けの申込みを行うことにより、当該候補者の選任について同意があったものと取り扱い、設立時募集投資口の割当てが終了した時にそれぞれ選任されたものとみなされ、改めて創立総会の決議等による選任手続を経ることはしないものとする。これにより、株式会社の募集設立においては創立総会の招集・開催が必要である(会社法65条1項)のに対し、投資法人においては、設立時執行役員等による調査に基づく設立手続の瑕疵についての報告を設立企画人が受けた場合(法73条参照)を除いて、創立総会を開催する必要がなく、設立手続の簡素化・効率化が図られている。

> (設立時執行役員等による調査等)
> **第73条** 設立時執行役員及び設立時監督役員は、投資法人の設立につい

て、第70条の2第1項第3号の期日又は同号の期間の末日のうち最も遅い日以後、遅滞なく、次に掲げる事項を調査しなければならない。
一　第67条第1項第5号の額を満たす設立時募集投資口の引受けがあつたこと。
二　第71条第10項において準用する会社法第63条第1項の規定による払込みが完了していること。
三　前2号に掲げる事項のほか、投資法人の設立の手続について法令又は規約に違反する事項その他内閣府令で定める事項がないこと。
2　設立時執行役員は、前項の規定による調査により同項各号のいずれかの事項について欠けるところがあるものと認めるときは、設立企画人にその旨を報告しなければならない。
3　設立企画人は、前項の規定による報告を受けた場合には、設立時投資主（第75条第5項において準用する会社法第102条第2項の規定により投資法人の投資主となる者をいう。以下同じ。）の総会（以下「創立総会」という。）を招集しなければならない。
4　第90条の2及び第91条の規定は設立企画人が創立総会を招集する場合について、会社法第68条第5項から第7項まで、第72条第1項本文、第73条第1項及び第4項、第74条から第83条まで並びに第93条第2項及び第3項の規定は投資法人の創立総会について、同法第830条、第831条、第834条（第16号及び第17号に係る部分に限る。）、第835条第1項、第836条第1項及び第3項、第837条、第838条、第846条並びに第937条第1項（第1号トに係る部分に限る。）の規定は投資法人の創立総会の決議の不存在若しくは無効の確認又は取消しの訴えについて、それぞれ準用する。この場合において、第91条第1項中「2月前までに当該日を公告し、当該日の2週間」とあるのは「2週間」と、同法第68条第5項中「第27条第5号又は第59条第3項第1号」とあるのは「投資法人法第67条第1項第16号又は第71条第4項第1号」と、同条第7項中「第1項」とあるのは「投資法人法第73条第4項において準用する投資法人法第91条第1項」と、同法第73条第4項中「第67条第1項第2号」とあるのは「投資法人法第73条第4項において準用

第73条

> する投資法人法第90条の2第1項第2号」と、同法第74条第4項及び第76条第2項中「第68条第3項」とあるのは「投資法人法第73条第4項において準用する投資法人法第91条第2項」と、同法第80条中「第67条及び第68条」とあるのは「投資法人法第73条第4項において準用する投資法人法第90条の2第1項及び第91条第1項から第3項まで」と、同法第81条第4項及び第82条第4項中「裁判所」とあるのは「内閣総理大臣」と、同法第93条第2項及び第3項中「設立時取締役」とあるのは「設立時執行役員及び設立時監督役員」と、同条第2項中「前項」とあり、及び同条第3項中「第1項」とあるのは「投資法人法第73条第1項」と読み替えるものとするほか、必要な技術的読替えは、政令で定める。

1 趣　旨

設立時執行役員および設立時監督役員による投資法人の設立手続の調査・報告義務および創立総会の招集等について定めている。

2 解　説

(1) 設立時執行役員等による投資法人の設立手続の調査・報告

会社法93条1項と基本的に同趣旨であり、設立時執行役員および設立時監督役員は、投資法人の設立について、設立時募集投資口の払込期日または払込期間の末日のうち最も遅い日以後、遅滞なく、次に掲げる事項を調査しなければならない（1項）。

① 規約に必要的記載事項として記載された設立に際して出資される金銭の額（法67条1項5号）を満たす設立時募集投資口の引受けがあったこと

② 設立時募集株式の払込金額の払込み（法71条10項において準用する会社法63条1項）が完了していること

③ 投資法人の設立の手続について法令または規約に違反する事項がないこと

④ 施行規則116条で定める次に掲げる事項がないこと
　ⓐ 役員等の報酬の額または報酬の支払に関する基準などの法67条1項12号・13号・17号および18号に掲げる金額または基準が、投資法人の財産の状態に照らし著しく不当である事項
　ⓑ 投資法人の一般事務受託者として不適当な者を成立時の一般事務受託者とし、当該投資法人の適切な運営および投資主の保護に欠けることとなるおそれがある事項
　ⓒ 不法の目的に基づいて法193条に規定する資産の運用行為を行おうとするとき（法190条1項1号）に該当する事項

　設立時執行役員は、かかる調査によりいずれかの事項について欠けるところがあるものと認めるときは、設立企画人にその旨を報告しなければならず（2項）、設立企画人は、かかる報告を受けた場合には、設立時投資主の総会、すなわち創立総会を招集しなければならない（3項）。

　かかる調査の結果、いずれの事項についても欠けるところがない場合には、残る手続は設立の登記のみである。

(2) 投資法人の創立総会

　創立総会の招集および開催に関する手続は、一部が簡略化されているほかは、投資主総会と基本的に同様である。

3　準用条文（4項）

◇投資法人法90条の2（招集の決定）

1　設立企画人は、創立総会を招集する場合には、次に掲げる事項を定めなければならない。
　一　創立総会の日時及び場所
　二　創立総会の目的である事項
　三　創立総会に出席しない設立時投資主が電磁的方法によつて議決権を行使することができることとするときは、その旨
　四　前3号に掲げるもののほか、内閣府令で定める事項
2　創立総会に出席しない設立時投資主は、書面によつて議決権を行使することができる。

第73条

◇投資法人法91条（招集手続）

1 創立総会を招集するには、設立企画人は、創立総会の日の２週間前までに、設立時投資主に対して、書面をもつてその通知を発しなければならない。

2 設立企画人は、前項の書面による通知の発出に代えて、政令で定めるところにより、設立時投資主の承諾を得て、電磁的方法により通知を発することができる。この場合において、当該設立企画人は、同項の書面による通知を発したものとみなす。

3 前２項の通知には、前条第１項各号に掲げる事項を記載し、又は記録しなければならない。

4 設立企画人は、第１項の通知に際しては、内閣府令で定めるところにより、設立時投資主に対し、議決権の行使について参考となるべき事項を記載した書類（次項において「創立総会参考書類」という。）及び設立時投資主が議決権を行使するための書面（以下この款において「議決権行使書面」という。）を交付しなければならない。

5 設立企画人は、第２項の承諾をした設立時投資主に対し同項の電磁的方法による通知を発するときは、前項の規定による創立総会参考書類及び議決権行使書面の交付に代えて、これらの書類に記載すべき事項を電磁的方法により提供することができる。ただし、設立時投資主の請求があつたときは、これらの書類を当該設立時投資主に交付しなければならない。

6 設立企画人は、前条第１項第３号に掲げる事項を定めた場合には、第２項の承諾をした設立時投資主に対する同項の電磁的方法による通知に際して、内閣府令で定めるところにより、設立時投資主に対し、議決権行使書面に記載すべき事項を当該電磁的方法により提供しなければならない。

7 設立企画人は、前項に規定する場合において、第２項の承諾をしていない設立時投資主から創立総会の日の１週間前までに議決権行使書面に記載すべき事項の電磁的方法による提供の請求があつたときは、内閣府令で定めるところにより、直ちに、当該設立時投資主に対し、当該事項

◇会社法68条5項〜7項(創立総会の招集の通知)

5 設立企画人が設立時投資主に対してする通知又は催告は、投資法人法第67条第1項第16号又は第71条第4項第1号の住所(当該設立時投資主が別に通知又は催告を受ける場所又は連絡先を設立企画人に通知した場合にあっては、その場所又は連絡先)にあてて発すれば足りる。

6 前項の通知又は催告は、その通知又は催告が通常到達すべきであった時に、到達したものとみなす。

7 前2項の規定は、投資法人法第73条第4項において準用する投資法人法第91条第1項の通知に際して設立時投資主に書面を交付し、又は当該書面に記載すべき事項を電磁的方法により提供する場合について準用する。この場合において、前項中「到達したもの」とあるのは、「当該書面の交付又は当該事項の電磁的方法による提供があったもの」と読み替えるものとする。

◇会社法72条1項本文(議決権の数)

1 設立時投資主(成立後の投資法人がその総投資主の議決権の4分の1以上を有することその他の事由を通じて成立後の投資法人がその経営を実質的に支配することが可能となる関係にあるものとして内閣府令で定める設立時投資主を除く。)は、創立総会において、その引き受けた設立時発行投資口1口につき1個の議決権を有する。

◇会社法73条1項および4項(創立総会の決議)

1 創立総会の決議は、当該創立総会において議決権を行使することができる設立時投資主の議決権の過半数であって、出席した当該設立時投資主の議決権の3分の2以上に当たる多数をもって行う。

4 創立総会は、投資法人法第73条第4項において準用する投資法人法第90条の2第1項第2号に掲げる事項以外の事項については、決議をすることができない。ただし、規約の変更又は投資法人の設立の廃止については、この限りでない。

◇会社法74条(議決権の代理行使)

1 設立時投資主は、代理人によってその議決権を行使することができ

第73条

る。この場合においては、当該設立時投資主又は代理人は、代理権を証明する書面を設立企画人に提出しなければならない。
2　前項の代理権の授与は、創立総会ごとにしなければならない。
3　第1項の設立時投資主又は代理人は、代理権を証明する書面の提出に代えて、政令で定めるところにより、設立企画人の承諾を得て、当該書面に記載すべき事項を電磁的方法により提供することができる。この場合において、当該設立時投資主又は代理人は、当該書面を提出したものとみなす。
4　設立時投資主が投資法人法第73条第4項において準用する投資法人法第91条第2項の承諾をした者である場合には、設立企画人は、正当な理由がなければ、前項の承諾をすることを拒んではならない。
5　設立企画人は、創立総会に出席することができる代理人の数を制限することができる。
6　設立企画人（投資法人の成立後にあっては、当該投資法人。次条第3項及び第76条第4項において同じ。）は、創立総会の日から3箇月間、代理権を証明する書面及び第3項の電磁的方法により提供された事項が記録された電磁的記録を設立企画人が定めた場所（投資法人の成立後にあっては、その本店。次条第3項及び第76条第4項において同じ。）に備え置かなければならない。
7　設立時投資主（投資法人の成立後にあっては、その投資主。次条第4項及び第76条第5項において同じ。）は、設立企画人が定めた時間（投資法人の成立後にあっては、その営業時間。次条第4項及び第76条第5項において同じ。）内は、いつでも、次に掲げる請求をすることができる。
　一　代理権を証明する書面の閲覧又は謄写の請求
　二　前項の電磁的記録に記録された事項を内閣府令で定める方法により表示したものの閲覧又は謄写の請求

◇会社法75条（書面による議決権の行使）
1　書面による議決権の行使は、議決権行使書面に必要な事項を記載し、内閣府令で定める時までに当該議決権行使書面を設立企画人に提出して行う。

2　前項の規定により書面によって行使した議決権の数は、出席した設立時投資主の議決権の数に算入する。

3　設立企画人は、創立総会の日から3箇月間、第1項の規定により提出された議決権行使書面を設立企画人が定めた場所に備え置かなければならない。

4　設立時投資主は、設立企画人が定めた時間内は、いつでも、第1項の規定により提出された議決権行使書面の閲覧又は謄写の請求をすることができる。

◇会社法76条（電磁的方法による議決権の行使）

1　電磁的方法による議決権の行使は、政令で定めるところにより、設立企画人の承諾を得て、内閣府令で定める時までに議決権行使書面に記載すべき事項を、電磁的方法により当該設立企画人に提供して行う。

2　設立時投資主が投資法人法第73条第4項において準用する投資法人法第91条第2項の承諾をした者である場合には、設立企画人は、正当な理由がなければ、前項の承諾をすることを拒んではならない。

3　第1項の規定により電磁的方法によって行使した議決権の数は、出席した設立時投資主の議決権の数に算入する。

4　設立企画人は、創立総会の日から3箇月間、第1項の規定により提供された事項を記録した電磁的記録を設立企画人が定めた場所に備え置かなければならない。

5　設立時投資主は、設立企画人が定めた時間内は、いつでも、前項の電磁的記録に記録された事項を内閣府令で定める方法により表示したものの閲覧又は謄写の請求をすることができる。

◇会社法77条（議決権の不統一行使）

1　設立時投資主は、その有する議決権を統一しないで行使することができる。この場合においては、創立総会の日の3日前までに、設立企画人に対してその旨及びその理由を通知しなければならない。

2　設立企画人は、前項の設立時投資主が他人のために設立時発行投資口を引き受けた者でないときは、当該設立時投資主が同項の規定によりその有する議決権を統一しないで行使することを拒むことができる。

第73条

◇会社法78条（設立企画人の説明義務）

　設立企画人は、創立総会において、設立時投資主から特定の事項について説明を求められた場合には、当該事項について必要な説明をしなければならない。ただし、当該事項が創立総会の目的である事項に関しないものである場合、その説明をすることにより設立時投資主の共同の利益を著しく害する場合その他正当な理由がある場合として内閣府令で定める場合は、この限りでない。

◇会社法79条（議長の権限）

1　創立総会の議長は、当該創立総会の秩序を維持し、議事を整理する。

2　創立総会の議長は、その命令に従わない者その他当該創立総会の秩序を乱す者を退場させることができる。

◇会社法80条（延期又は続行の決議）

　創立総会においてその延期又は続行について決議があった場合には、投資法人法第73条第4項において準用する投資法人法第90条の2第1項及び第91条第1項から第3項までの規定は、適用しない。

◇会社法81条（議事録）

1　創立総会の議事については、内閣府令で定めるところにより、議事録を作成しなければならない。

2　設立企画人（投資法人の成立後にあっては、当該投資法人。次条第2項において同じ。）は、創立総会の日から10年間、前項の議事録を設立企画人が定めた場所（投資法人の成立後にあっては、その本店。同条第2項において同じ。）に備え置かなければならない。

3　設立時投資主（投資法人の成立後にあっては、その投資主及び債権者。次条第3項において同じ。）は、設立企画人が定めた時間（投資法人の成立後にあっては、その営業時間。同項において同じ。）内は、いつでも、次に掲げる請求をすることができる。

　一　第1項の議事録が書面をもって作成されているときは、当該書面の閲覧又は謄写の請求

　二　第1項の議事録が電磁的記録をもって作成されているときは、当該電磁的記録に記録された事項を内閣府令で定める方法により表示した

ものの閲覧又は謄写の請求
4 投資法人の成立後において、当該投資法人の親法人（投資法人法第81条第1項に規定する親法人をいう。以下同じ。）の投資主は、その権利を行使するため必要があるときは、内閣総理大臣の許可を得て、第1項の議事録について前項各号に掲げる請求をすることができる。

◇会社法82条（創立総会の決議の省略）
1 設立企画人が創立総会の目的である事項について提案をした場合において、当該提案につき設立時投資主（当該事項について議決権を行使することができるものに限る。）の全員が書面又は電磁的記録により同意の意思表示をしたときは、当該提案を可決する旨の創立総会の決議があったものとみなす。
2 設立企画人は、前項の規定により創立総会の決議があったものとみなされた日から10年間、同項の書面又は電磁的記録を設立企画人が定めた場所に備え置かなければならない。
3 設立時投資主は、設立企画人が定めた時間内は、いつでも、次に掲げる請求をすることができる。
 一 前項の書面の閲覧又は謄写の請求
 二 前項の電磁的記録に記録された事項を内閣府令で定める方法により表示したものの閲覧又は謄写の請求
4 投資法人の成立後において、当該投資法人の親法人の投資主は、その権利を行使するため必要があるときは、内閣総理大臣の許可を得て、第2項の書面又は電磁的記録について前項各号に掲げる請求をすることができる。

◇会社法83条（創立総会への報告の省略）
設立企画人が設立時投資主の全員に対して創立総会に報告すべき事項を通知した場合において、当該事項を創立総会に報告することを要しないことにつき設立時投資主の全員が書面又は電磁的記録により同意の意思表示をしたときは、当該事項の創立総会への報告があったものとみなす。

◇会社法93条2項および3項（設立時取締役等による調査）
2 設立時執行役員及び設立時監督役員は、投資法人法第73条第1項の規

第73条

定による調査の結果を創立総会に報告しなければならない。

3 設立時執行役員及び設立時監督役員は、創立総会において、設立時投資主から投資法人法第73条第1項の規定による調査に関する事項について説明を求められた場合には、当該事項について必要な説明をしなければならない。

◇会社法830条（株主総会等の決議の不存在又は無効の確認の訴え）

1 創立総会の決議については、決議が存在しないことの確認を、訴えをもって請求することができる。

2 創立総会の決議については、決議の内容が法令に違反することを理由として、決議が無効であることの確認を、訴えをもって請求することができる。

◇会社法831条（株主総会等の決議の取消しの訴え）

1 次の各号に掲げる場合には、投資主、執行役員、監督役員、清算執行人、設立時投資主、設立時執行役員又は設立時監督役員は、創立総会の決議の日から3箇月以内に、訴えをもって当該決議の取消しを請求することができる。当該決議の取消しにより執行役員、監督役員又は清算執行人（設立時執行役員又は設立時監督役員を含む。）となる者も、同様とする。

一 創立総会の招集の手続又は決議の方法が法令若しくは規約に違反し、又は著しく不公正なとき。

二 創立総会の決議の内容が規約に違反するとき。

三 創立総会の決議について特別の利害関係を有する者が議決権を行使したことによって、著しく不当な決議がされたとき。

2 前項の訴えの提起があった場合において、創立総会の招集の手続又は決議の方法が法令又は規約に違反するときであっても、裁判所は、その違反する事実が重大でなく、かつ、決議に影響を及ぼさないものであると認めるときは、同項の規定による請求を棄却することができる。

◇会社法834条（16号および17号に係る部分に限る）（被告）

次の各号に掲げる訴え（以下この節において「投資法人の創立総会の決議の無効の確認又は取消しの訴え」と総称する。）については、当該各号に定め

る者を被告とする。
　十六　創立総会の決議が存在しないこと又は創立総会の決議の内容が法令に違反することを理由として当該決議が無効であることの確認の訴え　当該投資法人
　十七　創立総会の決議の取消しの訴え　当該投資法人

◇会社法835条1項（訴えの管轄及び移送）
　1　投資法人の創立総会の決議の無効の確認又は取消しの訴えは、被告となる投資法人の本店の所在地を管轄する地方裁判所の管轄に専属する。

◇会社法836条1項および3項（担保提供命令）
　1　投資法人の創立総会の決議の無効の確認又は取消しの訴えは、裁判所は、被告の申立てにより、当該投資法人の創立総会の決議の無効の確認又は取消しの訴えを提起した投資主又は設立時投資主に対し、相当の担保を立てるべきことを命ずることができる。ただし、当該投資主が執行役員、監督役員若しくは清算執行人であるとき、又は当該設立時投資主が設立時執行役員若しくは設立時監督役員であるときは、この限りでない。
　3　被告は、第1項（前項において準用する場合を含む。）の申立てをするには、原告の訴えの提起が悪意によるものであることを疎明しなければならない。

◇会社法837条（弁論等の必要的併合）
　同一の請求を目的とする投資法人の創立総会の決議の無効の確認又は取消しの訴えに係る訴訟が数個同時に係属するときは、その弁論及び裁判は、併合してしなければならない。

◇会社法838条（認容判決の効力が及ぶ者の範囲）
　投資法人の創立総会の決議の無効の確認又は取消しの訴えに係る請求を認容する確定判決は、第三者に対してもその効力を有する。

◇会社法846条（原告が敗訴した場合の損害賠償責任）
　投資法人の創立総会の決議の無効の確認又は取消しの訴えを提起した原告が敗訴した場合において、原告に悪意又は重大な過失があったときは、原告は、被告に対し、連帯して損害を賠償する責任を負う。

◇会社法937条1項（1号トに係る部分に限る）（裁判による登記の嘱託）
1 次に掲げる場合には、裁判所書記官は、職権で、遅滞なく、<u>投資法人</u>の本店の所在地を管轄する登記所にその登記を嘱託しなければならない。
　一　次に掲げる訴えに係る請求を認容する判決が確定したとき。
　　ト　<u>創立総会</u>の決議した事項についての登記があった場合における次に掲げる訴え
　　　(1) <u>創立総会</u>の決議が存在しないこと又は<u>創立総会</u>の決議の内容が法令に違反することを理由として当該決議が無効であることの確認の訴え
　　　(2) <u>創立総会</u>の決議の取消しの訴え

（投資法人の成立）
第74条　投資法人は、設立の登記をすることによつて成立する。

1　趣　　旨

投資法人の設立手続は、登記により完了し、法人としての投資法人が成立することになることについて定めている。

2　解　　説

会社法49条と同趣旨である。

（会社法の準用等）
第75条　会社法第53条から第56条までの規定は、投資法人について準用する。この場合において、必要な技術的読替えは、政令で定める。
2　投資法人の成立の時に設立時募集投資口のうち引受けのない部分があるときは、設立企画人、設立時執行役員及び設立時監督役員は、共同して、当該部分について引き受けたものとみなす。投資法人の成立

後に投資口の引受人の設立時募集投資口の引受けに係る意思表示が取り消されたときも、同様とする。
　3　投資法人の成立の時に設立時募集投資口のうち第71条第10項において準用する会社法第63条第1項の規定による払込みがされていないものがあるときは、設立企画人、設立時執行役員及び設立時監督役員は、連帯して、当該払込みがされていない額を支払う義務を負う。
　4　第70条の2第1項の募集の広告その他当該募集に関する書面又は電磁的記録に自己の氏名又は名称及び投資法人の設立を賛助する旨を記載し、又は記録することを承諾した者（設立企画人を除く。）は、設立企画人とみなして、前3項の規定を適用する。
　5　会社法第102条の規定は、設立時募集投資口について準用する。この場合において、必要な技術的読替えは、政令で定める。
　6　会社法第828条第1項（第1号に係る部分に限る。）及び第2項（第1号に係る部分に限る。）、第834条（第1号に係る部分に限る。）、第835条第1項、第836条第1項及び第3項、第837条から第839条まで、第846条並びに第937条第1項（第1号イに係る部分に限る。）の規定は、投資法人の設立の無効の訴えについて準用する。この場合において、必要な技術的読替えは、政令で定める。
　7　会社法第7編第2章第2節（第847条第2項、第849条第2項第2号及び第5項並びに第851条第1項第1号及び第2項を除く。）の規定は、設立企画人、設立時執行役員又は設立時監督役員の責任を追及する訴えについて準用する。この場合において、必要な技術的読替えは、政令で定める。

1　趣　　旨

発起人等の損害賠償責任、設立無効の訴え等の設立に関する会社法の規定の準用、設立企画人等の引受・払込担保責任等について定めるものである。

2　準用条文（1項）

◇会社法53条（発起人等の損害賠償責任）

第75条

1 設立企画人、設立時執行役員又は設立時監督役員は、投資法人の設立についてその任務を怠ったときは、当該投資法人に対し、これによって生じた損害を賠償する責任を負う。

2 設立企画人、設立時執行役員又は設立時監督役員がその職務を行うについて悪意又は重大な過失があったときは、当該設立企画人、設立時執行役員又は設立時監督役員は、これによって第三者に生じた損害を賠償する責任を負う。

◇会社法54条（発起人等の連帯責任）

設立企画人、設立時執行役員又は設立時監督役員が投資法人又は第三者に生じた損害を賠償する責任を負う場合において、他の設立企画人、設立時執行役員又は設立時監督役員も当該損害を賠償する責任を負うときは、これらの者は、連帯債務者とする。

◇会社法55条（責任の免除）

第53条第1項の規定により設立企画人、設立時執行役員又は設立時監督役員の負う責任は、総投資主の同意がなければ、免除することができない。

◇会社法56条（株式会社不成立の場合の責任）

投資法人が成立しなかったときは、設立企画人は、連帯して、投資法人の設立に関してした行為についてその責任を負い、投資法人の設立に関して支出した費用を負担する。

3 準用条文（5項）

◇会社法102条（設立手続等の特則）

1 設立時募集投資口の引受人は、設立企画人が定めた時間内は、いつでも、投資法人法第67条第7項において準用する第31条第2項各号に掲げる請求をすることができる。ただし、同項第2号又は第4号に掲げる請求をするには、設立企画人の定めた費用を支払わなければならない。

2 設立時募集投資口の引受人は、投資法人の成立の時に、投資法人法第71条第10項において準用する第63条第1項の規定による払込みを行った設立時発行投資口の投資主となる。

3 民法第93条ただし書及び第94条第１項の規定は、設立時募集投資口の引受けの申込み及び割当てに係る意思表示については、適用しない。
4 設立時募集投資口の引受人は、投資法人の成立後又は創立総会においてその議決権を行使した後は、錯誤を理由として設立時発行投資口の引受けの無効を主張し、又は詐欺若しくは強迫を理由として設立時発行投資口の引受けの取消しをすることができない。

4 準用条文（6項）

◇会社法828条１項（１号）および第２項（１号）（会社の組織に関する行為の無効の訴え）
1 次の各号に掲げる行為の無効は、当該各号に定める期間に、訴えをもってのみ主張することができる。
一 投資法人の設立　投資法人の成立の日から２年以内
2 次の各号に掲げる行為の無効の訴えは、当該各号に定める者に限り、提起することができる。
一 前項第１号に掲げる行為　設立する投資法人の投資主、執行役員、監督役員又は清算執行人

◇会社法834条（１号に係る部分に限る）（被告）
次の各号に掲げる訴え（以下この節において「投資法人の設立の無効の訴え」と総称する。）については、当該各号に定める者を被告とする。
一 投資法人の設立の無効の訴え　設立する投資法人

◇会社法835条１項（訴えの管轄及び移送）
1 投資法人の設立の無効の訴えは、被告となる投資法人の本店の所在地を管轄する地方裁判所の管轄に専属する。

◇会社法836条１項および３項（担保提供命令）
1 投資法人の設立の無効の訴えは、裁判所は、被告の申立てにより、当該投資法人の設立の無効の訴えを提起した投資主に対し、相当の担保を立てるべきことを命ずることができる。ただし、当該投資主が執行役員、監督役員若しくは清算執行人であるときは、この限りでない。
3 被告は、第１項（前項において準用する場合を含む。）の申立てをする

第75条

には、原告の訴えの提起が悪意によるものであることを疎明しなければならない。

◇会社法837条（弁論等の必要的併合）

同一の請求を目的とする<u>投資法人の設立の無効の訴え</u>に係る訴訟が数個同時に係属するときは、その弁論及び裁判は、併合してしなければならない。

◇会社法838条（認容判決の効力が及ぶ者の範囲）

<u>投資法人の設立の無効の訴え</u>に係る請求を認容する確定判決は、第三者に対してもその効力を有する。

◇会社法839条（無効又は取消しの判決の効力）

<u>投資法人の設立の無効の訴え</u>に係る請求を認容する判決が確定したときは、当該判決において無効と<u>された</u>行為（当該行為によって<u>投資法人</u>が設立された場合にあっては当該設立を<u>含む</u>。）は、将来に向かってその効力を失う。

◇会社法846条（原告が敗訴した場合の損害賠償責任）

<u>投資法人の設立の無効の訴え</u>を提起した原告が敗訴した場合において、原告に悪意又は重大な過失があったときは、原告は、被告に対し、連帯して損害を賠償する責任を負う。

○会社法937条1項（1号イ）（裁判による登記の嘱託）

1　次に掲げる場合には、裁判所書記官は、職権で、遅滞なく、<u>投資法人</u>の本店の所在地を管轄する登記所にその登記を嘱託しなければならない。

一　次に掲げる訴えに係る請求を認容する判決が確定したとき。

イ　<u>投資法人</u>の設立の無効の訴え

5　準用条文（7項）

◇会社法847条（2項を除く）（責任追及等の訴え）

1　6箇月（これを下回る期間を<u>規約</u>で定めた場合にあっては、その期間）前から引き続き<u>投資口</u>を有する<u>投資主</u>は、<u>投資法人</u>に対し、書面その他の<u>内閣府令</u>で定める方法により、<u>設立企画人、設立時執行役員又は設立時</u>

監督役員の責任を追及する訴えの提起を請求することができる。ただし、設立企画人、設立時執行役員又は設立時監督役員の責任を追及する訴えが当該投資主若しくは第三者の不正な利益を図り又は当該投資法人に損害を加えることを目的とする場合は、この限りでない。

3　投資法人が第１項の規定による請求の日から60日以内に設立企画人、設立時執行役員又は設立時監督役員の責任を追及する訴えを提起しないときは、当該請求をした投資主は、投資法人のために、設立企画人、設立時執行役員又は設立時監督役員の責任を追及する訴えを提起することができる。

4　投資法人は、第１項の規定による請求の日から60日以内に設立企画人、設立時執行役員又は設立時監督役員の責任を追及する訴えを提起しない場合において、当該請求をした投資主又は同項の設立企画人、設立時執行役員又は設立時監督役員から請求を受けたときは、当該請求をした者に対し、遅滞なく、設立企画人、設立時執行役員又は設立時監督役員の責任を追及する訴えを提起しない理由を書面その他の内閣府令で定める方法により通知しなければならない。

5　第１項及び第３項の規定にかかわらず、同項の期間の経過により投資法人に回復することができない損害が生ずるおそれがある場合には、第１項の投資主は、投資法人のために、直ちに設立企画人、設立時執行役員又は設立時監督役員の責任を追及する訴えを提起することができる。ただし、同項ただし書に規定する場合は、この限りでない。

6　第３項又は前項の設立企画人、設立時執行役員又は設立時監督役員の責任を追及する訴えは、訴訟の目的の価額の算定については、財産権上の請求でない請求に係る訴えとみなす。

7　投資主が設立企画人、設立時執行役員又は設立時監督役員の責任を追及する訴えを提起したときは、裁判所は、被告の申立てにより、当該投資主に対し、相当の担保を立てるべきことを命ずることができる。

8　被告が前項の申立てをするには、設立企画人、設立時執行役員又は設立時監督役員の責任を追及する訴えの提起が悪意によるものであることを疎明しなければならない。

第75条

◇会社法848条(訴えの管轄)

　　設立企画人、設立時執行役員又は設立時監督役員の責任を追及する訴えは、投資法人の本店の所在地を管轄する地方裁判所の管轄に専属する。

◇会社法849条(2項2号および5項を除く)(訴訟参加)

1　投資主又は投資法人は、共同訴訟人として、又は当事者の一方を補助するため、設立企画人、設立時執行役員又は設立時監督役員の責任を追及する訴えに係る訴訟に参加することができる。ただし、不当に訴訟手続を遅延させることとなるとき、又は裁判所に対し過大な事務負担を及ぼすこととなるときは、この限りでない。

2　投資法人が、執行役員及び清算執行人並びにこれらの者であった者を補助するため、設立企画人、設立時執行役員又は設立時監督役員の責任を追及する訴えに係る訴訟に参加するには、次の各号に掲げる投資法人の区分に応じ、当該各号に定める者の同意を得なければならない。

　一　投資法人　監督役員又は清算監督人(監督役員又は清算監督人が2人以上ある場合にあっては、各監督役員又は清算監督人)

3　投資主は、設立企画人、設立時執行役員又は設立時監督役員の責任を追及する訴えを提起したときは、遅滞なく、投資法人に対し、訴訟告知をしなければならない。

4　投資法人は、設立企画人、設立時執行役員又は設立時監督役員の責任を追及する訴えを提起したとき、又は前項の訴訟告知を受けたときは、遅滞なく、その旨を公告し、又は投資主に通知しなければならない。

◇会社法850条(和解)

1　民事訴訟法第267条の規定は、投資法人が設立企画人、設立時執行役員又は設立時監督役員の責任を追及する訴えに係る訴訟における和解の当事者でない場合には、当該訴訟における訴訟の目的については、適用しない。ただし、当該投資法人の承認がある場合は、この限りでない。

2　前項に規定する場合において、裁判所は、投資法人に対し、和解の内容を通知し、かつ、当該和解に異議があるときは2週間以内に異議を述べるべき旨を催告しなければならない。

3　投資法人が前項の期間内に書面により異議を述べなかったときは、同

項の規定による通知の内容で投資主が和解をすることを承認したものとみなす。
 4　投資法人法第75条第１項において準用する第55条の規定は、設立企画人、設立時執行役員又は設立時監督役員の責任を追及する訴えに係る訴訟における和解をする場合には、適用しない。

◇会社法851条（１項１号および２項を除く）（株主でなくなった者の訴訟追行）
 1　設立企画人、設立時執行役員又は設立時監督役員の責任を追及する訴えを提起した投資主又は第849条第１項の規定により共同訴訟人として当該設立企画人、設立時執行役員又は設立時監督役員の責任を追及する訴えに係る訴訟に参加した投資主が当該訴訟の係属中に投資主でなくなった場合であっても、次に掲げるときは、その者が、訴訟を追行することができる。
  二　その者が当該投資法人が合併により消滅する投資法人となる合併により、合併により設立する投資法人又は合併後存続する投資法人若しくはその完全親法人の投資口を取得したとき。
 3　第１項の規定は、同項第２号（前項又はこの項において準用する場合を含む。）に掲げる場合において、第１項の投資主が同項の訴訟の係属中に合併により設立する投資法人又は合併後存続する投資法人若しくはその完全親法人の投資口の投資主でなくなったときについて準用する。この場合において、同項（前項又はこの項において準用する場合を含む。）中「当該投資法人」とあるのは、「合併により設立する投資法人又は合併後存続する投資法人若しくはその完全親法人」と読み替えるものとする。

◇会社法852条（費用等の請求）
 1　設立企画人、設立時執行役員又は設立時監督役員の責任を追及する訴えを提起した投資主が勝訴（一部勝訴を含む。）した場合において、当該設立企画人、設立時執行役員又は設立時監督役員の責任を追及する訴えに係る訴訟に関し、必要な費用（訴訟費用を除く。）を支出したとき又は弁護士若しくは弁護士法人に報酬を支払うべきときは、当該投資法人に対し、その費用の額の範囲内又はその報酬額の範囲内で相当と認められる額の支払を請求することができる。

第75条

 2　設立企画人、設立時執行役員又は設立時監督役員の責任を追及する訴えを提起した投資主が敗訴した場合であっても、悪意があったときを除き、当該投資主は、当該投資法人に対し、これによって生じた損害を賠償する義務を負わない。

 3　前2項の規定は、第849条第1項の規定により同項の訴訟に参加した投資主について準用する。

◇会社法853条（再審の訴え）

 1　設立企画人、設立時執行役員又は設立時監督役員の責任を追及する訴えが提起された場合において、原告及び被告が共謀して設立企画人、設立時執行役員又は設立時監督役員の責任を追及する訴えに係る訴訟の目的である投資法人の権利を害する目的をもって判決をさせたときは、投資法人又は投資主は、確定した終局判決に対し、再審の訴えをもって、不服を申し立てることができる。

 2　前条の規定は、前項の再審の訴えについて準用する。

第 3 節

投資口および投資証券

> （発行する投資口）
> 第76条　投資法人が発行する投資口は、無額面とする。

　投資法人の投資口についても、株式会社の株式と同様、無額面の投資口に統一されている。無額面の投資口とは、規約上「一口の金額」（額面金額、券面額、株金額）の定めがなく、したがって、投資証券にもその記載はなく、当該投資証券が表章する投資口数のみが記載される投資口である[20]。

> （投資主の責任及び権利等）
> 第77条　投資主の責任は、その有する投資口の引受価額を限度とする。
> 2　投資主は、その有する投資口につき次に掲げる権利その他この法律の規定により認められた権利を有する。
> 　一　金銭の分配を受ける権利
> 　二　残余財産の分配を受ける権利
> 　三　投資主総会における議決権
> 3　投資主に前項第1号及び第2号に掲げる権利の全部又は同項第3号に掲げる権利の全部若しくは一部を与えない旨の規約の定めは、その効力を有しない。

---

[20]　株式会社の株式に関する無額面株式と額面株式との比較、改正の経緯については、江頭憲治郎『株式会社法［第2版］』118頁以下（有斐閣、2008年）を参照。

> 4 会社法第106条及び第109条第1項の規定は、投資口について準用する。この場合において、同項中「内容及び数」とあるのは「口数」と読み替えるものとするほか、必要な技術的読替えは、政令で定める。

1 趣　旨

投資主の責任の有限責任性および権利の内容などについて定めている。

2 解　説

会社法104条（株主の責任）および105条（株主の権利）と同趣旨である。

もっとも、株式会社においては、株主に①剰余金の配当を受ける権利および②残余財産の分配を受ける権利の全部を与えない旨の定款の定めは無効とされているが、投資法人においては、これに加えて、③投資主総会における議決権の全部または一部を与えない旨の規約の定めも無効とされており、投資主の投資主総会における議決権を規約をもって制限することはできない。

3 準用条文（4項）

◇会社法106条（共有者による権利の行使）

　投資口が2以上の者の共有に属するときは、共有者は、当該投資口についての権利を行使する者1人を定め、投資法人に対し、その者の氏名又は名称を通知しなければ、当該投資口についての権利を行使することができない。ただし、投資法人が当該権利を行使することに同意した場合は、この限りでない。

◇会社法109条1項（株主の平等）

　1　投資法人は、投資主を、その有する投資口の口数に応じて、平等に取り扱わなければならない。

（投資主の権利の行使に関する利益の供与）
第77条の2　投資法人は、何人に対しても、投資主の権利の行使に関し、財産上の利益の供与（当該投資法人又はその子法人（投資法人が他

の投資法人の発行済投資口（投資法人が発行している投資口をいう。以下同じ。）の過半数の投資口を有する場合における当該他の投資法人をいう。以下同じ。）の計算においてするものに限る。以下この条において同じ。）をしてはならない。
2　投資法人が特定の投資主に対して無償で財産上の利益の供与をしたときは、当該投資法人は、投資主の権利の行使に関し、財産上の利益の供与をしたものと推定する。投資法人が特定の投資主に対して有償で財産上の利益の供与をした場合において、当該投資法人又はその子法人の受けた利益が当該財産上の利益に比して著しく少ないときも、同様とする。
3　投資法人が第1項の規定に違反して財産上の利益の供与をしたときは、当該利益の供与を受けた者は、これを当該投資法人又はその子法人に返還しなければならない。この場合において、当該利益の供与を受けた者は、当該投資法人又はその子法人に対して当該利益と引換えに給付をしたものがあるときは、その返還を受けることができる。
4　投資法人が第1項の規定に違反して財産上の利益の供与をしたときは、当該利益の供与をすることに関与した執行役員又は監督役員として内閣府令で定める者は、当該投資法人に対して、連帯して、供与した利益の価額に相当する額を支払う義務を負う。ただし、その者（当該利益の供与をした執行役員を除く。）がその職務を行うについて注意を怠らなかつたことを証明した場合は、この限りでない。
5　前項の義務は、総投資主の同意がなければ、免除することができない。
6　会社法第7編第2章第2節（第847条第2項、第849条第2項第2号及び第5項並びに第851条第1項第1号及び第2項を除く。）の規定は、第3項の利益の返還を求める訴えについて準用する。この場合において、必要な技術的読替えは、政令で定める。

1　趣　　旨

投資法人が、投資主の権利行使に関し、利益供与をしてはならないこと、

第77条の2

利益供与がされた場合における利益の返還について定めるものである。会社法120条と同趣旨である。

2 解　説
(1)　利益供与の禁止

社員のみならず、特定社債権者、特定約束手形の所持人および特定目的借入れに係る債権者の権利行使に関する利益供与も禁止している資産流動化型スキームの資産流動化法の特定目的会社（資産流動化法120条）と異なり、投資法人では、株式会社と同様、投資主の権利に関する利益供与のみを禁止している。資産流動化法の特定目的会社においては、債権者との関係において、定款と異なり、単なる内部規律以上の公的性質を有している資産流動化計画があるためであると考えられる。

利益供与がされた場合において、供与した利益の価額に相当する額を支払う義務を連帯して負い得る者に、執行役員のみならず監督役員が含まれている（4項、施行規則127条）のは、株式会社の取締役会に相当する投資法人の役員会が、すべての執行役員および監督役員で構成される（法112条）ためである。

(2)　発行済投資口および子法人の定義

本条1項において、「発行済投資口」とは投資法人が発行している投資口と、投資法人の「子法人」とは投資法人が他の投資法人の発行済投資口の過半数の投資口を有する場合における当該他の投資法人と定義されている。

3　準用条文（6項）

◇会社法847条（2項を除く）（責任追及等の訴え）
1　6箇月（これを下回る期間を規約で定めた場合にあっては、その期間）前から引き続き投資口を有する投資主は、投資法人に対し、書面その他の内閣府令で定める方法により、投資法人法77条の2第3項の利益の返還を求める訴えの提起を請求することができる。ただし、投資法人法77条の2第3項の利益の返還を求める訴えが当該投資主若しくは第三者の不正な利益を図り又は当該投資法人に損害を加えることを目的とする場合

は、この限りでない。
3 投資法人が第1項の規定による請求の日から60日以内に投資法人法77条の2第3項の利益の返還を求める訴えを提起しないときは、当該請求をした投資主は、投資法人のために、投資法人法77条の2第3項の利益の返還を求める訴えを提起することができる。
4 投資法人は、第1項の規定による請求の日から60日以内に投資法人法77条の2第3項の利益の返還を求める訴えを提起しない場合において、当該請求をした投資主から請求を受けたときは、当該請求をした者に対し、遅滞なく、投資法人法77条の2第3項の利益の返還を求める訴えを提起しない理由を書面その他の内閣府令で定める方法により通知しなければならない。
5 第1項及び第3項の規定にかかわらず、同項の期間の経過により投資法人に回復することができない損害が生ずるおそれがある場合には、第1項の投資主は、投資法人のために、直ちに投資法人法77条の2第3項の利益の返還を求める訴えを提起することができる。ただし、同項ただし書に規定する場合は、この限りでない。
6 第3項又は前項の投資法人法77条の2第3項の利益の返還を求める訴えは、訴訟の目的の価額の算定については、財産権上の請求でない請求に係る訴えとみなす。
7 投資主が投資法人法77条の2第3項の利益の返還を求める訴えを提起したときは、裁判所は、被告の申立てにより、当該投資主に対し、相当の担保を立てるべきことを命ずることができる。
8 被告が前項の申立てをするには、投資法人法77条の2第3項の利益の返還を求める訴えの提起が悪意によるものであることを疎明しなければならない。

◇会社法848条（訴えの管轄）

　投資法人法77条の2第3項の利益の返還を求める訴えは、投資法人の本店の所在地を管轄する地方裁判所の管轄に専属する。

◇会社法849条（2項2号および5項を除く）（訴訟参加）
1 投資主又は投資法人は、共同訴訟人として、又は当事者の一方を補助

第77条の2

するため、<u>投資法人法77条の2第3項の利益の返還を求める訴え</u>に係る訴訟に参加することができる。ただし、不当に訴訟手続を遅延させることとなるとき、又は裁判所に対し過大な事務負担を及ぼすこととなるときは、この限りでない。

2 <u>投資法人</u>が、<u>執行役員及び清算執行人</u>並びにこれらの者であった者を補助するため、<u>投資法人法77条の2第3項の利益の返還を求める訴え</u>に係る訴訟に参加するには、次の各号に掲げる<u>投資法人</u>の区分に応じ、当該各号に定める者の同意を得なければならない。

一 <u>投資法人</u> 監督役員又は清算監督人（監督役員又は清算監督人が2人以上ある場合にあっては、<u>各監督役員又は清算監督人</u>）

3 <u>投資主</u>は、<u>投資法人法77条の2第3項の利益の返還を求める訴え</u>を提起したときは、遅滞なく、<u>投資法人</u>に対し、訴訟告知をしなければならない。

4 <u>投資法人</u>は、<u>投資法人法77条の2第3項の利益の返還を求める訴え</u>を提起したとき、又は前項の訴訟告知を受けたときは、遅滞なく、その旨を公告し、又は<u>投資主</u>に通知しなければならない。

◇会社法850条（和解）

1 民事訴訟法第267条の規定は、<u>投資法人が投資法人法77条の2第3項の利益の返還を求める訴え</u>に係る訴訟における和解の当事者でない場合には、当該訴訟における訴訟の目的については、適用しない。ただし、当該<u>投資法人</u>の承認がある場合は、この限りでない。

2 前項に規定する場合において、裁判所は、<u>投資法人</u>に対し、和解の内容を通知し、かつ、当該和解に異議があるときは2週間以内に異議を述べるべき旨を催告しなければならない。

3 <u>投資法人</u>が前項の期間内に書面により異議を述べなかったときは、同項の規定による通知の内容で<u>投資主</u>が和解をすることを承認したものとみなす。

4 第120条第5項の規定は、<u>投資法人法77条の2第3項の利益の返還を求める訴え</u>に係る訴訟における和解をする場合には、適用しない。

◇会社法851条（1項1号および2項を除く）（株主でなくなった者の訴訟追行）

1 投資法人法77条の2第3項の利益の返還を求める訴えを提起した投資主又は第849条第1項の規定により共同訴訟人として当該投資法人法77条の2第3項の利益の返還を求める訴えに係る訴訟に参加した投資主が当該訴訟の係属中に投資主でなくなった場合であっても、次に掲げるときは、その者が、訴訟を追行することができる。

二 その者が当該投資法人が合併により消滅する投資法人となる合併により、合併により設立する投資法人又は合併後存続する投資法人若しくはその完全親法人の投資口を取得したとき。

3 第1項の規定は、同項第2号（前項又はこの項において準用する場合を含む。）に掲げる場合において、第1項の投資主が同項の訴訟の係属中に合併により設立する投資法人又は合併後存続する投資法人若しくはその完全親法人の投資口の投資主でなくなったときについて準用する。この場合において、同項（前項又はこの項において準用する場合を含む。）中「当該投資法人」とあるのは、「合併により設立する投資法人又は合併後存続する投資法人若しくはその完全親法人」と読み替えるものとする。

◇会社法852条（費用等の請求）

1 投資法人法77条の2第3項の利益の返還を求める訴えを提起した投資主が勝訴（一部勝訴を含む。）した場合において、当該投資法人法77条の2第3項の利益の返還を求める訴えに係る訴訟に関し、必要な費用（訴訟費用を除く。）を支出したとき又は弁護士若しくは弁護士法人に報酬を支払うべきときは、当該投資法人に対し、その費用の額の範囲内又はその報酬額の範囲内で相当と認められる額の支払を請求することができる。

2 投資法人法77条の2第3項の利益の返還を求める訴えを提起した投資主が敗訴した場合であっても、悪意があったときを除き、当該投資主は、当該投資法人に対し、これによって生じた損害を賠償する義務を負わない。

3 前2項の規定は、第849条第1項の規定により同項の訴訟に参加した投資主について準用する。

◇会社法853条（再審の訴え）

第77の2・第77条の3

1 投資法人法77条の2第3項の利益の返還を求める訴えが提起された場合において、原告及び被告が共謀して投資法人法77条の2第3項の利益の返還を求める訴えに係る訴訟の目的である投資法人の権利を害する目的をもって判決をさせたときは、投資法人又は投資主は、確定した終局判決に対し、再審の訴えをもって、不服を申し立てることができる。
2 前条の規定は、前項の再審の訴えについて準用する。

（投資主名簿等）
第77条の3 投資法人は、投資主名簿を作成し、これに次に掲げる事項及び発行済投資口の総口数を記載し、又は記録しなければならない。
一 投資主の氏名又は名称及び住所
二 前号の投資主の有する投資口の口数
三 第1号の投資主が投資口を取得した日
四 第2号の投資口（投資証券が発行されているものに限る。）に係る投資証券の番号
2 投資法人は、一定の日（以下この項及び次項において「基準日」という。）を定めて、基準日において投資主名簿に記載され、又は記録されている投資主をその権利を行使することができる者と定めることができる。
3 会社法第124条第2項及び第3項の規定は基準日について、同法第125条（第3項第3号を除く。）の規定は投資主名簿について、同法第126条並びに第196条第1項及び第2項の規定は投資主に対してする通知又は催告について、それぞれ準用する。この場合において、同法第125条第1項中「その本店（株主名簿管理人がある場合にあっては、その営業所）」とあるのは「投資法人法第166条第2項第8号に規定する投資主名簿等管理人の営業所」と、同条第4項及び第5項中「裁判所」とあるのは「内閣総理大臣」と、同項中「第3項各号」とあるのは「第3項第1号、第2号、第4号又は第5号」と、同法第126条第5項中「第299条第1項（第325条において準用する場合を含む。）」とあるの

は「投資法人法第91条第1項」と読み替えるものとするほか、必要な技術的読替えは、政令で定める。
4　第2項の規定並びに前項において準用する会社法第124条第2項及び第3項並びに第196条第1項及び第2項の規定は第79条第4項において準用する同法第148条各号に掲げる事項が投資主名簿に記載され、又は記録された質権者（以下「登録投資口質権者」という。）について、同法第150条の規定は登録投資口質権者に対してする通知又は催告について、それぞれ準用する。この場合において、必要な技術的読替えは、政令で定める。
5　投資法人が投資口の全部について投資証券を発行していない場合には、第3項において準用する会社法第124条第3項（前項において準用する場合を含む。）の規定による公告に代えて、公告すべき事項を投資主及び登録投資口質権者に通知することができる。

1　趣　　旨

投資主名簿に関する事項について定めるものである。投資主名簿は基本的に会社法の株主名簿と同様に設計されている。本条は会社法121条、124条1項と同趣旨である。

2　解　　説

(1)　投資主名簿の記載事項

会社法の株主名簿の記載事項（会社法121条）に倣って定められた1項各号の事項に加えて、投資法人の発行済投資口の総口数が投資主名簿の記載事項とされている。投資法人の発行済投資口の総口数を投資主名簿の記載事項としているのは、株式会社の発行済株式の総数については登記事項となっている（会社法911条3項9号）が投資法人の発行済投資口の総口数については登記事項となっていない（法166条2項参照）ところ、発行済投資口の総口数に対する一定割合以上の投資口の保有を行使要件とする投資主の権利など、発行済投資口の総口数は投資主の権利行使にとって重要な事項であることから、投資主名簿の閲覧を通じて投資主に対してこれを開示させるためであ

また、種類投資口の発行は認められていないため、投資口の種類に関する事項は、投資主名簿の記載事項とはなっていない（1項2号）。

(2) 基準日制度

議決権などの投資主の権利を行使することができる投資主を定めるための基準日の制度を設けている（2項）。投資法人の判断により、基準日後に投資主となった者のうち、議決権を行使することができる投資主を別途定めることについては、株式会社の場合に比べてその実務上の必要性に乏しいことから、明文化していない。

なお、基準日制度のほかに議決権を行使すべき投資主を確定する制度であった投資主名簿閉鎖の制度は、株券不発行制度の導入に関する平成16年商法改正に伴う整備により廃止されている。

(3) 投資主名簿の閲覧請求権

投資主名簿の閲覧・謄写請求権について、拒絶事由が明文化されている（3項において準用する会社法125条3項）。株式会社と異なり、「請求者が当該投資法人の業務と実質的に競争関係にある事業を営み、またはこれに従事するものであるとき」は拒絶事由とされていない。

(4) 投資証券が発行されていない場合の特例

株券不発行制度の導入に関する平成16年商法改正に伴う整備により、投資法人が投資口の全部について投資証券不所持の申出により投資証券を発行していない場合には、公告に代えて、公告すべき事項を投資主および登録投資口質権者に通知することができるものとされている（5項）。

3 準用条文（3項）

◇会社法124条2項および3項（基準日）

 2 <u>基準日</u>を定める場合には、<u>投資法人</u>は、<u>基準日</u>において投資主名簿に記載され、又は記録されている投資主が行使することができる権利（<u>基準日</u>から3箇月以内に行使するものに限る。）の内容を定めなければならない。

 3 <u>投資法人</u>は、<u>基準日</u>を定めたときは、当該<u>基準日</u>の2週間前までに、

当該基準日及び前項の規定により定めた事項を公告しなければならない。ただし、規約に当該基準日及び当該事項について定めがあるときは、この限りでない。
◇会社法125条（3項3号を除く）（株主名簿の備置き及び閲覧等）
1 　投資法人は、投資主名簿を投資法人法第166条第2項第8号に規定する投資主名簿等管理人の営業所に備え置かなければならない。
2 　投資主及び債権者は、投資法人の営業時間内は、いつでも、次に掲げる請求をすることができる。この場合においては、当該請求の理由を明らかにしてしなければならない。
　一 　投資主名簿が書面をもって作成されているときは、当該書面の閲覧又は謄写の請求
　二 　投資主名簿が電磁的記録をもって作成されているときは、当該電磁的記録に記録された事項を内閣府令で定める方法により表示したものの閲覧又は謄写の請求
3 　投資法人は、前項の請求があったときは、次のいずれかに該当する場合を除き、これを拒むことができない。
　一 　当該請求を行う投資主又は債権者（以下この項において「請求者」という。）がその権利の確保又は行使に関する調査以外の目的で請求を行ったとき。
　二 　請求者が当該投資法人の業務の遂行を妨げ、又は投資主の共同の利益を害する目的で請求を行ったとき。
　四 　請求者が投資主名簿の閲覧又は謄写によって知り得た事実を利益を得て第三者に通報するため請求を行ったとき。
　五 　請求者が、過去2年以内において、投資主名簿の閲覧又は謄写によって知り得た事実を利益を得て第三者に通報したことがあるものであるとき。
4 　投資法人の親法人（投資法人法第81条第1項に規定する親法人をいう。以下この条において同じ。）の投資主は、その権利を行使するため必要があるときは、内閣総理大臣の許可を得て、当該投資法人の投資主名簿について第2項各号に掲げる請求をすることができる。この場合において

第77条の3

は、当該請求の理由を明らかにしてしなければならない。

5 前項の親法人の投資主について第3項第1号、第2号、第4号又は第5号のいずれかに規定する事由があるときは、内閣総理大臣は、前項の許可をすることができない。

◇会社法126条（株主に対する通知等）

1 投資法人が投資主に対してする通知又は催告は、投資主名簿に記載し、又は記録した当該投資主の住所（当該投資主が別に通知又は催告を受ける場所又は連絡先を当該投資法人に通知した場合にあっては、その場所又は連絡先）にあてて発すれば足りる。

2 前項の通知又は催告は、その通知又は催告が通常到達すべきであった時に、到達したものとみなす。

3 投資口が2以上の者の共有に属するときは、共有者は、投資法人が投資主に対してする通知又は催告を受領する者1人を定め、当該投資法人に対し、その者の氏名又は名称を通知しなければならない。この場合においては、その者を投資主とみなして、前2項の規定を適用する。

4 前項の規定による共有者の通知がない場合には、投資法人が投資口の共有者に対してする通知又は催告は、そのうちの1人に対してすれば足りる。

5 前各項の規定は、投資法人法第91条第1項の通知に際して投資主に書面を交付し、又は当該書面に記載すべき事項を電磁的方法により提供する場合について準用する。この場合において、第2項中「到達したもの」とあるのは、「当該書面の交付又は当該事項の電磁的方法による提供があったもの」と読み替えるものとする。

◇会社法196条1項および2項（株主に対する通知の省略）

1 投資法人が投資主に対してする通知又は催告が5年以上継続して到達しない場合には、投資法人は、当該投資主に対する通知又は催告をすることを要しない。

2 前項の場合には、同項の投資主に対する投資法人の義務の履行を行う場所は、投資法人の住所地とする。

4　準用条文（4項）

◇投資法人法77条の3第2項（投資主名簿等）

　2　投資法人は、一定の日（以下この項及び次項において「基準日」という。）を定めて、基準日において投資主名簿に記載され、又は記録されている<u>登録投資口質権者</u>をその権利を行使することができる者と定めることができる。

◇投資法人法77条の3第3項において準用する会社法124条2項および3項（基準日）

　2　基準日を定める場合には、投資法人は、基準日において投資主名簿に記載され、又は記録されている<u>登録投資口質権者</u>が行使することができる権利（基準日から3箇月以内に行使するものに限る。）の内容を定めなければならない。

　3　投資法人は、基準日を定めたときは、当該基準日の2週間前までに、当該基準日及び前項の規定により定めた事項を公告しなければならない。ただし、規約に当該基準日及び当該事項について定めがあるときは、この限りでない。

◇投資法人法77条の3第3項において準用する会社法196条1項および2項（株主に対する通知の省略）

　1　投資法人が<u>登録投資口質権者</u>に対してする通知又は催告が5年以上継続して到達しない場合には、投資法人は、当該<u>登録投資口質権者</u>に対する通知又は催告をすることを要しない。

　2　前項の場合には、同項の<u>登録投資口質権者</u>に対する投資法人の義務の履行を行う場所は、投資法人の住所地とする。

◇会社法150条（登録株式質権者に対する通知等）

　1　<u>投資法人が</u><u>登録投資口質権者に対してする通知又は催告</u>は、<u>投資主名簿に記載し、又は記録した当該登録投資口質権者の住所</u>（当該登録投資口質権者が別に通知又は催告を受ける場所又は連絡先を当該<u>投資法人</u>に通知した場合にあっては、その場所又は連絡先）にあてて発すれば足りる。

　2　前項の通知又は催告は、その通知又は催告が通常到達すべきであった時に、到達したものとみなす。

> （投資口の譲渡）
> **第78条** 投資主は、その有する投資口を譲渡することができる。
> 2　投資法人は、投資口の譲渡について、役員会の承認を必要とすることその他の制限を設けることができない。
> 3　投資口の譲渡は、当該投資口に係る投資証券を交付しなければ、その効力を生じない。
> 4　投資証券の発行前にした投資口の譲渡は、投資法人に対し、その効力を生じない。

1　趣　旨

　投資口は譲渡が可能であり、かつ、役員会の承認を必要とすること等による譲渡制限ができないこと、譲渡の効力要件を定めるものである。会社法127条、128条と同趣旨である。

　なお、投資口に関する規定は、原則として、投資法人法の趣旨に反しない限りにおいて、公開会社（会社法2条5号）の発行する株式についての考え方を参考にしている。

2　解　説

　投資法人制度においては、投資を容易にするために、投下資金の回収の手段として投資口の自由な譲渡による換価性を投資主に保障すべく、投資口について譲渡制限を設けることを禁止したものである。

　2項に違反して、投資法人が投資口について譲渡制限の定めを設けても、その定めは無効と解される。

> （投資口の譲渡の対抗要件等）
> **第79条** 投資口の譲渡は、その投資口を取得した者の氏名又は名称及び住所を投資主名簿に記載し、又は記録しなければ、投資法人に対抗することができない。

> 2　投資証券の占有者は、当該投資証券に係る投資口についての権利を適法に有するものと推定する。
> 3　会社法第131条第2項の規定は投資証券について、同法第132条及び第133条の規定は投資口について、それぞれ準用する。この場合において、必要な技術的読替えは、政令で定める。
> 4　会社法第146条、第147条第2項及び第3項、第148条、第151条（第4号、第5号、第8号、第9号、第11号及び第14号に係る部分に限る。）、第153条第2項及び第3項並びに第154条の規定は、投資口の質入れについて準用する。この場合において、同法第151条第8号中「剰余金の配当」とあるのは「金銭の分配」と、同条第14号中「取得」とあるのは「払戻し又は取得」と、同法第153条第2項中「前条第2項に規定する場合」とあるのは「投資口の併合をした場合」と、同条第3項中「前条第3項に規定する場合」とあるのは「投資口の分割をした場合」と読み替えるものとするほか、必要な技術的読替えは、政令で定める。

1　趣旨等

　投資口の譲渡の投資法人に対する対抗要件や、投資証券の占有者を適法な所持人と推定することを定めるものである。
　会社法130条2項、131条1項と同趣旨である。

2　準用条文（3項）

◇会社法131条2項（権利の推定等）
> 2　投資証券の交付を受けた者は、当該投資証券に係る投資口についての権利を取得する。ただし、その者に悪意又は重大な過失があるときは、この限りでない。

◇会社法132条（株主の請求によらない株主名簿記載事項の記載又は記録）
> 1　投資法人は、次の各号に掲げる場合には、当該各号の投資口の投資主に係る投資法人法第77条の3第1項各号に掲げる事項及び発行済投資口の総口数を投資主名簿に記載し、又は記録しなければならない。

第79条
　　　一　投資口を発行した場合
　　　二　当該投資法人の投資口を取得した場合
　　　三　当該投資法人が有する自己の投資口を処分した場合
　２　投資法人は、投資口の併合をした場合には、併合した投資口について、その投資口の投資主に係る投資法人法第77条の３第１項各号に掲げる事項及び発行済投資口の総口数を投資主名簿に記載し、又は記録しなければならない。
　３　投資法人は、投資口の分割をした場合には、分割した投資口について、その投資口の投資主に係る投資法人法第77条の３第１項各号に掲げる事項及び発行済投資口の総口数を投資主名簿に記載し、又は記録しなければならない。
◇会社法133条（株主の請求による株主名簿記載事項の記載又は記録）
　１　投資口を当該投資口を発行した投資法人以外の者から取得した者（当該投資法人を除く。以下この節において「投資口取得者」という。）は、当該投資法人に対し、当該投資口に係る投資法人法第77条の３第１項各号に掲げる事項及び発行済投資口の総口数を投資主名簿に記載し、又は記録することを請求することができる。
　２　前項の規定による請求は、利害関係人の利益を害するおそれがないものとして内閣府令で定める場合を除き、その取得した投資口の投資主として投資主名簿に記載され、若しくは記録された者又はその相続人その他の一般承継人と共同してしなければならない。

3　準用条文（4項）

◇会社法146条（株式の質入れ）
　１　投資主は、その有する投資口に質権を設定することができる。
　２　投資法人の投資口の質入れは、当該投資口に係る投資証券を交付しなければ、その効力を生じない。
◇会社法147条２項および３項（株式の質入れの対抗要件）
　２　投資法人の投資口の質権者は、継続して当該投資口に係る投資証券を占有しなければ、その質権をもって投資法人その他の第三者に対抗する

ことができない。

3　民法第364条の規定は、投資口については、適用しない。

◇会社法148条（株主名簿の記載等）

投資口に質権を設定した者は、投資法人に対し、次に掲げる事項を投資主名簿に記載し、又は記録することを請求することができる。

一　質権者の氏名又は名称及び住所
二　質権の目的である株式

◇会社法151条（4号、5号、8号、9号、11号および14号）（株式の質入れの効果）

投資法人が次に掲げる行為をした場合には、投資口を目的とする質権は、当該行為によって当該投資口の投資主が受けることのできる金銭等（金銭その他の財産をいう。以下同じ。）について存在する。

四　投資口の併合
五　投資口の分割
八　金銭の分配
九　残余財産の分配
十一　合併（合併により当該投資法人が消滅する場合に限る。）
十四　投資口の払戻し又は取得（第1号から第3号までに掲げる行為を除く。）

◇会社法153条2項および3項

2　投資法人は、投資口の併合をした場合には、併合した投資口に係る投資証券を登録投資口質権者に引き渡さなければならない。

3　投資法人は、投資口の分割をした場合には、分割した投資口について新たに発行する投資証券を登録投資口質権者に引き渡さなければならない。

◇会社法154条

1　登録投資口質権者は、第151条の金銭等（金銭に限る。）を受領し、他の債権者に先立って自己の債権の弁済に充てることができる。

2　前項の債権の弁済期が到来していないときは、登録投資口質権者は、投資法人に同項に規定する金銭等に相当する金額を供託させることがで

きる。この場合において、質権は、その供託金について存在する。

（自己の投資口の取得及び質受けの禁止）
第80条 投資法人は、当該投資法人の投資口を取得し、又は質権の目的として受けることができない。ただし、次に掲げる場合において当該投資口を取得するときは、この限りでない。
一　合併後消滅する投資法人から当該投資口を承継する場合
二　この法律の規定により当該投資口の買取りをする場合
三　前2号に掲げるもののほか、内閣府令で定める場合
2　前項ただし書の場合においては、当該投資法人は、相当の時期にその投資口の処分をしなければならない。
3　前項の処分の方法は、内閣府令で定める。

1　趣　旨

　投資法人は自己の投資口を取得することが原則として禁止されることを定めるものである。平成13年通常国会における改正前の商法210条と同趣旨である。

2　自己の投資口の取得等の原則禁止

　投資法人は、以下に掲げる場合を除き、自己の投資口を取得等してはならない。

　①　合併後消滅する投資法人から自己の投資口を承継する場合（1項1号）
　②　投資法人法の規定により自己の投資口の買取りをする場合（1項2号）
　③　自己の投資口を無償で取得する場合（施行規則129条1号）
　④　自己の有する他の法人等の株式（持分その他これに準ずるものを含む。⑤において同じ）につき当該他の法人等が行う剰余金の配当または残余財産の分配（これらに相当する行為を含む）により自己の投資口

の交付を受ける場合（施行規則129条2号）
⑤ 自己の有する他の法人等の株式につき当該他の法人等が行う次に掲げる行為に際して当該株式と引き換えに自己の投資口の交付を受ける場合（施行規則129条3号）
　ⓐ　組織の変更
　ⓑ　合併
　ⓒ　株式交換（会社法以外の法令（外国の法令を含む）に基づく株式交換に相当する行為を含む）
⑥ その権利の実行にあたり目的を達成するために自己の投資口を取得することが必要かつ不可欠である場合（①～⑤の場合を除く）（施行規則129条4号）

　上記②の投資法人法の規定により自己の投資口の買取りをする場合（1項2号）の例としては、反対投資主による投資口買取請求（法149条の3等）等がある。

　株式会社については、平成13年通常国会における商法改正により、自己株式の取得等の制限規制が緩和された。この商法改正において、自己株式の取得を認めるべき必要性としては、①代用自己株式としての利用（機動的な組織再編）、②株式の相互持合の解消等により自己株式が市場に放出された場合における株式の需給関係の調整および③敵対的買収の対抗策といった点が挙げられている（原田晃治ほか「自己株式の取得規制等の見直しに係る改正商法の解説(上)」商事法務1607号8頁）。

　しかし、少なくともその当時の投資法人においては、①ないし③のような必要性が一般的に認められる状況にはなく、本法においては、自己の投資口の取得等の制限が維持されたものである。

3　自己投資口の相当の時期の処分

　投資法人は、自己の投資口についてその取得等の禁止の例外事由により取得等をした場合であっても、取得した投資口を長期間保有する場合には取得を原則的に禁じた趣旨に反するおそれがあるため、取得等をした投資口を相当の時期に、以下の方法により処分しなければならない（2項・3項、施行

規則130条）。

自己投資口の区分	処分の方法
金融商品取引所に上場されている有価証券である投資口	取引所金融商品市場において行う取引による売却
店頭売買有価証券である投資口	店頭売買有価証券市場において行う取引による売却
上記以外の投資口	当該投資口を発行する投資法人の純資産の額に照らして公正妥当な金額による売却

4　自己の投資口の取得等の解禁についての検討

　投資法人は、運用資産を保有し収益を分配する機能に特化したビークルとしての性格を有しており、集団投資スキームにおける導管体として用いられることを前提としているため、そのガバナンスの構造については簡素化されたものとなっている。そのため、自己の投資口の取得の一定の需給調整機能、組織再編の過程における自己投資口の利用等を理由とする規制改革要望に対する回答においても、自己の投資口の取得等については、資本政策等の観点から、高度な判断を要するものであり、投資主等の利害にも大きく関わる問題であるため、投資主保護の観点から、上記のような特性を有する投資法人に認めることは困難であるとされている[21]。

（親法人投資口の取得の禁止）
第81条　子法人は、その親法人（他の投資法人を子法人とする投資法人をいう。以下同じ。）である投資法人の投資口（以下この条において「親法人投資口」という。）を取得してはならない。
2　前項の規定は、次に掲げる場合には、適用しない。
　一　合併後消滅する投資法人から親法人投資口を承継する場合

---

[21] 平成21年7月24日付内閣府規制改革会議「全国規模の規制改革要望に対する各省庁からの回答について」における金融庁回答分・管理番号5042026（http://www8.cao.go.jp/kisei-kaikaku/accept/200906/0724/0724_1_04.xls）。

> 二　前号に掲げるもののほか、内閣府令で定める場合
> 3　子法人は、相当の時期にその有する親法人投資口を処分しなければならない。
> 4　他の投資法人の発行済投資口の過半数の投資口を、親法人及び子法人又は子法人が有するときは、この法律の適用については、当該他の投資法人をその親法人の子法人とみなす。
> 5　前条第3項の規定は、第3項の親法人投資口を処分する場合について準用する。

1　趣　旨

　子法人（投資法人が他の投資法人の発行済投資口の過半数の投資口を有する場合における当該他の投資法人。法77条の2第1項において定義）は、原則として、その親法人（他の投資法人を子法人とする投資法人）である投資法人の投資口を取得することを禁止するものである。会社法135条に沿った規定である。

2　子法人による親法人投資口の取得の原則禁止

　子法人は、以下に掲げる場合を除き、親法人の投資口を取得してはならない。

① 合併後消滅する投資法人から親法人投資口を承継する場合（1項1号）
② 親法人投資口を無償で取得する場合（施行規則131条1号）
③ 子法人の有する他の法人等の株式（持分その他これに準ずるものを含む。④において同じ）につき当該他の法人等が行う剰余金の配当または残余財産の分配（これらに相当する行為を含む）により親法人投資口の交付を受ける場合（施行規則131条2号）
④ 子法人の有する他の法人等の株式につき当該他の法人等が行う次に掲げる行為に際して当該株式と引き換えに親法人投資口の交付を受ける場合（施行規則131条3号）
　ⓐ　組織の変更

ⓑ　合併
　　　ⓒ　株式交換（会社法以外の法令（外国の法令を含む）に基づく株式交換に相当する行為を含む）
　　　ⓓ　株式移転（会社法以外の法令（外国の法令を含む）に基づく株式移転に相当する行為を含む）
　　⑤　その権利の実行にあたり目的を達成するために親法人投資口を取得することが必要かつ不可欠である場合（①～④の場合を除く）（施行規則131条4号）

　子法人による親法人投資口の取得の原則禁止の趣旨は、自己の投資口の取得の禁止（法80条）の潜脱防止にある。

　また、他の投資法人の発行済投資口の過半数の投資口を、親法人および子法人または子法人が有するときは、投資法人法の適用については、（その親法人が他の投資法人の発行済投資口の過半数の投資口を直接有してはいないが）当該他の投資法人をその親法人の子法人とみなすものとされている（4項）。

3　親法人投資口の相当の時期の処分

　子法人は、親法人投資口についてその取得等の禁止の例外事由により取得等をした場合であっても、取得した投資口を長期間保有する場合には取得を原則的に禁じた趣旨に反するおそれがあるため、取得した投資口を相当の時期に、以下の方法により処分しなければならない（3項・5項、施行規則130条）。

自己投資口の区分	処分の方法
金融商品取引所に上場されている有価証券である投資口	取引所金融商品市場において行う取引による売却
店頭売買有価証券である投資口	店頭売買有価証券市場において行う取引による売却
上記以外の投資口	当該投資口を発行する投資法人の純資産の額に照らして公正妥当な金額による売却

> （投資口の併合）
> **第81条の2** 投資法人は、投資口の併合をすることができる。
> 2 会社法第180条第2項（第3号を除く。）及び第3項、第181条並びに第182条の規定は前項の場合について、同法第215条第2項の規定は投資法人（規約によって第86条第1項前段の規定による定めをしたものを除く。）について、それぞれ準用する。この場合において、同法第180条第2項中「株主総会」とあるのは「投資主総会」と読み替えるものとするほか、必要な技術的読替えは、政令で定める。

1 趣旨等

投資口の併合手続について定めるものである。会社法180条と同趣旨である。

投資口の併合に要する投資主総会の決議要件は特別決議（法93条の2第2項1号）である。

2 準用条文（2項）

◇会社法180条2項（3号を除く）および3項（株式の併合）
> 2 投資法人は、投資口の併合をしようとするときは、その都度、投資主総会の決議によって、次に掲げる事項を定めなければならない。
> 一 併合の割合
> 二 投資口の併合がその効力を生ずる日
> 3 執行役員は、前項の投資主総会において、投資口の併合をすることを必要とする理由を説明しなければならない。

◇会社法181条（株主に対する通知等）
> 1 投資法人は、前条第2項第2号の日の2週間前までに、投資主及びその登録投資口質権者に対し、同項各号に掲げる事項を通知しなければならない。
> 2 前項の規定による通知は、公告をもってこれに代えることができる。

◇会社法182条（効力の発生）

投資主は、第180条第2項第2号の日に、その日の前日に有する投資口の口数に同項第1号の割合を乗じて得た口数の投資口の投資主となる。
◇会社法215条2項（株券の発行）
2　投資法人（規約によって投資法人法第86条第1項前段の規定による定めをしたものを除く。）は、投資口の併合をしたときは、第180条第2項第2号の日以後遅滞なく、併合した投資口に係る投資証券を発行しなければならない。

（投資口の分割）
第81条の3　投資法人は、投資口の分割をすることができる。
2　会社法第183条第2項（第3号を除く。）及び第184条の規定は前項の場合について、同法第215条第3項の規定は投資法人（規約によって第86条第1項前段の規定による定めをしたものを除く。）について、それぞれ準用する。この場合において、同法第183条第2項中「株式会社は、」とあるのは「投資法人が」と、「その都度、株主総会（取締役会設置会社にあっては、取締役会）の決議によって」とあるのは「執行役員は、その都度」と、「定めなければならない」とあるのは「定め、役員会の承認を受けなければならない」と、同法第184条第2項中「第466条」とあるのは「投資法人法第140条」と読み替えるものとするほか、必要な技術的読替えは、政令で定める。

1　趣　旨　等

投資口の分割手続について定めるものである。会社法183条と同趣旨である。

投資口の分割には投資主総会の決議は要求されず、執行役員が役員会の承認を受けて行うことができる。

2　準用条文（2項）

◇会社法183条2項（3号を除く）（株式の分割）

2　投資法人が投資口の分割をしようとするときは、執行役員は、その都度、次に掲げる事項を定め、役員会の承認を受けなければならない。
　一　投資口の分割により増加する投資口の総口数の投資口の分割前の発行済投資口の総口数に対する割合及び当該投資口の分割に係る基準日
　二　投資口の分割がその効力を生ずる日

◇会社法184条（効力の発生等）
　1　基準日において投資主名簿に記載され、又は記録されている投資主は、前条第2項第2号の日に、基準日に有する投資口の口数に同条第2項第1号の割合を乗じて得た数の投資口を取得する。
　2　投資法人は、投資法人法第140条の規定にかかわらず、投資主総会の決議によらないで、前条第2項第2号の日における発行可能投資口総口数をその日の前日の発行可能投資口総口数に同項第1号の割合を乗じて得た口数の範囲内で増加する規約の変更をすることができる。

◇会社法215条3項（株券の発行）
　3　投資法人（規約によって投資法人法第86条第1項前段の規定による定めをしたものを除く。）は、投資口の分割をしたときは、第183条第2項第2号の日以後遅滞なく、分割した投資口に係る投資証券（既に発行されているものを除く。）を発行しなければならない。

第81条の4　第86条第1項に規定する投資法人は、その設立の際の最初の規約によつて、前条第2項において準用する会社法第183条第2項（第3号を除く。）の規定によらないで投資口の分割をする旨を定めることができる。この場合においては、第70条の2第1項又は次条第1項の募集に応じて設立時募集投資口又は同項に規定する募集投資口の引受けの申込みをしようとする者に対し、その旨及び次項各号に掲げる事項を通知しなければならない。
2　前項前段の場合には、規約によつて、次に掲げる事項を定めなければならない。
　一　投資口の分割の方法

第81条の4

> 二　投資口の分割がその効力を生ずる時期
> 三　前号の時期において投資主名簿に記載され、又は記録されている投資主が、投資口の分割により投資口を受ける権利を有する旨
> 四　前3号に掲げるもののほか、内閣府令で定める事項
> 3　第1項前段の場合には、当該投資法人は、内閣府令で定める期間ごとに、前項第3号に規定する投資主及び当該投資主の有する投資口に係る登録投資口質権者に対して、その投資主が投資口の分割により受ける投資口の口数、分割に関する計算その他内閣府令で定める事項を通知しなければならない。

1　趣　旨

投資口の分割の手続に関する特例を定めている。

投資信託においては、追加型投資信託の一種としてマネー・マネジメント・ファンド（MMF）があり、MMFは、収益分配金が毎日計算され、月末などにまとめて再投資される仕組みを有している。本条は、投資法人制度のもとでも、MMFと実質的に同様のことが投資口の分割の方法を通じて可能となるように設けられたものであり、また、規約の定め方いかんではMMFと異なるスキームを設定することもできるものと考えられる。

2　解　説

投資主の請求により投資口の払戻しをする旨の規約の定めがある投資法人（法86条1項に規定する投資法人）は、設立時の原始規約において以下の事項を定めることにより、執行役員がそのつど、役員会の承認を受けて行う等の手続を踏むことなく、投資口の分割を行うことができる（1項・2項）。

記載事項	解　説
①　投資口の分割の方法（2項1号）	分割比率を定める方法（例えば、1口当りの純資産額が日々1円となるように「1分の当該分割の効力発生日の1口当りの純資産額」の比率で分割すること等）
②　投資口の分割がその効力を生ずる	分割の効力発生日（例えば、1口当り

時期（2項2号）	の純資産額が日々1円となるように、毎日とする等）
③ 投資口の分割がその効力を生ずる時期において投資主名簿に記載され、又は記録されている投資主が、投資口の分割により投資口を受ける権利を有する旨（2項3号）	分割の効力発生日において投資主名簿に記載されている投資主を権利者として取り扱う趣旨であり、基準日を権利者の確定の基準とする法81条の3第2項、会社法184条1項とは異なる。
④ 投資口の分割により投資口の口数に1口に満たない端数が生ずる場合における当該端数の部分の処理の方法に関する事項（施行規則132条1号）	端数部分についての払戻金の処理方法（再投資の方法）等
⑤ ④の端数の処理を経て③の投資主に交付される金銭の取扱いに関する事項（施行規則132条2号）	
⑥ ⑤の金銭を新たに発行する投資口と引き換えにする金銭の払込みに充てることにより、⑤の投資主に当該新たに発行する投資口を取得させることとするときは、その旨およびその投資口の発行に関する事項（施行規則132条3号）	
⑦ その他法81条の4第1項の規定による投資口の分割に関する事項（施行規則132条4号）	

　投資法人は、その営業期間（6カ月を超える場合には6カ月）ごとに、効力発生日において投資主名簿に記載されている投資主等に対して、その投資主が投資口の分割により受ける投資口の口数、分割に関する計算その他施行規則133条2項各号で定める事項を通知しなければならない（3項）。これは、原始規約に記載されたところにより投資口が継続的に分割され、その結果生ずる端数部分が払い戻され、また、その払戻金が再投資される場合など、投資主の保有する投資口の状況が継続的に変化することとなるため、一定期間ごとにその時々の状況について、投資主に対して情報提供することを義務付けるものである。

(募集投資口の募集事項の決定等)
第82条 投資法人がその発行する投資口を引き受ける者の募集をしようとするときは、執行役員は、その都度、募集投資口(当該募集に応じて当該投資口の引受けの申込みをした者に対して割り当てる投資口をいう。以下この節において同じ。)について次に掲げる事項を定め、役員会の承認を受けなければならない。
　一　募集投資口の口数
　二　募集投資口の払込金額(募集投資口1口と引換えに払い込む金銭の額をいう。以下この条において同じ。)又はその算定方法
　三　募集投資口と引換えにする金銭の払込みの期日又はその期間
2　前項の規定にかかわらず、第86条第1項に規定する投資法人の執行役員は、発行期間を定め、その発行期間内における募集投資口を引き受ける者の募集について、役員会の承認を一括して求めることができる。
3　前項の場合には、同項の執行役員は、発行期間のほか次に掲げる事項について定め、役員会の承認を受けなければならない。
　一　当該発行期間内に発行する投資口の総口数の上限
　二　当該発行期間内における募集ごとの募集投資口の払込金額及び募集投資口と引換えにする金銭の払込みの期日を定める方法
4　第2項の場合には、当該投資法人は、前項第2号に掲げる方法により確定した同号の募集ごとの払込金額を公示しなければならない。この場合において、公示の方法その他の必要な事項は、内閣府令で定める。
5　第1項各号に掲げる事項(第2項の場合にあつては、第3項の発行期間及び同項各号に掲げる事項。次条第1項第6号において「募集事項」という。)は、第1項の募集ごとに、均等に定めなければならない。
6　前項の場合において、募集投資口の払込金額は、投資法人の保有する資産の内容に照らし公正な金額としなければならない。
7　投資法人がその成立後に投資口を発行したときは、当該投資口の払

> 込金額の総額を出資総額に組み入れなければならない。

1　趣　旨

　本条は、投資法人がその成立の後に募集投資口を発行する手続について定めるものである。会社法上の公開会社による新株発行手続（会社法199条以下）を基本としているが、投資法人の特殊性から様々な修正が加えられている。

2　募集投資口の募集事項の決定

　募集投資口の募集事項については、その募集をしようとするつど、執行役員は以下の事項を定め、役員会の承認を受けなければならない（1項）。

- ①　募集投資口の口数
- ②　募集投資口の払込金額（募集投資口1口と引き換えに払い込む金銭の額）またはその算定方法
- ③　募集投資口と引き換えにする金銭の払込みの期日またはその期間

3　オープン・エンド型投資法人の特例

　投資主の請求により投資口の払戻しをする旨の規約の定めがある投資法人（法86条1項に規定する投資法人）においては、一定の発行期間および以下の事項を定めて、その発行期間内に行う募集投資口の募集について、役員会の承認を一括して求めることができる（2項・3項）。オープン・エンド型の投資法人においては、投資主による投資口の払戻請求に応じて恒常的に投資法人の資産が流出することになるため、継続的に募集投資口の募集を行い、新たな資金が投資法人に常に供給し得る制度とすることが不可欠なためである。

役員会の承認事項	解　説
①　発行期間内に発行する投資口の総口数の上限	過大な資金調達について一定の制限を課す趣旨であるが、役員会の判断により、発行可能投資口総口数（法67条1項4号）を上限とすることも禁止はされていない。
②　発行期間内にお	払込金額については、これを客観的に定める方法を決定

ける募集ごとの募集投資口の払込金額および募集投資口と引き換えにする金銭の払込みの期日を定める方法	することにより既存投資主の利益を保護する趣旨である。 払込期日については、払込期日を操作することによって、払込金額を定める方法を役員会の承認に係らしめた趣旨の潜脱を防止するためであり、また、投資主となる時期（法84条１項、会社法209条１号）との関係から、個別の払込期日の定め方の基準を客観的に定めることとする趣旨である。

①および②に掲げる方法により確定した払込金額は、施行規則134条に規定する方法によって公示しなければならない（4項）。

4　募集ごとの募集事項の均等性

募集事項（法82条１項各号に掲げる事項。オープン・エンド型投資法人の特例の場合においては、3項の発行期間および3号各号に掲げる事項）は、募集ごとに均等に定めなければならない（5項）。

5　募集投資口の払込金額等

募集投資口の払込金額は、投資法人の保有する資産の内容に照らし公正な金額としなければならない（6項）。そのため、株式会社における「募集株式を引き受ける者に特に有利な金額」による新株発行、いわゆる有利発行に関する規定が投資法人については設けられておらず、投資法人においては、投資主総会による決議を通じた有利発行による募集投資口の募集（会社法199条3項、201条１項参照）をすることはできない。

投資法人は一般の株式会社とは異なり、運用資産を保有し収益を分配する機能に特化したビークルとしての性格を有していることから、募集投資口の払込金額は通常、その時点における投資法人の保有する資産の内容をベースに、当該投資法人の財務状況等の様々な要因を踏まえた実質的な資産価値を勘案しながら、取引市場における評価等を基準にした金額として決定されるものと考えられ、個別具体的状況によるものの、通常は市場価格を基準にした金額については「投資法人の保有する資産の内容に照らし公正な金額」に該当するものと考えられている[22]。

投資法人の成立後の投資口発行においては、払込金額の総額を出資総額に組み入れなければならない（7項）。

6　東京地決平22．5．10（金融・商事判例1343号21頁）

　法109条5項が、株主による取締役の違法行為の差止請求権を定める会社法360条を投資法人の執行役員について準用していることから、「投資法人の保有する資産の内容に照らし公正」（6項）でない払込金額による募集投資口の発行が行われる場合に、かかる違法行為差止請求権により、当該投資口の発行を差し止めることができないかが争われた事件において、裁判所は次のとおり判断している。

(1)　「投資法人の保有する資産の内容に照らし公正な金額」の意義

　「投資法人は、投資主から払い込まれた資産等を主として特定資産に対する投資として運用することを目的とする社団であり…運用資産を保有して収益を分配する機能に特化した性格を有しており、投資法人の客観的価値が主としてその保有する資産の内容によって形成される特色があることから、投資法人が募集投資口を発行する場合に執行役員がその払込金額を定めるに当たっては、投資法人の保有する資産の内容に照らし公正な金額、すなわち、既存の投資口の客観的価値に照らして公正な金額としなければならない旨を定めたものと解することができる」とし、上場不動産投資法人の場合には「投資口の市場価格が投資法人としての客観的価値を反映していないとみられる特段の事情がない限り、発行価額は、市場価格に照らして公正な金額としなければならない」と判示しており、上記の解釈と基本的に同様の判示をしている。

　また、募集投資口を消化して、資金調達の目的を達成するためには市場価格から一定のディスカウントも必要と考えられるとしながらも、「公正な金額の趣旨に照らすと、払込金額が公正な金額であるというためには、原則と

22　平成21年7月24日付内閣府規制改革会議「全国規模の規制改革要望に対する各省庁からの回答について」における金融庁回答分・管理番号5030001（http://www8.cao.go.jp/kisei-kaikaku/accept/200906/0724/0724_1_04.xls）。

して、払込金額決定前の発行済投資口の市場価格に近接していることが必要であると解すべきである（株式会社の新株発行についての最高裁判所昭和50年4月8日第三小法廷判決・民集29巻4号350頁参照）」と判示した。

なお、投資法人の保有する資産の価格をもとに判断するべきであるという点については、「投資法人の保有する資産の内容に照らし公正な金額とは、既存の投資口の客観的価値に照らして公正な金額であると解される」ものとし、「そもそも、不動産投資法人の投資口の市場価格が、当該不動産投資法人の保有する資産の純資産価格、すなわち、現時点における資産価値のみによって形成されるものでないことは明らか」と判示した。

(2) 日証協指針

本事件において裁判所は、「日証協指針は、上場株式会社が第三者割当てによる株式発行を行う場合に当該発行会社に対して要請する内容を定めた日証協としての自主ルールであるが、これは、裁判例も参考として作成・改定されてきたものであり、長年、我が国の上場株式の証券実務において定着してきたものであるといえ、その内容に照らしても、既存株主の利益と株式会社が有利な資金調達を実現するという利益の調和を図るものとして一応の合理性を認めることができる」とした上で、日証協指針を上場不動産投資法人の第三者割当てによる新投資口発行に当てはめている。

加えて、本事件では日証協指針の中の例外規定を用いて投資口の価格が決定されていたところ、その算定金額が公正な金額と認められるためには、「市場価格の急激な変動や当時の市場環境の動向などの当該承認の直前日の市場価格によることが相当とはいえない合理的な理由が必要というべきである」と判示した。

7　投資主割当増資

会社法において株式会社に認められている株主割当増資に相当する「投資主割当増資」に関する明文規定は投資法人法には存しないが、投資法人が既存投資主に対して公正な金額で募集投資口を割り当てることは、必ずしも禁止されていない。もっとも、規制改革要望に対する回答において、公正な金額とは異なる価額での投資主割当増資については、資本政策の観点から高度

な判断を伴うものであり、少数投資主を含む投資主等の利害にも大きく関わるため、集団投資スキームにおける導管体としての性格に照らしてガバナンスの構造が簡素化された投資法人においては、株式会社と同じような、公正な金額とは異なる価額での投資主割当増資を認めることは困難であるとされている[23]。

（募集投資口の申込み等）
第83条　投資法人は、前条第１項の募集に応じて募集投資口の引受けの申込みをしようとする者に対し、次に掲げる事項を通知しなければならない。
　一　第67条第１項第１号から第４号まで及び第６号から第13号までに掲げる事項
　二　第71条第１項第３号、第５号及び第９号に掲げる事項
　三　一般事務受託者の氏名又は名称及び住所並びにその者に委託する事務の内容
　四　資産運用会社の名称及びその資産運用会社と締結した資産の運用に係る委託契約の概要
　五　資産保管会社の名称
　六　募集事項
　七　前各号に掲げるもののほか、内閣府令で定める事項
２　前項第４号に掲げる事項の細目は、内閣府令で定める。
３　前条第１項の募集に応じて募集投資口の引受けの申込みをする者は、次に掲げる事項を記載した書面を投資法人に交付しなければならない。
　一　申込みをする者の氏名又は名称及び住所
　二　引き受けようとする募集投資口の口数

---

[23] 平成21年１月20日付内閣府規制改革会議「全国規模の規制改革要望に対する各省庁からの再回答について」における金融庁回答分・管理番号5060026（http://www8.cao.go.jp/kisei-kaikaku/accept/200810/0120/0120_1_05.xls）。

第83条

4　前項の申込みをする者は、同項の書面の交付に代えて、政令で定めるところにより、投資法人の承諾を得て、同項の書面に記載すべき事項を電磁的方法により提供することができる。この場合において、当該申込みをした者は、同項の書面を交付したものとみなす。

5　第1項の規定は、投資法人が同項各号に掲げる事項を記載した金融商品取引法第2条第10項に規定する目論見書を第1項の申込みをしようとする者に対して交付している場合その他募集投資口の引受けの申込みをしようとする者の保護に欠けるおそれがないものとして内閣府令で定める場合には、適用しない。

6　投資法人は、第1項各号に掲げる事項について変更があつたときは、直ちに、その旨及び当該変更があつた事項を第3項の申込みをした者（次項において「申込者」という。）に通知しなければならない。

7　投資法人が申込者に対してする通知又は催告は、第3項第1号の住所（当該申込者が別に通知又は催告を受ける場所又は連絡先を当該投資法人に通知した場合にあつては、その場所又は連絡先）にあてて発すれば足りる。

8　前項の通知又は催告は、その通知又は催告が通常到達すべきであつた時に、到達したものとみなす。

9　会社法第204条第1項及び第3項、第205条並びに第206条の規定は、募集投資口について準用する。この場合において、同法第204条第1項中「前条第2項第2号」とあるのは「投資法人法第83条第3項第2号」と、同条第3項中「第199条第1項第4号の期日（同号の期間を定めた場合にあっては、その期間の初日）」とあるのは「投資法人法第82条第1項第3号の期日（同号の期間を定めた場合にあってはその期間の初日、同条第2項の場合にあっては同条第3項第2号に掲げる方法により確定した同号の期日）」と、同法第205条中「前2条」とあるのは「投資法人法第83条第1項から第8項まで並びに同条第9項において準用する前条第1項及び第3項」と読み替えるものとするほか、必要な技術的読替えは、政令で定める。

1 趣　　旨

本条は募集投資口の申込みに関する手続等を定めるものである。

2 解　　説

投資法人は募集に応じて募集投資口の引受けの申込みをしようとする者に対し以下の事項を通知しなければならない（1項）。その他の手続は基本的に会社法203条と同趣旨である。

通知事項	解　説
① 目的（1号）	規約の必要的記載事項（法67条1項1号）
② 商号（1号）	規約の必要的記載事項（法67条1項2号）
③ 投資主の請求により投資口の払戻しをする旨またはしない旨（1号）	規約の必要的記載事項（法67条1項3号）
④ 発行可能投資口総口数（1号）	規約の必要的記載事項（法67条1項4号）
⑤ 投資法人が常時保持する最低限度の純資産額（1号）	規約の必要的記載事項（法67条1項6号）
⑥ 資産運用の対象および方針（1号）	規約の必要的記載事項（法67条1項7号）
⑦ 資産評価の方法、基準および基準日（1号）	規約の必要的記載事項（法67条1項8号）
⑧ 金銭の分配の方針（1号）	規約の必要的記載事項（法67条1項9号）
⑨ 決算期（1号）	規約の必要的記載事項（法67条1項10号）
⑩ 本店の所在地（1号）	規約の必要的記載事項（法67条1項11号）
⑪ 執行役員、監督役員および会計監査人の報酬の額または報酬の支払に関する基準（1号）	規約の必要的記載事項（法67条1項12号）
⑫ 資産運用会社に対する資産運用報酬の額または資産運用報酬の支払に関する基準（1号）	規約の必要的記載事項（法67条1項13号）
⑬ 投資法人の存続期間または解散の事由についての規約の定め	設立時募集投資口の申込み時の通知事項（法71条1項3号）

第83条

があるときは、その定め（2号）	
⑭ 払込取扱機関の払込みの取扱いの場所（2号）	設立時募集投資口の申込み時の通知事項（法71条1項5号）
⑮ 115条の6第7項の規定による執行役員、監督役員または会計監査人の責任の免除についての規約の定めがあるときは、その定め（2号）	設立時募集投資口の申込み時の通知事項（法71条1項9号）
⑯ 一般事務受託者の氏名または名称および住所ならびにその者に委託する事務の内容（3号）	
⑰ 資産運用会社の名称およびその資産運用会社と締結した資産の運用に係る委託契約の概要（4号）	すべての資産運用会社につき、それぞれ次に掲げるもの（2項、施行規則136条） 一 名称（当該資産運用会社が適格投資家向け投資運用業を行うことにつき金融商品取引法29条の登録を受けた金融商品取引業者であるときは、その旨を含む）および住所 二 それらの者との間の契約において定める事項のうち、委託すべき業務の内容、契約期間および当該期間中の解約に関する事項、契約の変更に関する事項、それらの者に支払う報酬または手数料の額（具体的な金額またはその計算方法）ならびにその支払の時期および方法その他重要な事項（これらの者との間の契約に、資産の運用に係る権限の一部の再委託に関する規定を設ける場合においては、当該規定の内容（資産の運用に係る権限の一部を適格投資家向け投資運用業を行うことにつき金融商品取引法29条の登録を受けた金融商品取引業者に再委託することを内容とするものであるときは、その旨を含む）を含む）
⑱ 資産保管会社の名称（5号）	
⑲ 募集事項（6号）	法82条1項各号に掲げる事項。オープン・

		エンド型投資法人の特例の場合においては、3項の発行期間および3号各号に掲げる事項
⑳ 施行規則135条に規定する事項（7号）	一	規約に定められた事項（①～⑲を除く）であって、投資法人に対して募集投資口の引受けの申込みをしようとする者が当該者に対して通知することを請求した事項
	二	投資法人の資産に属する不動産（「投資不動産」）に関する次に掲げる事項（以下、項目ごとに「主要な物件」または「主要なテナント」に限定されているものを除き、投資法人の資産に属するすべての不動産およびそのテナントが対象[24]) イ 地域別、用途別および賃貸の用またはそれ以外の用の別に区分した投資不動産について、各物件の名称、所在地、用途、面積、構造、所有権またはそれ以外の権利の別および価格（規約に定める評価方法および基準により評価した価格または鑑定評価額、公示価格、路線価、販売公表価格その他これらに準じて公正と認められる価格をいう。以下同じ） ロ 価格の評価方法および評価者の氏名または名称 ハ 担保の内容 ニ 不動産の状況（不動産の構造、現況その他の投資不動産の価格に重要な影響を及ぼす事項をいう。ホにおいて同じ） ホ 不動産の状況に関する第三者による調査結果の概要（行っていない場合には、その旨）および調査者の氏名または名称 ヘ 各物件の投資比率（当該物件の価格

---

[24] 金融庁パブリックコメント回答593頁（平成19年7月31日）。

	がすべての物件の価格の合計額に占める割合をいう。）
	ト　投資不動産に関して賃貸借契約を締結した相手方（トにおいて「テナント」）がある場合には、次に掲げる事項（やむを得ない事情により記載できないものにあっては、その旨） ⑴　テナントの総数、賃料収入の合計、賃貸面積の合計、賃貸可能面積の合計および過去5年間の一定の日における稼働率 ⑵　主要な物件（一体として使用されていると認められる土地に係る建物または施設であって、その賃料収入の合計がすべての投資不動産に係る賃料収入の合計の100分の10以上であるものをいう。）がある場合には、当該主要な物件ごとのテナントの総数、賃料収入の合計、賃貸面積の合計、賃貸可能面積の合計および過去5年間の一定の日における稼働率 ⑶　主要なテナント（当該テナントの賃貸面積の合計がすべての投資不動産に係る賃貸面積の合計の100分の10以上であるものをいう。）がある場合には、その名称、業種、年間賃料、賃貸面積、契約満了日、契約更改の方法、敷金または保証金その他賃貸借契約に関して特記すべき事項

3　準用条文（9項）

◇会社法204条1項および3項（募集株式の割当て）

1　投資法人は、申込者の中から募集投資口の割当てを受ける者を定め、かつ、その者に割り当てる募集投資口の口数を定めなければならない。この場合において、投資法人は、当該申込者に割り当てる募集投資口の口数を、投資法人法第83条第3項第2号の数よりも減少することができる。

3 投資法人は、投資法人法第82条第1項第3号の期日（同号の期間を定めた場合にあってはその期間の初日、同条第2項の場合にあっては同条第3項第2号に掲げる方法により確定した同号の期日）の前日までに、申込者に対し、当該申込者に割り当てる募集投資口の口数を通知しなければならない。

◇会社法205条（募集株式の申込み及び割当てに関する特則）
　投資法人法第83条第1項から第8項まで並びに同条第9項において準用する前条第1項及び第3項の規定は、募集投資口を引き受けようとする者がその総口数の引受けを行う契約を締結する場合には、適用しない。

◇会社法206条（募集株式の引受け）
　次の各号に掲げる者は、当該各号に定める募集投資口の口数について募集投資口の引受人となる。
一　申込者　投資法人の割り当てた募集投資口の口数
二　前条の契約により募集投資口の総口数を引き受けた者　その者が引き受けた募集投資口の口数

（会社法の準用）
第84条　会社法第208条（第2項を除く。）、第209条、第211条及び第212条第1項（第2号を除く。）の規定は、募集投資口について準用する。この場合において、同法第208条第1項中「第199条第1項第4号の期日又は同号の期間内」とあるのは「投資法人法第82条第1項第3号の期日又は同号の期間内（同条第2項の場合にあっては、同条第3項第2号に掲げる方法により確定した同号の期日）」と、同法第209条第1項中「第199条第1項第4号の期日」とあるのは「投資法人法第82条第1項第3号の期日（同条第2項の場合にあっては、同条第3項第2号に掲げる方法により確定した同号の期日）」と、同条第2号中「第199条第1項第4号」とあるのは「投資法人法第82条第1項第3号」と読み替えるものとするほか、必要な技術的読替えは、政令で定める。

2　会社法第828条第1項（第2号に係る部分に限る。）及び第2項（第2

号に係る部分に限る。)、第834条(第2号に係る部分に限る。)、第835条第1項、第836条第1項及び第3項、第837条から第840条まで、第846条並びに第937条第1項(第1号ロに係る部分に限る。)の規定は投資法人の成立後における投資口の発行の無効の訴えについて、同法第868条第1項、第871条本文、第872条(第2号に係る部分に限る。)、第873条本文、第875条から第877条まで及び第878条第1項の規定はこの項において準用する同法第840条第2項の申立てについて、それぞれ準用する。この場合において、必要な技術的読替えは、政令で定める。

3 会社法第829条(第1号に係る部分に限る。)、第834条(第13号に係る部分に限る。)、第835条第1項、第836条から第838条まで、第846条及び第937条第1項(第1号ホに係る部分に限る。)の規定は、投資法人の成立後における投資口の発行の不存在の確認の訴えについて準用する。この場合において、必要な技術的読替えは、政令で定める。

4 会社法第7編第2章第2節(第847条第2項、第849条第2項第2号及び第5項並びに第851条第1項第1号及び第2項を除く。)の規定は、第1項において準用する同法第212条第1項(第2号を除く。)の規定による支払を求める訴えについて準用する。この場合において、必要な技術的読替えは、政令で定める。

1 趣　　旨

本条は、出資の履行等のその他の募集投資口の発行手続に関する会社法の条文を準用するものである。

2 準用条文(1項)

◇会社法208条(2項を除く)(出資の履行)

1 募集投資口の引受人(現物出資財産を給付する者を除く。)は、投資法人法第82条第1項第3号の期日又は同号の期間内(同条第2項の場合にあっては、同条第3項第2号に掲げる方法により確定した同号の期日)に、投資法人が定めた銀行等(投資法人法第71条第2項に規定する銀行等をいう。)の払込みの取扱いの場所において、それぞれの募集投資口の払込

金額の全額を払い込まなければならない。
3 　募集投資口の引受人は、第１項の規定による払込み又は前項の規定による給付（以下この款において「出資の履行」という。）をする債務と投資法人に対する債権とを相殺することができない。
4 　出資の履行をすることにより募集投資口の投資主となる権利の譲渡は、投資法人に対抗することができない。
5 　募集投資口の引受人は、出資の履行をしないときは、当該出資の履行をすることにより募集投資口の投資主となる権利を失う。

◇会社法209条（株主となる時期）
　　募集投資口の引受人は、次の各号に掲げる場合には、当該各号に定める日に、出資の履行をした募集投資口の投資主となる。
一 　投資法人法第82条第１項第３号の期日（同条第２項の場合にあっては、同条第３項第２号に掲げる方法により確定した同号の期日）を定めた場合　当該期日
二 　投資法人法第82条第１項第３号の期間を定めた場合　出資の履行をした日

◇会社法211条（引受けの無効又は取消しの制限）
1 　民法第93条ただし書及び第94条第１項の規定は、募集投資口の引受けの申込み及び割当て並びに投資法人法第83条第９項において準用する第205条の契約に係る意思表示については、適用しない。
2 　募集投資口の引受人は、第209条の規定により投資主となった日から１年を経過した後又はその投資口について権利を行使した後は、錯誤を理由として募集投資口の引受けの無効を主張し、又は詐欺若しくは強迫を理由として募集投資口の引受けの取消しをすることができない。

◇会社法212条１項（２号を除く）（不公正な払込金額で株式を引き受けた者等の責任）
1 　募集投資口の引受人は、次の各号に掲げる場合には、投資法人に対し、当該各号に定める額を支払う義務を負う。
一 　執行役員と通じて著しく不公正な払込金額で募集投資口を引き受けた場合　当該払込金額と当該募集投資口の公正な価額との差額に相当

第84条

する金額

3　準用条文（2項）

◇会社法828条1項（2号）および2項（2号）（会社の組織に関する行為の無効の訴え）

 1　次の各号に掲げる行為の無効は、当該各号に定める期間に、訴えをもってのみ主張することができる。

  二　<u>投資法人の成立後における投資口の発行</u>　投資口の発行の効力が生じた日から<u>6箇月以内</u>

 2　次の各号に掲げる行為の無効の訴えは、当該各号に定める者に限り、提起することができる。

  二　前項第2号に掲げる行為　<u>当該投資法人の投資主、執行役員、監督役員又は清算執行人</u>

◇会社法834条（2号）（被告）

 次の各号に掲げる訴え（以下この節において「<u>投資法人の成立後における投資口の発行の無効の訴え</u>」と総称する。）については、当該各号に定める者を被告とする。

 二　投資法人の成立後における投資口の発行の無効の訴え（第840条第1項において「投資法人の成立後における投資口の発行の無効の訴え」という。）<u>投資口の発行をした投資法人</u>

◇会社法835条1項（訴えの管轄及び移送）

 1　<u>投資法人の成立後における投資口の発行の無効の訴え</u>は、被告となる<u>投資法人</u>の本店の所在地を管轄する地方裁判所の管轄に専属する。

◇会社法836条1項および3項（担保提供命令）

 1　<u>投資法人の成立後における投資口の発行の無効の訴え</u>については、裁判所は、被告の申立てにより、<u>当該投資法人の成立後における投資口の発行の無効の訴え</u>を提起した<u>投資主</u>に対し、相当の担保を立てるべきことを命ずることができる。ただし、当該<u>投資主</u>が<u>執行役員、監督役員又は清算執行人</u>であるときは、この限りでない。

 3　被告は、第1項（前項において準用する場合を含む。）の申立てをする

には、原告の訴えの提起が悪意によるものであることを疎明しなければならない。

◇会社法837条（弁論等の必要的併合）

　同一の請求を目的とする投資法人の成立後における投資口の発行の無効の訴えに係る訴訟が数個同時に係属するときは、その弁論及び裁判は、併合してしなければならない。

◇会社法838条（認容判決の効力が及ぶ者の範囲）

　投資法人の成立後における投資口の発行の無効の訴えに係る請求を認容する確定判決は、第三者に対してもその効力を有する。

◇会社法839条（無効又は取消しの判決の効力）

　投資法人の成立後における投資口の発行の無効の訴えに係る請求を認容する判決が確定したときは、当該判決において無効とされた行為（当該行為に際して投資口が交付された場合にあっては当該投資口を含む。）は、将来に向かってその効力を失う。

◇会社法840条（新株発行の無効判決の効力）

1　投資法人の成立後における投資口の発行の無効の訴えに係る請求を認容する判決が確定したときは、当該投資法人は、当該判決の確定時における当該投資口に係る投資主に対し、払込みを受けた金額を支払わなければならない。この場合において、当該投資法人は、当該投資主に対し、当該金銭の支払をするのと引換えに、当該投資口に係る旧投資証券（前条の規定により効力を失った投資口に係る投資証券をいう。以下この節において同じ。）を返還することを請求することができる。

2　前項の金銭の金額が同項の判決が確定した時における投資法人の財産の状況に照らして著しく不相当であるときは、裁判所は、同項前段の投資法人又は投資主の申立てにより、当該金額の増減を命ずることができる。

3　前項の申立ては、同項の判決が確定した日から6箇月以内にしなければならない。

4　第1項前段に規定する場合には、同項前段の投資口を目的とする質権は、同項の金銭について存在する。

第84条

　5　第１項前段に規定する場合には、前項の質権の登録投資口質権者は、第１項前段の投資法人から同項の金銭を受領し、他の債権者に先立って自己の債権の弁済に充てることができる。

　6　前項の債権の弁済期が到来していないときは、同項の登録投資口質権者は、第１項前段の投資法人に同項の金銭に相当する金額を供託させることができる。この場合において、質権は、その供託金について存在する。

◇会社法846条（原告が敗訴した場合の損害賠償責任）

　投資法人の成立後における投資口の発行の無効の訴えを提起した原告が敗訴した場合において、原告に悪意又は重大な過失があったときは、原告は、被告に対し、連帯して損害を賠償する責任を負う。

◇会社法937条１項（１号ロ）（裁判による登記の嘱託）

　1　次に掲げる場合には、裁判所書記官は、職権で、遅滞なく、投資法人の本店の所在地を管轄する登記所にその登記を嘱託しなければならない。

　　一　次に掲げる訴えに係る請求を認容する判決が確定したとき。

　　　ロ　投資法人の成立後における投資口の発行の無効の訴え

4　準用条文（3項）

◇会社法829条（１号）（新株発行等の不存在の確認の訴え）

　次に掲げる行為については、当該行為が存在しないことの確認を、訴えをもって請求することができる。

一　投資法人の成立後における投資口の発行

◇会社法834条（13号）（被告）

　次の各号に掲げる訴え（以下この節において「投資法人の成立後における投資口の発行の不存在の確認の訴え」と総称する。）については、当該各号に定める者を被告とする。

　十三　投資法人の成立後における投資口の発行が存在しないことの確認の訴え　投資口の発行をした投資法人

◇会社法835条１項（訴えの管轄及び移送）

1 投資法人の成立後における投資口の発行の不存在の確認の訴えは、被告となる投資法人の本店の所在地を管轄する地方裁判所の管轄に専属する。

◇会社法836条（担保提供命令）
1 投資法人の成立後における投資口の発行の不存在の確認の訴えについては、裁判所は、被告の申立てにより、当該投資法人の成立後における投資口の発行の不存在の確認の訴えを提起した投資主に対し、相当の担保を立てるべきことを命ずることができる。ただし、当該投資主が執行役員、監督役員又は清算執行人であるときは、この限りでない。
2 前項の規定は、投資法人の成立後における投資口の発行の不存在の確認の訴えであって、債権者が提起することができるものについて準用する。
3 被告は、第1項（前項において準用する場合を含む。）の申立てをするには、原告の訴えの提起が悪意によるものであることを疎明しなければならない。

◇会社法837条（弁論等の必要的併合）
同一の請求を目的とする投資法人の成立後における投資口の発行の不存在の確認の訴えに係る訴訟が数個同時に係属するときは、その弁論及び裁判は、併合してしなければならない。

◇会社法838条（認容判決の効力が及ぶ者の範囲）
投資法人の成立後における投資口の発行の不存在の確認の訴えに係る請求を認容する確定判決は、第三者に対してもその効力を有する。

◇会社法846条（原告が敗訴した場合の損害賠償責任）
投資法人の成立後における投資口の発行の不存在の確認の訴えを提起した原告が敗訴した場合において、原告に悪意又は重大な過失があったときは、原告は、被告に対し、連帯して損害を賠償する責任を負う。

◇会社法937条1項（1号ホに係る部分に限る）（裁判による登記の嘱託）
1 次に掲げる場合には、裁判所書記官は、職権で、遅滞なく、投資法人の本店の所在地を管轄する登記所にその登記を嘱託しなければならない。

第84条

一　次に掲げる訴えに係る請求を認容する判決が確定したとき。

　ホ　投資法人の成立後における投資口の発行の不存在の確認の訴え

5　準用条文（4項）

◇会社法847条（2項を除く）（責任追及等の訴え）

1　6箇月（これを下回る期間を規約で定めた場合にあっては、その期間）前から引き続き投資口を有する投資主は、投資法人に対し、書面その他の内閣府令で定める方法により、投資法人法第84条第1項において準用する第212条第1項（第2号を除く。）の規定による支払を求める訴え（以下この節において「支払を求める訴え」という。）の提起を請求することができる。ただし、支払を求める訴えが当該投資主若しくは第三者の不正な利益を図り又は当該投資法人に損害を加えることを目的とする場合は、この限りでない。

3　投資法人が第1項の規定による請求の日から60日以内に支払を求める訴えを提起しないときは、当該請求をした投資主は、投資法人のために、支払を求める訴えを提起することができる。

4　投資法人は、第1項の規定による請求の日から60日以内に支払を求める訴えを提起しない場合において、当該請求をした投資主から請求を受けたときは、当該請求をした者に対し、遅滞なく、支払を求める訴えを提起しない理由を書面その他の内閣府令で定める方法により通知しなければならない。

5　第1項及び第3項の規定にかかわらず、同項の期間の経過により投資法人に回復することができない損害が生ずるおそれがある場合には、第1項の投資主は投資法人のために、直ちに支払を求める訴えを提起することができる。ただし、同項ただし書に規定する場合は、この限りでない。

6　第3項又は前項の支払を求める訴えは、訴訟の目的の価額の算定については、財産権上の請求でない請求に係る訴えとみなす。

7　投資主が支払を求める訴えを提起したときは、裁判所は、被告の申立てにより、当該投資主に対し、相当の担保を立てるべきことを命ずるこ

8 　被告が前項の申立てをするには、支払を求める訴えの提起が悪意によるものであることを疎明しなければならない。

◇会社法848条（訴えの管轄）

　支払を求める訴えは、投資法人の本店の所在地を管轄する地方裁判所の管轄に専属する。

◇会社法849条（2項2号および5項を除く）（訴訟参加）

1 　投資主又は投資法人は、共同訴訟人として、又は当事者の一方を補助するため、支払を求める訴えに係る訴訟に参加することができる。ただし、不当に訴訟手続を遅延させることとなるとき、又は裁判所に対し過大な事務負担を及ぼすこととなるときは、この限りでない。

2 　投資法人が、執行役員及び清算執行人並びにこれらの者であった者を補助するため、支払を求める訴えに係る訴訟に参加するには、次の各号に掲げる投資法人の区分に応じ、当該各号に定める者の同意を得なければならない。

　一　投資法人　監督役員（監督役員が2人以上ある場合にあっては、各監督役員）

3 　投資主は、支払を求める訴えを提起したときは、遅滞なく、投資法人に対し、訴訟告知をしなければならない。

4 　投資法人は、支払を求める訴えを提起したとき、又は前項の訴訟告知を受けたときは、遅滞なく、その旨を公告し、又は投資主に通知しなければならない。

◇会社法850条（和解）

1 　民事訴訟法第267条の規定は、投資法人が支払を求める訴えに係る訴訟における和解の当事者でない場合には、当該訴訟における訴訟の目的については、適用しない。ただし、当該投資法人の承認がある場合は、この限りでない。

2 　前項に規定する場合において、裁判所は、投資法人に対し、和解の内容を通知し、かつ、当該和解に異議があるときは2週間以内に異議を述べるべき旨を催告しなければならない。

第84条

  3　投資法人が前項の期間内に書面により異議を述べなかったときは、同項の規定による通知の内容で投資主が和解をすることを承認したものとみなす。

  4　第55条、第120条第5項、第424条（第486条第4項において準用する場合を含む。）、第462条第3項（同項ただし書に規定する分配可能額を超えない部分について負う義務に係る部分に限る。）、第464条第2項及び第465条第2項の規定は、支払を求める訴えに係る訴訟における和解をする場合には、適用しない。

◇会社法851条（1項1号および2項を除く）（株主でなくなった者の訴訟追行）

  1　支払を求める訴えを提起した投資主又は第849条第1項の規定により共同訴訟人として当該支払を求める訴えに係る訴訟に参加した投資主が当該訴訟の係属中に投資主でなくなった場合であっても、次に掲げるときは、その者が、訴訟を追行することができる。

   二　その者が当該投資法人が合併により消滅する投資法人となる合併により、合併により設立する投資法人又は合併後存続する投資法人若しくはその完全親法人の投資口を取得したとき。

  3　第1項の規定は、同項第2号（前項又はこの項において準用する場合を含む。）に掲げる場合において、第1項の投資主が同項の訴訟の係属中に合併により設立する投資法人又は合併後存続する投資法人若しくはその完全親法人の投資口の投資主でなくなったときについて準用する。この場合において、同項（前項又はこの項において準用する場合を含む。）中「当該投資法人」とあるのは、「合併により設立する投資法人又は合併後存続する投資法人若しくはその完全親法人」と読み替えるものとする。

◇会社法852条（費用等の請求）

  1　支払を求める訴えを提起した投資主が勝訴（一部勝訴を含む。）した場合において、当該支払を求める訴えに係る訴訟に関し、必要な費用（訴訟費用を除く。）を支出したとき又は弁護士若しくは弁護士法人に報酬を支払うべきときは、当該投資法人に対し、その費用の額の範囲内又はその報酬額の範囲内で相当と認められる額の支払を請求することができる。

2 <u>支払を求める訴え</u>を提起した<u>投資主</u>が敗訴した場合であっても、悪意があったときを除き、<u>当該投資主</u>は、<u>当該投資法人</u>に対し、これによって生じた損害を賠償する義務を負わない。
3 前2項の規定は、第849条第1項の規定により同項の訴訟に参加した<u>投資主</u>について準用する。

◇会社法853条（再審の訴え）
1 <u>支払を求める訴え</u>が提起された場合において、原告及び被告が共謀して<u>支払を求める訴え</u>に係る訴訟の目的である<u>投資法人</u>の権利を害する目的をもって判決をさせたときは、<u>投資法人</u>又は<u>投資主</u>は、確定した終局判決に対し、再審の訴えをもって、不服を申し立てることができる。
2 前条の規定は、前項の再審の訴えについて準用する。

（投資証券の発行等）
第85条　投資法人は、投資口を発行した日以後遅滞なく、当該投資口に係る投資証券を発行しなければならない。
2　投資証券には、次に掲げる事項及びその番号を記載し、執行役員がこれに署名し、又は記名押印しなければならない。
　一　投資法人の商号
　二　当該投資証券に係る投資口の口数
3　会社法第217条の規定は投資法人（規約によって次条第1項前段の規定による定めをしたものを除く。）の投資証券について、同法第291条の規定は投資証券について、それぞれ準用する。この場合において、必要な技術的読替えは、政令で定める。

1　趣　旨

本条は投資証券の発行時期、記載事項等について定めるものである。会社法215条1項および216条と同趣旨であるが、株式会社と異なり、投資証券を発行する旨を規約で定めていない場合であっても、一律に投資証券を発行する投資法人となる[25]（会社法214条参照）。

第85条

2 準用条文（3項）

◇会社法217条（株券不所持の申出）

1 投資法人（規約によって投資法人法第86条第1項前段の規定による定めをしたものを除く。）の投資主は、当該投資法人（規約によって投資法人法第86条第1項前段の規定による定めをしたものを除く。）に対し、当該投資主の有する投資口に係る投資証券の所持を希望しない旨を申し出ることができる。

2 前項の規定による申出は、その申出に係る投資口の口数を明らかにしてしなければならない。この場合において、当該投資口に係る投資証券が発行されているときは、当該投資主は、当該投資証券を投資法人（規約によって投資法人法第86条第1項前段の規定による定めをしたものを除く。）に提出しなければならない。

3 第1項の規定による申出を受けた投資法人（規約によって投資法人法第86条第1項前段の規定による定めをしたものを除く。）は、遅滞なく、前項前段の投資口に係る投資証券を発行しない旨を投資主名簿に記載し、又は記録しなければならない。

4 投資法人（規約によって投資法人法第86条第1項前段の規定による定めをしたものを除く。）は、前項の規定による記載又は記録をしたときは、第2項前段の投資口に係る投資証券を発行することができない。

5 第2項後段の規定により提出された投資証券は、第3項の規定による記載又は記録をした時において、無効となる。

6 第1項の規定による申出をした投資主は、いつでも、投資法人（規約によって投資法人法第86条第1項前段の規定による定めをしたものを除く。）に対し、第2項前段の投資口に係る投資証券を発行することを請求する

---

25 東京証券取引所における不動産投資信託証券（投資証券であって、投資者の資金を主として不動産等に対する投資として運用することを目的とするもの等。東京証券取引所有価証券上場規程1001条35号）については、その上場審査の形式要件として、指定振替機関の振替業における取扱いの対象であることまたは上場の時までに取扱いの対象となる見込みのあることが規定されている（同規程1205条2号m）ことから、指定振替機関において振替投資口として取り扱われ、また、振替投資口については投資証券を発行することができない（社債、株式等の振替に関する法律227条1項）ため、投資証券は発行されない。

ことができる。この場合において、第2項後段の規定により提出された投資証券があるときは、投資証券の発行に要する費用は、当該投資主の負担とする。

◇会社法291条（新株予約権証券の喪失）
1 投資証券は、非訟事件手続法第142条に規定する公示催告手続によって無効とすることができる。
2 投資証券を喪失した者は、非訟事件手続法第148条第1項に規定する除権決定を得た後でなければ、その再発行を請求することができない。

（投資証券の不発行）
第86条 投資主の請求により投資口の払戻しをする旨の規約の定めがある投資法人は、前条第1項の規定にかかわらず、規約によって、投資主の請求があるまで投資証券を発行しない旨を定めることができる。この場合においては、第70条の2第1項又は第82条第1項の募集に応じて設立時募集投資口又は募集投資口の引受けの申込みをしようとする者に対し、その旨を通知しなければならない。
2 前項前段の場合において、既に発行された投資証券を有する投資主は、当該投資証券を投資法人に提出して、その所持を希望しない旨を申し出ることができる。この場合においては、当該投資法人に提出された当該投資証券は、無効とする。
3 第1項前段の規定による定めをした投資法人は、投資主の請求により投資証券を発行したときはその旨を、前項前段の規定による申出を受けたときは当該投資証券が返還された旨を、それぞれ投資主名簿に遅滞なく記載し、又は記録しなければならない。
4 前項の投資法人が規約を変更して投資口の払戻しに応じないこととするときは、規約を変更して同項の定めを廃止し、遅滞なく、未発行の投資証券を発行しなければならない。

1 趣　　旨

本条は、いわゆるオープン・エンド型の投資法人について、投資法人による投資証券の発行義務の例外を定めるものである。

2 解　　説

いわゆるオープン・エンド型の投資法人（投資主の請求により投資口の払戻しをする旨の規約の定めがある投資法人）の場合には、法85条1項の規定にかかわらず、規約に定めを置くことにより、投資主の請求があるまでは、投資証券を発行しないこととすることができる（1項）。これは、投資主の請求により投資口の払戻しを行う、オープン・エンド型の投資法人の場合には、投資主は投下資本の回収の方法として、投資口を第三者に譲渡するよりも、その払戻しを投資法人に対して求めることが一般的であると想定されたため、この場合においても原則的に投資証券を発行することとした場合には、投資主および投資法人の双方に不要なコスト負担を課すこととなりかねないためである。

（投資証券の提出に関する公告等）

第87条　投資法人が次に掲げる行為をする場合には、当該行為の効力が生ずる日までに当該投資法人に対し全部の投資口に係る投資証券を提出しなければならない旨を当該日の1月前までに、公告し、かつ、すべての投資主及びその登録投資口質権者には、各別にこれを通知しなければならない。ただし、投資口の全部について投資証券を発行していない場合は、この限りでない。

一　投資口の併合
二　合併（合併により当該投資法人が消滅する場合に限る。）

2　会社法第219条第2項及び第3項並びに第220条の規定は、投資証券について準用する。この場合において、同法第219条第2項中「前項各号」とあり、同条第3項中「第1項各号」とあり、及び同法第220条第1項中「前条第1項各号」とあるのは「投資法人法第87条第1項

各号」と読み替えるものとするほか、必要な技術的読替えは、政令で定める。

1　趣　旨
本条は、投資口の併合および投資法人の合併の際の投資証券の提出に関する手続を定めるものである。会社法219条と同趣旨である。

2　準用条文（2項）
◇会社法219条2項および3項（株券の提出に関する公告等）
2　投資法人は、投資法人法第87条第1項各号に掲げる行為の効力が生ずる日までに投資法人に対して投資証券を提出しない者があるときは、当該投資証券の提出があるまでの間、当該行為によって当該投資証券に係る投資口の投資主が受けることのできる金銭等の交付を拒むことができる。
3　投資法人法第87条第1項各号に定める投資口に係る投資証券は、当該各号に掲げる行為の効力が生ずる日に無効となる。

◇会社法220条（株券の提出をすることができない場合）
1　投資法人法第87条第1項各号に掲げる行為をした場合において、投資証券を提出することができない者があるときは、投資法人は、その者の請求により、利害関係人に対し異議があれば一定の期間内にこれを述べることができる旨を公告することができる。ただし、当該期間は、3箇月を下ることができない。
2　前項の規定による公告をした場合において、同項の期間内に利害関係人が異議を述べなかったときは、投資法人は、同項の請求をした者に対し、前条第2項の金銭等を交付することができる。
3　第1項の規定による公告の費用は、同項の請求をした者の負担とする。

> （1に満たない端数の処理）
> **第88条** 投資法人が投資口の分割又は投資口の併合をすることにより投資口の口数に1口に満たない端数が生ずるときは、その端数の合計数（その合計数に1に満たない端数が生ずる場合にあつては、これを切り捨てるものとする。）に相当する口数の投資口を、公正な金額による売却を実現するために適当な方法として内閣府令で定めるものにより売却し、かつ、その端数に応じてその売却により得られた代金を投資主に交付しなければならない。
> 2　前項の規定にかかわらず、第86条第1項に規定する投資法人は、投資口の分割又は投資口の併合をすることにより生ずる投資口の口数の1口に満たない端数の部分について、当該投資法人の純資産の額に照らして公正な金額をもつて、払戻しをすることができる。
> 3　前項の場合には、内閣府令で定めるところにより、出資総額及び第135条の出資剰余金の額（以下「出資総額等」という。）から出資総額等のうち払戻しをした投資口に相当する額を控除しなければならない。

1　趣　旨

本条は、投資口の分割および併合によって1口未満の投資口の端数が生じた際の処理を定めるものである。会社法235条に相当する規定である。

2　端数投資口の売却方法

競売または競売以外の方法を認める株式会社の株式の1株に満たない端数の処理方法（会社法235条2項、234条2項）と異なり、投資法人の投資口の1口に満たない端数の処理方法は、施行規則138条において以下のとおり指定されている。

投資口の区分	売却方法
①　金融商品取引所に上場されている有価証券である投資口	取引所金融商品市場において行う取引による売却
②　店頭売買有価証券である投資	店頭売買有価証券市場において行う取引に

口	よる売却
③ ①および②以外の投資口	当該投資口を発行する投資法人の純資産の額に照らして公正妥当な金額による売却

3 オープン・エンド型投資法人の特例

　いわゆるオープン・エンド型の投資法人（投資主の請求により投資口の払戻しをする旨の規約の定めがある投資法人）の場合には、投資法人の純資産の額に照らして公正な金額をもって払戻しをすることも認められ（2項）、その場合には、施行規則139条で定めるところにより、出資総額等から払戻しをした投資口に相当する額を控除しなければならない（3項）。

● 種類投資口の導入

　REITの投資主は、投資法人法上、①金銭の分配を受ける権利、②残余財産の分配を受ける権利、および③投資主総会における議決権が与えられており（法77条2項）、①および②に掲げる権利の全部、または③に掲げる権利の全部もしくは一部を与えない旨の規約の定めは効力を有しない（同条3項）。このように絶対的に与えられている投資主の権利について、内容を異にする投資口の発行を認めようというのが、種類投資口の導入である。本文でも解説しているように、現行の投資法人法においては、REITの投資口は1種類であり、株式会社のように配当を受ける権利や議決権等について内容の異なる投資口（種類投資口）を発行することは認められていない（法2条14項）。しかしながら、例えば、投資法人債に近い性質を持った非参加的累積的優先投資口や、普通投資口への転換が可能な取得請求権付優先投資口等、投資者のニーズに応じた種類投資口の発行が認められれば、資金調達が容易になる場面も増えよう。また、エクイティによる資金調達が促進されれば、LTVの上昇も抑えられる。種類投資口の導入は、積極的に検討されるべき課題の1つであると考えられる。

　もっとも、種類投資口は、投資主間の優先劣後関係を生み出すものであり、劣後する投資主の保護を図るための手続等の導入も併せて必要になる。また、株式会社で一般的にみられるような、投資主総会における議決権を有しない代わりに、配当や残余財産の分配を受ける権利が普通の投資口よりも優先する議決権制限投資口の発行については、議決権を行使してREITの運営に関与することよりも、配当に関心があるのがREITにおける一般的な投資者心理ではないかとも思われ、そもそも制度として適当ではないおそれもあることに留意しなければならない。また、投資主総会と役員会という簡素なガバナンス体制において、議決権を有する一部の投資主のみによる投資主総会が、果たして適切なガバナンスとして機能するのかという懸念もある。

　いずれにせよ、種類投資口の導入は、投資主間の利益保護や、REITのガバナンス体制の見直しと併せて検討されなければならない課題であろう。

●REITのライツ・オファリング

　近年、既存の投資者の利益に配慮した増資方法として、ライツ・オファリングが注目されている。ライツ・オファリングとは、株式会社でいえば、会社法277条に基づく新株予約権の無償割当てを利用して行われる増資であり、株主は、持分割合に応じて与えられた新株予約権を行使することで持分比率の低下を避けることも、あるいはその新株予約権を市場に売却することで追加出資を避けることもできる。既存の株主の利益保護が重要視される欧州では一般的に利用されている増資方法といわれており、我が国でも、ライツ・オファリングの積極的活用のための数々の制度整備が図られてきた。

　REITにおいても有用な増資方法であると考えられるものの、その利用のためには、現行の投資法人法では認められていない株式会社の「新株予約権」に相当する「新投資口予約権」を制度として導入することを検討しなければならない。また、現行の投資法人法上、必ずしも明示的には禁止されてはいない（例えば、試論として、いわゆる公募増資を行うとともに、（例えばあらかじめ告知をした上で）投資法人が募集投資口の割当てを行う者（法83条9項、会社法204条1項）を一定時点の投資主に限定することで、実質的に投資主割当増資に類似した形態での募集投資口の発行を行うことなど）ものの、その手続が不明確な「投資主割当て」も念頭に置く必要がある。

　実際に有用な増資方法として利用されるために検討すべき課題はこれだけではない。例えば、株式会社によるライツ・オファリングにおいては、最終的な資金調達額があらかじめ確定できるように、株式会社と証券会社との間で、株主が行使しなかった新株予約権を証券会社が取得し行使する旨の契約（コミットメント契約）が締結されることが想定されている（コミットメント型ライツ・オファリング）。そのため、新株予約権の行使価格は、対象となる株式の時価よりも大幅に低い価格で設定されることがあり得るが、現行の法82条6項が「公正な金額」による投資口の発行を義務付けている以上、同じことをREITにおいても行うことができるのか、新投資口予約権の行使価格の公正な算定方法についても、十分に検討されることが必要である。

　そのほか、新投資口予約権を行使しないことを選択した投資主が、新投資口予約権を市場で円滑に売却できるよう、新投資口予約権の上場制度の検討も必要になろう。

● 自己投資口取得の解禁

　投資法人による自己投資口の取得の解禁は、従来規制緩和の要望が強かった事項である。自己投資口の取得は、米国をはじめ海外でも認められている制度であり、株式会社による自己株式の取得のように、例えば投資口の市場価格が低迷している場合に投資口の価値を向上させる目的で利用できるなど、投資法人の資本政策手段の１つとなり得ることから、その必要性が議論されるべきであることは間違いない。

　しかしながら、自己投資口の取得は、自己株式の取得が原則的に禁止されていた平成13年改正前の株式会社法制における議論と同様、数々の弊害を生じさせることも事実である。例えば、投資主の出資総額を財源として自己投資口の取得が行われれば、実質的な出資の払戻しとして、債権者の利益が害されてしまう。特定の投資主を相手方として自己投資口の取得が行われれば、投資主間の公平が害される。また、自己投資口の取得が、インサイダー取引や相場操縦の懸念を生じさせる場合もあり得る。自己投資口の取得を解禁するにあたっては、これらの弊害を防止するための債権者保護、投資主保護および不公正な取引の防止の観点からの制度設計を併せて検討することが不可欠となるが、基本的には、株式会社法制における議論がそのまま当てはまるものと考えられる。とはいえ、株式会社と投資法人のそれぞれの役割、特徴等を踏まえた議論が必要であることはいうまでもないだろう。

　そのほか、自己投資口の取得を解禁するとしても、一般的に解禁することが必要か（自己投資口の取得を原則として認めることにするのか）、それとも一部の解禁にとどめるべきか（自己投資口の取得を原則として禁止したまま、例外の範囲を拡大するのか）という、自己投資口の取得が許容される範囲の問題もある。

　また、自己投資口を取得するためには、そもそも取得財源が必要となるのであり、自己投資口の取得が制度として認められたとしても、事実上内部留保が認められておらず余剰資金に乏しい投資法人において、どのように取得財源を調達すべきかという課題が残る。株式会社法制における財源規制（会社法461条）のように、原則として収益を取得財源としなければならないのであれば、投資主からの自己投資口の取得は、実質的には収益の分配となる以上、導管性要件（いわゆる90％超配当要件）との関係も整理する必要があるだろう。

　さらに、取得後の自己投資口の取扱いについて、現行の投資法人法では、自己投資口の処分が義務付けられているものの（法80条2項）、自己投資口の保有や、自己投資口の消却の可否についても検討されなければならないだろう。とくに後者は、1口当りの投資口価値の増加等を企図する場合には必要不可欠である。

　このように考えると、自己投資口の取得の解禁は、資本政策手段としての必要性を踏まえた上で、債権者、投資主等の利害関係人の保護に加えて、不公正取引禁止規制の導入、内部留保の可否等、投資法人法制をめぐる様々な論点と併せて横断的に議論されなければならない課題であり、十分に時間をかけて検討されるべきものであるように思われる。

第 4 節

機　　関

第1款　投資主総会

> （投資主総会の権限）
> 第89条　投資主総会は、この法律に規定する事項及び規約で定めた事項に限り、決議をすることができる。
> 2　この法律の規定により投資主総会の決議を必要とする事項について、執行役員、役員会その他の投資主総会以外の機関が決定することができることを内容とする規約の定めは、その効力を有しない。

　投資主総会の権限について定めるものであり、投資法人には株式会社における取締役会に相当する役員会があることから、取締役会設置会社における株主総会の権限（会社法295条2項・3項）と同趣旨の規定である。

> （招集）
> 第90条　投資主総会は、この法律に別段の定めがある場合を除き、執行役員が招集する。
> 2　監督役員は、執行役員に対し、投資主総会の目的である事項及び招集の理由を示して、投資主総会の招集を請求することができる。
> 3　会社法第297条第1項及び第4項の規定は、投資主総会の招集について準用する。この場合において、同条第1項中「総株主の議決権」

第90条

とあるのは「発行済投資口」と、「以上の議決権」とあるのは「以上の口数の投資口」と、同条第4項中「裁判所」とあるのは「内閣総理大臣」と読み替えるものとするほか、必要な技術的読替えは、政令で定める。

1　趣　　旨

　執行役員、監督役員または投資主による投資主総会の招集について定めるものである。投資主総会の招集については、監督役員の請求（2項）に基づく場合を含め、役員会の承認を受ける必要がある（法109条1項1号）。

　なお、投資法人の投資主総会には株式会社における定時株主総会に相当する制度はなく、投資主総会の目的である事項があるときに必要に応じて招集される。株式会社と異なり、計算書類等の確定について投資主総会の承認は必要とされていない（法131条参照）ことから、投資主総会を決算期ごとに開催する必要はなく、他方で、執行役員の任期が2年を超えることができない（法99条）ことから、投資主総会は、少なくとも2年ごとには開催されることとなる。

2　準用条文（3項）

◇会社法297条1項および4項（株主による招集の請求）
1　発行済投資口の100分の3（これを下回る割合を規約で定めた場合にあっては、その割合）以上の口数の投資口を6箇月（これを下回る期間を規約で定めた場合にあっては、その期間）前から引き続き有する投資主は、執行役員に対し、投資主総会の目的である事項（当該投資主が議決権を行使することができる事項に限る。）及び招集の理由を示して、投資主総会の招集を請求することができる。
4　次に掲げる場合には、第1項の規定による請求をした投資主は、内閣総理大臣の許可を得て、投資主総会を招集することができる。
　一　第1項の規定による請求の後遅滞なく招集の手続が行われない場合
　二　第1項の規定による請求があった日から8週間（これを下回る期間を規約で定めた場合にあっては、その期間）以内の日を投資主総会の日

とする投資主総会の招集の通知が発せられない場合

（招集の決定）

第90条の2 執行役員（前条第3項において準用する会社法第297条第4項の規定により投資主が投資主総会を招集する場合にあつては当該投資主、第114条第3項本文の規定により監督役員が共同して投資主総会を招集する場合にあつては当該監督役員。次条において同じ。）は、投資主総会を招集する場合には、次に掲げる事項を定めなければならない。

一　投資主総会の日時及び場所
二　投資主総会の目的である事項
三　投資主総会に出席しない投資主が電磁的方法によつて議決権を行使することができることとするときは、その旨
四　前3号に掲げるもののほか、内閣府令で定める事項

2　投資主総会に出席しない投資主は、書面によつて議決権を行使することができる。

1　趣　旨

本条は、投資主総会の招集の決定や、書面または電磁的方法による議決権の行使に関して定めるものであり、会社法298条1項と同趣旨である。

2　書面による議決権行使

株式会社においては、株主の数が1000人以上である場合には、株主総会に出席しない株主が書面によって議決権を行使することができる旨、取締役は定めなければならないものとされている（会社法298条2項）。投資法人においては、①すべての場合に投資主に対する投資主総会参考書類の交付がなされ（法91条4項）、書面による議決権行使を広く認める前提状況があること、②投資口の譲渡について制限を設けることができず（法78条2項）、高い流動性が確保されていること、③投資者による投資証券への投資を容易にするためには、投資主が低廉なコストで議決権行使をすることが可能である

ことが望ましいこと、④執行役員等の投資法人を運営する側としても、投資主総会の定足数をより容易に満たすことが可能となること等の観点から、投資法人について、一律に、書面による議決権行使を認めることとされている（2項）。

（招集手続）
第91条 投資主総会を招集するには、執行役員は、投資主総会の日の2月前までに当該日を公告し、当該日の2週間前までに、投資主に対して、書面をもつてその通知を発しなければならない。
2　執行役員は、前項の書面による通知の発出に代えて、政令で定めるところにより、投資主の承諾を得て、電磁的方法により通知を発することができる。この場合において、当該執行役員は、同項の書面による通知を発したものとみなす。
3　前2項の通知には、前条第1項各号に掲げる事項を記載し、又は記録しなければならない。
4　執行役員は、第1項の通知に際しては、内閣府令で定めるところにより、投資主に対し、議決権の行使について参考となるべき事項を記載した書類（次項において「投資主総会参考書類」という。）及び投資主が議決権を行使するための書面（以下この款において「議決権行使書面」という。）を交付しなければならない。
5　執行役員は、第2項の承諾をした投資主に対し同項の電磁的方法による通知を発するときは、前項の規定による投資主総会参考書類及び議決権行使書面の交付に代えて、これらの書類に記載すべき事項を電磁的方法により提供することができる。ただし、投資主の請求があつたときは、これらの書類を当該投資主に交付しなければならない。
6　執行役員は、前条第1項第3号に掲げる事項を定めた場合には、第2項の承諾をした投資主に対する同項の電磁的方法による通知に際して、内閣府令で定めるところにより、投資主に対し、議決権行使書面に記載すべき事項を当該電磁的方法により提供しなければならない。

7 執行役員は、前項に規定する場合において、第2項の承諾をしていない投資主から投資主総会の日の1週間前までに議決権行使書面に記載すべき事項の電磁的方法による提供の請求があつたときは、内閣府令で定めるところにより、直ちに、当該投資主に対し、当該事項を電磁的方法により提供しなければならない。

1 趣　　旨

本条は、投資主総会の招集手続、投資主総会参考書類、議決権行使書面の交付等について定めるものであり、会社法299、301、302条と同趣旨である。

2 投資主総会の日の2カ月前までの公告

株式会社の株主総会における招集通知（会社法299条1項）と同様に、投資主総会の2週間前までに招集通知を送付しなければならないことに加えて、投資主総会を招集するには、投資主総会の日の2カ月前までに、投資主総会の開催日について公告しなければならない（1項）。2カ月前までの公告が要求されているのは、投資主総会には定時株主総会に相当する制度がなく、定期的に開催されるものではなく、投資主総会の目的である事項があるときに必要に応じて招集されるものであるため、その開催日を予告して、投資主の提案権（法94条1項、会社法303条2項および305条1項本文）の行使の機会を保障するためである。

（書面による議決権の行使）

第92条　書面による議決権の行使は、議決権行使書面に必要な事項を記載し、内閣府令で定める時までに当該記載をした議決権行使書面を投資法人に提出して行う。

2　前項の規定により書面によつて行使した議決権の数は、出席した投資主の議決権の数に算入する。

3　投資法人は、投資主総会の日から3月間、第1項の規定により提出

> された議決権行使書面をその本店に備え置かなければならない。
> 4 投資主は、投資法人の営業時間内は、いつでも、第1項の規定により提出された議決権行使書面の閲覧又は謄写の請求をすることができる。

　本条は書面による議決権の行使に関して定めたものであり、会社法311条と同趣旨である。

> （電磁的方法による議決権の行使）
> **第92条の2**　電磁的方法による議決権の行使は、政令で定めるところにより、投資法人の承諾を得て、内閣府令で定める時までに議決権行使書面に記載すべき事項を、電磁的方法により当該投資法人に提供して行う。
> 2　投資主が第91条第2項の承諾をした者である場合には、投資法人は、正当な理由がなければ、前項の承諾をすることを拒んではならない。
> 3　第1項の規定により電磁的方法によつて行使した議決権の数は、出席した投資主の議決権の数に算入する。
> 4　投資法人は、投資主総会の日から3月間、第1項の規定により提供された事項を記録した電磁的記録をその本店に備え置かなければならない。
> 5　投資主は、投資法人の営業時間内は、いつでも、前項の電磁的記録に記録された事項を内閣府令で定める方法により表示したものの閲覧又は謄写の請求をすることができる。

　本条は電磁的方法による議決権の行使に関して定めたものであり、会社法312条と同趣旨である。

> （みなし賛成）
> 第93条　投資法人は、規約によつて、投資主が投資主総会に出席せず、かつ、議決権を行使しないときは、当該投資主はその投資主総会に提出された議案（複数の議案が提出された場合において、これらのうちに相反する趣旨の議案があるときは、当該議案のいずれをも除く。）について賛成するものとみなす旨を定めることができる。
> 2　前項の規定による定めをした投資法人は、第91条第1項又は第2項の通知にその定めを記載し、又は記録しなければならない。
> 3　第1項の規定による定めに基づき議案に賛成するものとみなした投資主の有する議決権の数は、出席した投資主の議決権の数に算入する。

1　趣　　旨

本条は、投資主が経済的利益のみに着目した投資者であり、投資法人の運営についての関心が低いことにかんがみ、投資法人における意思決定の柔軟性を確保するため、みなし賛成制度を導入するものである。

2　解　　説

投資法人を利用する投資者は資産運用の結果得られるリターンにのみ関心を有し、この点について何らかの問題があれば異議を述べるものの、資産運用が順調に推移し、投資法人の運営が滞りなく行われている場合においては、投資法人の運営全般について包括的な了承を与える意思があるのが一般的であると考えられる。そこで、あらかじめ、投資主総会の目的とする事項の通知を受け、投資主総会参考書類により判断をするために必要な情報が与えられ、また、書面による議決権行使（法92条）や代理人による議決権の行使（法94条第1項、会社法310条1項）の方法により、投資主総会に出席せず、小さいコストによる議決権行使の機会があるにもかかわらず、なお議決権を行使しない投資主については、異議を述べる意思がなく、議案の内容を黙示的に了承しているものと考えることもできる。そのため、このようなことを

規約に定めて明確にしている投資法人においては、こうした投資主について、投資主総会に提出された議案について賛成するものとみなすことを可能にしたものである（1項）。

ただし、同一の投資主総会に複数の議案が提出された場合において、一方の議案が成立した場合には他方の議案が成立し得ない、相反する趣旨の議案があるときは、上記のような黙示的に了承しているものとは考えられないため、みなし賛成の効果を認めることはできない。

規約においてみなし賛成の定めをした投資法人は、投資主に対して予測可能性を与えるため、招集通知にその定めを記載または記録しなければならない（2項）。

本条によってみなし賛成の効果が認められた投資主は、その限りで、投資主総会に出席した場合と同様に取り扱われ、その有する議決権の数は、出席した投資主の議決権の数に参入される（3項）。

（投資主総会の決議）

第93条の2　投資主総会の決議は、規約に別段の定めがある場合を除き、発行済投資口の過半数の投資口を有する投資主が出席し、出席した当該投資主の議決権の過半数をもつて行う。

2　前項の規定にかかわらず、次に掲げる投資主総会の決議は、発行済投資口の過半数の投資口を有する投資主が出席し、出席した当該投資主の議決権の3分の2（これを上回る割合を規約で定めた場合にあつては、その割合）以上に当たる多数をもつて行わなければならない。この場合においては、当該決議の要件に加えて、一定の数以上の投資主の賛成を要する旨その他の要件を規約で定めることを妨げない。

一　第81条の2第2項において読み替えて準用する会社法第180条第2項の投資主総会

二　第115条の6第3項の投資主総会

三　第140条の投資主総会

四　第143条第3号の投資主総会

> 五 第149条の2第1項、第149条の7第1項及び第149条の12第1項の投資主総会
> 3 投資主総会は、第90条の2第1項第2号に掲げる事項以外の事項については、決議をすることができない。ただし、次条第1項において準用する会社法第316条第1項若しくは第2項に規定する者の選任又は第115条の4の会計監査人の出席を求めることについては、この限りでない。

1 趣　　旨

本条は投資主総会の決議要件（普通決議および特別決議）、決議事項の制限について定めたものであり、会社法309条1項・2項・5項と同趣旨である。

2 特別決議

以下の事項に関する投資主総会の決議は、特別決議（発行済投資口の過半数の投資口を有する投資主が出席し、出席した当該投資主の議決権の3分の2（これを上回る割合を規約で定めた場合にあっては、その割合）以上に当たる多数）によらなければならない。

① 投資口の併合（法81条の2第2項、会社法180条2項）
② 役員等の責任の一部免除（115条の6第3項）
③ 規約の変更（140条）
④ 解散（143条3号）
⑤ 合併（149条の2第1項、149条の7第1項および149条の12第1項）

（会社法の準用）
第94条 会社法第300条本文、第303条第2項、第304条、第305条第1項本文及び第4項、第306条（第2項及び第4項を除く。）、第307条、第308条（第1項ただし書を除く。）、第310条並びに第313条から第318条（第3項を除く。）までの規定は、投資主総会について準用する。この場合において、同法第300条本文中「前条」とあるのは「投資法人法

第94条

第91条第1項から第3項まで」と、同法第303条第2項中「前項の規定にかかわらず、取締役会設置会社においては、総株主の議決権」とあるのは「発行済投資口」と、「議決権又は300個（これを下回る数を定款で定めた場合にあっては、その個数）以上の議決権」とあるのは「口数の投資口」と、「株主に限り」とあるのは「投資主は」と、同法第305条第1項本文中「株主は」とあるのは「発行済投資口の100分の1（これを下回る割合を規約で定めた場合にあっては、その割合）以上の口数の投資口を6箇月（これを下回る期間を規約で定めた場合にあっては、その期間）前から引き続き有する投資主は」と、「株主に通知すること（第299条第2項又は第3項の通知をする場合にあっては、その通知に記載し、又は記録すること）」とあるのは「投資法人法第91条第1項又は第2項の通知に記載し、又は記録すること」と、同法第306条第1項中「総株主（株主総会において決議をすることができる事項の全部につき議決権を行使することができない株主を除く。）の議決権」とあるのは「発行済投資口」と、「議決権を有する」とあるのは「口数の投資口を6箇月（これを下回る期間を規約で定めた場合にあっては、その期間）前から引き続き有する」と、同条第1項、第3項、第5項及び第6項並びに同法第307条第1項及び第2項並びに第318条第5項中「裁判所」とあるのは「内閣総理大臣」と、同法第310条第4項中「第299条第3項」とあるのは「投資法人法第91条第2項」と、同法第316条第2項中「第297条」とあるのは「投資法人法第90条第3項において準用する第297条第1項及び第4項」と、同法第317条中「第298条及び第299条」とあるのは「投資法人法第90条の2第1項及び第91条第1項から第3項まで」と読み替えるものとするほか、必要な技術的読替えは、政令で定める。

2 会社法第830条、第831条、第834条（第16号及び第17号に係る部分に限る。）、第835条第1項、第836条第1項及び第3項、第837条、第838条、第846条並びに第937条第1項（第1号トに係る部分に限る。）の規定は、投資主総会の決議の不存在若しくは無効の確認又は取消しの訴えについて準用する。この場合において、必要な技術的読替えは、政

令で定める。

1　趣　旨

　本条は、投資主総会について、会社法の株主総会についての招集手続の省略、株主提案権、検査役の選任、裁判所による株主総会招集等の決定、議決権の数、議決権の代理行使、議決権の不統一行使、取締役等の説明義務、議長の権限、株主総会に提出された資料等の調査、延期又は続行の決議、議事録、株主総会等の決議の不存在又は無効の確認の訴えに関する規定を準用するものである。

2　準用条文（1項）

◇会社法300条本文（招集手続の省略）

　投資法人法第91条第1項から第3項までの規定にかかわらず、投資主総会は、投資主の全員の同意があるときは、招集の手続を経ることなく開催することができる。

◇会社法303条2項（株主提案権）

　2　発行済投資口の100分の1（これを下回る割合を規約で定めた場合にあっては、その割合）以上の口数の投資口を6箇月（これを下回る期間を規約で定めた場合にあっては、その期間）前から引き続き有する投資主は、執行役員に対し、一定の事項を投資主総会の目的とすることを請求することができる。この場合において、その請求は、投資主総会の日の8週間（これを下回る期間を規約で定めた場合にあっては、その期間）前までにしなければならない。

◇会社法304条

　投資主は、投資主総会において、投資主総会の目的である事項（当該投資主が議決権を行使することができる事項に限る。次条第1項において同じ。）につき議案を提出することができる。ただし、当該議案が法令若しくは規約に違反する場合又は実質的に同一の議案につき投資主総会において総投資主（当該議案について議決権を行使することができない投資主を除く。）の議決権の10分の1（これを下回る割合を規約で定めた場合にあっては、その割

第94条

合)以上の賛成を得られなかった日から3年を経過していない場合は、この限りでない。

◇会社法305条1項本文および4項

1　発行済投資口の100分の1(これを下回る割合を規約で定めた場合にあっては、その割合)以上の口数の投資口を6箇月(これを下回る期間を規約で定めた場合にあっては、その期間)前から引き続き有する投資主は、執行役員に対し、投資主総会の日の8週間(これを下回る期間を規約で定めた場合にあっては、その期間)前までに、投資主総会の目的である事項につき当該投資主が提出しようとする議案の要領を投資法人法第91条第1項又は第2項の通知に記載し、又は記録することを請求することができる。

4　前3項の規定は、第1項の議案が法令若しくは規約に違反する場合又は実質的に同一の議案につき投資主総会において総投資主(当該議案について議決権を行使することができない投資主を除く。)の議決権の10分の1(これを下回る割合を規約で定めた場合にあっては、その割合)以上の賛成を得られなかった日から3年を経過していない場合には、適用しない。

◇会社法306条(2項および4項を除く)(株主総会の招集手続等に関する検査役の選任)

1　投資法人又は発行済投資口の100分の1(これを下回る割合を規約で定めた場合にあっては、その割合)以上の口数の投資口を6箇月(これを下回る期間を規約で定めた場合にあっては、その期間)前から引き続き有する投資主は、投資主総会に係る招集の手続及び決議の方法を調査させるため、当該投資主総会に先立ち、内閣総理大臣に対し、検査役の選任の申立てをすることができる。

3　前2項の規定による検査役の選任の申立てがあった場合には、内閣総理大臣は、これを不適法として却下する場合を除き、検査役を選任しなければならない。

5　第3項の検査役は、必要な調査を行い、当該調査の結果を記載し、又は記録した書面又は電磁的記録(内閣府令で定めるものに限る。)を内閣総理大臣に提供して報告をしなければならない。

6 内閣総理大臣は、前項の報告について、その内容を明瞭にし、又はその根拠を確認するため必要があると認めるときは、第3項の検査役に対し、更に前項の報告を求めることができる。

7 第3項の検査役は、第5項の報告をしたときは、投資法人（検査役の選任の申立てをした者が当該投資法人でない場合にあっては、当該投資法人及びその者）に対し、同項の書面の写しを交付し、又は同項の電磁的記録に記録された事項を内閣府令で定める方法により提供しなければならない。

◇会社法307条（裁判所による株主総会招集等の決定）

1 内閣総理大臣は、前条第5項の報告があった場合において、必要があると認めるときは、執行役員に対し、次に掲げる措置の全部又は一部を命じなければならない。

一 一定の期間内に投資主総会を招集すること。

二 前条第5項の調査の結果を投資主に通知すること。

2 内閣総理大臣が前項第1号に掲げる措置を命じた場合には、執行役員は、前条第5項の報告の内容を同号の投資主総会において開示しなければならない。

3 前項に規定する場合には、執行役員及び監督役員は、前条第5項の報告の内容を調査し、その結果を第1項第1号の投資主総会に報告しなければならない。

◇会社法308条（1項ただし書を除く）（議決権の数）

1 投資主（投資法人がその総投資主の議決権の4分の1以上を有することその他の事由を通じて投資法人がその経営を実質的に支配することが可能な関係にあるものとして内閣府令で定める投資主を除く。）は、投資主総会において、その有する投資口1口につき1個の議決権を有する。

2 前項の規定にかかわらず、投資法人は、当該投資法人が有する自己の投資口については、議決権を有しない。

◇会社法310条（議決権の代理行使）

1 投資主は、代理人によってその議決権を行使することができる。この場合においては、当該投資主又は代理人は、代理権を証明する書面を投

第94条

　　資法人に提出しなければならない。
2　前項の代理権の授与は、投資主総会ごとにしなければならない。
3　第1項の投資主又は代理人は、代理権を証明する書面の提出に代えて、政令で定めるところにより、投資法人の承諾を得て、当該書面に記載すべき事項を電磁的方法により提供することができる。この場合において、当該投資主又は代理人は、当該書面を提出したものとみなす。
4　投資主が投資法人法第91条第2項の承諾をした者である場合には、投資法人は、正当な理由がなければ、前項の承諾をすることを拒んではならない。
5　投資法人は、投資主総会に出席することができる代理人の数を制限することができる。
6　投資法人は、投資主総会の日から3箇月間、代理権を証明する書面及び第3項の電磁的方法により提供された事項が記録された電磁的記録をその本店に備え置かなければならない。
7　投資主（前項の投資主総会において決議をした事項の全部につき議決権を行使することができない投資主を除く。次条第4項及び第312条第5項において同じ。）は、投資法人の営業時間内は、いつでも、次に掲げる請求をすることができる。
　一　代理権を証明する書面の閲覧又は謄写の請求
　二　前項の電磁的記録に記録された事項を内閣府令で定める方法により表示したものの閲覧又は謄写の請求

◇会社法313条（議決権の不統一行使）
1　投資主は、その有する議決権を統一しないで行使することができる。
2　投資法人においては、前項の投資主は、投資主総会の日の3日前までに、投資法人に対してその有する議決権を統一しないで行使する旨及びその理由を通知しなければならない。
3　投資法人は、第1項の投資主が他人のために投資口を有する者でないときは、当該投資主が同項の規定によりその有する議決権を統一しないで行使することを拒むことができる。

◇会社法314条（取締役等の説明義務）

執行役員及び監督役員は、投資主総会において、投資主から特定の事項について説明を求められた場合には、当該事項について必要な説明をしなければならない。ただし、当該事項が投資主総会の目的である事項に関しないものである場合、その説明をすることにより投資主の共同の利益を著しく害する場合その他正当な理由がある場合として内閣府令で定める場合は、この限りでない。

◇会社法315条（議長の権限）
1 投資主総会の議長は、当該投資主総会の秩序を維持し、議事を整理する。
2 投資主総会の議長は、その命令に従わない者その他当該投資主総会の秩序を乱す者を退場させることができる。

◇会社法316条（株主総会に提出された資料等の調査）
1 投資主総会においては、その決議によって、執行役員、監督役員及び会計監査人が当該投資主総会に提出し、又は提供した資料を調査する者を選任することができる。
2 投資法人法第90条第3項において準用する第297条第1項及び第4項の規定により招集された投資主総会においては、その決議によって、投資法人の業務及び財産の状況を調査する者を選任することができる。

◇会社法317条（延期又は続行の決議）
投資主総会においてその延期又は続行について決議があった場合には、投資法人法第90条の2第1項及び第91条第1項から第3項までの規定は、適用しない。

◇会社法318条（3項を除く）（議事録）
1 投資主総会の議事については、内閣府令で定めるところにより、議事録を作成しなければならない。
2 投資法人は、投資主総会の日から10年間、前項の議事録をその本店に備え置かなければならない。
4 投資主及び債権者は、投資法人の営業時間内は、いつでも、次に掲げる請求をすることができる。
一 第1項の議事録が書面をもって作成されているときは、当該書面又

第94条

　　　は当該書面の写しの閲覧又は謄写の請求
　二　第1項の議事録が電磁的記録をもって作成されているときは、当該電磁的記録に記録された事項を内閣府令で定める方法により表示したものの閲覧又は謄写の請求
5　投資法人の親法人（投資法人法第80条第1項に規定する親法人をいう。）の投資主は、その権利を行使するため必要があるときは、内閣総理大臣の許可を得て、第1項の議事録について前項各号に掲げる請求をすることができる。

3　準用条文（2項）

◇会社法830条（株主総会等の決議の不存在又は無効の確認の訴え）
　1　投資主総会の決議については、決議が存在しないことの確認を、訴えをもって請求することができる。
　2　投資主総会の決議については、決議の内容が法令に違反することを理由として、決議が無効であることの確認を、訴えをもって請求することができる。

◇会社法831条（株主総会等の決議の取消しの訴え）
　1　次の各号に掲げる場合には、投資主、執行役員、監督役員又は清算執行人は、投資主総会の決議の日から3箇月以内に、訴えをもって当該決議の取消しを請求することができる。当該決議の取消しにより執行役員、監督役員又は清算執行人（第346条第1項（第479条第4項において準用する場合を含む。）の規定により執行役員、監督役員又は清算執行人としての権利義務を有する者を含む。）となる者も、同様とする。
　　一　投資主総会の招集の手続又は決議の方法が法令若しくは規約に違反し、又は著しく不公正なとき。
　　二　投資主総会の決議の内容が規約に違反するとき。
　　三　投資主総会の決議について特別の利害関係を有する者が議決権を行使したことによって、著しく不当な決議がされたとき。
　2　前項の訴えの提起があった場合において、投資主総会の招集の手続又は決議の方法が法令又は規約に違反するときであっても、裁判所は、そ

の違反する事実が重大でなく、かつ、決議に影響を及ぼさないものであると認めるときは、同項の規定による請求を棄却することができる。

◇会社法834条（16号および17号に係る部分に限る）（被告）

次の各号に掲げる訴え（以下この節において「投資主総会の決議の不存在若しくは無効の確認又は取消しの訴え」と総称する。）については、当該各号に定める者を被告とする。

十六　投資主総会の決議が存在しないこと又は投資主総会の決議の内容が法令に違反することを理由として当該決議が無効であることの確認の訴え　当該投資法人

十七　投資主総会の決議の取消しの訴え　当該投資法人

◇会社法835条1項（訴えの管轄及び移送）

1　投資主総会の決議の不存在若しくは無効の確認又は取消しの訴えは、被告となる投資法人の本店の所在地を管轄する地方裁判所の管轄に専属する。

◇会社法836条1項および3項（担保提供命令）

1　投資主総会の決議の不存在若しくは無効の確認又は取消しの訴えは、裁判所は、被告の申立てにより、当該投資主総会の決議の不存在若しくは無効の確認又は取消しの訴えを提起した投資主に対し、相当の担保を立てるべきことを命ずることができる。ただし、当該投資主が執行役員、監督役員若しくは清算執行人であるときは、この限りでない。

3　被告は、第1項（前項において準用する場合を含む。）の申立てをするには、原告の訴えの提起が悪意によるものであることを疎明しなければならない。

◇会社法837条（弁論等の必要的併合）

同一の請求を目的とする投資主総会の決議の不存在若しくは無効の確認又は取消しの訴えに係る訴訟が数個同時に係属するときは、その弁論及び裁判は、併合してしなければならない。

◇会社法838条（認容判決の効力が及ぶ者の範囲）

投資主総会の決議の不存在若しくは無効の確認又は取消しの訴えに係る請求を認容する確定判決は、第三者に対してもその効力を有する。

◇会社法846条（原告が敗訴した場合の損害賠償責任）

　　投資主総会の決議の不存在若しくは無効の確認又は取消しの訴えを提起した原告が敗訴した場合において、原告に悪意又は重大な過失があったときは、原告は、被告に対し、連帯して損害を賠償する責任を負う。

◇会社法937条1項（1号ト）（裁判による登記の嘱託）

1　次に掲げる場合には、裁判所書記官は、職権で、遅滞なく、投資法人の本店の所在地を管轄する登記所にその登記を嘱託しなければならない。

　　一　次に掲げる訴えに係る請求を認容する判決が確定したとき。

　　　ト　投資主総会の決議した事項についての登記があった場合における次に掲げる訴え

　　　　⑴　投資主総会の決議が存在しないこと又は投資主総会の決議の内容が法令に違反することを理由として当該決議が無効であることの確認の訴え

　　　　⑵　投資主総会の決議の取消しの訴え

第2款　投資主総会以外の機関の設置

> **第95条**　投資法人には、次に掲げる機関を置かなければならない。
> 　一　1人又は2人以上の執行役員
> 　二　執行役員の員数に1を加えた数以上の監督役員
> 　三　役員会
> 　四　会計監査人

1　趣　旨

　本条は投資法人の機関構成について定めるものである。投資法人は運用資産を保有し収益を分配する機能に特化したビークルとしての性格を有しており、集団投資スキームにおける導管体として用いられることを前提としているため、そのガバナンスの構造については簡素化されたものとなっている。

2 投資法人の機関構成

　投資法人に置かなければならない機関は、投資主総会、執行役員、監督役員、役員会および会計監査人と定められており、これら以外の機関設計をすることはできず、株式会社において、必置機関である株主総会および取締役以外の機関については、定款の定めによって、取締役会、会計参与、監査役、監査役会または委員会を置くことができるというような機関設計の柔軟性（会社法326条2項参照）は、投資法人には認められていない。

　投資法人は、投資口の譲渡について、役員会の承認を必要とすることその他の制限を設けることができない（法78条2項）ものとされていることから、会社法上の公開会社（その発行する全部または一部の株式の内容として譲渡による当該株式の取得について株式会社の承認を要する旨の定款の定めを設けていない株式会社。会社法2条5号）に倣って、取締役会に相当する役員会を置かなければならないものとされており（会社法327条1項1号参照）、その結果、取締役会設置会社に相当することから、監査役に相当する監督役員を置かなければならないものとされている（会社法327条2項）。

3 監督役員の員数

　監督役員の員数は、執行役員の員数に1を加えた数以上でなければならない。投資法人においては、執行役員が業務を執行し（法109条1項）、また、その資産の運用に係る業務を外部の資産運用会社に委託しなければならない（法198条1項）ところ、監督役員は、執行役員の業務の執行を監督し、また、直接的にまたは役員会を通じて間接的に資産運用会社を監督する立場にある（法111条参照）。そのため、監督役員は、執行役員および資産運用会社から独立した者であることが要求され（法100条、200条）、いわゆる独立取締役に相当する機能を担っており、執行役員および監督役員により構成する役員会において、このような機能を有する監督役員が役員会の過半数を占めることを確保する趣旨である。

第3款　役員および会計監査人の選任および解任

> **（選任）**
> **第96条**　役員（執行役員及び監督役員をいう。以下この款（第100条第3号及び第5号を除く。）において同じ。）及び会計監査人は、投資主総会の決議によつて選任する。
> 2　会社法第329条第2項の規定は、前項の決議について準用する。この場合において、同条第2項中「この法律」とあるのは、「投資法人法」と読み替えるものとする。

1　趣　旨

　執行役員、監督役員および会計監査人の選任は、投資主総会の決議によることを定めるものであり、会社法329条と同趣旨である。なお、投資法人の設立時の執行役員、監督役員および会計監査人の候補者は、設立時発行投資口の割当てが終了した時に選任されたものとみなされる（法72条）。

2　準用条文（2項）

◇会社法329条2項（選任）
>　2　<u>投資法人法第96条第1項</u>の決議をする場合には、<u>内閣府令</u>で定めるところにより、役員が欠けた場合又は<u>投資法人法</u>若しくは<u>規約</u>で定めた役員の員数を欠くこととなるときに備えて補欠の役員を選任することができる。

> **（投資法人と役員等との関係）**
> **第97条**　投資法人と役員及び会計監査人との関係は、委任に関する規定に従う。

　本条は、投資法人と執行役員、監督役員および会計監査人との関係は委任

関係にあり、その職務を遂行するにつき善良な管理者としての注意義務を負う（民法644条）ことを定めるものであり、会社法330条と同趣旨である。

（執行役員の資格）
第98条 次に掲げる者は、執行役員となることができない。
一 法人
二 成年被後見人若しくは被保佐人又は外国の法令上これらと同様に取り扱われている者
三 破産手続開始の決定を受けて復権を得ない者又は外国の法令上これと同様に取り扱われている者
四 禁錮以上の刑（これに相当する外国の法令による刑を含む。）に処せられ、その刑の執行を終わり、又はその刑の執行を受けることがなくなつた日から5年を経過しない者
五 この法律、信託法、信託業法、金融機関の信託業務の兼営等に関する法律、金融商品取引法、商品先物取引法（昭和25年法律第239号）、宅地建物取引業法、出資の受入れ、預り金及び金利等の取締りに関する法律（昭和29年法律第195号）、割賦販売法（昭和36年法律第159号）、海外商品市場における先物取引の受託等に関する法律（昭和57年法律第65号）、貸金業法（昭和58年法律第32号）、特定商品等の預託等取引契約に関する法律（昭和61年法律第62号）、商品投資に係る事業の規制に関する法律（平成3年法律第66号）、不動産特定共同事業法（平成6年法律第77号）、資産の流動化に関する法律（平成10年法律第105号）、金融業者の貸付業務のための社債の発行等に関する法律（平成11年法律第32号）、会社法若しくは一般社団法人及び一般財団法人に関する法律（平成18年法律第48号）若しくはこれらに相当する外国の法令の規定に違反し、又は民事再生法（平成11年法律第225号）第255条、第256条、第258条から第260条まで若しくは第262条の罪、外国倒産処理手続の承認援助に関する法律（平成12年法律第129号）第65条、第66条、第68条若しくは第69条の罪、破

> 産法（平成16年法律第75号）第265条、第266条、第268条から第272条まで若しくは第274条の罪、刑法（明治40年法律第45号）第204条、第206条、第208条、第208条の3、第222条若しくは第247条の罪、暴力行為等処罰に関する法律（大正15年法律第60号）の罪若しくは暴力団員による不当な行為の防止等に関する法律（平成3年法律第77号）第46条、第47条、第49条若しくは第50条の罪を犯し、罰金の刑（これに相当する外国の法令による刑を含む。）に処せられ、その刑の執行を終わり、又はその刑の執行を受けることがなくなつた日から5年を経過しない者

　本条は執行役員の欠格事由を定めるものであり、基本的には会社法331条1項と同趣旨であるが、投資法人の執行役員については、①本法および本法と関連する諸法律に違反して罰金刑に処せられた者で5年を経過していない者（5号）が追加されており、また、②平成17年の会社法現代化において取締役の欠格事由から外された「破産の宣告を受け復権していない者」については、投資法人においては、集団投資スキームにおける投資者保護が強く要請されること、および、執行役員の欠格事由としたとしても、一般事業会社において早期の取締役としての経済的再生の道がふさがれることにはならないことから、引き続き執行役員の欠格事由とされている（3号）。

> **（執行役員の任期）**
> **第99条**　執行役員の任期は、2年を超えることができない。

　本条は執行役員の任期の上限を定めるものであり、会社法332条1項と同趣旨である。なお、投資法人には株式会社の定時株主総会に相当するものがないため、単に「2年を超えることができない」ものと規定している。

（監督役員の資格）
第100条　次に掲げる者は、監督役員となることができない。
一　第98条各号に掲げる者
二　投資法人の設立企画人
三　投資法人の設立企画人である法人若しくはその子会社（当該法人がその総株主の議決権（株主総会において決議をすることができる事項の全部につき議決権を行使することができない株式についての議決権を除き、会社法第879条第3項の規定により議決権を有するものとみなされる株式についての議決権を含む。）の過半数を保有する株式会社をいう。第5号及び第200条第1号において同じ。）の役員若しくは使用人又はこれらの者のうちの1若しくは2以上であつたもの
四　投資法人の執行役員
五　投資法人の発行する投資口を引き受ける者の募集の委託を受けた金融商品取引業者等（金融商品取引法第34条に規定する金融商品取引業者等をいう。）若しくは金融商品仲介業者（同法第2条第12項に規定する金融商品仲介業者をいう。以下この号において同じ。）若しくはこれらの子会社の役員若しくは使用人若しくは個人である金融商品仲介業者又はこれらの者のうちの1若しくは2以上であつたもの
六　その他投資法人の設立企画人又は執行役員と利害関係を有することその他の事情により監督役員の職務の遂行に支障を来すおそれがある者として内閣府令で定めるもの

1　趣　旨

　本条は監督役員の欠格事由を定めるものであり、基本的には会社法335条1項と同趣旨であるが、監督役員は単独でまたは役員会の構成員として執行役員の職務の執行を監督する立場にあり、投資法人の資産運用を適正ならしめ、投資主の利益を確保する上で非常に重要な役割を担うものであることから、その欠格事由は株式会社の監査役に比して加重されたものとなっている。

2 監督役員の欠格事由

監督役員の欠格事由を整理すると以下のとおりである。

監督役員の欠格事由の概要	解　　説
①　法98条各号に掲げる者	執行役員の欠格事由。
②　投資法人の設立企画人	投資法人の企画者または運営者との利害関係を持たず、これらの者から独立してその職務を行うことが必要不可欠。
③　投資法人の設立企画人である法人もしくはその子会社（略）の役員もしくは使用人またはこれらの者のうちの1もしくは2以上であったもの	
④　投資法人の執行役員	
⑤　投資法人の発行する投資口を引き受ける者の募集の委託を受けた金融商品取引業者等（略）もしくは金融商品仲介業者（略）もしくはこれらの子会社の役員もしくは使用人もしくは個人である金融商品仲介業者またはこれらの者のうちの1もしくは2以上であったもの	
⑥　その他投資法人の設立企画人または執行役員と利害関係を有することその他の事情により監督役員の職務の遂行に支障を来すおそれがある者として内閣府令で定めるもの	（施行規則164条各号） (1)　当該投資法人の設立企画人または執行役員であった者 (2)　当該投資法人の設立企画人もしくは執行役員またはこれらであった者の親族 (3)　当該投資法人の設立企画人等（設立企画人および設立企画人たる法人の役員または過去2年以内に役員であった者をいう。以下この条において同じ。）および執行役員が総株主等の議決権の100分の50を超える議決権を保有している法人の役員もしくは使用人またはこれらの者のうちの1もしくは2以上であったもの（③に該当する者を除く） (4)　当該投資法人の設立企画人等または執行役員から継続的な報酬を受けている者

(5) 当該投資法人の設立企画人等または執行役員から無償または通常の取引価格より低い対価による事務所または資金の提供その他の特別の経済的利益の供与を受けている者
(6) 当該投資法人の設立企画人たる法人の役員または過去2年以内に役員であった者および執行役員が、その取締役、執行役もしくはその代表権を有する取締役もしくは執行役の過半数を占めている法人の役員もしくは使用人またはこれらの者のうちの1もしくは2以上であったもの
(7) 当該投資法人の執行役員が、その役員でありもしくは過去2年以内に役員であった法人もしくはその子会社の役員もしくは使用人またはこれらの者のうちの1もしくは2以上であったもの（(6)または③に該当する者を除く）
(8) 当該投資法人の発行する投資法人債を引き受ける者の募集の委託を受けた金融商品取引業者等もしくは金融商品仲介業者（略）もしくはこれらの子会社の役員もしくは使用人もしくは個人である金融商品仲介業者またはこれらの者のうちの1もしくは2以上であったもの
(9) (3)から(8)までまたは③もしくは⑤のいずれかに該当する者の配偶者

3　監督役員の資産運用会社からの独立性

　監督役員は、設立企画人および執行役員からの独立性のほか、資産運用会社からの独立性を備えていることが必要である。そのため、以下に整理したとおり、監督役員と利害関係を有する金融商品取引業者等を投資法人の資産運用会社とすることができないという資産運用会社の欠格事由（法200条）が、反射的に監督役員の欠格事由として機能することとなる。

資産運用会社の欠格事由の概要	解　説
①　当該登録投資法人の監督役員を、その役員もしくは使用人または子会社の役員もしくは使用人（「役員等」）としている金融商品取引業者またはその役員等としたことのある金融商品取引業者	投資法人の資産運用会社との利害関係を持たず、これらの者から独立してその職務を行うことが必要不可欠。
②　当該登録投資法人の監督役員に対して継続的な報酬を与えている金融商品取引業者	
③　①および②に掲げるもののほか、当該登録投資法人の監督役員と利害関係を有する金融商品取引業者として内閣府令で定めるもの	（施行規則244条各号） (1)　当該登録投資法人の監督役員の親族を、その役員もしくは使用人または子会社の役員もしくは使用人としている金融商品取引業者（法2条11項に規定する金融商品取引業者をいう。(2)において同じ） (2)　当該登録投資法人の監督役員に無償または通常の取引価格より低い対価による事務所または資金の提供その他の特別の経済的利益の供与をしている金融商品取引業者

（監督役員の任期）

第101条　監督役員の任期は、4年とする。ただし、規約又は投資主総会の決議によつて、その任期を短縮することを妨げない。

2　会社法第336条第3項の規定は、前項の監督役員の任期について準用する。

1　趣　旨

本条は監督役員の任期を4年とすることを定めるものであり、会社法336条1項と同趣旨である。ただし、規約または投資主総会の決議によって、任期を短縮することができる。なお、投資法人には株式会社の定時株主総会に

相当するものがないため、単に「4年とする」ものと規定している。

2 準用条文（2項）
◇会社法336条3項（監査役の任期）
3 <u>投資法人法第101条第1項</u>の規定は、<u>規約</u>によって、任期の満了前に退任した<u>監督役員</u>の補欠として選任された監査役の任期を退任した<u>監督役員</u>の任期の満了する時までとすることを妨げない。

（会計監査人の資格等）

第102条　会計監査人は、公認会計士（公認会計士法（昭和23年法律第103号）第16条の2第5項に規定する外国公認会計士を含む。以下同じ。）又は監査法人でなければならない。

2　会計監査人に選任された監査法人は、その社員の中から会計監査人の職務を行うべき者を選定し、これを投資法人に通知しなければならない。この場合においては、次項第2号又は第3号に掲げる者を選定することはできない。

3　次に掲げる者は、会計監査人となることができない。
　一　公認会計士法の規定により、第105条の2第1項各号に掲げる書類について監査をすることができない者
　二　投資法人の子法人若しくはその執行役員若しくは監督役員から公認会計士若しくは監査法人の業務以外の業務により継続的な報酬を受けている者又はその配偶者
　三　投資法人の一般事務受託者、資産運用会社若しくは資産保管会社若しくはこれらの取締役、会計参与、監査役若しくは執行役から公認会計士若しくは監査法人の業務以外の業務により継続的な報酬を受けている者又はその配偶者
　四　監査法人でその社員の半数以上が前2号に掲げる者であるもの

1　趣　旨

本条は会計監査人の資格および欠格事由を定めるものであり、会社法337条と同趣旨である。会計監査人の専門的能力を確保するとともに、監査対象からの独立性を確保しようとするものである。

2　投資法人の会計監査人特有の欠格事由

投資法人の会計監査人の欠格事由は、株式会社の会計監査人に比して一部加重されており、投資法人と利害関係を有する一定の範囲の者として、投資法人の一般事務受託者、資産運用会社もしくは資産保管会社もしくはこれらの取締役、会計参与、監査役もしくは執行役から公認会計士もしくは監査法人の業務以外の業務により継続的な報酬を受けている者またはその配偶者（3項3号）が追加されている。

（会計監査人の任期）

第103条　会計監査人の任期は、就任後1年経過後に最初に迎える決算期後に開催される最初の投資主総会の終結の時までとする。

2　会計監査人は、前項の投資主総会において別段の決議がされなかったときは、当該投資主総会において再任されたものとみなす。

3　前2項の規定は、清算投資法人（第150条の3に規定する清算投資法人をいう。第115条の2第1項第2号において同じ。）の会計監査人については、適用しない。

1　趣　旨

本条は会計監査人の任期について定めるものであり、会社法338条1項・2項と同趣旨である。

2　解　説

投資法人には株式会社の定時株主総会に相当するものがないため、会計監査人の任期については、就任後1年経過後に最初に迎える決算期後に開催さ

れる最初の投資主総会（執行役員の選任決議のため、最低でも2年ごとに投資主総会は開催される）の終結の時までと規定している。会計監査人の職務の性質上、決算期を区切りとするのが適当であるが、投資法人の決算期は規約によって個別に定められる（法67条1項10号）ものであり、また、投資法人の決算は役員会の承認によって確定し（法131条）、決算期ごとに投資主総会が招集されるわけではないことから、就任後1年間という絶対的な期間を確保した上で、少なくともその直後の決算期までは同一の者に会計監査を担当させる趣旨である。

（解任）
第104条 役員及び会計監査人は、いつでも、投資主総会の決議によって解任することができる。

2　前項の規定により解任された者は、その解任について正当な理由がある場合を除き、投資法人に対し、解任によって生じた損害の賠償を請求することができる。

3　会社法第854条第1項（第2号に係る部分に限る。）、第855条、第856条及び第937条第1項（第1号ヌに係る部分に限る。）の規定は、役員の解任の訴えについて準用する。この場合において、必要な技術的読替えは、政令で定める。

1　趣　旨

本条は投資主総会の決議による執行役員、監督役員および会計監査人の解任について定めるものであり、会社法339条と同趣旨である。

2　準用条文（3項）

◇会社法854条1項（2号）（株式会社の役員の解任の訴え）

1　役員の職務の執行に関し不正の行為又は法令若しくは規約に違反する重大な事実があったにもかかわらず、当該役員を解任する旨の議案が投資主総会において否決されたときは、次に掲げる投資主は、当該投資主

総会の日から30日以内に、訴えをもって当該役員の解任を請求することができる。

二　発行済投資口（次に掲げる投資主の有する投資口を除く。）の100分の3（これを下回る割合を規約で定めた場合にあっては、その割合）以上の口数の投資口を6箇月（これを下回る期間を規約で定めた場合にあっては、その期間）前から引き続き有する投資主（次に掲げる投資主を除く。）

　　イ　当該投資法人である投資主
　　ロ　当該請求に係る役員である投資主

◇会社法855条（被告）

前条第1項の訴え（次条及び第937条第1項第1号ヌにおいて「投資法人の役員の解任の訴え」という。）については、当該投資法人及び前条第1項の役員を被告とする。

◇会社法856条（訴えの管轄）

投資法人の役員の解任の訴えは、当該投資法人の本店の所在地を管轄する地方裁判所の管轄に専属する。

◇会社法937条1項（1号ヌ）（裁判による登記の嘱託）

1　次に掲げる場合には、裁判所書記官は、職権で、遅滞なく、投資法人の本店の所在地を管轄する登記所にその登記を嘱託しなければならない。

　一　次に掲げる訴えに係る請求を認容する判決が確定したとき。
　　ヌ　投資法人の役員の解任の訴え

（役員会等による会計監査人の解任）

第105条　役員会又は清算人会は、会計監査人が次のいずれかに該当するときは、その会計監査人を解任することができる。

一　職務上の義務に違反し、又は職務を怠つたとき。
二　会計監査人としてふさわしくない非行があつたとき。
三　心身の故障のため、職務の執行に支障があり、又はこれに堪えな

いとき。
2　前項の規定による解任は、役員会又は清算人会の構成員の全員の同意によつて行わなければならない。
3　第１項の規定により会計監査人を解任したときは、役員会が選定した監督役員又は清算人会が選定した清算監督人は、その旨及び解任の理由を解任後最初に招集される投資主総会に報告しなければならない。

　本条は、会計監査人に義務違反、職務懈怠等があったときの役員会等による解任について定めるものであり、会社法340条と同趣旨である。なお、投資法人においては、解任権は、監査役に相当する監督役員ではなく、執行役員および監督役員により構成される役員会に付与されている点が、株式会社とは異なる。

（役員の解任の投資主総会の決議）
第106条　第93条の２第１項の規定にかかわらず、役員を解任する投資主総会の決議は、発行済投資口の過半数の投資口を有する投資主が出席し、出席した当該投資主の議決権の過半数（これを上回る割合を規約で定めた場合にあつては、その割合以上に当たる多数）をもつて行う。

　本条は、役員の解任のための投資主総会の決議要件について特則を定めるものである。投資主総会の普通決議の要件は、発行済投資口の過半数の投資口を有する投資主が出席し、出席した当該投資主の議決権の過半数とされているものの、規約に別段の定めをすることができる（法93条の２第１項）。しかしながら、役員の解任決議について規約により別段の定めをすることができるのは「出席した当該投資主の議決権の過半数」の要件について加重することのみとされている。

　会社法341条に相当する規定であるが、本条においては解任についてのみ規定するものであり、また、規約による定足数の加重は認められていない点

が異なる。

> （会計監査人の選任等についての意見の陳述）
> **第107条** 会計監査人は、会計監査人の選任、解任若しくは不再任又は辞任について、投資主総会に出席して意見を述べることができる。
> 2 会計監査人を辞任した者及び第105条第1項の規定により会計監査人を解任された者は、辞任後又は解任後最初に招集される投資主総会に出席して、辞任した旨及びその理由又は解任についての意見を述べることができる。
> 3 執行役員又は清算執行人は、前項の者に対し、同項の投資主総会を招集する旨及び第90条の2第1項第1号に掲げる事項を通知しなければならない。

本条は、会計監査人の選任等について、会計監査人が投資主総会において意見を述べることができること等について定めるものであり、会社法345条5項と同趣旨である。

> （役員等に欠員を生じた場合の措置）
> **第108条** 役員が欠けた場合又はこの法律若しくは規約で定めた役員の員数が欠けた場合には、任期の満了又は辞任により退任した役員は、新たに選任された役員（次項の一時役員の職務を行うべき者を含む。）が就任するまで、なお役員としての権利義務を有する。
> 2 前項に規定する場合において、内閣総理大臣は、必要があると認めるときは、利害関係人の申立てにより、一時役員の職務を行うべき者を選任することができる。
> 3 会計監査人が欠けた場合又は規約で定めた会計監査人の員数が欠けた場合において、遅滞なく会計監査人が選任されないときは、役員会又は清算人会は、一時会計監査人の職務を行うべき者を選任しなけれ

> 4　第102条及び第105条の規定は、前項の一時会計監査人の職務を行うべき者について準用する。

1　趣　旨

本条は執行役員、監督役員または会計監査人が欠けた場合の措置について定めるものであり、会社法346条と同趣旨である。

2　準用条文（4項）

◇投資法人法102条（会計監査人の資格等）

1　<u>第108条第3項の一時会計監査人</u>は、公認会計士（公認会計士法（昭和23年法律第103号）第16条の2第5項に規定する外国公認会計士を含む。以下同じ。）又は監査法人でなければならない。
2　<u>第108条第3項の一時会計監査人</u>に選任された監査法人は、その社員の中から会計監査人の職務を行うべき者を選定し、これを投資法人に通知しなければならない。この場合においては、次項第2号又は第3号に掲げる者を選定することはできない。
3　次に掲げる者は、<u>第108条第3項の一時会計監査人</u>となることができない。
　一　公認会計士法の規定により、第105条の2第1項各号に掲げる書類について監査をすることができない者
　二　投資法人の子法人若しくはその執行役員若しくは監督役員から公認会計士若しくは監査法人の業務以外の業務により継続的な報酬を受けている者又はその配偶者
　三　投資法人の一般事務受託者、資産運用会社若しくは資産保管会社若しくはこれらの取締役、会計参与、監査役若しくは執行役から公認会計士若しくは監査法人の業務以外の業務により継続的な報酬を受けている者又はその配偶者
　四　監査法人でその社員の半数以上が前2号に掲げる者であるもの

◇投資法人法105条（役員会等による会計監査人の解任）

1 役員会又は清算人会は、<u>第108条第3項の一時会計監査人</u>が次のいずれかに該当するときは、その<u>第108条第3項の一時会計監査人</u>を解任することができる。
　一　職務上の義務に違反し、又は職務を怠つたとき。
　二　<u>第108条第3項の一時会計監査人</u>としてふさわしくない非行があつたとき。
　三　心身の故障のため、職務の執行に支障があり、又はこれに堪えないとき。
2 前項の規定による解任は、役員会又は清算人会の構成員の全員の同意によつて行わなければならない。
3 第1項の規定により<u>第108条第3項の一時会計監査人</u>を解任したときは、役員会が選定した監督役員又は清算人会が選定した清算監督人は、その旨及び解任の理由を解任後最初に招集される投資主総会に報告しなければならない。

第4款　執行役員

（職務）
第109条　執行役員は、投資法人の業務を執行し、投資法人を代表する。
2 執行役員は、この法律で別に定める場合のほか、次に掲げる事項その他の重要な職務を執行しようとするときは、役員会の承認を受けなければならない。
　一　第90条の規定による投資主総会の招集
　二　第117条の規定による事務の委託
　三　第139条の8の規定による投資法人債の管理に係る事務の委託
　四　第146条第1項の規定による投資口の払戻しの停止
　五　合併契約の締結
　六　資産の運用又は保管に係る委託契約の締結又は契約内容の変更
　七　資産運用報酬、資産保管手数料その他の資産の運用又は保管に係

る費用の支払
　八　第205条第１項の同意
３　執行役員は、３月に１回以上、自己の職務の執行の状況を役員会に報告しなければならない。
４　執行役員の報酬は、規約にその額を定めていないときは、第67条第１項第12号の基準に従い、役員会がその額を決定する。
５　会社法第349条第４項及び第５項、第355条並びに第360条第１項の規定は執行役員について、同法第350条の規定は投資法人について、同法第352条、第868条第１項、第869条、第871条、第874条（第４号に係る部分に限る。）、第875条及び第876条の規定は執行役員の職務を代行する者について、それぞれ準用する。この場合において、同法第360条第１項中「著しい損害」とあるのは「回復することができない損害」と読み替えるものとするほか、必要な技術的読替えは、政令で定める。

１　趣　　旨

本条は、執行役員の職務執行権限・代表権、役員会の承認を要する職務執行、役員会への報告義務、報酬に関する事項について定めるものである。

２　解　　説

⑴　執行役員の職務

執行役員は、投資法人の業務を執行し、投資法人を代表する機関である。もっとも、投資法人の保有する資産の運用などの日常業務は資産運用会社に外部委託されているため、執行役員の具体的な職務は通常、資産運用会社との資産運用委託契約の締結・変更・解約、投資主総会の運営、資産運用会社等による各種契約に従った委託業務の遂行の監視・監督などが中心的になるものと考えられる。

⑵　役員会の承認が必要となる職務の執行

執行役員は業務執行権限を有するが、重要な職務を執行しようとするときは役員会の承認を受けなければならない（２項）。かかる重要な職務として

投資主総会の招集などの職務が明示的に規定されているが、これらは例示列挙にすぎない点に留意する必要がある。

　なお、「多額の借財」について、株式会社であれば重要な業務執行として取締役会の決議事項とされている（会社法362条4項2号）ところ、投資法人においては、役員会の承認を要する重要な職務としては明示的に列挙されていない。借入金の限度額は規約の記載事項として事前に明確化されており、その限度額の変更は規約の変更として投資主総会の承認が必要であるためと説明される（田村幸太郎「日本版リートの概要」NBL712号30頁参照）。もっとも、かかる説明をもって、借入れや投資法人債の発行は規約に定めた限度額の範囲内である限り多額であっても執行役員の裁量のみで行うことができるものと一律に解すべきではなく、本条2項各号は「重要な職務」の例示列挙にすぎないこと、および、募集投資法人債に関する事項の決定は役員会の決議によるべきものとされていること（法139条の3第2項）から、「多額の借財」であっても本条2項各号に相当する重要な職務に該当する場合には役員会の承認が必要となる場合もあるものと考えられる。

(3)　執行役員の報酬

　執行役員の報酬については、「執行役員の報酬の額又は報酬の支払に関する基準」が規約の絶対的記載事項となっている（法67条1項12号）。規約において報酬の額を定めず、報酬の支払に関する基準が定められている場合には、いわゆる「お手盛りの禁止」の観点から、役員会が当該基準に従って報酬の額を定める（4項）。

3　準用条文（5項）

◇会社法349条4項および5項（株式会社の代表）

　4　執行役員は、投資法人の業務に関する一切の裁判上又は裁判外の行為をする権限を有する。

　5　前項の権限に加えた制限は、善意の第三者に対抗することができない。

◇会社法355条（忠実義務）

　執行役員は、法令及び規約並びに投資主総会の決議を遵守し、投資法人

のため忠実にその職務を行わなければならない。

◇会社法360条1項（株主による取締役の行為の差止め）
1 6箇月（これを下回る期間を規約で定めた場合にあっては、その期間）前から引き続き投資口を有する投資主は、執行役員が投資法人の目的の範囲外の行為その他法令若しくは規約に違反する行為をし、又はこれらの行為をするおそれがある場合において、当該行為によって当該投資法人に回復することができない損害が生ずるおそれがあるときは、当該執行役員に対し、当該行為をやめることを請求することができる。

◇会社法350条（代表者の行為についての損害賠償責任）
　投資法人は、執行役員がその職務を行うについて第三者に加えた損害を賠償する責任を負う。

◇会社法352条（取締役の職務を代行する者の権限）
1 民事保全法（平成元年法律第91号）第56条に規定する仮処分命令により選任された執行役員の職務を代行する者は、仮処分命令に別段の定めがある場合を除き、投資法人の常務に属しない行為をするには、裁判所の許可を得なければならない。
2 前項の規定に違反して行った執行役員の職務を代行する者の行為は、無効とする。ただし、投資法人は、これをもって善意の第三者に対抗することができない。

（業務の執行に関する検査役の選任）
第110条　投資法人の業務の執行に関し、不正の行為又は法令若しくは規約に違反する重大な事実があることを疑うに足りる事由があるときは、発行済投資口の100分の3（これを下回る割合を規約で定めた場合にあつては、その割合）以上の口数の投資口を有する投資主は、当該投資法人の業務及び財産の状況を調査させるため、内閣総理大臣に対し、検査役の選任の申立てをすることができる。
2 会社法第358条第2項及び第4項から第7項まで並びに第359条の規定は、前項の申立てがあつた場合の検査役及びその報告があつた場合

第110条

> について準用する。この場合において、同法第358条第2項、第5項及び第6項並びに第359条第1項及び第2項中「裁判所」とあるのは「内閣総理大臣」と読み替えるものとするほか、必要な技術的読替えは、政令で定める。

1 趣　旨

　本条は、少数投資主が投資法人の業務・財産状況を調査させるために内閣総理大臣に対して検査役の選任を請求できること、検査役の報告義務、内閣総理大臣の投資主総会招集命令等について定めるものであり、会社法358条1項と同趣旨である。

2 準用条文（2項）

◇会社法358条2項および4項～7項（業務の執行に関する検査役の選任）

　2　投資法人法第110条第1項の申立てがあった場合には、内閣総理大臣は、これを不適法として却下する場合を除き、検査役を選任しなければならない。

　4　第2項の検査役は、その職務を行うため必要があるときは、投資法人の子法人（投資法人法第77条の2第1項に規定する子法人をいう。）の業務及び財産の状況を調査することができる。

　5　第2項の検査役は、必要な調査を行い、当該調査の結果を記載し、又は記録した書面又は電磁的記録（内閣府令で定めるものに限る。）を内閣総理大臣に提供して報告をしなければならない。

　6　内閣総理大臣は、前項の報告について、その内容を明瞭にし、又はその根拠を確認するため必要があると認めるときは、第2項の検査役に対し、更に前項の報告を求めることができる。

　7　第2項の検査役は、第5項の報告をしたときは、投資法人及び検査役の選任の申立てをした投資主に対し、同項の書面の写しを交付し、又は同項の電磁的記録に記録された事項を内閣府令で定める方法により提供しなければならない。

◇会社法359条（裁判所による株主総会招集等の決定）

1　内閣総理大臣は、前条第5項の報告があった場合において、必要があると認めるときは、執行役員に対し、次に掲げる措置の全部又は一部を命じなければならない。
　一　一定の期間内に投資主総会を招集すること。
　二　前条第5項の調査の結果を投資主に通知すること。
2　内閣総理大臣が前項第1号に掲げる措置を命じた場合には、執行役員は、前条第5項の報告の内容を同号の投資主総会において開示しなければならない。
3　前項に規定する場合には、執行役員及び監督役員は、前条第5項の報告の内容を調査し、その結果を第1項第1号の投資主総会に報告しなければならない。

第5款　監督役員

> 第111条　監督役員は、執行役員の職務の執行を監督する。
> 2　監督役員は、いつでも、執行役員、一般事務受託者、資産運用会社及び資産保管会社に対して投資法人の業務及び財産の状況に関する報告を求め、又は必要な調査をすることができる。
> 3　第109条第4項並びに会社法第355条、第381条第3項及び第4項並びに第384条から第386条までの規定は、監督役員について準用する。この場合において、必要な技術的読替えは、政令で定める。

1　趣　旨

　本条は、監督役員の執行役員の職務執行に対する監督権限、投資法人の業務・財産の状況に関する報告徴求権・調査権などを定めるものであり、会社法381条と基本的に同趣旨である。もっとも、監督役員の職務は、執行役員の職務執行の「監査」（会社法381条1項参照）ではなく「監督」であることから、監督役員による監査報告の作成義務はない。
　監督役員は、執行役員の職務執行に対する監督のための手段として、執行

第111条

役員のみならず、一般事務受託者、資産運用会社および資産保管会社に対して投資法人の業務および財産の状況に関する報告を求め、または、必要な調査をすることができる（2項）。

また、執行役員についての報酬および忠実義務に関する規定、株式会社の監査役の権限、株主総会に対する報告義務、監査役による取締役の行為の差止め、監査役設置会社と取締役との間の訴えにおける会社の代表に関する規定が監督役員について準用されている（3項）。

2 準用条文（3項）

◇投資法人法109条4項（職務）

　4　監督役員の報酬は、規約にその額を定めていないときは、第67条第1項第12号の基準に従い、役員会がその額を決定する。

◇会社法355条（忠実義務）

　監督役員は、法令及び規約並びに投資主総会の決議を遵守し、投資法人のため忠実にその職務を行わなければならない。

◇会社法381条3項および4項（監査役の権限）

　3　監督役員は、その職務を行うため必要があるときは、投資法人の子法人（投資法人法第77条の2第1項に規定する子法人をいう。以下この条において同じ。）に対して事業の報告を求め、又はその子法人の業務及び財産の状況の調査をすることができる。

　4　前項の子法人は、正当な理由があるときは、同項の報告又は調査を拒むことができる。

◇会社法384条（株主総会に対する報告義務）

　監督役員は、執行役員が投資主総会に提出しようとする議案、書類その他内閣府令で定めるものを調査しなければならない。この場合において、法令若しくは規約に違反し、又は著しく不当な事項があると認めるときは、その調査の結果を投資主総会に報告しなければならない。

◇会社法385条（監査役による取締役の行為の差止め）

　1　監督役員は、執行役員が投資法人の目的の範囲外の行為その他法令若しくは規約に違反する行為をし、又はこれらの行為をするおそれがある

場合において、当該行為によって当該投資法人に著しい損害が生ずるおそれがあるときは、当該執行役員に対し、当該行為をやめることを請求することができる。
2　前項の場合において、裁判所が仮処分をもって同項の執行役員に対し、その行為をやめることを命ずるときは、担保を立てさせないものとする。

◇会社法386条（監査役設置会社と取締役との間の訴えにおける会社の代表）
1　投資法人法第109条第5項において準用する第349条第4項の規定にかかわらず、投資法人が執行役員（執行役員であった者を含む。以下この条において同じ。）に対し、又は執行役員が投資法人に対して訴えを提起する場合には、当該訴えについては、監督役員が投資法人を代表する。
2　投資法人法第109条第5項において準用する第349条第4項の規定にかかわらず、次に掲げる場合には、監督役員が投資法人を代表する。
　一　投資法人が投資法人法第116条において準用する第847条第1項の訴えの提起の請求（執行役員の責任を追及する訴えの提起の請求に限る。）を受ける場合
　二　投資法人が投資法人法第116条において準用する第849条第3項の訴訟告知（執行役員の責任を追及する訴えに係るものに限る。）並びに投資法人法第116条において準用する第850条第2項の規定による通知及び催告（執行役員の責任を追及する訴えに係る訴訟における和解に関するものに限る。）を受ける場合

第6款　役員会

（役員会）
第112条　役員会は、すべての執行役員及び監督役員で構成する。

1　趣　旨
本条は、役員会の構成員はすべての執行役員および監督役員であることを

定めるものであり、株式会社の取締役会に関する規定（会社法362条1項）に対応するものであるが、以下の点において大きく異なる。

2　役員会の構成員

株式会社の取締役会の構成員は取締役のみであるところ、投資法人の役員会の構成員には執行役員に加えて監督役員も含まれる。

3　役員会の権限・責任

株式会社の取締役会の主たる権限は業務執行の決定である（会社法362条2項1号参照）ところ、投資法人の役員会には執行役員の重要な職務執行に対する同意権限はある（法109条2項など）ものの、基本的には業務執行の決定権限はなく、業務執行を行う執行役員の監督機関としての機能が中心となる。監督役員が常に役員会の過半数を構成する（法95条2号参照）ことからも、役員会には、株式会社の取締役会に相当する機能に加えて、監査役会に類似する機能を有する面もある。

（役員会の招集）

第113条　役員会は、執行役員が1人の場合はその執行役員が、執行役員が2人以上の場合は各執行役員が招集する。ただし、執行役員が2人以上の場合において、役員会を招集する執行役員を規約又は役員会で定めたときは、その執行役員が招集する。

2　前項ただし書に規定する場合には、同項ただし書の規定により定められた執行役員（以下この項及び次項において「招集権者」という。）以外の執行役員は、招集権者に対し、役員会の目的である事項を示して、役員会の招集を請求することができる。

3　監督役員は、その職務を行うため必要があるときは、執行役員（第1項ただし書に規定する場合にあつては、招集権者）に対し、役員会の目的である事項を示して、役員会の招集を請求することができる。

4　前2項の規定による請求があつた日から5日以内に、その請求があ

つた日から2週間以内の日を役員会の日とする役員会の招集の通知が発せられない場合には、その請求をした執行役員又は監督役員は、役員会を招集することができる。

　本条は役員会についての執行役員の招集権限、監督役員の招集請求権などについて定めるものであり、会社法366条および383条2項・3項と同趣旨である。

（役員会の権限等）
第114条　役員会は、この法律及び規約に定める権限を行うほか、執行役員の職務の執行を監督する。
2　役員会は、執行役員が次のいずれかに該当するときは、その執行役員を解任することができる。
一　職務上の義務に違反し、又は職務を怠つたとき。
二　執行役員としてふさわしくない非行があつたとき。
三　心身の故障のため、職務の執行に支障があり、又はこれに堪えないとき。
3　前項の規定により執行役員を解任したことその他の事由（執行役員の任期の満了及び辞任を除く。）により執行役員が欠けた場合には、直ちに、監督役員は、共同して、執行役員を選任するための投資主総会を招集しなければならない。ただし、第96条第2項において準用する会社法第329条第2項の規定により補欠の執行役員が選任されている場合は、この限りでない。
4　前項本文の場合において、監督役員は、その全員の同意によって執行役員の選任に関する議案を作成し、これを同項本文の投資主総会に提出しなければならない。
5　第2項の規定により執行役員を解任したときは、監督役員がその過半数をもつて選定した監督役員は、その旨及び解任の理由を解任後最初に招集される投資主総会に報告しなければならない。

> 6 第2項の規定により執行役員を解任された者は、前項の投資主総会に出席して、解任についての意見を述べることができる。
> 7 前項の投資主総会を招集する者は、同項の者に対し、当該投資主総会を招集する旨及び第90条の2第1項第1号に掲げる事項を通知しなければならない。

1　趣　旨

本条は役員会の執行役員の職務執行の監督権限、執行役員の解任権限などを定めるものである。

2　役員会の監督権限

役員会は投資法人法および規約に定める権限を行うほか、執行役員の職務を監督する。株式会社の取締役会と異なり、本条において業務執行の決定権限や代表取締役の選定および解職に関する権限は規定されていない（会社法362条2項各号参照）。

3　役員会の執行役員の解任権限

役員会は、その監督権限の一環として、2項の列挙事由に執行役員が該当するときは、執行役員として職務執行を継続させることが適当ではない場合として、その執行役員を解任することができる。これにより執行役員が解任されたことや執行役員の任期満了および辞任を除く事由により執行役員が欠けた場合には、補欠の執行役員が選任されている場合を除き、監督役員は、直ちに、共同して、執行役員を選任するための投資主総会を招集するなどの手続を行わなければならない（3項・4項）。また、解任後最初に招集される投資主総会において、監督役員は解任の理由を説明しなければならず（5項）、執行役員を解任された者は解任についての意見を述べることができ（6項）、かかる意見陳述権の機会を保障するために、その執行役員を解任された者に対しても招集通知の送付等をしなければならない（7項）。

（会社法の準用等）

第115条 会社法第368条及び第369条の規定は役員会について、同法第371条（第3項を除く。）の規定は投資法人について、それぞれ準用する。この場合において、同法第369条第1項中「取締役の」とあるのは「構成員の」と、同条第2項中「取締役」とあり、及び同条第3項中「取締役及び監査役」とあるのは「執行役員及び監督役員」と、同条第5項中「取締役で」とあるのは「執行役員及び監督役員で」と、同法第371条第2項中「株式会社の営業時間内は、いつでも」とあるのは「内閣総理大臣の許可を得て」と、同条第4項及び第6項中「裁判所」とあるのは「内閣総理大臣」と読み替えるものとするほか、必要な技術的読替えは、政令で定める。

2　内閣総理大臣は、前項において読み替えて準用する会社法第371条第2項及び第4項（同条第5項において準用する場合を含む。）の規定による許可の申立てについての処分をする場合には、当該申立てに係る投資法人の陳述を聴かなければならない。

1　趣　旨

本条は、役員会について、会社法の取締役会の招集手続、決議、議事録等の規定を準用するものである。

2　準用条文（1項）

◇会社法368条（招集手続）

1　役員会を招集する者は、役員会の日の1週間（これを下回る期間を規約で定めた場合にあっては、その期間）前までに、各執行役員及び各監督役員に対してその通知を発しなければならない。

2　前項の規定にかかわらず、役員会は、執行役員及び監督役員の全員の同意があるときは、招集の手続を経ることなく開催することができる。

◇会社法369条（取締役会の決議）

1　役員会の決議は、議決に加わることができる構成員の過半数（これを

第115条

上回る割合を規約で定めた場合にあっては、その割合以上）が出席し、その過半数（これを上回る割合を規約で定めた場合にあっては、その割合以上）をもって行う。

2　前項の決議について特別の利害関係を有する執行役員及び監督役員は、議決に加わることができない。

3　役員会の議事については、内閣府令で定めるところにより、議事録を作成し、議事録が書面をもって作成されているときは、出席した執行役員及び監督役員は、これに署名し、又は記名押印しなければならない。

4　前項の議事録が電磁的記録をもって作成されている場合における当該電磁的記録に記録された事項については、内閣府令で定める署名又は記名押印に代わる措置をとらなければならない。

5　役員会の決議に参加した執行役員及び監督役員であって第3項の議事録に異議をとどめないものは、その決議に賛成したものと推定する。

◇会社法371条（3項を除く）（議事録等）

1　投資法人は、役員会の日から10年間、第369条第3項の議事録をその本店に備え置かなければならない。

2　投資主は、その権利を行使するため必要があるときは、内閣総理大臣の許可を得て、次に掲げる請求をすることができる。

　一　前項の議事録が書面をもって作成されているときは、当該書面の閲覧又は謄写の請求

　二　前項の議事録が電磁的記録をもって作成されているときは、当該電磁的記録に記録された事項を内閣府令で定める方法により表示したものの閲覧又は謄写の請求

4　投資法人の債権者は、役員の責任を追及するため必要があるときは、内閣総理大臣の許可を得て、当該投資法人の議事録について第2項各号に掲げる請求をすることができる。

5　前項の規定は、投資法人の親法人（投資法人法第81条第1項に規定する親法人をいう。以下この条において同じ。）の投資主がその権利を行使するため必要があるときについて準用する。

6　内閣総理大臣は、第2項各号に掲げる請求又は第4項（前項において

準用する場合を含む。以下この項において同じ。）の請求に係る閲覧又は謄写をすることにより、当該投資法人又はその親法人若しくは子法人（投資法人法第77条の2第1項に規定する子法人をいう。）に著しい損害を及ぼすおそれがあると認めるときは、第2項の許可又は第4項の許可をすることができない。

第7款　会計監査人

（会計監査人の権限等）
第115条の2　会計監査人は、第7節及び第12節の定めるところにより、次に掲げる書類を監査する。この場合において、会計監査人は、内閣府令で定めるところにより、会計監査報告を作成しなければならない。
　一　投資法人の計算書類（第129条第2項に規定する計算書類をいう。第115条の7第2項第1号ロにおいて同じ。）、資産運用報告及び金銭の分配に係る計算書並びにこれらの附属明細書
　二　清算投資法人の財産目録等（第155条第1項に規定する財産目録等をいう。）及び決算報告
2　会計監査人は、その職務を行うため必要があるときは、一般事務受託者、資産運用会社及び資産保管会社に対し、投資法人の会計に関する報告を求めることができる。
3　会計監査人は、その職務を行うに当たつては、次のいずれかに該当する者を使用してはならない。
　一　第102条第3項第1号から第3号までに掲げる者
　二　投資法人又はその子法人の執行役員、監督役員、清算執行人若しくは清算監督人又は一般事務受託者である者
　三　投資法人又はその子法人の一般事務受託者、資産運用会社又は資産保管会社の取締役、会計参与（会計参与が監査法人又は税理士法人である場合にあつては、その職務を行うべき社員）、監査役、執行役そ

の他の役員又は使用人である者
　　四　投資法人若しくはその子法人又はこれらの一般事務受託者、資産運用会社若しくは資産保管会社から公認会計士又は監査法人の業務以外の業務により継続的な報酬を受けている者
4　会社法第396条第2項から第4項までの規定は、投資法人の会計監査人について準用する。この場合において、同条第2項中「取締役及び会計参与並びに支配人その他の使用人」とあるのは「執行役員及び清算執行人」と読み替えるものとするほか、必要な技術的読替えは、政令で定める。

1　趣　旨

　本条は会計監査人による会計監査について定めるものであり、基本的に会社法396条1項～5項と同趣旨である。
　投資法人の会計監査人による監査対象は以下の書類となる（1項、法129条2項、計算規則34条1項）。

　　①　貸借対照表
　　②　損益計算書
　　③　投資主資本等変動計算書
　　④　注記表
　　⑤　資産運用報告
　　⑥　金銭の分配に係る計算書
　　⑦　①～⑥の附属明細書

　また、会計監査人は、執行役員等に対する報告徴求権（4項において準用する会社法396条2項）に加えて、その職務を行うために必要があるときは、一般事務受託者、資産運用会社および資産保管会社に対して、会計に関する報告を求めることができる（2項）。

2　準用条文（4項）

◇会社法396条2項～4項（会計監査人の権限等）
　2　会計監査人は、いつでも、次に掲げるものの閲覧及び謄写をし、又は

執行役員及び清算執行人に対し、会計に関する報告を求めることができる。
　一　会計帳簿又はこれに関する資料が書面をもって作成されているときは、当該書面
　二　会計帳簿又はこれに関する資料が電磁的記録をもって作成されているときは、当該電磁的記録に記録された事項を内閣府令で定める方法により表示したもの
3　会計監査人は、その職務を行うため必要があるときは、投資法人の子法人（投資法人法第77条の2第1項に規定する子法人をいう。以下この条において同じ。）に対して会計に関する報告を求め、又は投資法人若しくはその子法人の業務及び財産の状況の調査をすることができる。
4　前項の子法人は、正当な理由があるときは、同項の報告又は調査を拒むことができる。

（監督役員等に対する会計監査人の報告）
第115条の3　会計監査人は、その職務を行うに際して執行役員又は清算執行人の職務の執行に関し不正の行為又は法令若しくは規約に違反する重大な事実があることを発見したときは、遅滞なく、これを監督役員又は清算監督人に報告しなければならない。
2　監督役員及び清算監督人は、その職務を行うため必要があるときは、会計監査人に対し、その監査に関する報告を求めることができる。

本条は、執行役員の法令違反等を発見した際の会計監査人の報告義務などを定めるものであり、会社法397条1項・2項と同趣旨である。

（投資主総会における会計監査人の意見の陳述）
第115条の4　投資主総会において会計監査人（会計監査人が監査法人である場合にあつては、その職務を行うべき社員。以下この条において同

> じ。)の出席を求める決議があつたときは、会計監査人は、投資主総会に出席して意見を述べなければならない。

　本条は、投資主総会の決議による会計監査人の出席・意見陳述義務を定めるものであり、会社法398条2項と同趣旨である。

> （会計監査人の報酬）
> 第115条の5　会計監査人の報酬は、規約にその額を定めていないときは、第67条第1項第12号の基準に従い、役員会又は清算人会がその額を決定する。
> 2　執行役員又は清算執行人は、第108条第3項の規定により選任された一時会計監査人の職務を行うべき者の報酬を定める場合には、役員会又は清算人会の承認を受けなければならない。

　本条は会計監査人の報酬等について定めるものである。会計監査人の報酬については「執行役員の報酬の額又は報酬の支払に関する基準」が規約の絶対的記載事項となっている（法67条1項12号）。規約において報酬の額を定めず、報酬の支払に関する基準が定められている場合には、役員会が当該基準に従って報酬の額を定める（1項）。
　一時会計監査人の職務を行うべき者の報酬を執行役員が定める場合には、役員会の承認を受けなければならない（2項）。

第8款　役員等の損害賠償責任

> （役員等の投資法人に対する損害賠償責任）
> 第115条の6　執行役員、監督役員又は会計監査人（以下この款において「役員等」という。）は、その任務を怠つたときは、投資法人に対し、これによつて生じた損害を賠償する責任を負う。

2　前項の責任は、総投資主の同意がなければ、免除することができない。
3　前項の規定にかかわらず、第１項の責任は、当該役員等が職務を行うにつき善意でかつ重大な過失がないときは、賠償の責任を負う額から、当該役員等がその在職中に投資法人から職務執行の対価として受け、又は受けるべき財産上の利益の１年間当たりの額に相当する額として内閣府令で定める方法により算定される額に、次の各号に掲げる役員等の区分に応じ、当該各号に定める数を乗じて得た額を控除して得た額を限度として、投資主総会の決議によつて免除することができる。
一　執行役員又は監督役員　　４
二　会計監査人　　２
4　前項の場合には、執行役員は、同項の投資主総会において次に掲げる事項を開示しなければならない。
一　責任の原因となつた事実及び賠償の責任を負う額
二　前項の規定により免除することができる額の限度及びその算定の根拠
三　責任を免除すべき理由及び免除額
5　執行役員は、第１項の責任の免除（執行役員の責任の免除に限る。）に関する議案を投資主総会に提出するには、各監督役員の同意を得なければならない。
6　第３項の決議があつた場合において、投資法人が当該決議後に同項の役員等に対し退職慰労金その他の内閣府令で定める財産上の利益を与えるときは、投資主総会の承認を受けなければならない。
7　第２項の規定にかかわらず、投資法人は、第１項の責任について、当該役員等が職務を行うにつき善意でかつ重大な過失がない場合において、責任の原因となつた事実の内容、当該役員等の職務の執行の状況その他の事情を勘案して特に必要と認めるときは、第３項の規定により免除することができる額を限度として役員会の決議によつて免除することができる旨を規約で定めることができる。

> 8　第5項の規定は、規約を変更して前項の規定による規約の定め（執行役員の責任を免除することができる旨の定めに限る。）を設ける議案を投資主総会に提出する場合及び同項の規定による規約の定めに基づく責任の免除（執行役員の責任の免除に限る。）に関する議案を役員会に提出する場合について準用する。
> 9　第7項の規定による規約の定めに基づいて役員等の責任を免除する旨の役員会の決議を行つたときは、執行役員は、遅滞なく、第4項各号に掲げる事項及び責任を免除することに異議がある場合には一定の期間内に当該異議を述べるべき旨を公告し、又は投資主に通知しなければならない。ただし、当該期間は、1月を下ることができない。
> 10　発行済投資口（前項の責任を負う役員等の有する投資口を除く。）の100分の3（これを下回る割合を規約で定めた場合にあつては、その割合）以上の口数の投資口を有する投資主が同項の期間内に同項の異議を述べたときは、投資法人は、第7項の規定による規約の定めに基づく免除をしてはならない。
> 11　第6項の規定は、第7項の規定による規約の定めに基づき責任を免除した場合について準用する。
> 12　会社法第427条（第3項を除く。）の規定は、会計監査人の第1項の責任について準用する。この場合において、同条第1項中「第424条」とあるのは「投資法人法第115条の6第2項」と、「最低責任限度額」とあるのは「同条第3項の乗じて得た額」と、同条第4項第1号中「第425条第2項第1号」とあるのは「投資法人法第115条の6第4項第1号」と、同項第3号中「第423条第1項」とあるのは「投資法人法第115条の6第1項」と、同条第5項中「第425条第4項及び第5項」とあるのは「投資法人法第115条の6第6項」と読み替えるものとするほか、必要な技術的読替えは、政令で定める。

1　趣　旨

本条は、任務を怠った執行役員、監督役員または会計監査人の投資法人に対する損害賠償責任、総投資主の同意、投資主総会の決議または規約の定め

に基づく役員会の決議によるかかる責任の全部または一部免除、会計監査人の責任に関する責任限定契約などについて定めるものであり、会社法423条1項、424条、425条1項～4項、426条、427条と同趣旨である。

2　準用条文（8項）

◇投資法人法115条の6第5項（役員等の投資法人に対する損害賠償責任）

　5　執行役員は、規約を変更して第7項の規定による規約の定め（執行役員の責任を免除することができる旨の定めに限る。）を設ける議案を投資主総会に提出する場合及び同項の規定による規約の定めに基づく責任の免除（執行役員の責任の免除に限る。）に関する議案を役員会に提出するには、各監督役員の同意を得なければならない。

3　準用条文（11項）

◇投資法人法115条の6第6項（役員等の投資法人に対する損害賠償責任）

　6　第7項の決議があつた場合において、投資法人が当該決議後に同項の役員等に対し退職慰労金その他の内閣府令で定める財産上の利益を与えるときは、投資主総会の承認を受けなければならない。

4　準用条文（12項）

◇会社法427条（3項を除く）（責任限定契約）

　1　投資法人法第115条の6第2項の規定にかかわらず、投資法人は、会計監査人の投資法人法第115条の6第1項の責任について、当該会計監査人が職務を行うにつき善意でかつ重大な過失がないときは、規約で定めた額の範囲内であらかじめ投資法人が定めた額と同条第3項の乗じて得た額とのいずれか高い額を限度とする旨の契約を会計監査人と締結することができる旨を規約で定めることができる。

　2　前項の契約を締結した会計監査人が当該投資法人又はその子法人（投資法人法第77条の2第1項に規定する子法人をいう。）の執行役員に就任したときは、当該契約は、将来に向かってその効力を失う。

　4　第1項の契約を締結した投資法人が、当該契約の相手方である会計監

査人が任務を怠ったことにより損害を受けたことを知ったときは、その後最初に招集される投資主総会において次に掲げる事項を開示しなければならない。
　一　投資法人法第115条の6第4項第1号及び第2号に掲げる事項
　二　当該契約の内容及び当該契約を締結した理由
　三　投資法人法第115条の6第1項の損害のうち、当該会計監査人が賠償する責任を負わないとされた額
5　投資法人法第115条の6第6項の規定は、会計監査人が第1項の契約によって同項に規定する限度を超える部分について損害を賠償する責任を負わないとされた場合について準用する。

（役員等の第三者に対する損害賠償責任）
第115条の7　役員等がその職務を行うについて悪意又は重大な過失があつたときは、当該役員等は、これによって第三者に生じた損害を賠償する責任を負う。
2　次の各号に掲げる者が、当該各号に定める行為をしたときも、前項と同様とする。ただし、その者が当該行為をすることについて注意を怠らなかつたことを証明したときは、この限りでない。
　一　執行役員及び監督役員　次に掲げる行為
　　イ　投資口若しくは投資法人債を引き受ける者の募集をする際に通知しなければならない重要な事項についての虚偽の通知又は当該募集のための当該投資法人の事業その他の事項に関する説明に用いた資料についての虚偽の記載若しくは記録
　　ロ　計算書類、資産運用報告及び金銭の分配に係る計算書並びにこれらの附属明細書に記載し、又は記録すべき重要な事項についての虚偽の記載又は記録
　　ハ　虚偽の登記
　　ニ　虚偽の公告
　二　会計監査人　会計監査報告に記載し、又は記録すべき重要な事項

> についての虚偽の記載又は記録

　本条は執行役員、監督役員または会計監査人の第三者に対する損害賠償責任について定めるものであり、会社法429条と同趣旨であるが、2項1号において監督役員が執行役員と同様の取扱いとなっている点が異なる。

> **（役員等の連帯責任）**
> **第115条の8**　役員等が投資法人又は第三者に生じた損害を賠償する責任を負う場合において、他の役員等も当該損害を賠償する責任を負うときは、これらの者は、連帯債務者とする。

　本条は責任を負う執行役員、監督役員または会計監査人の連帯責任について定めるものであり、会社法430条と同趣旨である。

> **（役員等の責任を追及する訴え）**
> **第116条**　会社法第7編第2章第2節（第847条第2項、第849条第2項第2号及び第5項並びに第851条第1項第1号及び第2項を除く。）の規定は、役員等の責任を追及する訴えについて準用する。この場合において、必要な技術的読替えは、政令で定める。

1　趣　　旨

　本条は投資主の代表訴訟について定めるものであり、会社法847条と同趣旨である。

2　準用条文

◇会社法847条（2項を除く）（責任追及等の訴え）
　1　6箇月（これを下回る期間を規約で定めた場合にあっては、その期間）前から引き続き投資口を有する投資主は、投資法人に対し、書面その他の

第116条

　　内閣府令で定める方法により、役員等の責任を追及する訴え（以下この節において「責任追及等の訴え」という。）の提起を請求することができる。ただし、責任追及等の訴えが当該投資主若しくは第三者の不正な利益を図り又は当該投資法人に損害を加えることを目的とする場合は、この限りでない。

3　投資法人が第1項の規定による請求の日から60日以内に責任追及等の訴えを提起しないときは、当該請求をした投資主は、投資法人のために、責任追及等の訴えを提起することができる。

4　投資法人は、第1項の規定による請求の日から60日以内に責任追及等の訴えを提起しない場合において、当該請求をした投資主から請求を受けたときは、当該請求をした者に対し、遅滞なく、責任追及等の訴えを提起しない理由を書面その他の内閣府令で定める方法により通知しなければならない。

5　第1項及び第3項の規定にかかわらず、同項の期間の経過により投資法人に回復することができない損害が生ずるおそれがある場合には、第1項の投資主は、投資法人のために、直ちに責任追及等の訴えを提起することができる。ただし、同項ただし書に規定する場合は、この限りでない。

6　第3項又は前項の責任追及等の訴えは、訴訟の目的の価額の算定については、財産権上の請求でない請求に係る訴えとみなす。

7　投資主が責任追及等の訴えを提起したときは、裁判所は、被告の申立てにより、当該投資主に対し、相当の担保を立てるべきことを命ずることができる。

8　被告が前項の申立てをするには、責任追及等の訴えの提起が悪意によるものであることを疎明しなければならない。

◇会社法848条（訴えの管轄）

　　責任追及等の訴えは、投資法人の本店の所在地を管轄する地方裁判所の管轄に専属する。

◇会社法849条（2項2号および5項を除く）（訴訟参加）

1　投資主又は投資法人は、共同訴訟人として、又は当事者の一方を補助

するため、責任追及等の訴えに係る訴訟に参加することができる。ただし、不当に訴訟手続を遅延させることとなるとき、又は裁判所に対し過大な事務負担を及ぼすこととなるときは、この限りでない。
2 投資法人が、執行役員及び清算執行人並びにこれらの者であった者を補助するため、責任追及等の訴えに係る訴訟に参加するには、次の各号に掲げる投資法人の区分に応じ、当該各号に定める者の同意を得なければならない。
一 投資法人 監督役員又は清算監督人（監督役員又は清算監督人が2人以上ある場合にあっては、各監督役員又は清算監督人）
3 投資主は、責任追及等の訴えを提起したときは、遅滞なく、投資法人に対し、訴訟告知をしなければならない。
4 投資法人は、責任追及等の訴えを提起したとき、又は前項の訴訟告知を受けたときは、遅滞なく、その旨を公告し、又は投資主に通知しなければならない。

◇会社法850条（和解）
1 民事訴訟法第267条の規定は、投資法人が責任追及等の訴えに係る訴訟における和解の当事者でない場合には、当該訴訟における訴訟の目的については、適用しない。ただし、当該投資法人の承認がある場合は、この限りでない。
2 前項に規定する場合において、裁判所は、投資法人に対し、和解の内容を通知し、かつ、当該和解に異議があるときは2週間以内に異議を述べるべき旨を催告しなければならない。
3 投資法人が前項の期間内に書面により異議を述べなかったときは、同項の規定による通知の内容で投資主が和解をすることを承認したものとみなす。
4 投資法人法第77条の2第5項、第115条の6第2項、第126条の2第3項及び第138条第3項の規定は、責任追及等の訴えに係る訴訟における和解をする場合には、適用しない。

◇会社法851条（1項1号および2項を除く）（株主でなくなった者の訴訟追行）
1 責任追及等の訴えを提起した投資主又は第849条第1項の規定により

第116条

　　共同訴訟人として当該責任追及等の訴えに係る訴訟に参加した投資主が当該訴訟の係属中に投資主でなくなった場合であっても、次に掲げるときは、その者が、訴訟を追行することができる。
　二　その者が当該投資法人が合併により消滅する投資法人となる合併により、合併により設立する投資法人又は合併後存続する投資法人若しくはその完全親法人の投資口を取得したとき。
　3　第1項の規定は、同項第2号（前項又はこの項において準用する場合を含む。）に掲げる場合において、第1項の投資主が同項の訴訟の係属中に合併により設立する投資法人又は合併後存続する投資法人若しくはその完全親法人の投資口の投資主でなくなったときについて準用する。この場合において、同項（前項又はこの項において準用する場合を含む。）中「当該投資法人」とあるのは、「合併により設立する投資法人又は合併後存続する投資法人若しくはその完全親法人」と読み替えるものとする。

◇会社法852条（費用等の請求）
　1　責任追及等の訴えを提起した投資主が勝訴（一部勝訴を含む。）した場合において、当該責任追及等の訴えに係る訴訟に関し、必要な費用（訴訟費用を除く。）を支出したとき又は弁護士若しくは弁護士法人に報酬を支払うべきときは、当該投資法人に対し、その費用の額の範囲内又はその報酬額の範囲内で相当と認められる額の支払を請求することができる。
　2　責任追及等の訴えを提起した投資主が敗訴した場合であっても、悪意があったときを除き、当該投資主は、当該投資法人に対し、これによって生じた損害を賠償する義務を負わない。
　3　前2項の規定は、第849条第1項の規定により同項の訴訟に参加した投資主について準用する。

◇会社法853条（再審の訴え）
　1　責任追及等の訴えが提起された場合において、原告及び被告が共謀して責任追及等の訴えに係る訴訟の目的である投資法人の権利を害する目的をもって判決をさせたときは、投資法人又は投資主は、確定した終局判決に対し、再審の訴えをもって、不服を申し立てることができる。
　2　前条の規定は、前項の再審の訴えについて準用する。

第 5 節

事務の委託

> **(事務の委託)**
> 第117条　投資法人は、その資産の運用及び保管に係る業務以外の業務に係る事務であつて次に掲げるものについて、内閣府令で定めるところにより、他の者に委託して行わせなければならない。
> 一　発行する投資口及び投資法人債を引き受ける者の募集に関する事務
> 二　投資主名簿及び投資法人債原簿の作成及び備置きその他の投資主名簿及び投資法人債原簿に関する事務
> 三　投資証券及び投資法人債券(以下「投資証券等」という。)の発行に関する事務
> 四　機関の運営に関する事務
> 五　計算に関する事務
> 六　前各号に掲げるもののほか、内閣府令で定める事務

1　趣　旨

　本条は、一般事務のうち、一定のものについて強行的に第三者に委託することを規定するものである。また、内閣府令は、その委任の方式(契約書に記載すべき事項など)を規定している。

2 解　説

(1) 一般事務受託者の使用

　本条は一般事務受託者（法2条21項）に対して委託すべき一般事務の内容を具体的に規定している。すなわち、本条各号に該当する業務は投資法人が自ら行ってはならず、本条に規定される方式で、第三者に委託しなければならない。具体的には以下の業務が該当する（本条各号および施行規則169条2項）。

- ○　投資口および投資法人債の募集事務
- ○　投資主名簿および投資法人債原簿の作成・備置き等の事務
- ○　投資証券および投資法人債券の発行に関する事務
- ○　機関の運営に関する事務
- ○　計算事務
- ○　投資主への配当等の支払事務
- ○　投資口の払戻しに関する事務（オープン・エンド型投資法人の場合）
- ○　投資主からの申出の受付事務
- ○　投資法人債権者（投資法人債の権利者）への支払事務
- ○　投資法人債権者からの申出の受付事務
- ○　会計帳簿の作成事務
- ○　納税事務
- ○　その他金融庁長官が定める事務（本書執筆時点においては存在しない）

　例えば「投資口および投資法人債の募集事務」は証券会社に委託し、「投資主名簿の作成」等や「機関の運営に関する事務」（投資主総会の招集事務等）は信託銀行等や資産運用会社に委託することとなる[26]。また、計算事務や納税事務は会計・税務業務を行う監査法人等に委託するなど、それぞれの専門に応じた委託先に委託される。

(2) 投資口および投資法人債の募集事務における記載事項

　投資口・投資法人債の募集事務を委託する一般事務委託契約には、次に掲

---

[26] 資産運用会社においては「機関の運営に関する事務」は金融商品取引業等に関する内閣府令68条18号においていわゆる届出業務とされる。

げる事項を定めなければならない（施行規則169条1項）。

① 事務受託者が、勧誘に際し顧客の適合性を勘案する旨
② 事務受託者は、勧誘に際し、顧客に対し、以下について説明する義務を負う旨
　ⓐ 設立時募集投資口の引受人に対する通知事項（法71条1項参照）
　ⓑ 募集投資口の引受申込人に対する通知事項（法83条1項各号）
　ⓒ 募集投資法人債の引受申込人に対する通知事項（法139条の4第1項各号）
③ 投資主または投資法人債権者（投資法人債権の保有者）が有する権利
④ 事務受託者の手数料等のうち、顧客（投資家）負担となるものの内容
⑤ 投資口・投資法人債への投資のリスク説明

これらの記載事項は、一般的には証券会社との間の引受契約に記載される。引受契約は募集の取扱いの委託を含むためである。

3　事務受託の変更通知義務

　一部の一般事務受託者の業務は投資主や投資法人債権者の権利行使に関わる。そのため、投資法人は、一定の一般事務受託者に係る事務の委託の内容に変更があったときは、その変更の内容を投資主または投資法人債権者に通知しなければならない（投資法人債権者については変更に係る種類の投資法人債権者に限る）。新たな一般事務受託者にこれらの事務を委託したときは、それに加えてその者の氏名または名称および住所ならびにその者に委託する事務の内容を通知する。

〈通知事項〉
　○　委託事務の変更内容
　○　新たな一般受託者に委託したときはその氏名・名称・住所・委託事務の内容

〈投資主への変更通知をしなければならない事務委託契約〉
　○　投資主名簿の作成・備置き等の事務

第117条

- ○ 機関の運営に関する事務
- ○ 投資主への配当等の支払事務
- ○ 投資口の払戻しに関する事務（オープン・エンド型投資法人の場合）
- ○ 投資主からの申出の受付事務

〈投資法人債権者への変更通知をしなければならない事務委託契約〉

- ○ 投資法人債原簿の作成・備置き等の事務
- ○ 機関の運営に関する事務
- ○ 投資法人債権者への支払事務
- ○ 投資法人債権者からの申出の受付事務

4　法 2 条21項の一般事務受託者との関係

　法 2 条21項は「一般事務受託者」を「投資法人の委託を受けてその資産の運用及び保管に係る業務以外の業務に係る事務を行う者をいう」と定義している。すなわち、資産運用・保管に係る業務以外の業務の委託先はすべて「一般事務受託者」であると定義している。一方で、本条は、各号に掲げる特定の業務についての委任を定めるものである。すなわち、本条の対象となる一般事務受託者は、法 2 条21項に定義される「一般事務受託者」よりも範囲が狭い。

　このため、例えば法118条は「投資法人から前条各号に掲げる事務の委託を受けた一般事務受託者は」と規定するなどして、一般事務受託者の中からとくに本条に該当する一般事務受託者にのみ適用される責任を規定している。

　他方、投資法人法の規制上、単に「一般事務受託者」と規定されている場合であっても、法117条の一般事務受託者のみを指し、すべての一般事務受託者を含まない場合がある。例えば、施行規則214条は投資法人登録の事項として、①一般事務受託者の名称、住所、沿革、委託契約の概要の記載を要求しているが、その様式である別紙様式第 9 号は、明らかに117条の一般事務受託者のみを想定しており（施行規則別紙様式第 9 号11項参照）、それ以外の一般事務受託者の記載を要求していない。

　このように、法令上、単に「一般事務受託者」と記載されている場合であ

っても、法21条21項における一般事務受託者全般ではなく、この法117条の業務の委託を受けた一般事務受託者のみを指す場合がある点に留意が必要となる。

> **（事務の委託を受けた者の義務）**
> **第118条** 投資法人から前条各号に掲げる事務の委託を受けた一般事務受託者は、当該投資法人のため忠実にその事務を行わなければならない。
> 2　投資法人から前条各号に掲げる事務の委託を受けた一般事務受託者は、当該投資法人に対し、善良な管理者の注意をもつてその事務を行わなければならない。

1　趣　　旨

本条は、法117条に掲げる業務の委託を受けた一般事務受託者について、受託者として投資法人に対して忠実かつ善良な管理者の注意をもって受託した事務を行うべき義務を定めたものである。本条により、特定の一般事務受託者は当該事務を忠実に、かつ、善良な管理者の注意をもって遂行しなければならない。法117条各号に規定されない一般事務を行うものは、本条に基づく忠実義務・善管注意義務は負わないこととなる。

2　強行法規性

一般事務受託者が行う具体的な事務の内容および義務は、事務委託契約に規定されるところによる。そして、その事務委託契約において、忠実義務や善管注意義務を軽減する規定（軽過失の場合の免責）を設けた場合、そのような規定が有効か、本条との関係で問題になる（本条の強行法規性）。

この点につき、本条を任意規定と解する論拠は以下のものが考えられる。まず、一般事務受託者が投資法人法上は特段の資格要件（許認可等）を求められず、特別の規制に服するものではないことからすると、委託元がたまたま投資法人である場合には強行的に忠実義務および注意義務が生ずるとする

根拠に乏しい。また、一般事務受託者にはそれぞれに適用される業法がある場合があり、例えば、投資口の募集事務の受託者である証券会社は、金融商品取引法等の別途の法律により投資者保護規制が課されているのであるから、それによって投資者の保護は図られるべきであるという考え方である。

　一方で、強行規定と解する論拠としては以下のものが考えられる。まず、本法のような規制法があえて注意義務の規定を置いている場合、当該規定が強行規定であると解釈される。また、投資法人に対して一般事務受託者に強行的に忠実義務等を負担させることにより、投資者の保護を図ろうとしていることも考えられる。加えて、本条があえて、法117条の委託を受けた特定の一般事務受託者に限定していること、換言すれば、その他の一般事務受託者は本条の対象外としていることからすると、法117条の業務のような、投資法人の業務遂行に不可欠な一定の重要な業務の受託者についてはとくに強行的に忠実義務等を負わせる趣旨であると考えることができる。

（一般事務受託者の責任）

第119条　一般事務受託者は、その任務を怠つたときは、投資法人に対し、連帯して、これによつて生じた損害を賠償する責任を負う。

2　一般事務受託者が投資法人に生じた損害を賠償する責任を負う場合において、執行役員、監督役員、清算執行人、清算監督人又は会計監査人も当該損害を賠償する責任を負うときは、その一般事務受託者、執行役員、監督役員、清算執行人、清算監督人及び会計監査人は、連帯債務者とする。

3　第115条の6第2項の規定は第1項の責任について、会社法第7編第2章第2節（第847条第2項、第849条第2項第2号及び第5項並びに第851条第1項第1号及び第2項を除く。）の規定は一般事務受託者の責任を追及する訴えについて、それぞれ準用する。この場合において、必要な技術的読替えは、政令で定める。

1　趣　　旨

本条は、①一般事務受託者の任務懈怠により投資法人に損害が生じた場合の連帯責任、②かかる責任は総投資主の同意がなければ免除することができないこと、③会社法の準用による代表訴訟が可能であることを規定している。

2　連帯責任（1項および2項関係）

投資法人の一般事務受託者が任務懈怠により業務委託者である投資法人に損害が生じた場合、債務不履行責任として損害賠償責任を負うことは当然であるが、1項においては、この責任を負う一般事務受託者が複数ある場合に連帯責任を負うこととして一般事務受託者の責任を厳格化し、また、執行役員、監督役員、清算執行人または清算監督人も一般事務受託者とともに責任を負うときは、これらの者も連帯責任を負うこととして投資法人の保護を厚くしている。

本条はその文言上、適用範囲をすべての一般事務受託者としている。すなわち、本条の対象は前条（法118条）のように法117条各号の業務を委託された一般事務受託者に限定されていない。一般事務受託者には単なる請負業者も含まれるが、その請負業者としては、契約締結相手先が通常の法人か投資法人である場合、予期せずに厳格な責任を負わされることとなる。かかる責任の免除については総投資主の同意が必要となる（ただし、後述する代表訴訟の場合の裁判上の和解による場合は除く）（3項前段）。

3　代表訴訟（3項後段関係）

一般事務受託者が投資法人の実務の一定部分を担当する関係から、投資法人が自らその責任追及をすることは期待できない場合があり得るため、会社法の準用により投資主に投資法人に対し、責任追及の訴えを提起するよう請求する権利を認め、その上で訴えの提起がない場合には代表訴訟の提起を認めるなど、執行役員等の責任追及に係る代表訴訟の制度と同様の制度を導入したものである。会社法847条と同趣旨である。

第119条

4 準用条文（3項）

◇投資法人法115条の6第2項（役員等の投資法人に対する損害賠償責任）

2 <u>第119条第1項</u>の責任は、総投資主の同意がなければ、免除することができない。

◇会社法847条（2項を除く）（責任追及等の訴え）

1 6箇月（これを下回る期間を<u>規約</u>で定めた場合にあっては、その期間）前から引き続き<u>投資口</u>を有する<u>投資主</u>は、<u>投資法人</u>に対し、書面その他の<u>内閣府令</u>で定める方法により、<u>一般事務受託者の責任を追及する訴え</u>（以下この節において「責任追及等の訴え」という。）の提起を請求することができる。ただし、責任追及等の訴えが当該<u>投資主</u>若しくは第三者の不正な利益を図り又は<u>当該投資法人</u>に損害を加えることを目的とする場合は、この限りでない。

3 <u>投資法人</u>が第1項の規定による請求の日から60日以内に責任追及等の訴えを提起しないときは、当該請求をした<u>投資主</u>は、<u>投資法人</u>のために、責任追及等の訴えを提起することができる。

4 <u>投資法人</u>は、第1項の規定による請求の日から60日以内に責任追及等の訴えを提起しない場合において、当該請求をした<u>投資主</u>から請求を受けたときは、当該請求をした者に対し、遅滞なく、責任追及等の訴えを提起しない理由を書面その他の<u>内閣府令</u>で定める方法により通知しなければならない。

5 第1項及び第3項の規定にかかわらず、同項の期間の経過により<u>投資法人</u>に回復することができない損害が生ずるおそれがある場合には、第1項の<u>投資主</u>は、<u>投資法人</u>のために、直ちに責任追及等の訴えを提起することができる。ただし、同項ただし書に規定する場合は、この限りでない。

6 第3項又は前項の責任追及等の訴えは、訴訟の目的の価額の算定については、財産権上の請求でない請求に係る訴えとみなす。

7 <u>投資主</u>が責任追及等の訴えを提起したときは、裁判所は、被告の申立てにより、当該<u>投資主</u>に対し、相当の担保を立てるべきことを命ずることができる。

8 被告が前項の申立てをするには、責任追及等の訴えの提起が悪意によるものであることを疎明しなければならない。

◇会社法848条（訴えの管轄）

責任追及等の訴えは、投資法人の本店の所在地を管轄する地方裁判所の管轄に専属する。

◇会社法849条（2項2号および5項を除く）（訴訟参加）

1 投資主又は投資法人は、共同訴訟人として、又は当事者の一方を補助するため、責任追及等の訴えに係る訴訟に参加することができる。ただし、不当に訴訟手続を遅延させることとなるとき、又は裁判所に対し過大な事務負担を及ぼすこととなるときは、この限りでない。

2 投資法人が、執行役員及び清算執行人並びにこれらの者であった者を補助するため、責任追及等の訴えに係る訴訟に参加するには、次の各号に掲げる投資法人の区分に応じ、当該各号に定める者の同意を得なければならない。

一 投資法人　監督役員又は清算監督人（監督役員又は清算監督人が2人以上ある場合にあっては、各監督役員又は清算監督人）

3 投資主は、責任追及等の訴えを提起したときは、遅滞なく、投資法人に対し、訴訟告知をしなければならない。

4 投資法人は、責任追及等の訴えを提起したとき、又は前項の訴訟告知を受けたときは、遅滞なく、その旨を公告し、又は投資主に通知しなければならない。

◇会社法850条（和解）

1 民事訴訟法第267条の規定は、投資法人が責任追及等の訴えに係る訴訟における和解の当事者でない場合には、当該訴訟における訴訟の目的については、適用しない。ただし、当該投資法人の承認がある場合は、この限りでない。

2 前項に規定する場合において、裁判所は、投資法人に対し、和解の内容を通知し、かつ、当該和解に異議があるときは2週間以内に異議を述べるべき旨を催告しなければならない。

3 投資法人が前項の期間内に書面により異議を述べなかったときは、同

第119条

項の規定による通知の内容で投資主が和解をすることを承認したものとみなす。
4 　投資法人法第119条第3項において準用する投資法人法第115条の6第2項の規定は、責任追及等の訴えに係る訴訟における和解をする場合には、適用しない。

◇会社法851条（1項1号および2項を除く）（株主でなくなった者の訴訟追行）
1 　責任追及等の訴えを提起した投資主又は第849条第1項の規定により共同訴訟人として当該責任追及等の訴えに係る訴訟に参加した投資主が当該訴訟の係属中に投資主でなくなった場合であっても、次に掲げるときは、その者が、訴訟を追行することができる。
二 　その者が当該投資法人が合併により消滅する投資法人となる合併により、合併により設立する投資法人又は合併後存続する投資法人若しくはその完全親法人の投資口を取得したとき。
3 　第1項の規定は、同項第2号（前項又はこの項において準用する場合を含む。）に掲げる場合において、第1項の投資主が同項の訴訟の係属中に合併により設立する投資法人又は合併後存続する投資法人若しくはその完全親法人の投資口の投資主でなくなったときについて準用する。この場合において、同項（前項又はこの項において準用する場合を含む。）中「当該投資法人」とあるのは、「合併により設立する投資法人又は合併後存続する投資法人若しくはその完全親法人」と読み替えるものとする。

◇会社法852条（費用等の請求）
1 　責任追及等の訴えを提起した投資主が勝訴（一部勝訴を含む。）した場合において、当該責任追及等の訴えに係る訴訟に関し、必要な費用（訴訟費用を除く。）を支出したとき又は弁護士若しくは弁護士法人に報酬を支払うべきときは、当該投資法人に対し、その費用の額の範囲内又はその報酬額の範囲内で相当と認められる額の支払を請求することができる。
2 　責任追及等の訴えを提起した投資主が敗訴した場合であっても、悪意があったときを除き、当該投資主は、当該投資法人に対し、これによって生じた損害を賠償する義務を負わない。

3 前2項の規定は、第849条第1項の規定により同項の訴訟に参加した<u>投資主</u>について準用する。

◇会社法853条（再審の訴え）
1 責任追及等の訴えが提起された場合において、原告及び被告が共謀して責任追及等の訴えに係る訴訟の目的である<u>投資法人</u>の権利を害する目的をもって判決をさせたときは、<u>投資法人</u>又は<u>投資主</u>は、確定した終局判決に対し、再審の訴えをもって、不服を申し立てることができる。
2 前条の規定は、前項の再審の訴えについて準用する。

第120条　削除
第121条　削除
第122条　削除
第123条　削除

第 6 節

投資口の払戻し

（払戻請求）

第124条　第86条第1項に規定する投資法人は、次に掲げる場合を除き、投資主の請求により投資口の払戻しをしなければならない。

一　第77条の3第2項に規定する基準日から投資主又は質権者として権利を行使することができる日までの間に請求があつたとき。

二　解散したとき。

三　純資産の額が基準純資産額（最低純資産額に5000万円以上で政令で定める額を加えた額をいう。次節第4款及び第215条第1項において同じ。）を下回つたとき。

四　規約で定めた事由に該当するとき。

五　その他法令又は法令に基づいてする処分により、払戻しを停止しなければならないとき、又は停止することができるとき。

2　前項の請求は、次に掲げる事項を明らかにしてしなければならない。

一　払戻しを請求しようとする投資口の口数

二　請求の日

3　第1項の請求をする投資主は、投資証券を投資法人に提出しなければならない。ただし、当該投資証券が発行されていないときは、この限りでない。

1 趣　　旨

　本条はオープン・エンド型投資法人の投資口の払戻しの要件を規定するものである。オープン・エンド型投資法人は、投資主の請求があった場合、原則として投資口の払戻しに応じなければならない。払戻請求は、①払戻しを請求する投資口数、および②請求の日を明らかにして行う（2項）。投資証券が発行されている場合、投資主が払戻請求をするには投資証券を投資法人に提出しなければならない（3項）。

2 払戻拒否事由

　投資法人が払戻しを拒否することができる事由は以下のとおりとされている。

　　① 　権利行使基準日（法77条の3第2項）後から投資主または質権者として権利を行使することができる日までの間に請求があったとき
　　② 　解散したとき
　　③ 　純資産の額が5000万円（施行令90条参照）を下回ったとき
　　④ 　規約で定めた事由に該当するとき
　　⑤ 　法令等に基づき、払戻しを停止する義務または権利があるとき

　払戻しに応じないことができる「規約で定めた事由」（1項4号）の例としては、①大量の買取請求が発生した場合に、一定量を超過した払戻請求については超過分については次の純資産評価日まで受け付けない（繰り延べる）、②払戻価額の基準となる純資産価格の算定が停止されている場合には払戻しに応じないといった事例が考えられる。かかる規約の定めについては、オープン・エンド型投資信託や外国投資法人の実務が参考になる。また、まだ実例は少ないが、オープン・エンド型の不動産投資法人の場合、払戻しのためには運用不動産の換価が必要となる場合があるため、規約における払戻拒否事由の設定はより詳細なものとなる。

（払戻し）
第125条　投資法人が投資口の払戻しをするときは、当該投資法人の保

> 　有する資産の内容に照らし公正な金額によらなければならない。
> 2　投資口の払戻しは、払戻金額の支払の時に、その効力を生ずる。
> 3　投資法人は、投資口の払戻しをしたときは、内閣府令で定めるところにより、投資主名簿に払戻しの記載をし、かつ、出資総額等から出資総額等のうち払戻しをした投資口に相当する額を控除しなければならない。

1　趣　　旨

　本条は払戻金額の基準、効力発生、効力発生後の手続について規定するものである。

2　「公正な金額」

　一般に、オープン・エンド型「投資信託」の払戻しは、当該投資信託の純資産価値（Net Asset Value）を基準として算定される。投資信託や投資法人制度の原型となった外国投資法人においては、一般的に、純資産総額は毎営業日算定されるため、払戻請求に係る持分の純資産総額における割合が算定可能である。例えば上場有価証券を運用対象資産とする投資法人の場合には、価格の算定が容易であるため、純資産総額に照らし公正な金額とすることでよいものと思われる。

　一方で、未上場有価証券や不動産等、日々の純資産額を基準とする払戻しが必ずしも適正な結果となるわけではない投資法人の場合には、純資産額以外を基準とした金額の算定方法も認められる。

　投資口の払戻しは払戻金額の支払の時にその効力を生ずる（2項）。かかる払戻しをしたときは、①投資主名簿に記載し、②払戻分を出資総額から控除する。なお、現時点においては3項の内閣府令の規定はない。

> **（払戻金額の公示）**
> **第126条**　投資法人は、内閣府令で定めるところにより、その投資口の払戻金額をあらかじめ公示することができる。この場合においては、

当該公示した金額をもつて投資口の払戻しをしなければならない。

オープン・エンド型の投資法人は、その投資口の払戻金額を下記の方法により公示することができる（本条および施行規則171条1項、134条1項各号）。
① 国内において時事に関する事項を総合して報道する日刊新聞紙への掲載
② 募集投資口を引き受ける者の募集に関する事務を行うすべての一般事務受託者の営業所における掲示

この場合、投資法人はかかる払戻金額が適用される投資口の払戻しの期間を明示してしなければならない（施行規則171条2項）。

（違法な払戻しに関する責任）
第126条の2　第124条第1項第3号に掲げる場合において、投資法人が投資口の払戻しをしたときは、当該払戻しにより金銭の交付を受けた者及び当該払戻しに関する職務を行つた業務執行者（執行役員その他当該執行役員の行う業務の執行に職務上関与した者として内閣府令で定めるものをいう。以下この条及び次条第1項において同じ。）は、当該投資法人に対し、連帯して、当該金銭の交付を受けた者が交付を受けた金銭の額に相当する金銭を支払う義務を負う。
2　前項の規定にかかわらず、業務執行者は、その職務を行うについて注意を怠らなかつたことを証明したときは、同項の義務を負わない。
3　第1項の規定により業務執行者の負う義務は、総投資主の同意がなければ、免除することができない。

1　趣　旨

本条はオープン・エンド型投資法人において基準純資産額を下回ったときに投資口の払戻しが行われた場合に、払戻しを受けた投資主および関与者の責任を定めるものである。

2　返還義務

本条の払戻しの返還義務を負うのは①投資主、および②「業務執行者」（後述）である。これらの者は連帯して投資法人に対し払戻しを受けた金銭相当額を支払う義務を負う。ただし「業務執行者」については注意義務違反がない場合には免責される（払戻しを受けた投資主にはこのような免責規定はない）。業務執行者の義務は総投資主の同意がなければ免除することができない。

3　返還義務を負う「業務執行者」

違法な払戻しに関して責任を取るべき「業務執行者」は、①違法払戻しを行った執行役員、②違法払戻しをする旨の役員会決議において、ⓐその決議に賛成した役員、および、ⓑ違法払戻しの議案を提案した執行役員、そして、③違法払戻しが投資主総会の決議により行われた場合は、ⓐ違法払戻しの議案を提案した執行役員、ⓑその議案の提案する役員会決議に賛成した役員、ⓒ投資主総会において違法払戻しに関する説明をした役員となる。

（投資主に対する求償権の制限等）

第126条の3　前条第1項に規定する場合において、当該場合に該当することにつき善意の投資主は、当該投資主が交付を受けた金銭について、同項の金銭を支払つた業務執行者からの求償の請求に応ずる義務を負わない。

2　前条第1項に規定する場合には、投資法人の債権者は、同項の規定により義務を負う投資主に対し、その交付を受けた金銭の額に相当する金銭を投資法人に支払わせることができる。

3　前項の規定により同項の金銭を投資法人に支払つた者については、投資口の払戻しを受けた時点にさかのぼつてなお投資主であるものとみなす。

本条は違法な払戻しが行われた場合の投資主の責任を定めるものである。

前条（法126条の２第１項）により、違法な払戻しを受けた投資主は払戻しを受けた金銭を投資法人に対し返還する義務を負うが、１項の規定により、投資主がその違法性につき善意の場合は、払戻しを受けた金銭を業務執行者からの求償に応ずる義務を負わない。一方で、そもそも基準純資産額の制度は債権者保護の制度であるため、投資法人の債権者は２項により違法な払戻しを受けた投資主に対し、その投資主の善意・悪意を問わず違法払戻金の返還を請求することができる。なお、保有投資口の全部の払戻しを受けた投資主は当該投資法人の投資主としての地位を失うが、本条の適用により投資口の払戻しの時点から投資主であったものとみなされる（３項）。

> （違法に払戻しを受けた者の責任）
> 第127条　不公正な金額で投資口の払戻しを受けた者のうち悪意のものは、投資法人に対して公正な金額との差額に相当する金銭を支払う義務を負う。
> ２　会社法第７編第２章第２節（第847条第２項、第849条第２項第２号及び第５項並びに第851条第１項第１号及び第２項を除く。）の規定は、前項の規定による支払を求める訴えについて準用する。この場合において、必要な技術的読替えは、政令で定める。

１　趣　旨

本条は投資口の払戻額が過大であった場合に、その事実を知って払戻しを受けた者は投資法人に対して差額を返還しなければならないことを定める。その具体的手続として投資主による責任追及の訴えが可能であり、これには会社の取締役等に対する責任追及の訴え（株主代表訴訟）の規定が準用されている。会社法の規定は、「株主」が「取締役等」に対する訴訟を提起するための手続であるが、本条の準用条文は、「投資主」が「投資主」に対して訴訟を提起する手続を規定している点に、会社法の規定との異質性がある。

第127条

2　準用条文（2項）

◇会社法847条（2項を除く）（責任追及等の訴え）

1　6箇月（これを下回る期間を規約で定めた場合にあっては、その期間）前から引き続き投資口を有する投資主は、投資法人に対し、書面その他の内閣府令で定める方法により、投資法人法第127条第1項の規定による支払を求める訴え（以下この節において「責任追及等の訴え」という。）の提起を請求することができる。ただし、責任追及等の訴えが当該投資主若しくは第三者の不正な利益を図り又は当該投資法人に損害を加えることを目的とする場合は、この限りでない。

3　投資法人が第1項の規定による請求の日から60日以内に責任追及等の訴えを提起しないときは、当該請求をした投資主は、投資法人のために、責任追及等の訴えを提起することができる。

4　投資法人は、第1項の規定による請求の日から60日以内に責任追及等の訴えを提起しない場合において、当該請求をした投資主から請求を受けたときは、当該請求をした者に対し、遅滞なく、責任追及等の訴えを提起しない理由を書面その他の内閣府令で定める方法により通知しなければならない。

5　第1項及び第3項の規定にかかわらず、同項の期間の経過により投資法人に回復することができない損害が生ずるおそれがある場合には、第1項の投資主は、投資法人のために、直ちに責任追及等の訴えを提起することができる。ただし、同項ただし書に規定する場合は、この限りでない。

6　第3項又は前項の責任追及等の訴えは、訴訟の目的の価額の算定については、財産権上の請求でない請求に係る訴えとみなす。

7　投資主が責任追及等の訴えを提起したときは、裁判所は、被告の申立てにより、当該投資主に対し、相当の担保を立てるべきことを命ずることができる。

8　被告が前項の申立てをするには、責任追及等の訴えの提起が悪意によるものであることを疎明しなければならない。

◇会社法848条（訴えの管轄）

責任追及等の訴えは、投資法人の本店の所在地を管轄する地方裁判所の管轄に専属する。

◇会社法849条（2項2号および5項を除く）（訴訟参加）
1　投資主又は投資法人は、共同訴訟人として、又は当事者の一方を補助するため、責任追及等の訴えに係る訴訟に参加することができる。ただし、不当に訴訟手続を遅延させることとなるとき、又は裁判所に対し過大な事務負担を及ぼすこととなるときは、この限りでない。
2　投資法人が、執行役員及び清算執行人並びにこれらの者であった者を補助するため、責任追及等の訴えに係る訴訟に参加するには、次の各号に掲げる投資法人の区分に応じ、当該各号に定める者の同意を得なければならない。
　一　投資法人　監督役員又は清算監督人（監督役員又は清算監督人が2人以上ある場合にあっては、各監督役員又は清算監督人）
3　投資主は、責任追及等の訴えを提起したときは、遅滞なく、投資法人に対し、訴訟告知をしなければならない。
4　投資法人は、責任追及等の訴えを提起したとき、又は前項の訴訟告知を受けたときは、遅滞なく、その旨を公告し、又は投資主に通知しなければならない。

◇会社法850条（和解）
1　民事訴訟法第267条の規定は、投資法人が責任追及等の訴えに係る訴訟における和解の当事者でない場合には、当該訴訟における訴訟の目的については、適用しない。ただし、当該投資法人の承認がある場合は、この限りでない。
2　前項に規定する場合において、裁判所は、投資法人に対し、和解の内容を通知し、かつ、当該和解に異議があるときは2週間以内に異議を述べるべき旨を催告しなければならない。
3　投資法人が前項の期間内に書面により異議を述べなかったときは、同項の規定による通知の内容で投資主が和解をすることを承認したものとみなす。
4　第55条、第120条第5項、第424条（第486条第4項において準用する場

第127条

合を含む。)、第462条第3項（同項ただし書に規定する分配可能額を超えない部分について負う義務に係る部分に限る。)、第464条第2項及び第465条第2項の規定は、責任追及等の訴えに係る訴訟における和解をする場合には、適用しない。

◇会社法851条（1項1号および2項を除く）（株主でなくなった者の訴訟追行）

1 責任追及等の訴えを提起した投資主又は第849条第1項の規定により共同訴訟人として当該責任追及等の訴えに係る訴訟に参加した投資主が当該訴訟の係属中に投資主でなくなった場合であっても、次に掲げるときは、その者が、訴訟を追行することができる。

二 その者が当該投資法人が合併により消滅する投資法人となる合併により、合併により設立する投資法人又は合併後存続する投資法人若しくはその完全親法人の投資口を取得したとき。

3 第1項の規定は、同項第2号（前項又はこの項において準用する場合を含む。）に掲げる場合において、第1項の投資主が同項の訴訟の係属中に合併により設立する投資法人又は合併後存続する投資法人若しくはその完全親法人の投資口の投資主でなくなったときについて準用する。この場合において、同項（前項又はこの項において準用する場合を含む。）中「当該投資法人」とあるのは、「合併により設立する投資法人又は合併後存続する投資法人若しくはその完全親法人」と読み替えるものとする。

◇会社法852条（費用等の請求）

1 責任追及等の訴えを提起した投資主が勝訴（一部勝訴を含む。）した場合において、当該責任追及等の訴えに係る訴訟に関し、必要な費用（訴訟費用を除く。）を支出したとき又は弁護士若しくは弁護士法人に報酬を支払うべきときは、当該投資法人に対し、その費用の額の範囲内又はその報酬額の範囲内で相当と認められる額の支払を請求することができる。

2 責任追及等の訴えを提起した投資主が敗訴した場合であっても、悪意があったときを除き、当該投資主は、当該投資法人に対し、これによって生じた損害を賠償する義務を負わない。

3 前2項の規定は、第849条第1項の規定により同項の訴訟に参加した

投資主について準用する。
◇会社法853条（再審の訴え）
　1　責任追及等の訴えが提起された場合において、原告及び被告が共謀して責任追及等の訴えに係る訴訟の目的である投資法人の権利を害する目的をもって判決をさせたときは、投資法人又は投資主は、確定した終局判決に対し、再審の訴えをもって、不服を申し立てることができる。
　2　前条の規定は、前項の再審の訴えについて準用する。

第 7 節

計 算 等

1 総 論

　投資法人の計算については本節の定めるところによる。投資法人の会計は、一般に公正妥当と認められる企業会計の慣行に従うものとされる（法128条）。

　また、会計帳簿および計算関係書類（計算規則2条2項1号）等については計算規則の定めによるものとされ、計算規則の用語の解釈および規定の適用に関しては、一般に公正妥当と認められる企業会計の基準その他の企業会計の慣行をしん酌しなければならないとされている（計算規則3条)[27]。

　計算に関する事務については、一般事務受託者に委託しなければならない（法117条5号）。

　なお、投資法人は商人であるが（法63条の2第1項、商法4条2項）、商業帳簿に関する商法19条の規定は適用されない（法63条の2第2項）。

2 一般に公正妥当と認められる企業会計の慣行

　会社法会計においては、「株式会社の会計は、一般に公正妥当と認められる企業会計の慣行に従うもの」とされ（会社法431条）、財務諸表等規則1条1項の「一般に公正妥当と認められる企業会計の基準」は「一般に公正妥当と認められる企業会計の慣行」の例示にすぎない（計算規則3条参照）。

　投資法人法および計算規則においても、上記のように「一般に公正妥当と

---

[27] 日本公認会計士協会業種別委員会報告第14号「投資信託及び投資法人における当面の監査上の取扱い」2.(2)

認められる企業会計の慣行」に従うものとされており、理論的には、「企業会計の基準」以外の「企業会計の慣行」に従った会計処理や表示も必ずしも許容されないものではない[28]。

　もっとも、上場投資法人が従うべき金融商品取引法会計との関係では、投資法人は「別記事業を営む指定法人」[29]に該当し、原則として用語、様式および作成方法について財務諸表等規則の適用はなく、投資法人法および計算規則の定めるところにより財務諸表等を作成することとなる（財務諸表等規則2条）ものの、同規則1条1項により、同規則において定めのない事項については、一般的に公正妥当と認められる企業会計の基準に従うものとされる[30]。

3　会社法会計との相違等

　投資法人法の計算規定および計算規則の解釈を含む投資法人の会計処理および表示にあたっては、制度趣旨および規定の類似性等から、株式会社の計算に係る会社法および会社計算規則の規定を参照することが適当と考えられる[31]。

　ただし、当然のことながら投資法人制度は株式会社制度と異なるものであ

---

[28] なお、平成18年5月1日に廃止された「投資法人の貸借対照表、損益計算書、資産運用報告書、金銭の分配に係る計算書及び附属明細書に関する規則」1条においては「貸借対照表、損益計算書、資産運用報告書、金銭の分配に係る計算書及び附属明細書に記載すべき事項及びその記載の方法は、この府令の定めるところによるものとし、この府令において定めのない事項については、財務諸表等の用語、様式及び作成方法に関する規則…又は一般に公正妥当と認められる企業会計の基準に従うものとする」と規定されていた。

[29] 財務諸表等規則1条1項、財務諸表等の用語、様式及び作成方法に関する規則第1条第1項に規定する指定法人を指定する件（金融庁告示第81号）4項、財務諸表等規則別記18号。平松朗「資産流動化法・投資信託及び投資法人に関する法律の施行に伴う財務諸表等規則等の改正」商事法務1582号13頁参照。

[30] また、東京証券取引所における不動産投資信託証券（投資証券であって、投資者の資金を主として不動産等に対する投資として運用することを目的とするもの等。東京証券取引所有価証券上場規程1001条35号）については、その発行体である投資法人の資産運用会社が投資信託協会（以下「投信協会」という）の会員でなければならない（同規程1205条1号ａ）ところ、同協会規則において投資法人の会計処理は「投資信託財産の計算に関する規則…、投資法人の計算に関する規則…、この規則、本協会が定めるその他の諸規則及び一般に公正妥当と認められる企業会計の基準に則り処理するものとする」とされている（不動産投資信託及び不動産投資法人に関する規則4条）。

るため、計算規定についても少なからぬ相違点がある。以下はその主な例である[32]。

(1) 連結計算書類

連結計算書類（会社法444条1項）の制度は、投資法人には設けられていない。これは、投資法人が資産を主として特定資産に対する投資として運用することを目的とする法人であって、同一の法人の発行する株式の過半数（議決権基準）を所有することが禁止されていること（法2条12項、194条）をかんがみたものと説明されている。

(2) 純資産の部

投資法人の純資産の部は①投資主資本と②評価・換価差額等からなり（計算規則39条1項）、このうち投資主資本（①）はⓐ出資総額、ⓑ新投資口申込証拠金、ⓒ剰余金およびⓓ自己投資口に区分しなければならない（同条2項）。剰余金（ⓒ）に係る項目はさらに㋐出資剰余金、㋑任意積立金および㋒当期未処分利益または当期未処理損失に区分される（同条4項）。

計算規則においては、原則として、投資法人の出資総額を株式会社の資本金に相当するものとして、投資法人の出資剰余金を株式会社のその他資本剰余金に相当するものとして、投資法人の任意積立金および当期未処分利益または当期未処理損失（の合計額）を株式会社のその他利益剰余金に相当するものとして規定が設けられている。これに対し株式会社の法定準備金、すなわち資本準備金（会社計算規則76条4項1号）および利益準備金（会社計算規則76条5項1号）に相当する制度は投資法人では設けられていない。

新株予約権（会社計算規則76条1項1号ハ）については投資法人には新投資口予約権の制度がないため、自己株式申込証拠金については投資法人には募集投資口の発行（法82条以下）と同様の方法で行う自己投資口の処分の制度が設けられていないため（法80条参照）、それぞれ投資法人においては相当

---

[31] 平成18年3月27日付金融庁「会社法及び会社法の施行に伴う関係法律の整備等に関する法律の施行に伴う、証券取引法第161条の2に規定する取引及びその保証金に関する内閣府令等の一部を改正する内閣府令（案）等に対するパブリックコメントの結果について」(http://www.fsa.go.jp/news/newsj/17/syouken/20060327-1.html)。
[32] 投信協会の不動産投資信託及び不動産投資法人に関する規則においては、資産の評価（5条～8条）、不動産の減価償却（12条）等、投資法人の計算に関する個別の規定が設けられている。

する科目が設けられていない。

(3) 有価証券の時価評価

取引所に上場されている有価証券等については、満期保有目的の債券を除き、会計帳簿において営業期間の末日における時価を付さなければならないとされている（計算規則6条）。計算規則にはない規定であるが、資産を主として特定資産に対する投資として運用することを目的とする投資法人の特質にかんがみ、企業会計基準委員会「金融商品に関する会計基準」（企業会計基準第10号）14項以下を踏まえて規定されたものと思われる。

4 出資総額
(1) 概　　要

　出資総額は投資法人独自の概念であり、その意義を説明した規定は見当たらない。しかし、上記のとおり、計算規則等を全体的に見渡せば、株式会社における資本金と同様のものとして位置付けられていると考えられる（なお法68条1項参照）[33]。

　投資法人の成立時の出資総額は、設立時発行投資口の払込金額の総額である（法68条1項、計算規則26条1項）。また、成立後に投資口を発行したときには、当該投資口の払込金額の総額が出資総額に組み入れられる（法82条7項、計算規則16条）。また、投資法人は、役員会の承認を受けた金銭の分配に係る計算書に基づき、利益（貸借対照表上の純資産額から出資総額等の合計額を控除して得た額）の全部または一部を出資総額に組み入れることができる（法136条）。

　投資法人が利益を超えて金銭の分配を行った場合には、利益超過分配額を最初に出資剰余金の額から控除し、なお控除し切れない部分を出資総額から控除する（法137条3項、計算規則18条、20条2項）。

　オープン・エンド型の投資法人が投資主の請求による投資口の払戻しもしくは投資口の口数の端数部分の払戻しをした場合またはクローズド・エンド型の投資法人が合併により生じた1口に満たない端数を買い取った場合にお

---

[33] 東原都男＝八木俊則「会社法関係規則の改正等を踏まえた投信法施行規則等の改正の要点」T&A master 316号20頁参照。

いては、払戻しの直前における1口当り出資総額に払戻しをした投資口の口数を乗じて得た額を出資総額から、払戻しの直前における1口当り出資剰余金の額に払戻しをした投資口の口数を乗じて得た額を出資剰余金の額から、それぞれ控除する（法88条3項、125条3項、149条の17第2項、施行規則139条1項）。

このほか、吸収合併により、吸収合併存続法人の出資総額が増加し得る（計算規則22条、23条）。また、新設合併における投資主資本の額については、計算規則27条〜30条において規定されている。

(2) 出資総額の減少

投資法人法上、出資総額の減少に関する規定は設けられておらず、計算規則20条2項が出資総額が減少する場合を投資口の払戻し（法125条3項）および利益超過分配（法137条3項）の場合に限定していることからすると、現行法のもとで同項に規定する方法以外での出資総額の減少を行うことはできないと考えられる。

なお、出資剰余金については135条の解説を参照されたい。

第1款　会計の原則

> **第128条**　投資法人の会計は、一般に公正妥当と認められる企業会計の慣行に従うものとする。

本条の趣旨については本節1（総論）を参照されたい。

第2款　会計帳簿等
第1目　会計帳簿

> （会計帳簿の作成及び保存）
> **第128条の2**　投資法人は、内閣府令で定めるところにより、適時に、

> 正確な会計帳簿を作成しなければならない。
> 2　投資法人は、会計帳簿の閉鎖の時から10年間、その会計帳簿及びその事業に関する重要な資料を保存しなければならない。

1　趣　旨

会計帳簿等の作成・保存を義務付ける規定である。

2　解　説

会社法432条と同趣旨の規定である。

1項の会計帳簿の作成に関する規定は、計算規則第2編に設けられている。会計帳簿の作成に関する事務については一般事務受託者に委託しなければならない（法117条6号、施行規則169条2項6号）。

> （会計帳簿の閲覧等の請求）
> 第128条の3　投資主は、投資法人の営業時間内は、いつでも、次に掲げる請求をすることができる。この場合においては、当該請求の理由を明らかにしてしなければならない。
>   一　会計帳簿又はこれに関する資料が書面をもつて作成されているときは、当該書面の閲覧又は謄写の請求
>   二　会計帳簿又はこれに関する資料が電磁的記録をもつて作成されているときは、当該電磁的記録に記録された事項を内閣府令で定める方法により表示したものの閲覧又は謄写の請求
> 2　会社法第433条第2項（第3号を除く。）の規定は前項の請求について、同条第3項及び第4項の規定は親法人の投資主について、それぞれ準用する。この場合において、同条第3項及び第4項中「裁判所」とあるのは「内閣総理大臣」と、同条第3項中「第1項各号」とあるのは「投資法人法第128条の3第1項各号」と、同条第4項中「第2項各号」とあるのは「第2項第1号、第2号、第4号又は第5号」と

> 読み替えるものとする。

1 趣　旨

　投資主および親法人の投資主による会計帳簿等の閲覧・謄写請求権を定める規定である。会社法433条に相当するものである。

2 解　説
(1) 投資主による請求

　投資法人の投資主は、投資法人の営業時間内はいつでも、当該投資法人の会計帳簿およびこれに関連する書面の閲覧・謄写をすることを当該投資法人に請求することができる（1項）。投資主による請求については、親法人の投資主による請求（2項）と異なり、内閣総理大臣の許可を要しない。

　ただし、次に掲げる場合、当該投資法人は請求を拒むことができる（2項、会社法433条2項）。

① 請求者がその権利の確保または行使に関する調査以外の目的で請求を行ったとき
② 請求者が当該投資法人の業務の遂行を妨げ、投資主の共同の利益を害する目的で請求を行ったとき
③ 請求者が閲覧・謄写によって知り得た事実を利益を得て第三者に通報するために請求したとき
④ 請求者が、過去2年以内において、閲覧・謄写によって知り得た事実を利益を得て第三者に通報したことがあるものであるとき

　なお、会社法における株主による株式会社の会計帳簿等の閲覧・謄写請求については、「請求者が当該株式会社の業務と実質的に競争関係にある事業を営み、又はこれに従事するものであるとき」にも請求を拒むことができるが（会社法433条2項3号）[34]、同号は本条2項による準用の対象から除外されているため、閲覧・謄写請求をした投資主が投資法人と競争関係にある等の

---

[34] 同号による閲覧謄写請求の拒否が問題となった著名な事件として、楽天メディア・インベストメント株式会社の株式会社東京放送（TBS）に対する会計帳簿等閲覧謄写仮処分命令申立事件（東京高決平19.6.27金融・商事判例1270号50頁）など。

場合であっても投資法人はその請求を拒むことができない。

(2) 親法人の投資主による請求

投資法人の親法人の投資主についても、その権利を行使するために必要があるときは、内閣総理大臣[35]の許可を得て会計帳簿等の閲覧・謄写の請求をすることができる（2項、会社法433条3項）。

ただし、(1)①〜④の事由があるときは、内閣総理大臣は許可をすることができない（2項、会社法433条4項）。

3　準用条文（2項）

◇会社法433条2項（3号を除く）（会計帳簿の閲覧等の請求）
  2　投資法人法第128条の3第1項の請求があったときは、投資法人は、次のいずれかに該当すると認められる場合を除き、これを拒むことができない。
　　一　当該請求を行う投資主（以下この項において「請求者」という。）がその権利の確保又は行使に関する調査以外の目的で請求を行ったとき。
　　二　請求者が当該投資法人の業務の遂行を妨げ、投資主の共同の利益を害する目的で請求を行ったとき。
　　四　請求者が会計帳簿又はこれに関する資料の閲覧又は謄写によって知り得た事実を利益を得て第三者に通報するため請求したとき。
　　五　請求者が、過去2年以内において、会計帳簿又はこれに関する資料の閲覧又は謄写によって知り得た事実を利益を得て第三者に通報したことがあるものであるとき。

◇会社法433条3項および4項（会計帳簿の閲覧等の請求）
  3　投資法人の親法人の投資主は、その権利を行使するため必要があるときは、内閣総理大臣の許可を得て、会計帳簿又はこれに関する資料について投資法人法第128条の3第1項各号に掲げる請求をすることができる。この場合においては、当該請求の理由を明らかにしてしなければな

---

[35] 許可の権限は投資法人の本店の所在地を管轄する財務局長または福岡財務支局長に委任されている（法225条1項、令135条4項）。

4 前項の<u>親法人の投資主</u>について<u>第2項第1号、第2号、第4号又は第5号</u>のいずれかに規定する事由があるときは、<u>内閣総理大臣</u>は、前項の許可をすることができない。

（会計帳簿の提出命令）

第128条の4 裁判所は、申立てにより又は職権で、訴訟の当事者に対し、会計帳簿の全部又は一部の提出を命ずることができる。

　裁判所が、申立てまたは職権で、訴訟の当事者に対し投資法人の会計帳簿の全部または一部の提出を命ずることができるとする規定であり、商法19条4項、会社法434条と同趣旨の規定であって、民事訴訟法219条、220条の特則と考えられる。

　本条による文書の提出命令を拒否した場合は、民事訴訟法に定める文書提出命令に従わない場合の効果に関する一般原則どおりであり、裁判所は相手方の主張を真実と認めることができると解される（民事訴訟法224条)[36]。

第2目　計算書類等

（計算書類等の作成等）

第129条 投資法人は、内閣府令で定めるところにより、その成立の日における貸借対照表を作成しなければならない。

2　投資法人は、内閣府令で定めるところにより、各営業期間（ある決算期の直前の決算期の翌日（これに当たる日がないときは、投資法人の成立の日）から当該決算期までの期間をいう。第132条第1項及び第212条において同じ。）に係る計算書類（貸借対照表、損益計算書その他投資法人の財産及び損益の状況を示すために必要かつ適当なものとして内閣府令で

---

[36] 商法19条4項について落合誠一ほか『商法Ⅰ—総則・商行為』77頁〔大塚〕（有斐閣、第3版補訂版、2007年）。

定めるものをいう。以下同じ。)、資産運用報告及び金銭の分配に係る計算書並びにこれらの附属明細書を作成しなければならない。
3　計算書類、資産運用報告及び金銭の分配に係る計算書並びにこれらの附属明細書は、電磁的記録をもつて作成することができる。
4　投資法人は、計算書類を作成した時から10年間、当該計算書類及びその附属明細書を保存しなければならない。

1　趣　旨

投資法人の成立の日の貸借対照表および各営業期間に係る計算書類等の作成・保存を義務付ける規定である。

2　解　説

(1)　計算書類等

投資法人は、①計算書類、②資産運用報告および③金銭の分配に係る計算書ならびに④これらの附属明細書を作成しなければならない（2項）。

①の計算書類とは、ⓐ貸借対照表、ⓑ損益計算書、ⓒ投資主資本等変動計算書およびⓓ注記表である（2項、計算規則34条1項）。

①の計算書類のうち、ⓐ貸借対照表については計算規則35条以下、ⓑ損益計算書については計算規則47条以下、ⓒ投資主資本等変動計算書については計算規則56条、ⓓ注記表については計算規則57条以下の規定に従い作成する。また、②資産運用報告については計算規則71条以下、③金銭の分配に係る計算書については計算規則76条以下、④附属明細書については計算規則80条および別紙様式により作成する。

なお、計算書類等の作成にあたっては、これら計算規則の各規定に掲げられていない項目等やより詳細な内容であって実務において用いられているものを、一般に公正妥当と認められる方法で表示することも妨げられない[37]。

---

[37] 平成18年3月27日付金融庁「会社法及び会社法の施行に伴う関係法律の整備等に関する法律の施行に伴う、証券取引法第161条の2に規定する取引及びその保証金に関する内閣府令等の一部を改正する内閣府令（案）等に対するパブリックコメントの結果について」(http://www.fsa.go.jp/news/newsj/17/syouken/20060327-1.html)。

(2) 営業期間

計算書類等は、営業期間ごとに作成しなければならない。

「営業期間」とは、ある決算期の直前の決算期の翌日（これに当たる日がないときは、投資法人の成立の日）から当該決算期までの期間をいう（2項）。営業期間は1年を超えることができないが、営業期間の末日を変更する場合における変更後の最初の営業期間については1年6月まで延長することが可能である（計算規則34条2項参照)[38]。

（計算書類等の監査）

第130条 前条第2項の計算書類、資産運用報告及び金銭の分配に係る計算書並びにこれらの附属明細書（資産運用報告及びその附属明細書については、会計に関する部分に限る。）は、内閣府令で定めるところにより、会計監査人の監査を受けなければならない。

---

1 趣 旨

計算書類等について会計監査人の監査を受けることを義務付ける規定である。

2 解 説

すべての投資法人は公認会計士（外国公認会計士[39]を含む）または監査法人を会計監査人に選任し（法95条4号、102条1項）、計算書類、資産運用報告および金銭の分配に係る計算書ならびにこれらの附属明細書についてその監査を受けなければならない。

会計監査人による監査については「投資法人の会計監査に関する規則」の

---

[38] 取引所規則および税務上の導管性要件に基づく制約については、投資法人の規約の必要的記載事項（法67条1項10号）の箇所を参照。なお、投資法人による金銭の分配は1営業期間につき1回しかできないと考えられるため（法137条1項参照）、株式会社のいわゆる中間配当のように半年ごとに分配を行うためには、営業期間を6カ月とする必要がある。

[39] 公認会計士法16条の2第5項に規定する外国公認会計士をいう。

定めるところによる。また、日本公認会計士協会より、監査上留意すべき事項として「投資信託及び投資法人における当面の監査上の取扱い」（業種別委員会報告第14号）が公表されている。

　なお、株式会社（監査役設置会社）では監査役も計算書類等の監査を行うが（会社法436条参照）、投資法人においては監督役員による監査の制度は設けられていない。これは、株式会社の監査役が取締役（および会計参与）の職務の執行を監査するものである（会社法381条1項）のに対し、投資法人の監督役員の職務は執行役員の職務の「監督」であって「監査」ではない（法111条1項）ことによるものと考えられる。

（計算書類等の承認等）

第131条　執行役員は、前条の監査を受けた計算書類、資産運用報告及び金銭の分配に係る計算書並びにこれらの附属明細書並びに会計監査報告を役員会に提出し、又は提供しなければならない。

2　前項の規定により提出され、又は提供された計算書類、資産運用報告及び金銭の分配に係る計算書並びにこれらの附属明細書は、役員会の承認を受けなければならない。

3　執行役員は、前項の承認を受けたときは、遅滞なく、その旨を投資主に通知しなければならない。

4　執行役員は、電子情報処理組織を使用する方法その他の情報通信の技術を利用する方法により前項の規定による通知をする場合には、政令で定めるところにより、投資主の承諾を得て、内閣府令で定める方法により、当該通知をしなければならない。

5　執行役員は、第3項の規定による通知に際して、内閣府令で定めるところにより、投資主に対し、第2項の承認を受けた計算書類、資産運用報告及び金銭の分配に係る計算書並びに会計監査報告を提供しなければならない。

第131条

1 趣　　旨

会計監査人の監査を受けた計算書類等について、役員会の承認と投資主に対する提供等を義務付ける規定である。

2 解　　説

(1) 役員会による計算書類等の承認

執行役員は、①計算書類、資産運用報告および金銭の分配に係る計算書ならびにこれらの附属明細書、ならびに②会計監査報告を、役員会に提出または提供し（1項）、これらにつき役員会の承認を受けなければならない（2項）。

(2) 計算書類等の投資主への提供等

執行役員は、2項により上記①および②の書類等の承認を受けたときは、遅滞なくその旨を投資主に通知するとともに、当該通知に際し、①および②の書類等を提供しなければならない（3項・5項）。

株式会社においては、定時総会の招集通知に際して計算書類および事業報告を提供するとともに、これらを定時株主総会に提出・報告することとされている（会社法437条、438条）。これに対し、投資法人においては「定時投資主総会」の制度がないため、役員会の承認後遅滞なく投資主に通知・提供することとしたものと考えられる。

なお、株式会社においては、定款の定めに基づき、計算書類および事業報告をインターネットのウェブ上に掲載する措置をもって個別の株主への提供に代替する制度が設けられているが（いわゆる「ウェブ開示」。会社計算規則133条4項）、投資法人については同様の制度は設けられていない。本条4項に基づいて個別の投資主の承諾を得た上でウェブまたは電子メールにより提供することが可能であるにとどまる（施行令92条、施行規則174条）。

(3) 過営業期間事項の提供

計算規則81条3項においては、計算書類等の投資主への提供を行う際に、過営業期間事項（当該営業期間より前の営業期間に係る貸借対照表、損益計算書または投資主資本等変動計算書に表示すべき事項をいう。計算規則73条2項）を併せて提供することができるとするとともに、会計方針の変更等がある場合

には、修正後の過営業期間事項を提供することも妨げないとする。もっとも、計算規則81条3項は、期間比較を可能にする情報を投資主に対して提供することができることを確認的に定めたものと思われる[40]。

> **（計算書類等の備置き及び閲覧等）**
> **第132条** 投資法人は、各営業期間に係る計算書類、資産運用報告及び金銭の分配に係る計算書並びにこれらの附属明細書並びに会計監査報告を、前条第2項の承認を受けた日から5年間、その本店に備え置かなければならない。
> 2　会社法第442条第3項及び第4項の規定は、前項の計算書類、資産運用報告及び金銭の分配に係る計算書並びにこれらの附属明細書並びに会計監査報告について準用する。この場合において、同条第4項中「裁判所」とあるのは「内閣総理大臣」と読み替えるものとするほか、必要な技術的読替えは、政令で定める。

1　趣　旨

役員会の承認を受けた計算書類等の備置義務ならびに投資主および債権者等による閲覧権等を定めるものである。会社法442条に相当する規定である。

2　解　説

(1)　計算書類等の備置き

役員会の承認を受けた各営業期間に係る計算書類、資産運用報告および金銭の分配に係る計算書ならびにこれらの附属明細書ならびに会計監査報告は、役員会の承認の日から5年間、本店に備え置かなければならない（1項）。

---

[40] 弥永真生『コンメンタール会社計算規則・商法施行規則［第2版］』716頁（商事法務、2009年）参照。なお、（提供の可否ではなく）過営業期間事項の修正自体に関する議論については、会社法に関するものであるが、小松岳志ほか「会社法における過年度事項の修正に関する若干の整理」商事法務1866号19頁などを参照。

(2) 投資主、債権者等の閲覧権等

　投資主および債権者は、投資法人の営業時間内は、いつでも、閲覧ならびに謄本および抄本等の交付の請求をすることができる。ただし、謄本または抄本等の交付の請求をするには、当該投資法人の定めた費用を支払わなければならない（2項、会社法442条3項）。

　また、投資法人の親法人の投資主は、その権利の行使をするため必要があるときは、内閣総理大臣[41]の許可を得て、同様の請求をすることができる（2項、会社法442条4項）。

3　準用条文（2項）

◇会社法442条3項および4項（計算書類等の備置き及び閲覧等）
    3　投資主及び債権者は、投資法人の営業時間内は、いつでも、次に掲げる請求をすることができる。ただし、第2号又は第4号に掲げる請求をするには、当該投資法人の定めた費用を支払わなければならない。
    一　投資法人法第132条第1項の計算書類、資産運用報告及び金銭の分配に係る計算書並びにこれらの附属明細書並びに会計監査報告が書面をもって作成されているときは、当該書面又は当該書面の写しの閲覧の請求
    二　前号の書面の謄本又は抄本の交付の請求
    三　投資法人法第132条第1項の計算書類、資産運用報告及び金銭の分配に係る計算書並びにこれらの附属明細書並びに会計監査報告が電磁的記録をもって作成されているときは、当該電磁的記録に記録された事項を内閣府令で定める方法により表示したものの閲覧の請求
    四　前号の電磁的記録に記録された事項を電磁的方法であって投資法人の定めたものにより提供することの請求又はその事項を記載した書面の交付の請求
    4　投資法人の親法人（投資法人法第81条第1項に規定する親法人をいう。）の投資主は、その権利を行使するため必要があるときは、内閣総理大臣

---

[41]　許可の権限は投資法人の本店の所在地を管轄する財務局長または福岡財務支局長に委任されている（法225条1項、施行令135条4項）。

の許可を得て、<u>当該投資法人の投資法人法第132条第1項の計算書類、資産運用報告及び金銭の分配に係る計算書並びにこれらの附属明細書並びに会計監査報告</u>について前項各号に掲げる請求をすることができる。ただし、同項第2号又は第4号に掲げる請求をするには、<u>当該投資法人</u>の定めた費用を支払わなければならない。

（計算書類等の提出命令）
第133条　裁判所は、申立てにより又は職権で、訴訟の当事者に対し、計算書類及びその附属明細書の全部又は一部の提出を命ずることができる。

裁判所が、申立てまたは職権で、訴訟の当事者に対し投資法人の計算書類およびその附属明細書の全部または一部の提出を命ずることができるものとする規定であり、会社法443条と同趣旨の規定であって民事訴訟法219条、220条の特則と考えられる。

本条による文書の提出命令を拒否した場合は、民事訴訟法に定める文書提出命令に従わない場合の効果に関する一般原則どおりであり、裁判所は相手方の主張を真実と認めることができると解される（民事訴訟法224条）。

第134条　削除

第3款　出資剰余金等

（出資剰余金）
第135条　投資法人は、投資口の払戻しによって減少した出資総額等の合計額が投資口の払戻しに要した金額を超える場合には、その超過額

> を出資剰余金として積み立てなければならない。
> 2　合併に際して出資剰余金として積み立てるべき額については、内閣府令で定める。

1　趣　旨

投資口の払戻しおよび合併に際しての出資剰余金の積立てについて定める規定である。

2　解　説

(1)　出資剰余金の意義

出資剰余金の意義については、法令上明確にこれを説明する規定は設けられていない。しかし、前述のとおり、計算規則等を全体的に見渡せば、株式会社におけるその他資本剰余金と同様のものとして位置付けられており、いわゆる資本取引から生じた剰余金の性質を有するものと考えられる。

(2)　出資剰余金の増減等

新設合併による設立以外の設立時の投資法人の出資剰余金の額は零である（計算規則26条2項）。

出資剰余金の増加は、①成立後の投資口の交付に伴う義務（法84条1項、会社法212条1項1号）が履行された場合、②吸収合併の場合および③本条の規定による場合に限り、行うことができる（計算規則21条1項、17条）。

出資剰余金の減少は、原則として、①吸収合併の場合、②利益超過分配を行う場合（法137条1項・3項）および③オープン・エンド型の投資法人において投資口の払戻しを行う場合（法125条1項・3項、本条1項）に限り、行うことができる（計算規則21条2項）。ただし、これらの場合であっても、公正妥当な企業会計の慣行上、出資剰余金の額の全部または一部を減少させないことが必要かつ適当であるときは、適当な範囲において出資剰余金を減少させないことも可能である（計算規則21条3項）。

(3)　投資口の払戻しの場合の出資剰余金の積立て

オープン・エンド型の投資法人が投資口の払戻しを行った場合は、出資総額等（出資総額および出資剰余金をいう。法88条3項）から、出資総額等のう

ち払戻しをした投資口に相当する額を控除しなけばならないが（法125条3項、計算規則20条2項、21条2項）、この場合において当該控除額が投資口の払戻しに要した額より大きい場合は、その差額を出資剰余金として積み立てなければならない（2項）。

(4) 合併の場合の出資剰余金の積立て

合併の場合の出資剰余金の積立てについては、計算規則22条以下に規定が設けられており、その内容は基本的に会社法における合併の際のその他資本剰余金の計算（会社計算規則35条以下）と同様である。

なお、先行取得分投資口（計算規則2条2項8号）がある等の理由により計算の結果出資剰余金の残高がマイナスとなる場合には、企業会計基準委員会「企業結合会計基準及び事業分離等会計基準に関する適用指針」（企業会計基準適用指針第10号）411項等にかんがみ、営業期間末において出資剰余金を零とし当該マイナスの金額を任意積立金または当期未処分利益から減額する処理が考えられるところ、投資法人においてもそのような会計処理を行うことは妨げられないとされている[42]。

（利益の出資総額への組入れ）

第136条 投資法人は、第131条第2項の承認を受けた金銭の分配に係る計算書に基づき、利益（貸借対照表上の純資産額から出資総額等の合計額を控除して得た額をいう。次条第1項及び第3項において同じ。）の全部又は一部を出資総額に組み入れることができる。

1 趣　旨

利益の出資総額への組入れを行うことができる場合を定める規定である。

---

[42] 平成21年6月24日付金融庁「「投資信託及び投資法人に関する法律施行規則等の一部を改正する内閣府令（案）」に対するパブリックコメントの結果等について」における「コメントの概要及びそれに対する金融庁の考え方」3番（http://www.fsa.go.jp/news/201syouken/20090624-1/01.pdf）。

2　解　説

　投資法人は、役員会の承認を受けた金銭の分配に係る計算書に基づき、利益の全部または一部を出資総額に組み入れることができる。

　本条の規定により利益を出資総額に組み入れた場合には、当該組入額は分配金から当該金額を控除する形式により、当該組入額を示す名称を付した項目をもって金銭の分配に係る計算書に表示する（計算規則78条2項）。利益超過分配（法137条1項）やオープン・エンド型の投資法人における投資口の払戻し（法125条1項）により、出資総額控除額（計算規則39条3項）がある場合において、当該出資総額控除額を減少（減算）させる目的で本条による利益の出資総額への組入れを行うことは可能であるが、その場合には、当該減算額をその余の額と区別した上で、減算額を示す名称を付した項目をもって金銭の分配に係る計算書に表示しなければならない（計算規則78条2項第2文）。

　なお、本条は利益を特定の項目に組み入れることができる場合を本条に規定する場合に限定するものではなく、本条に規定する場合以外の場合であっても、公正妥当な企業会計の慣行に従い、利益の他の項目への組入れを行うことは可能と考えられる[43]。

第4款　金銭の分配等

（金銭の分配）

第137条　投資法人は、その投資主に対し、第131条第2項の承認を受けた金銭の分配に係る計算書に基づき、利益を超えて金銭の分配をすることができる。ただし、貸借対照表上の純資産額から基準純資産額を控除して得た額を超えることはできない。

2　金銭の分配に係る計算書は、規約で定めた金銭の分配の方針に従つて作成されなければならない。

3　第1項本文の場合においては、内閣府令で定めるところにより、当

---

[43]「金融庁の考え方」において言及されている会計処理は、「企業結合会計基準及び事業分離等会計基準に関する適用指針」411項等によるものと考えられる。

該利益を超えて投資主に分配された金額を、出資総額又は第135条の出資剰余金の額から控除しなければならない。
4　金銭の分配は、投資主の有する投資口の口数に応じてしなければならない。
5　会社法第457条の規定は、投資法人の金銭の分配について準用する。この場合において、同条第1項中「配当財産（第455条第2項の規定により支払う金銭及び前条の規定により支払う金銭を含む。以下この条において同じ。）」とあるのは「投資法人法第137条第1項の規定により分配をする金銭」と、同条第2項及び第3項中「配当財産」とあるのは「金銭」と読み替えるものとするほか、必要な技術的読替えは、政令で定める。

1　趣　　旨

　金銭の分配について定める規定である。本条は、投資法人の純資産額が基準純資産額を下回らない限りにおいて、利益を超えて金銭の分配を行うことを許容している。

2　解　　説

(1)　金銭の分配

　投資法人は、役員会の承認を受けた金銭の分配に係る計算書に基づき、金銭の分配を行うことができる。株式会社と異なり、金銭以外の財産による配当、すなわち現物配当は認められていない。

　金銭の分配に係る計算書は、規約で定めた金銭の分配の方針（法67条1項9号）に従って作成され、①当期未処分利益または当期未処理損失、②分配金、③任意積立金および④次期繰越利益または次期繰越損失を表示して金銭の分配の内容を明らかにする（計算規則76条1項）。また、任意積立金を取り崩して当期の金銭の分配に充当する場合には、当期未処分利益または当期未処理損失に加減算する方式により、当該積立金取崩高を示す名称を付した項目をもって取崩金額を表示する（同条2項）。

　分配に係る金銭は、投資主名簿に記載・記録された投資主または登録投資

第137条

口質権者の住所等においてこれを交付しなければならならず、交付の費用は原則として投資法人の負担となる。ただし、日本に住所等を有しない投資主に対する金銭の交付についてはこの限りでない（5項、会社法457条、施行令94条）。

なお、分配をする金銭の支払に関する事務については、一般事務受託者に委託しなければならない（法117条6号、施行規則169条2項1号）。

また、1項においては、「承認を受けた金銭の分配に係る計算書に基づき」金銭の分配を行うべきとされているところ、金銭の分配に係る計算書は営業期間ごとに作成されるものであるため（法129条2項参照）、また、中間配当に関する会社法454条5項に相当する規定もないことから、金銭の分配は1営業期間に1度しか行うことができないと考えられる。

　(2)　**利益超過分配**

原則として剰余金の額を超えて配当を行うことができない株式会社（会社法461条）とは異なり、投資法人においては利益を超えて金銭の分配を行うことができる（1項）。なお、「利益」とは貸借対照表上の純資産額から出資総額等（出資総額および出資剰余金をいう。法88条3項）の合計額を控除して得た額である（法136条）。

ただし、結果として投資法人の純資産が基準純資産額を下回ることとなるような分配を行うことはできない（1項ただし書）。「基準純資産額」とは、規約で定めた最低純資産額（法67条4項・1項6号）に5000万円を加えた額である（法124条1項3号、施行令90条）。

1項ただし書に違反して金銭の分配をした場合、法138条による責任が発生し、また刑事罰の対象となる（法229条3項2号）。

　(3)　**役員会の承認**

株式会社においては、剰余金の配当に係る事項の決定は原則として株主総会の権限とされている（会社法454条1項）。これに対し、投資法人の金銭の分配については、規約に別段の定めを設けた場合は別として（法89条1項参照）投資主総会の決議を要せず、金銭の分配に係る計算書について役員会の承認（法131条2項）を受けることによって行うことができる。

3　準用条文（5項）

◇会社法457条（配当財産の交付の方法等）
1　投資法人法第137条第1項の規定により分配をする金銭は、投資主名簿に記載し、又は記録した投資主（登録投資口質権者を含む。以下この条において同じ。）の住所又は投資主が投資法人に通知した場所（第3項において「住所等」という。）において、これを分配しなければならない。
2　前項の規定による金銭の分配に要する費用は、投資法人の負担とする。ただし、投資主の責めに帰すべき事由によってその費用が増加したときは、その増加額は、投資主の負担とする。
3　前2項の規定は、日本に住所等を有しない投資主に対する金銭の分配については、適用しない。

（金銭の分配に関する責任）
第138条　前条第1項ただし書の規定に違反して投資法人が金銭の分配をした場合には、当該金銭の分配により金銭の交付を受けた者及び次に掲げる者は、当該投資法人に対し、連帯して、当該金銭の交付を受けた者が交付を受けた金銭の額に相当する金銭を支払う義務を負う。
一　当該金銭の分配に関する職務を行つた業務執行者（執行役員その他当該執行役員の行う業務の執行に職務上関与した者として内閣府令で定めるものをいう。）
二　第131条第2項の役員会に議案を提案した執行役員として内閣府令で定めるもの
2　前項の規定にかかわらず、同項各号に掲げる者は、その職務を行うについて注意を怠らなかつたことを証明したときは、同項の義務を負わない。
3　第1項の規定により同項各号に掲げる者の負う義務は、免除することができない。ただし、金銭の分配の時における貸借対照表上の純資産額から基準純資産額を控除して得た額を限度として当該義務を免除

第138条

> することについて総投資主の同意がある場合は、この限りでない。

1　趣　旨

　法137条1項ただし書の規定に違反して金銭の分配をした場合における投資主、執行役員等の責任を定めるものである。

2　金銭の分配に関する責任

　投資法人が法137条1項ただし書の規定に違反し、貸借対照表上の純資産額から基準純資産額を控除して得た額を超えて金銭の分配を行った場合、次に掲げる者は連帯して、当該投資法人に対し、(超過部分だけでなく)交付を受けた金銭の額の全額を支払う義務を負う。

①　金銭の交付を受けた者（1項）
②　剰余金の配当[44]による金銭等の交付に関する職務を行った執行役員（1項1号、施行規則175条1項1号）[45]
③　金銭の分配に係る計算書の承認に賛成した役員（1項1号、施行規則175条1項2号）
④　分配可能額の計算に関する報告を監督役員または会計監査人が請求したときは、当該請求に応じて報告をした執行役員（1項1号、施行規則175条1項3号）
⑤　役員会に議案を提案した執行役員（1項2号、施行規則175条2項）

3　支払義務を負わない場合および支払義務の免除

　上記(1)に掲げる者のうち、②～⑤の者については、その職務を行うについ

---

[44]　施行規則175条1項1号においては、「金銭の分配」ではなく会社法と同様の「剰余金の配当」という語が用いられている。投資法人法制においてほかに「剰余金の配当」という語が用いられている規定は見当たらないが、とくにこれを「金銭の分配」と別意に解する理由はないのではないかと思われる。

[45]　法138条1項1号かっこ書の文言（「執行役員その他当該執行役員の行う業務の執行に職務上関与した者として内閣府令で定めるもの」）上は、執行役員であれば必然的にかかるかっこ書に規定された者に該当するようにも読めないではないが、執行役員のうち一定の者を限定的に規定している施行規則175条1項1号・3号の規定振りからすると、同項1号～3号に該当する執行役員のみが、法138条1項1号かっこ書に規定された者に該当するということのようである。

て注意を怠らなかったことを証明したときは、1項の支払義務を負わない（2項）。これに対し、「同項各号に掲げる者」という文言や「職務を行うについて（の）注意」が想定し得ないことからすると、①の金銭の交付を受けた者については2項の適用はないものと考えられる。

　上記(1)のとおり、1項による支払義務は分配額の全額について生じ、②〜⑤の者の義務については原則として免除できない。ただし、総投資主の同意があれば、このうち「貸借対照表上の純資産額から基準純資産額を控除して得た額」（すなわち1項により分配することが可能な額）を限度として、支払義務を免除することができる（3項）。

　これに対し、「同項各号に掲げる者の負う義務は、免除することができない」という3項の文理上、①の者の責任については、（法139条2項の規定により債権者がその権利を代位行使していない限り）投資法人が免除することが可能と考えられる[46]。

（投資主に対する求償権の制限等）

第139条　前条第1項に規定する場合において、投資法人が金銭の分配により投資主に対して交付した金銭の総額が当該金銭の分配がその効力を生じた日における貸借対照表上の純資産額から基準純資産額を控除して得た額を超えることにつき善意の投資主は、当該投資主が交付を受けた金銭について、同項の金銭を支払つた同項各号に掲げる者からの求償の請求に応ずる義務を負わない。

2　前条第1項に規定する場合には、投資法人の債権者は、同項の規定により義務を負う投資主に対し、その交付を受けた金銭の額（当該額が当該債権者の投資法人に対して有する債権額を超える場合にあつては、

---

[46] 同趣旨の規定と考えられる会社法462条3項につき、相澤哲ほか編『論点解説　新・会社法』519頁（商事法務、2006年）。なお、上記①〜⑤の者が負う義務はいわゆる不真正連帯債務の関係にあると考えられ、一部の者に対する義務の免除があっても、他の者の負う義務には影響を及ぼさないものと考えられる（最一小判平6．11．24判例時報1514号82頁など）。

> 当該債権額）に相当する金銭を支払わせることができる。

1　趣　旨

　善意の投資主に対する求償権の制限および債権者による投資主に対する分配相当額返還請求権を定めるものである。会社法463条に相当する規定である。

2　善意の投資主に対する求償権の制限

　法138条1項の適用がある場合、同条の解説の①～⑤に掲げる者は連帯して支払義務を負うこととなるから（同項）、投資法人は義務者各自に対して分配額相当額の全額の支払を請求することができ（民法432条参照）、かかる義務を履行した義務者は、他の義務者に対して求償することができるのが原則であるところ（民法442条参照）、本条1項はその例外として、善意の投資主に対する求償を否定したものである。これは善意の投資主を保護する趣旨と考えられる。

3　債権者による投資主に対する分配相当額返還請求権

　法137条1項ただし書の規定に違反して金銭の分配をした場合には、投資法人の債権者は、法138条1項の規定により支払義務を負う投資主に対し、①当該投資主が交付を受けた金銭の額と②当該債権者が当該投資法人に対して保有する債権の債権額のいずれか低いほうの金銭を支払わせることができる。

　これは会社法463条2項と同趣旨の規定と考えられ、債務者の無資力要件や期限前代位をする場合における裁判上の代位（非訟事件手続法72条）を要しない債権者代位権（民法423条）の特別規定であり、債権者代位権に関する判例法理[47]に従い、債権者は（投資法人ではなく）自己に対して直接に金銭の支払をすることができると考えられる。

47　大判昭10.3.12民集14巻6号482頁。

●REITによる無償減資

　無償減資とは、投資者への払戻しを伴わない資本の減少をいう。現行の投資法人法上、投資法人の出資総額の減少は、投資口の払戻し（法125条3項）または利益超過分配（法137条3項）の場合に限られていることから（計算規則20条2項）、REITが無償減資を行うことはできないと考えられる。

　とくにリーマンショック後、不動産市況の悪化により不動産価格の下落が続き、REITが保有する不動産について、減損処理を行わなければならないおそれが生じていた。減損処理の結果、減損損失が発生し、最終的に欠損金が計上され、それが次期以降も継続的に繰り越されるようになると、その間、保有不動産の賃料という継続的な収益があったとしても、REITは、投資主に対して十分な分配を行うことが困難となってしまう。投資者から安定した分配が志向されているREITにおいて、継続的な無配は、投資者離れを引き起こしかねず、増資の障害にもなりかねない。現行の投資法人法上、利益超過分配が可能であるとしても、実質的な出資の払戻しである以上、問題の解決にはならないであろう。また、繰越欠損は、金融機関に対してネガティブな印象を与えることにもなり、リファイナンス・リスクの顕在化も懸念される。なお、減損損失が発生する場合に限らず、例えば、保有不動産について多額の売却損が発生する場合にも同様の問題は生じ得る。

　このような場合に無償減資が認められれば、出資総額を減少することで欠損金を解消することができ、再び保有不動産からの継続的な収益により分配を行うことができるようになると考えられるのである。また、リファイナンス・リスクについても、一定の改善が期待できる。

　無償減資は、REITの資本政策上、有効な選択肢の1つとなり得る。同時に、REITの財務内容を大きく変える行為であることから、導入するにあたっては、投資主に重大な影響を及ぼすものとして投資主総会の決議を義務付けるか否かなど、投資主保護のための手続も併せて検討しなければならないであろう。

● REITの導管性要件

　REITは法人である以上、法人税等の課税対象となる。他方、その実態は、投資者から集めた資産を運用するための単なる器（ビークル）にすぎないため、税法上、一定の要件（導管性要件）を満たす場合には、投資主への支払配当を損金算入することが認められる（租税特別措置法67条の15）。導管性要件には様々なものがあるが、いくつかの要件がREITの運営の制約になっていると考えられる。

　例えば、「当該事業年度に係る配当等の額の支払額が当該事業年度の配当可能利益の額として政令で定める金額の100分の90に相当する金額を超えていること」（同条1項2号ホ）が必要とされているため、REITは、配当可能利益の90％以上を配当に回さなければならず、事実上、内部留保は認められていないに等しい。上記の要件が見直され、十分な内部留保が可能となれば、REITの財務体質も安定化し、LTVの改善やリファイナンス・リスクの軽減にも資するだろう。もっとも、内部留保は、そもそもREITの導管体としての性格に反するおそれもあり、仮に認めるとしても一定の範囲に限定するなど、慎重に議論することが必要であろうと思われる。また、実務上は、未配当部分について法人税が課されることを避けるために、結局、配当可能利益のほぼ全額を配当に回しているものと思われる。この点も併せて議論しなければ、十分な内部留保は困難だろう。

　そのほか、「他の法人の発行済株式又は出資（当該他の法人が有する自己の株式又は出資を除く）の総数又は総額の100分の50以上に相当する数又は金額の株式又は出資を有していないこと」（同2号ヘ）が必要とされているため、REITが、SPCを通じて国内外の不動産を取得することが困難となっている点（なお、この点については、同一の法人の発行する株式につき、議決権の総数の50％以上を取得することを禁止する法194条も併せて見直す必要がある）や、他のREITの投資口の50％以上に投資することができない点、あるいは「機関投資家以外の者から借入れを行っていないこと」（租税特別措置法67条の15第1項2号ト、同法施行令39条の32の3第8項）が必要とされているため、REITが柔軟に借入れを行うことができない点なども挙げられよう。

　REITの導管性要件は、投資法人法の観点に加えて、他の導管体（例えば、特定目的会社等）とのバランスも含め、税法上の観点からも議論されなければならない複雑な問題ではあるが、REITのさらなる発展のためにも、積極的な見直しが期待される。

第 8 節

投資法人債

> **(投資法人債の発行)**
> **第139条の2** 投資主の請求により投資口の払戻しをしない旨の規約の定めがある投資法人は、規約で定めた額を限度として、投資法人債を発行することができる。
> 2 投資法人は、他の投資法人と合同して投資法人債を発行することができない。

1 趣 旨

投資法人による投資法人債(投資法人法の規定により投資法人が行う割当てにより発生する当該投資法人を債務者とする金銭債権であって、法139条の3第1項各号に掲げる事項についての定めに従い償還されるもの。法2条17項)の発行について定めるものである。

2 解 説[48]

投資法人制度の創設時には、株式会社の社債に相当する投資法人債に関する規定は設けられていなかった。しかしながら、金融審議会の集団投資スキームに関するワーキンググループ報告(平成11年11月30日)において、不動産のような個別性の強い資産については、投資法人としては、売却のオファーに迅速に対応しないと取得が困難であることから、機動的で柔軟な資

---

[48] 乙部辰良『詳解投資信託法』160頁(第一法規出版、2001年)。

第139条の2

金調達手段として借入金を認める必要があるとされたところであり、投資法人債に関する規定は、これを踏まえて、借入金と並んで社債の発行もできるよう、平成12年の投資法人法の改正により導入されたものである。投資法人の債権者の利益が害されることのないよう、投資法人債の発行は、投資主の請求による投資口の払戻しを行わない投資法人、いわゆるクローズド・エンド型の投資法人に限られている。

投資法人債の発行は、規約で定めた額を限度としており（1項）、また、合同発行は禁止されている（2項）。

3 転換社債型新投資口予約権付投資法人債等

会社法における転換社債型新株予約権付社債に相当する転換社債型新投資口予約権付投資法人債の投資法人による発行は、投資法人法においては認められていない。

投資法人は運用資産を保有し収益を分配する機能に特化したビークルとしての性格を有しており、集団投資スキームにおける導管体として用いられることを前提としているため、そのガバナンスの構造については簡素化されたものとなっている。そのため、規制改革要望に対する回答において、転換社債型新投資口予約権付投資法人債の発行については、資本政策の観点から、当該投資法人による高度な判断を要するものであり、投資主等の利害にも大きく関わる問題であるため、投資主保護の観点から、上記のような特性を有する投資法人に認めることは困難であるとされている[49]。

また、投資法人に破産等の一定の事由が発生した場合には、投資法人債の保有者に対する元利金の支払が、他の一定の債権者（上位債権者）に対する債務の支払よりも後順位になるように定められて発行される投資法人債、いわゆる劣後投資法人債については、投資法人法上に特段の規定はないが、会社法における劣後債に関する議論と同様に、投資法人は、劣後投資法人債を発行することができるものと考えられる[50]。

---

[49] 平成21年7月24日付内閣府規制改革会議「全国規模の規制改革要望に対する各省庁からの回答について」における金融庁回答分・管理番号5042027（http://www8.cao.go.jp/kisei-kaikaku/accept/200906/0724/0724_1_04.xls）。

(募集投資法人債に関する事項の決定)

第139条の3　投資法人は、その発行する投資法人債を引き受ける者の募集をしようとするときは、その都度、募集投資法人債(当該募集に応じて当該投資法人債の引受けの申込みをした者に対して割り当てる投資法人債をいう。以下この節において同じ。)について次に掲げる事項を定めなければならない。

一　募集投資法人債の総額
二　各募集投資法人債の金額
三　募集投資法人債の利率
四　募集投資法人債の償還の方法及び期限
五　利息支払の方法及び期限
六　投資法人債券を発行するときは、その旨
七　投資法人債に係る債権者(以下「投資法人債権者」という。)が第139条の7において準用する会社法第698条の規定による請求の全部又は一部をすることができないこととするときは、その旨
八　投資法人債管理者が投資法人債権者集会の決議によらずに第139条の9第4項第2号に掲げる行為をすることができることとするときは、その旨
九　募集投資法人債の割当てを受ける者を定めるべき期限
十　前号の期限までに募集投資法人債の総額について割当てを受ける者を定めていない場合においてその残額を引き受けることを約した者があるときは、その氏名又は名称
十一　各募集投資法人債の払込金額(各募集投資法人債と引換えに払い込む金銭の額をいう。以下この節において同じ。)若しくはその最低金額又はこれらの算定方法
十二　募集投資法人債と引換えにする金銭の払込みの期日

50　例えば、停止条件方式による劣後債の法的構成に関するものとして、神田秀樹「都銀懇報告　銀行の劣後債発行に関する法的諸問題」週刊金融財政事情1987年4月6日号24頁、都銀懇話会「劣後債に関する報告」週刊金融財政事情1991年4月15日号30頁ほか。

> 十三　前各号に掲げるもののほか、内閣府令で定める事項
> 2　前項第1号に掲げる事項その他の投資法人債を引き受ける者の募集に関する重要な事項として内閣府令で定める事項の決定は、役員会の決議によらなければならない。
> 3　投資法人は、第1項第10号に規定する者がある場合を除き、同項第9号の期限までに募集投資法人債の総額について割当てを受ける者を定めていない場合には、募集投資法人債の全部を発行してはならない。

1　趣　　旨

本条は、投資法人債を引き受ける者の募集をしようとするときに定めなければならない募集事項、当該募集事項の決定方法、投資法人債の打切発行の禁止について定めるものである。

2　投資法人債の募集事項

投資法人債の募集事項（1項各号）は、基本的に会社法676条各号と同趣旨であるが、両者を比較すると以下のとおりとなる。

投資法人債	社債との比較および解説
①　募集投資法人債の総額	会社法676条1号と同趣旨
②　各募集投資法人債の金額	会社法676条2号と同趣旨
③　募集投資法人債の利率	会社法676条3号と同趣旨
④　募集投資法人債の償還の方法および期限	会社法676条4号と同趣旨
⑤　利息支払の方法および期限	会社法676条5号と同趣旨
⑥　投資法人債券を発行するときは、その旨	会社法676条6号と同趣旨
⑦　投資法人債に係る債権者（「投資法人債権者」）が法139条の7において準用する会社法698条の規定による請求の全部または一部をすることができないこととするときは、その旨	会社法676条7号と同趣旨
⑧　投資法人債管理者が投資法人債権者集会の決議によらずに法139条の9第4項2号に掲	会社法676条8号と同趣旨

げる行為をすることができることとするときは、その旨	
⑨　募集投資法人債の割当てを受ける者を定めるべき期限	投資法人債については打切発行が禁止されていることから、募集事項として定める必要があるものである。
⑩　⑨の期限までに募集投資法人債の総額について割当てを受ける者を定めていない場合においてその残額を引き受けることを約した者があるときは、その氏名または名称	
⑪　各募集投資法人債の払込金額（各募集投資法人債と引き換えに払い込む金銭の額）もしくはその最低金額またはこれらの算定方法	会社法676条9号と同趣旨
⑫　募集投資法人債と引き換えにする金銭の払込みの期日	会社法676条10号と同趣旨
⑬　①～⑫のほか、施行規則176条で定める事項	

3　役員会が定めるべき事項

　投資法人債を引き受ける者の募集に関する重要な事項である以下の事項については、役員会の決議により決定しなければならない（2項、施行規則177条）。

　　①　2以上の募集（法139条の3第1項の募集をいう。以下この条において同じ）に係る同項各号に掲げる事項の決定を委任するときは、その旨
　　②　募集投資法人債の総額の上限（①に規定する場合にあっては、各募集に係る募集投資法人債の総額の上限の合計額）
　　③　募集投資法人債の利率の上限その他の利率に関する事項の要綱
　　④　募集投資法人債の払込金額の総額の最低金額その他の払込金額に関する事項の要綱

4　打切発行の禁止

　投資法人債については、会社法上の社債と異なり、募集投資法人債の総額について割当てを受ける者を定めていない場合には、残額引受けを行う者がいない限り、当該投資法人債の発行はその全額について行うことができない

(1項9号・10号、3項)。

(募集投資法人債の申込み)

第139条の4　投資法人は、前条第1項の募集に応じて募集投資法人債の引受けの申込みをしようとする者に対し、次に掲げる事項を通知しなければならない。

　一　投資法人の商号並びに第189条第1項第2号の登録年月日及び登録番号
　二　申込みの対象が投資法人債である旨
　三　当該募集に係る前条第1項各号に掲げる事項
　四　一般事務受託者の氏名又は名称及び住所並びにその者に委託する事務の内容
　五　資産運用会社の名称及びその資産運用会社と締結した資産の運用に係る委託契約の概要
　六　資産保管会社の名称
　七　前各号に掲げるもののほか、内閣府令で定める事項

2　前条第1項の募集に応じて募集投資法人債の引受けの申込みをする者は、次に掲げる事項を記載した書面を投資法人に交付しなければならない。

　一　申込みをする者の氏名又は名称及び住所
　二　引き受けようとする募集投資法人債の金額及び金額ごとの数
　三　投資法人が前条第1項第11号の最低金額を定めたときは、希望する払込金額

3　前項の申込みをする者は、同項の書面の交付に代えて、政令で定めるところにより、投資法人の承諾を得て、同項の書面に記載すべき事項を電磁的方法により提供することができる。この場合において、当該申込みをした者は、同項の書面を交付したものとみなす。

4　第1項の規定は、投資法人が同項各号に掲げる事項を記載した金融商品取引法第2条第10項に規定する目論見書を第1項の申込みをしよ

うとする者に対して交付している場合その他募集投資法人債の引受けの申込みをしようとする者の保護に欠けるおそれがないものとして内閣府令で定める場合には、適用しない。
5　投資法人は、第１項各号に掲げる事項について変更があつたときは、直ちに、その旨及び当該変更があつた事項を第２項の申込みをした者（次項及び次条において「申込者」という。）に通知しなければならない。
6　投資法人が申込者に対してする通知又は催告は、第２項第１号の住所（当該申込者が別に通知又は催告を受ける場所又は連絡先を当該投資法人に通知した場合にあつては、その場所又は連絡先）にあてて発すれば足りる。
7　前項の通知又は催告は、その通知又は催告が通常到達すべきであつた時に、到達したものとみなす。

　本条は募集投資法人債の申込みの手続について定めるものであり、会社法677条と同趣旨である。なお、総額引受けの場合には本条は適用されない（法139条の６）。

　募集投資法人債の引受けの申込みをしようとする者に対して通知すべき事項（１項各号）は、基本的に会社法677条１項各号と同趣旨であるが、両者を比較すると以下のとおりとなる。

投資法人債	社債との比較および解説
①　投資法人の商号ならびに法189条１項２号の登録年月日および登録番号	商号につき、会社法677条１項１号と同趣旨。投資法人が資産の運用として特定資産について一定の取引を行うために必要な内閣総理大臣への登録に関する情報。
②　申込みの対象が投資法人債である旨	
③　当該募集に係る法139条の３第１項各号に掲げる事項	会社法677条１項２号と同趣旨。
④　一般事務受託者の氏名または名称および住	投資法人の一般事務受託者、資

	所ならびにその者に委託する事務の内容	産運用会社および資産保管会社は、投資法人の資産運用および運営に直接関与する者であり、投資者にとっては投資判断上、重要な判断材料となるため、通知事項となっている。
⑤	資産運用会社の名称およびその資産運用会社と締結した資産の運用に係る委託契約の概要	
⑥	資産保管会社の名称	
⑦	①～⑥に掲げるもののほか、施行規則178条で定める事項	

（募集投資法人債の割当て）

第139条の5 投資法人は、申込者の中から募集投資法人債の割当てを受ける者を定め、かつ、その者に割り当てる募集投資法人債の金額及び金額ごとの数を定めなければならない。この場合において、投資法人は、当該申込者に割り当てる募集投資法人債の金額ごとの数を、前条第2項第2号の数よりも減少することができる。

2　投資法人は、第139条の3第1項第12号の期日の前日までに、申込者に対し、当該申込者に割り当てる募集投資法人債の金額及び金額ごとの数を通知しなければならない。

　本条は募集投資法人債の割当てに関する手続を定めたものであり、会社法678条と同趣旨である。なお、総額引受けの場合には本条は適用されない（法139条の6）。

（募集投資法人債の申込み及び割当てに関する特則）

第139条の6　前2条の規定は、募集投資法人債を引き受けようとする者がその総額の引受けを行う契約を締結する場合には、適用しない。

　本条は、総額引受けの場合には、募集投資法人債の申込み・割当てに際して、投資法人法上特別の開示制度を設けないことを定めるものであり、会社

法679条と同趣旨である。総額引受けの場合には、引受契約等によって投資法人および投資法人債に関する情報が開示されていることが期待されること等により、投資法人法上の制度としての開示による保護は要しないものと考えられるためである。

（会社法の準用）
第139条の7 会社法第680条から第701条までの規定は、投資法人が投資法人債を発行する場合における投資法人債、投資法人債権者、投資法人債原簿又は投資法人債券について準用する。この場合において、同法第680条第2号中「前条」とあるのは「投資法人法第139条の6」と、同法第681条第1号中「第676条第3号から第8号まで」とあるのは「投資法人法第139条の3第1項第3号から第8号まで」と、同法第684条第1項中「その本店（社債原簿管理人がある場合にあっては、その営業所）」とあるのは「投資法人法第166条第2項第8号に規定する投資主名簿等管理人の営業所」と、同条第4項及び第5項中「裁判所」とあるのは「内閣総理大臣」と、同法第698条中「第676条第7号」とあるのは「投資法人法第139条の3第1項第7号」と読み替えるものとするほか、必要な技術的読替えは、政令で定める。

1　趣　旨

本条は、投資法人債について、募集社債の社債権者、社債原簿、社債原簿記載事項を記載した書面の交付等、社債原簿管理人、社債原簿の備置きおよび閲覧等、社債権者に対する通知等、共有者による権利の行使、社債券を発行する場合の社債の譲渡、社債の譲渡の対抗要件、権利の推定等、社債権者の請求によらない社債原簿記載事項の記載または記録、社債権者の請求による社債原簿記載事項の記載または記録、社債券を発行する場合の社債の質入れ、社債の質入れの対抗要件、質権に関する社債原簿の記載等、質権に関する社債原簿の記載事項を記載した書面の交付等、信託財産に属する社債についての対抗要件等、社債券の発行、社債券の記載事項、記名式と無記名式と

第139条の7

の間の転換、記名式と無記名式との間の転換、社債券の喪失、利札が欠けている場合における社債の償還、社債の償還請求権等の消滅時効に関する会社法の規定を準用することを定めるものである。

2 準用条文

◇会社法680条（募集社債の社債権者）

　次の各号に掲げる者は、当該各号に定める募集投資法人債の投資法人債権者となる。

　一　申込者　投資法人の割り当てた募集投資法人債

　二　投資法人法第139条の6の契約により募集投資法人債の総額を引き受けた者　その者が引き受けた募集投資法人債

◇会社法681条（社債原簿）

　投資法人は、投資法人債を発行した日以後遅滞なく、投資法人債原簿を作成し、これに次に掲げる事項（以下この章において「投資法人債原簿記載事項」という。）を記載し、又は記録しなければならない。

　一　投資法人法第139条の3第1項第3号から第8号までに掲げる事項その他の投資法人債の内容を特定するものとして内閣府令で定める事項（以下この編において「種類」という。）

　二　種類ごとの投資法人債の総額及び各投資法人債の金額

　三　各投資法人債と引換えに払い込まれた金銭の額及び払込みの日

　四　投資法人債権者（無記名投資法人債（無記名式の投資法人債券が発行されている投資法人債をいう。以下この編において同じ。）の投資法人債権者を除く。）の氏名又は名称及び住所

　五　前号の投資法人債権者が各投資法人債を取得した日

　六　投資法人債券を発行したときは、投資法人債券の番号、発行の日、投資法人債券が記名式か、又は無記名式かの別及び無記名式の投資法人債券の数

　七　前各号に掲げるもののほか、内閣府令で定める事項

◇会社法682条（社債原簿記載事項を記載した書面の交付等）

　1　投資法人債権者（無記名投資法人債の投資法人債権者を除く。）は、投資

法人債を発行した投資法人（以下この編において「投資法人債発行法人」という。）に対し、当該投資法人債権者についての投資法人債原簿に記載され、若しくは記録された投資法人債原簿記載事項を記載した書面の交付又は当該投資法人債原簿記載事項を記録した電磁的記録の提供を請求することができる。

2　前項の書面には、投資法人債発行法人の代表者が署名し、又は記名押印しなければならない。

3　第1項の電磁的記録には、投資法人債発行法人の代表者が内閣府令で定める署名又は記名押印に代わる措置をとらなければならない。

4　前3項の規定は、当該投資法人債について投資法人債券を発行する旨の定めがある場合には、適用しない。

◇会社法683条（社債原簿管理人）

投資法人は、投資主名簿等管理人（投資法人法第166条第2項第8号に規定する投資主名簿等管理人をいう。以下同じ。）を定め、当該事務を行うことを委託することができる。

◇会社法684条（社債原簿の備置き及び閲覧等）

1　投資法人債発行法人は、投資法人債原簿を投資法人法第166条第2項第8号に規定する投資主名簿等管理人の営業所に備え置かなければならない。

2　投資法人債権者その他の内閣府令で定める者は、投資法人債発行法人の営業時間内は、いつでも、次に掲げる請求をすることができる。この場合においては、当該請求の理由を明らかにしてしなければならない。

　一　投資法人債原簿が書面をもって作成されているときは、当該書面の閲覧又は謄写の請求

　二　投資法人債原簿が電磁的記録をもって作成されているときは、当該電磁的記録に記録された事項を内閣府令で定める方法により表示したものの閲覧又は謄写の請求

3　投資法人債発行法人は、前項の請求があったときは、次のいずれかに該当する場合を除き、これを拒むことができない。

　一　当該請求を行う者がその権利の確保又は行使に関する調査以外の目

第139条の7

　　的で請求を行ったとき。
　二　当該請求を行う者が投資法人債原簿の閲覧又は謄写によって知り得た事実を利益を得て第三者に通報するため請求を行ったとき。
　三　当該請求を行う者が、過去2年以内において、投資法人債原簿の閲覧又は謄写によって知り得た事実を利益を得て第三者に通報したことがあるものであるとき。
4　投資法人債発行法人が投資法人である場合には、当該投資法人債発行法人の親法人（投資法人法第81条第1項に規定する親法人をいう。以下この条において同じ。）の投資主は、その権利を行使するため必要があるときは、内閣総理大臣の許可を得て、当該投資法人債発行法人の投資法人債原簿について第2項各号に掲げる請求をすることができる。この場合においては、当該請求の理由を明らかにしてしなければならない。
5　前項の親法人の投資主について第3項各号のいずれかに規定する事由があるときは、内閣総理大臣は、前項の許可をすることができない。

◇会社法685条（社債権者に対する通知等）
1　投資法人債発行法人が投資法人債権者に対してする通知又は催告は、投資法人債原簿に記載し、又は記録した当該投資法人債権者の住所（当該投資法人債権者が別に通知又は催告を受ける場所又は連絡先を当該投資法人債発行法人に通知した場合にあっては、その場所又は連絡先）にあてて発すれば足りる。
2　前項の通知又は催告は、その通知又は催告が通常到達すべきであった時に、到達したものとみなす。
3　投資法人債が2以上の者の共有に属するときは、共有者は、投資法人債発行法人が投資法人債権者に対してする通知又は催告を受領する者1人を定め、当該投資法人債発行法人に対し、その者の氏名又は名称を通知しなければならない。この場合においては、その者を投資法人債権者とみなして、前2項の規定を適用する。
4　前項の規定による共有者の通知がない場合には、投資法人債発行法人が投資法人債の共有者に対してする通知又は催告は、そのうちの1人に対してすれば足りる。

5　前各項の規定は、第139条の10第2項において準用する第720条第1項の通知に際して投資法人債権者に書面を交付し、又は当該書面に記載すべき事項を電磁的方法により提供する場合について準用する。この場合において、第2項中「到達したもの」とあるのは、「当該書面の交付又は当該事項の電磁的方法による提供があったもの」と読み替えるものとする。

◇会社法686条（共有者による権利の行使）

　投資法人債が2以上の者の共有に属するときは、共有者は、当該投資法人債についての権利を行使する者1人を定め、投資法人に対し、その者の氏名又は名称を通知しなければ、当該投資法人債についての権利を行使することができない。ただし、投資法人が当該権利を行使することに同意した場合は、この限りでない。

◇会社法687条（社債券を発行する場合の社債の譲渡）

　投資法人債券を発行する旨の定めがある投資法人債の譲渡は、当該投資法人債に係る投資法人債券を交付しなければ、その効力を生じない。

◇会社法688条（社債の譲渡の対抗要件）

1　投資法人債の譲渡は、その投資法人債を取得した者の氏名又は名称及び住所を投資法人債原簿に記載し、又は記録しなければ、投資法人債発行法人その他の第三者に対抗することができない。

2　当該投資法人債について投資法人債券を発行する旨の定めがある場合における前項の規定の適用については、同項中「投資法人債発行法人その他の第三者」とあるのは、「投資法人債発行法人」とする。

3　前2項の規定は、無記名投資法人債については、適用しない。

◇会社法689条（権利の推定等）

1　投資法人債券の占有者は、当該投資法人債券に係る投資法人債についての権利を適法に有するものと推定する。

2　投資法人債券の交付を受けた者は、当該投資法人債券に係る投資法人債についての権利を取得する。ただし、その者に悪意又は重大な過失があるときは、この限りでない。

◇会社法690条（社債権者の請求によらない社債原簿記載事項の記載又は記録）

第139条の7

　1　投資法人債発行法人は、次の各号に掲げる場合には、当該各号の投資法人債の投資法人債権者に係る投資法人債原簿記載事項を投資法人債原簿に記載し、又は記録しなければならない。
　一　当該投資法人債発行法人の投資法人債を取得した場合
　二　当該投資法人債発行法人が有する自己の投資法人債を処分した場合
　2　前項の規定は、無記名投資法人債については、適用しない。
◇会社法691条（社債権者の請求による社債原簿記載事項の記載又は記録）
　1　投資法人債を投資法人債発行法人以外の者から取得した者（当該投資法人債発行法人を除く。）は、当該投資法人債発行法人に対し、当該投資法人債に係る投資法人債原簿記載事項を投資法人債原簿に記載し、又は記録することを請求することができる。
　2　前項の規定による請求は、利害関係人の利益を害するおそれがないものとして内閣府令で定める場合を除き、その取得した投資法人債の投資法人債権者として投資法人債原簿に記載され、若しくは記録された者又はその相続人その他の一般承継人と共同してしなければならない。
　3　前2項の規定は、無記名投資法人債については、適用しない。
◇会社法692条（社債券を発行する場合の社債の質入れ）
　投資法人債券を発行する旨の定めがある投資法人債の質入れは、当該投資法人債に係る投資法人債券を交付しなければ、その効力を生じない。
◇会社法693条（社債の質入れの対抗要件）
　1　投資法人債の質入れは、その質権者の氏名又は名称及び住所を投資法人債原簿に記載し、又は記録しなければ、投資法人債発行法人その他の第三者に対抗することができない。
　2　前項の規定にかかわらず、投資法人債券を発行する旨の定めがある投資法人債の質権者は、継続して当該投資法人債に係る投資法人債券を占有しなければ、その質権をもって投資法人債発行法人その他の第三者に対抗することができない。
◇会社法694条（質権に関する社債原簿の記載等）
　1　投資法人債に質権を設定した者は、投資法人債発行法人に対し、次に掲げる事項を投資法人債原簿に記載し、又は記録することを請求するこ

とができる。
　　一　質権者の氏名又は名称及び住所
　　二　質権の目的である投資法人債
　2　前項の規定は、投資法人債券を発行する旨の定めがある場合には、適用しない。

◇会社法695条（質権に関する社債原簿の記載事項を記載した書面の交付等）
　1　前条第1項各号に掲げる事項が投資法人債原簿に記載され、又は記録された質権者は、投資法人債発行法人に対し、当該質権者についての投資法人債原簿に記載され、若しくは記録された同項各号に掲げる事項を記載した書面の交付又は当該事項を記録した電磁的記録の提供を請求することができる。
　2　前項の書面には、投資法人債発行法人の代表者が署名し、又は記名押印しなければならない。
　3　第1項の電磁的記録には、投資法人債発行法人の代表者が内閣府令で定める署名又は記名押印に代わる措置をとらなければならない。

◇会社法695条の2（信託財産に属する社債についての対抗要件等）
　1　投資法人債については、当該投資法人債が信託財産に属する旨を投資法人債原簿に記載し、又は記録しなければ、当該投資法人債が信託財産に属することを投資法人その他の第三者に対抗することができない。
　2　第681条第4号の投資法人債権者は、その有する投資法人債が信託財産に属するときは、投資法人に対し、その旨を投資法人債原簿に記載し、又は記録することを請求することができる。
　3　投資法人債原簿に前項の規定による記載又は記録がされた場合における第682条第1項及び第690条第1項の規定の適用については、第682条第1項中「記録された投資法人債原簿記載事項」とあるのは「記録された投資法人債原簿記載事項（当該投資法人債権者の有する投資法人債が信託財産に属する旨を含む。）」と、第690条第1項中「投資法人債原簿記載事項」とあるのは「投資法人債原簿記載事項（当該投資法人債権者の有する投資法人債が信託財産に属する旨を含む。）」とする。
　4　前3項の規定は、投資法人債券を発行する旨の定めがある投資法人債

第139条の7

については、適用しない。

◇会社法696条（社債券の発行）

　投資法人債発行法人は、投資法人債券を発行する旨の定めがある投資法人債を発行した日以後遅滞なく、当該投資法人債に係る投資法人債券を発行しなければならない。

◇会社法697条（社債券の記載事項）

1　投資法人債券には、次に掲げる事項及びその番号を記載し、投資法人債発行法人の代表者がこれに署名し、又は記名押印しなければならない。

　一　投資法人債発行法人の商号
　二　当該投資法人債券に係る投資法人債の金額
　三　当該投資法人債券に係る投資法人債の種類

2　投資法人債券には、利札を付することができる。

◇会社法698条（記名式と無記名式との間の転換）

　投資法人債券が発行されている投資法人債の投資法人債権者は、投資法人法第139条の3第1項第7号に掲げる事項についての定めによりすることができないこととされている場合を除き、いつでも、その記名式の投資法人債券を無記名式とし、又はその無記名式の投資法人債券を記名式とすることを請求することができる。

◇会社法699条（社債券の喪失）

1　投資法人債券は、非訟事件手続法第142条に規定する公示催告手続によって無効とすることができる。

2　投資法人債券を喪失した者は、非訟事件手続法第148条第1項に規定する除権決定を得た後でなければ、その再発行を請求することができない。

◇会社法700条（利札が欠けている場合における社債の償還）

1　投資法人債発行法人は、投資法人債券が発行されている投資法人債をその償還の期限前に償還する場合において、これに付された利札が欠けているときは、当該利札に表示される投資法人債の利息の請求権の額を償還額から控除しなければならない。ただし、当該請求権が弁済期にあ

る場合は、この限りでない。
2　前項の利札の所持人は、いつでも、投資法人債発行法人に対し、これと引換えに同項の規定により控除しなければならない額の支払を請求することができる。

◇会社法701条（社債の償還請求権等の消滅時効）
1　投資法人債の償還請求権は、10年間行使しないときは、時効によって消滅する。
2　投資法人債の利息の請求権及び前条第2項の規定による請求権は、5年間行使しないときは、時効によって消滅する。

（投資法人債管理者の設置）

第139条の8　投資法人は、投資法人債を発行する場合には、投資法人債管理者を定め、投資法人債権者のために、弁済の受領、債権の保全その他の投資法人債の管理を行うことを委託しなければならない。ただし、各投資法人債の金額が1億円以上である場合その他投資法人債権者の保護に欠けるおそれがないものとして内閣府令で定める場合は、この限りでない。

1　趣　旨

本条は投資法人債管理者の設置義務を定めるものであり、会社法702条と同趣旨である。

2　解　説

投資法人債管理者の設置義務の例外は各投資法人債の金額が1億円以上である場合に限られる（本条ただし書）。会社法上の社債管理者については、このほか、ある種類の社債の総額を当該種類の各社債の最低額で除して得た数が50を下回る場合にも不設置とすることができることとされている（会社法施行規則169条）。投資法人においては、資産運用型の集団投資スキームとしてその仕組みが複雑であり、一般投資者を保護すべき必要性が高いことか

ら、リスク管理能力があるものと想定される大口の投資者に購入が限定されると思われる各投資法人債の金額が1億円以上である場合のほかは、投資法人債管理者による管理を義務付けることが適当であると考えられているためである。

（投資法人債管理者の権限等）

第139条の9 投資法人債管理者は、投資法人債権者のために投資法人債に係る債権の弁済を受け、又は投資法人債に係る債権の実現を保全するために必要な一切の裁判上又は裁判外の行為をする権限を有する。

2 　投資法人債管理者が前項の弁済を受けた場合には、投資法人債権者は、その投資法人債管理者に対し、投資法人債の償還額及び利息の支払を請求することができる。この場合において、投資法人債券を発行する旨の定めがあるときは、投資法人債権者は、投資法人債券と引換えに当該償還額の支払を、利札と引換えに当該利息の支払を請求しなければならない。

3 　前項前段の規定による請求権は、10年間行使しないときは、時効によつて消滅する。

4 　投資法人債管理者は、投資法人債権者集会の決議によらなければ、次に掲げる行為をしてはならない。ただし、第2号に掲げる行為については、第139条の3第1項第8号に掲げる事項についての定めがあるときは、この限りでない。

一 　当該投資法人債の全部についてするその支払の猶予、その債務の不履行によつて生じた責任の免除又は和解（次号に掲げる行為を除く。）

二 　当該投資法人債の全部についてする訴訟行為又は破産手続、再生手続若しくは特別清算に関する手続に属する行為（第1項の行為を除く。）

5 　投資法人債管理者は、前項ただし書の規定により投資法人債権者集

会の決議によらずに同項第2号に掲げる行為をしたときは、遅滞なく、その旨を公告し、かつ、知れている投資法人債権者には、各別にこれを通知しなければならない。
6　前項の規定による公告は、投資法人債を発行した投資法人（次項において「投資法人債発行法人」という。）における公告の方法によりしなければならない。ただし、その方法が電子公告（第186条の2第1項第3号に掲げる電子公告をいう。第13節において同じ。）であるときは、その公告は、官報に掲載する方法でしなければならない。
7　投資法人債管理者は、その管理の委託を受けた投資法人債につき第1項の行為又は第4項各号に掲げる行為をするために必要があるときは、投資法人債発行法人並びにその一般事務受託者、資産運用会社及び資産保管会社に対して投資法人債発行法人の業務及び財産の状況を調査することができる。
8　会社法第703条、第704条、第707条から第714条まで、第868条第3項、第869条、第870条第1項（第2号に係る部分に限る。）、第871条、第872条（第4号に係る部分に限る。）、第874条（第1号及び第4号に係る部分に限る。）、第875条及び第876条の規定は、投資法人債管理者について準用する。この場合において、これらの規定中「社債」、「社債権者」及び「社債権者集会」とあるのはそれぞれ「投資法人債」、「投資法人債権者」及び「投資法人債権者集会」と、同法第709条第2項中「第705条第1項」とあるのは「投資法人法第139条の9第1項」と、同法第710条第1項中「この法律」とあるのは「投資法人法」と、同法第711条第2項中「第702条」とあるのは「投資法人法第139条の8」と読み替えるものとするほか、必要な技術的読替えは、政令で定める。

1　趣　　旨

　本条は投資法人債権者の権限等について定めるものであり、会社法705条、706条と基本的に同趣旨である。

第139条の9

2　解　説

　会社法において社債管理者が発行会社の業務・財産の状況の調査を行う場合には裁判所の許可を必要とする（会社法705条4項）のに対し、投資法人債管理者による投資法人債発行法人等に対する調査については、裁判所の許可は不要とされている（7項）。これは、一般の事業会社と異なり、資産運用型の投資ビークルにすぎない投資法人の業務・財産の内容はきわめて限定されており、調査権の濫用のおそれも少なく、むしろ機動的に調査を行えることとすることが適当であるためである。

　また、投資法人債発行法人の業務および財産の調査のための調査対象は、その実効性の確保のため、投資法人債発行法人に限らず、その業務および財産の委託を受けている一般事務受託者、資産運用会社および資産保管会社に拡大されている。

3　準用条文（8項）

◇会社法703条（社債管理者の資格）

　投資法人債管理者は、次に掲げる者でなければならない。

一　銀行
二　信託会社
三　前2号に掲げるもののほか、これらに準ずるものとして内閣府令で定める者

◇会社法704条（社債管理者の義務）

1　投資法人債管理者は、投資法人債権者のために、公平かつ誠実に投資法人債の管理を行わなければならない。
2　投資法人債管理者は、投資法人債権者に対し、善良な管理者の注意をもって投資法人債の管理を行わなければならない。

◇会社法707条（特別代理人の選任）

　投資法人債権者と投資法人債管理者との利益が相反する場合において、投資法人債権者のために裁判上又は裁判外の行為をする必要があるときは、裁判所は、投資法人債権者集会の申立てにより、特別代理人を選任しなければならない。

◇会社法708条（社債管理者等の行為の方式）

　投資法人債管理者又は前条の特別代理人が投資法人債権者のために裁判上又は裁判外の行為をするときは、個別の投資法人債権者を表示することを要しない。

◇会社法709条（2以上の社債管理者がある場合の特則）

1　2以上の投資法人債管理者があるときは、これらの者が共同してその権限に属する行為をしなければならない。

2　前項に規定する場合において、投資法人債管理者が投資法人法第139条の9第1項の弁済を受けたときは、投資法人債管理者は、投資法人債権者に対し、連帯して、当該弁済の額を支払う義務を負う。

◇会社法710条（社債管理者の責任）

1　投資法人債管理者は、投資法人法又は投資法人債権者集会の決議に違反する行為をしたときは、投資法人債権者に対し、連帯して、これによって生じた損害を賠償する責任を負う。

2　投資法人債管理者は、投資法人債発行法人が投資法人債の償還若しくは利息の支払を怠り、若しくは投資法人債発行法人について支払の停止があった後又はその前3箇月以内に、次に掲げる行為をしたときは、投資法人債権者に対し、損害を賠償する責任を負う。ただし、当該投資法人債管理者が誠実にすべき投資法人債の管理を怠らなかったこと又は当該損害が当該行為によって生じたものでないことを証明したときは、この限りでない。

一　当該投資法人債管理者の債権に係る債務について投資法人債発行法人から担保の供与又は債務の消滅に関する行為を受けること。

二　当該投資法人債管理者と内閣府令で定める特別の関係がある者に対して当該投資法人債管理者の債権を譲り渡すこと（当該特別の関係がある者が当該債権に係る債務について投資法人債発行法人から担保の供与又は債務の消滅に関する行為を受けた場合に限る。）。

三　当該投資法人債管理者が投資法人債発行法人に対する債権を有する場合において、契約によって負担する債務を専ら当該債権をもってする相殺に供する目的で投資法人債発行法人の財産の処分を内容とする

第139条の9

　　　　契約を投資法人債発行法人との間で締結し、又は投資法人債発行法人に対して債務を負担する者の債務を引き受けることを内容とする契約を締結し、かつ、これにより投資法人債発行法人に対し負担した債務と当該債権とを相殺すること。
　　四　当該投資法人債管理者が投資法人債発行法人に対して債務を負担する場合において、投資法人債発行法人に対する債権を譲り受け、かつ、当該債務と当該債権とを相殺すること。

◇会社法711条（社債管理者の辞任）
　1　投資法人債管理者は、投資法人債発行法人及び投資法人債権者集会の同意を得て辞任することができる。この場合において、他に投資法人債管理者がないときは、当該投資法人債管理者は、あらかじめ、事務を承継する投資法人債管理者を定めなければならない。
　2　前項の規定にかかわらず、投資法人債管理者は、投資法人法第139条の8の規定による委託に係る契約に定めた事由があるときは、辞任することができる。ただし、当該契約に事務を承継する投資法人債管理者に関する定めがないときは、この限りでない。
　3　第1項の規定にかかわらず、投資法人債管理者は、やむを得ない事由があるときは、裁判所の許可を得て、辞任することができる。

◇会社法712条（社債管理者が辞任した場合の責任）
　　第710条第2項の規定は、投資法人債発行法人が投資法人債の償還若しくは利息の支払を怠り、若しくは投資法人債発行法人について支払の停止があった後又はその前3箇月以内に前条第2項の規定により辞任した投資法人債管理者について準用する。

◇会社法713条（社債管理者の解任）
　　裁判所は、投資法人債管理者がその義務に違反したとき、その事務処理に不適任であるときその他正当な理由があるときは、投資法人債発行法人又は投資法人債権者集会の申立てにより、当該投資法人債管理者を解任することができる。

◇会社法714条（社債管理者の事務の承継）
　1　投資法人債管理者が次のいずれかに該当することとなった場合におい

て、他に投資法人債管理者がないときは、投資法人債発行法人は、事務を承継する投資法人債管理者を定め、投資法人債権者のために、投資法人債の管理を行うことを委託しなければならない。この場合においては、投資法人債発行法人は、投資法人債権者集会の同意を得るため、遅滞なく、これを招集し、かつ、その同意を得ることができなかったときは、その同意に代わる裁判所の許可の申立てをしなければならない。

一　第703条各号に掲げる者でなくなったとき。
二　第711条第3項の規定により辞任したとき。
三　前条の規定により解任されたとき。
四　解散したとき。

2　投資法人債発行法人は、前項前段に規定する場合において、同項各号のいずれかに該当することとなった日後2箇月以内に、同項後段の規定による招集をせず、又は同項後段の申立てをしなかったときは、当該投資法人債の総額について期限の利益を喪失する。

3　第1項前段に規定する場合において、やむを得ない事由があるときは、利害関係人は、裁判所に対し、事務を承継する投資法人債管理者の選任の申立てをすることができる。

4　投資法人債発行法人は、第1項前段の規定により事務を承継する投資法人債管理者を定めた場合（投資法人債権者集会の同意を得た場合を除く。）又は前項の規定による事務を承継する投資法人債管理者の選任があった場合には、遅滞なく、その旨を公告し、かつ、知れている投資法人債権者には、各別にこれを通知しなければならない。

（投資法人債権者集会）

第139条の10　投資法人債権者は、投資法人債の種類（第139条の7において準用する会社法第681条第1号に規定する種類をいう。）ごとに投資法人債権者集会を組織する。

2　会社法第716条から第742条まで、第7編第2章第7節、第868条第3項、第869条、第870条第1項（第7号から第9号までに係る部分に限

る。)、第871条、第872条(第4号に係る部分に限る。)、第873条、第874条(第4号に係る部分に限る。)、第875条及び第876条の規定は、投資法人が投資法人債を発行する場合における投資法人債、投資法人債権者、投資法人債券、投資法人債管理者又は投資法人債権者集会について準用する。この場合において、同法第716条中「この法律」とあるのは「投資法人法」と、同法第724条第2項第1号中「第706条第1項各号」とあるのは「投資法人法第139条の9第4項各号」と、同項第2号中「第706条第1項、」とあるのは「投資法人法第139条の9第4項の規定並びに」と、同法第733条第1号中「第676条」とあるのは「投資法人法第139条の3第1項」と、同法第737条第2項及び第741条第3項中「第705条第1項」とあるのは「投資法人法第139条の9第1項」と、同法第740条第1項中「第449条、第627条、第635条、第670条、第779条(第781条第2項において準用する場合を含む。)、第789条(第793条第2項において準用する場合を含む。)、第799条(第802条第2項において準用する場合を含む。)又は第810条(第813条第2項」とあるのは「投資法人法第142条第1項から第5項まで又は第149条の4(投資法人法第149条の9又は第149条の14」と、同条第2項中「第702条」とあるのは「投資法人法第139条の8」と、同条第3項中「第449条第2項、第627条第2項、第635条第2項、第670条第2項、第779条第2項(第781条第2項において準用する場合を含む。以下この項において同じ。)、第789条第2項(第793条第2項において準用する場合を含む。以下この項において同じ。)、第799条第2項(第802条第2項において準用する場合を含む。以下この項において同じ。)及び第810条第2項(第813条第2項」とあるのは「投資法人法第142条第2項及び第149条の4第2項(投資法人法第149条の9及び第149条の14」と、「第449条第2項、第627条第2項、第635条第2項、第670条第2項、第779条第2項及び第799条第2項」とあるのは「投資法人法第142条第2項及び第149条の4第2項」と読み替えるものとするほか、必要な技術的読替えは、政令で定める。

1　趣　　旨

　本条は投資法人債権者集会について定めるものであり、会社法上の社債権者集会に関する規定と同趣旨である。投資法人債権者集会は、投資法人債の内容を特定するものとして施行規則180条で定める事項である「種類」ごとに組織される。

2　準用条文（2項）

◇会社法716条（社債権者集会の権限）
　　投資法人債権者集会は、投資法人法に規定する事項及び投資法人債権者の利害に関する事項について決議をすることができる。
◇会社法717条（社債権者集会の招集）
　1　投資法人債権者集会は、必要がある場合には、いつでも、招集することができる。
　2　投資法人債権者集会は、次条第3項の規定により招集する場合を除き、投資法人債発行法人又は投資法人債管理者が招集する。
◇会社法718条（社債権者による招集の請求）
　1　ある種類の投資法人債の総額（償還済みの額を除く。）の10分の1以上に当たる投資法人債を有する投資法人債権者は、投資法人債発行法人又は投資法人債管理者に対し、投資法人債権者集会の目的である事項及び招集の理由を示して、投資法人債権者集会の招集を請求することができる。
　2　投資法人債発行法人が有する自己の当該種類の投資法人債の金額の合計額は、前項に規定する投資法人債の総額に算入しない。
　3　次に掲げる場合には、第1項の規定による請求をした投資法人債権者は、裁判所の許可を得て、投資法人債権者集会を招集することができる。
　　一　第1項の規定による請求の後遅滞なく招集の手続が行われない場合
　　二　第1項の規定による請求があった日から8週間以内の日を投資法人債権者集会の日とする投資法人債権者集会の招集の通知が発せられない場合

4 　第１項の規定による請求又は前項の規定による招集をしようとする無記名投資法人債の投資法人債権者は、その投資法人債券を投資法人債発行法人又は投資法人債管理者に提示しなければならない。

◇会社法719条（社債権者集会の招集の決定）

　投資法人債権者集会を招集する者（以下この章において「招集者」という。）は、投資法人債権者集会を招集する場合には、次に掲げる事項を定めなければならない。

一　投資法人債権者集会の日時及び場所
二　投資法人債権者集会の目的である事項
三　投資法人債権者集会に出席しない投資法人債権者が電磁的方法によって議決権を行使することができることとするときは、その旨
四　前３号に掲げるもののほか、内閣府令で定める事項

◇会社法720条（社債権者集会の招集の通知）

1 　投資法人債権者集会を招集するには、招集者は、投資法人債権者集会の日の２週間前までに、知れている投資法人債権者及び投資法人債発行法人並びに投資法人債管理者がある場合にあっては投資法人債管理者に対して、書面をもってその通知を発しなければならない。

2 　招集者は、前項の書面による通知の発出に代えて、政令で定めるところにより、同項の通知を受けるべき者の承諾を得て、電磁的方法により通知を発することができる。この場合において、当該招集者は、前項の書面による通知を発したものとみなす。

3 　前２項の通知には、前条各号に掲げる事項を記載し、又は記録しなければならない。

4 　投資法人債発行法人が無記名式の投資法人債券を発行している場合において、投資法人債権者集会を招集するには、招集者は、投資法人債権者集会の日の３週間前までに、投資法人債権者集会を招集する旨及び前条各号に掲げる事項を公告しなければならない。

5 　前項の規定による公告は、投資法人債発行法人における公告の方法によりしなければならない。ただし、招集者が投資法人債発行法人以外の者である場合において、その方法が電子公告であるときは、その公告

は、官報に掲載する方法でしなければならない。

◇会社法721条（社債権者集会参考書類及び議決権行使書面の交付等）

1　招集者は、前条第1項の通知に際しては、内閣府令で定めるところにより、知れている投資法人債権者に対し、議決権の行使について参考となるべき事項を記載した書類（以下この条において「投資法人債権者集会参考書類」という。）及び投資法人債権者が議決権を行使するための書面（以下この章において「議決権行使書面」という。）を交付しなければならない。

2　招集者は、前条第2項の承諾をした投資法人債権者に対し同項の電磁的方法による通知を発するときは、前項の規定による投資法人債権者集会参考書類及び議決権行使書面の交付に代えて、これらの書類に記載すべき事項を電磁的方法により提供することができる。ただし、投資法人債権者の請求があったときは、これらの書類を当該投資法人債権者に交付しなければならない。

3　招集者は、前条第4項の規定による公告をした場合において、投資法人債権者集会の日の1週間前までに無記名投資法人債の投資法人債権者の請求があったときは、直ちに、投資法人債権者集会参考書類及び議決権行使書面を当該投資法人債権者に交付しなければならない。

4　招集者は、前項の規定による投資法人債権者集会参考書類及び議決権行使書面の交付に代えて、政令で定めるところにより、投資法人債権者の承諾を得て、これらの書類に記載すべき事項を電磁的方法により提供することができる。この場合において、当該招集者は、前項の規定によるこれらの書類の交付をしたものとみなす。

◇会社法722条

1　招集者は、第719条第3号に掲げる事項を定めた場合には、第720条第2項の承諾をした投資法人債権者に対する電磁的方法による通知に際して、内閣府令で定めるところにより、投資法人債権者に対し、議決権行使書面に記載すべき事項を当該電磁的方法により提供しなければならない。

2　招集者は、第719条第3号に掲げる事項を定めた場合において、第720

第139条の10

　　条第２項の承諾をしていない<u>投資法人債権者</u>から<u>投資法人債権者集会</u>の日の１週間前までに議決権行使書面に記載すべき事項の<u>電磁的方法</u>による提供の請求があったときは、<u>内閣府令</u>で定めるところにより、直ちに、当該<u>投資法人債権者</u>に対し、当該事項を<u>電磁的方法</u>により提供しなければならない。

◇会社法723条（議決権の額等）
1　<u>投資法人債権者</u>は、<u>投資法人債権者集会</u>において、その有する当該種類の<u>投資法人債</u>の金額の合計額（償還済みの額を除く。）に応じて、議決権を有する。
2　前項の規定にかかわらず、<u>投資法人債発行法人</u>は、その有する自己の<u>投資法人債</u>については、議決権を有しない。
3　議決権を行使しようとする<u>無記名投資法人債</u>の<u>投資法人債権者</u>は、<u>投資法人債権者集会</u>の日の１週間前までに、その<u>投資法人債券</u>を招集者に提示しなければならない。

◇会社法724条（社債権者集会の決議）
1　<u>投資法人債権者集会</u>において決議をする事項を可決するには、出席した議決権者（議決権を行使することができる<u>投資法人債権者</u>をいう。以下この章において同じ。）の議決権の総額の２分の１を超える議決権を有する者の同意がなければならない。
2　前項の規定にかかわらず、<u>投資法人債権者集会</u>において次に掲げる事項を可決するには、議決権者の議決権の総額の５分の１以上で、かつ、出席した議決権者の議決権の総額の３分の２以上の議決権を有する者の同意がなければならない。
　一　<u>投資法人法第139条の９第４項各号</u>に掲げる行為に関する事項
　二　<u>投資法人法第139条の９第４項の規定</u>並びに、第736条第１項、第737条第１項ただし書及び第738条の規定により<u>投資法人債権者集会</u>の決議を必要とする事項
3　<u>投資法人債権者集会</u>は、第719条第２号に掲げる事項以外の事項については、決議をすることができない。

◇会社法725条（議決権の代理行使）

1 投資法人債権者は、代理人によってその議決権を行使することができる。この場合においては、当該投資法人債権者又は代理人は、代理権を証明する書面を招集者に提出しなければならない。
2 前項の代理権の授与は、投資法人債権者集会ごとにしなければならない。
3 第1項の投資法人債権者又は代理人は、代理権を証明する書面の提出に代えて、政令で定めるところにより、招集者の承諾を得て、当該書面に記載すべき事項を電磁的方法により提供することができる。この場合において、当該投資法人債権者又は代理人は、当該書面を提出したものとみなす。
4 投資法人債権者が第720条第2項の承諾をした者である場合には、招集者は、正当な理由がなければ、前項の承諾をすることを拒んではならない。

◇会社法726条（書面による議決権の行使）
1 投資法人債権者集会に出席しない投資法人債権者は、書面によって議決権を行使することができる。
2 書面による議決権の行使は、議決権行使書面に必要な事項を記載し、内閣府令で定める時までに当該記載をした議決権行使書面を招集者に提出して行う。
3 前項の規定により書面によって行使した議決権の額は、出席した議決権者の議決権の額に算入する。

◇会社法727条（電磁的方法による議決権の行使）
1 電磁的方法による議決権の行使は、政令で定めるところにより、招集者の承諾を得て、内閣府令で定める時までに議決権行使書面に記載すべき事項を、電磁的方法により当該招集者に提供して行う。
2 投資法人債権者が第720条第2項の承諾をした者である場合には、招集者は、正当な理由がなければ、前項の承諾をすることを拒んではならない。
3 第1項の規定により電磁的方法によって行使した議決権の額は、出席した議決権者の議決権の額に算入する。

◇会社法728条（議決権の不統一行使）
　1　投資法人債権者は、その有する議決権を統一しないで行使することができる。この場合においては、投資法人債権者集会の日の３日前までに、招集者に対してその旨及びその理由を通知しなければならない。
　2　招集者は、前項の投資法人債権者が他人のために投資法人債を有する者でないときは、当該投資法人債権者が同項の規定によりその有する議決権を統一しないで行使することを拒むことができる。

◇会社法729条（社債発行会社の代表者の出席等）
　1　投資法人債発行法人又は投資法人債管理者は、その代表者若しくは代理人を投資法人債権者集会に出席させ、又は書面により意見を述べることができる。ただし、投資法人債管理者にあっては、その投資法人債権者集会が投資法人法第139条の９第８項において準用する第707条の特別代理人の選任について招集されたものであるときは、この限りでない。
　2　投資法人債権者集会又は招集者は、必要があると認めるときは、投資法人債発行法人に対し、その代表者又は代理人の出席を求めることができる。この場合において、投資法人債権者集会にあっては、これをする旨の決議を経なければならない。

◇会社法730条（延期又は続行の決議）
　投資法人債権者集会においてその延期又は続行について決議があった場合には、第719条及び第720条の規定は、適用しない。

◇会社法731条（議事録）
　1　投資法人債権者集会の議事については、招集者は、内閣府令で定めるところにより、議事録を作成しなければならない。
　2　投資法人債発行法人は、投資法人債権者集会の日から10年間、前項の議事録をその本店に備え置かなければならない。
　3　投資法人債管理者及び投資法人債権者は、投資法人債発行法人の営業時間内は、いつでも、次に掲げる請求をすることができる。
　　一　第１項の議事録が書面をもって作成されているときは、当該書面の閲覧又は謄写の請求
　　二　第１項の議事録が電磁的記録をもって作成されているときは、当該

電磁的記録に記録された事項を内閣府令で定める方法により表示したものの閲覧又は謄写の請求

◇会社法732条（社債権者集会の決議の認可の申立て）

　投資法人債権者集会の決議があったときは、招集者は、当該決議があった日から１週間以内に、裁判所に対し、当該決議の認可の申立てをしなければならない。

◇会社法733条（社債権者集会の決議の不認可）

　裁判所は、次のいずれかに該当する場合には、投資法人債権者集会の決議の認可をすることができない。

一　投資法人債権者集会の招集の手続又はその決議の方法が法令又は投資法人法第139条の３第１項の募集のための当該投資法人債発行法人の事業その他の事項に関する説明に用いた資料に記載され、若しくは記録された事項に違反するとき。

二　決議が不正の方法によって成立するに至ったとき。

三　決議が著しく不公正であるとき。

四　決議が投資法人債権者の一般の利益に反するとき。

◇会社法734条（社債権者集会の決議の効力）

１　投資法人債権者集会の決議は、裁判所の認可を受けなければ、その効力を生じない。

２　投資法人債権者集会の決議は、当該種類の投資法人債を有するすべての投資法人債権者に対してその効力を有する。

◇会社法735条（社債権者集会の決議の認可又は不認可の決定の公告）

　投資法人債発行法人は、投資法人債権者集会の決議の認可又は不認可の決定があった場合には、遅滞なく、その旨を公告しなければならない。

◇会社法736条（代表社債権者の選任等）

１　投資法人債権者集会においては、その決議によって、当該種類の投資法人債の総額（償還済みの額を除く。）の1000分の１以上に当たる投資法人債を有する投資法人債権者の中から、１人又は２人以上の代表投資法人債権者を選任し、これに投資法人債権者集会において決議をする事項についての決定を委任することができる。

第139条の10

 2　第718条第2項の規定は、前項に規定する投資法人債の総額について準用する。

 3　代表投資法人債権者が2人以上ある場合において、投資法人債権者集会において別段の定めを行わなかったときは、第1項に規定する事項についての決定は、その過半数をもって行う。

◇会社法737条（社債権者集会の決議の執行）

 1　投資法人債権者集会の決議は、投資法人債管理者又は代表投資法人債権者（投資法人債管理者があるときを除く。）が執行する。ただし、投資法人債権者集会の決議によって別に投資法人債権者集会の決議を執行する者を定めたときは、この限りでない。

 2　投資法人法第139条の9第1項から第3項まで並びに同条第8項において準用する第708条及び第709条の規定は、代表投資法人債権者又は前項ただし書の規定により定められた投資法人債権者集会の決議を執行する者（以下この章において「決議執行者」という。）が投資法人債権者集会の決議を執行する場合について準用する。

◇会社法738条（代表社債権者等の解任等）

 投資法人債権者集会においては、その決議によって、いつでも、代表投資法人債権者若しくは決議執行者を解任し、又はこれらの者に委任した事項を変更することができる。

◇会社法739条（社債の利息の支払等を怠ったことによる期限の利益の喪失）

 1　投資法人債発行法人が投資法人債の利息の支払を怠ったとき、又は定期に投資法人債の一部を償還しなければならない場合においてその償還を怠ったときは、投資法人債権者集会の決議に基づき、当該決議を執行する者は、投資法人債発行法人に対し、一定の期間内にその弁済をしなければならない旨及び当該期間内にその弁済をしないときは当該投資法人債の総額について期限の利益を喪失する旨を書面により通知することができる。ただし、当該期間は、2箇月を下ることができない。

 2　前項の決議を執行する者は、同項の規定による書面による通知に代えて、政令で定めるところにより、投資法人債発行法人の承諾を得て、同項の規定により通知する事項を電磁的方法により提供することができ

る。この場合において、当該決議を執行する者は、当該書面による通知をしたものとみなす。
3 投資法人債発行法人は、第１項の期間内に同項の弁済をしなかったときは、当該投資法人債の総額について期限の利益を喪失する。

◇会社法740条（債権者の異議手続の特則）
1 投資法人法第142条第１項から第５項まで又は第149条の４（投資法人法第149条の９又は第149条の14において準用する場合を含む。）の規定により投資法人債権者が異議を述べるには、投資法人債権者集会の決議によらなければならない。この場合においては、裁判所は、利害関係人の申立てにより、投資法人債権者のために異議を述べることができる期間を伸長することができる。
2 前項の規定にかかわらず、投資法人債管理者は、投資法人債権者のために、異議を述べることができる。ただし、投資法人法第139条の８の規定による委託に係る契約に別段の定めがある場合は、この限りでない。
3 投資法人債発行法人における投資法人法第142条第２項及び第149条の４第２項（投資法人法第149条の９及び第149条の14において準用する場合を含む。以下この項において同じ。）の規定の適用については、投資法人法第142条第２項及び第149条の４第２項中「知れている債権者」とあるのは「知れている債権者（投資法人債管理者がある場合にあっては、当該投資法人債管理者を含む。）」とする。

◇会社法741条（社債管理者等の報酬等）
1 投資法人債管理者、代表投資法人債権者又は決議執行者に対して与えるべき報酬、その事務処理のために要する費用及びその支出の日以後における利息並びにその事務処理のために自己の過失なくして受けた損害の賠償額は、投資法人債発行法人との契約に定めがある場合を除き、裁判所の許可を得て、投資法人債発行法人の負担とすることができる。
2 前項の許可の申立ては、投資法人債管理者、代表投資法人債権者又は決議執行者がする。
3 投資法人債管理者、代表投資法人債権者又は決議執行者は、第１項の報酬、費用及び利息並びに損害の賠償額に関し、投資法人法第139条の

第139条の10

9 第1項（第737条第2項において準用する場合を含む。）の弁済を受けた額について、投資法人債権者に先立って弁済を受ける権利を有する。

◇会社法742条（社債権者集会等の費用の負担）

1 投資法人債権者集会に関する費用は、投資法人債発行法人の負担とする。

2 第732条の申立てに関する費用は、投資法人債発行法人の負担とする。ただし、裁判所は、投資法人債発行法人その他利害関係人の申立てにより又は職権で、当該費用の全部又は一部について、招集者その他利害関係人の中から別に負担者を定めることができる。

◇会社法865条（社債発行会社の弁済等の取消しの訴え）

1 投資法人債を発行した投資法人が投資法人債権者に対してした弁済、投資法人債権者との間でした和解その他の投資法人債権者に対してし、又は投資法人債権者との間でした行為が著しく不公正であるときは、投資法人債管理者は、訴えをもって当該行為の取消しを請求することができる。

2 前項の訴えは、投資法人債管理者が同項の行為の取消しの原因となる事実を知った時から6箇月を経過したときは、提起することができない。同項の行為の時から1年を経過したときも、同様とする。

3 第1項に規定する場合において、投資法人債権者集会の決議があるときは、代表投資法人債権者又は決議執行者（第737条第2項に規定する決議執行者をいう。）も、訴えをもって第1項の行為の取消しを請求することができる。ただし、同項の行為の時から1年を経過したときは、この限りでない。

4 民法第424条第1項ただし書及び第425条の規定は、第1項及び前項本文の場合について準用する。この場合において、同法第424条第1項ただし書中「その行為によって」とあるのは「会社法第865条第1項に規定する行為によって」と、「債権者を害すべき事実」とあるのは「その行為が著しく不公正であること」と、同法第425条中「債権者」とあるのは「投資法人債権者」と読み替えるものとする。

◇会社法866条（被告）

前条第1項又は第3項の訴えについては、同条第1項の行為の相手方又は転得者を被告とする。

◇会社法867条（訴えの管轄）
　第865条第1項又は第3項の訴えは、投資法人債を発行した投資法人の本店の所在地を管轄する地方裁判所の管轄に専属する。

（担保付社債信託法等の適用関係）
第139条の11　投資法人債は、担保付社債信託法（明治38年法律第52号）その他の政令で定める法令の適用については、政令で定めるところにより、社債とみなす。

　本条は、投資法人債についての、担保付社債信託法および担保付社債信託法施行令の適用関係について定めるものである（施行令98条）。投資法人債に物的担保を付そうとする場合には、担保の目的である財産を有する者（投資法人等）と信託会社との間の信託契約に従わなければならない（担保付社債信託法2条1項）。

（短期投資法人債に係る特例）
第139条の12　第139条の7において準用する会社法第681条の規定にかかわらず、次に掲げる要件のいずれにも該当する投資法人債（次項及び次条において「短期投資法人債」という。）については、これを発行した投資法人は、投資法人債原簿を作成することを要しない。
一　各投資法人債の金額が1億円を下回らないこと。
二　元本の償還について、投資法人債の総額の払込みのあつた日から1年未満の日とする確定期限の定めがあり、かつ、分割払の定めがないこと。
三　利息の支払期限を、前号の元本の償還期限と同じ日とする旨の定めがあること。

> 四　担保付社債信託法の規定により担保が付されるものでないこと。
> 2　短期投資法人債については、第139条の8から第139条の10までの規定は、適用しない。

1　趣　旨

　短期投資法人債の要件、および短期投資法人債を発行した際の投資法人債原簿の作成義務等に関する規定の適用除外を定めるものである。

2　解　説

　1項各号の要件のすべてを満たす投資法人債を短期投資法人債といい、短期投資法人債を発行した投資法人は投資法人債原簿の作成義務がなく（1項）、また、投資法人債管理者および投資法人債権者集会に関する規定は短期投資法人債には適用されない（2項）。これは、投資法人の短期資金調達の需要に応えるべく導入された短期投資法人債について、その管理に関する手続負担を軽減するものである。

> **（短期投資法人債の発行）**
> **第139条の13**　投資法人は、短期投資法人債については、次に掲げる場合を除き、これを発行することができない。
> 　一　次に掲げるすべての要件を満たすものである場合
> 　　イ　特定資産（不動産その他の政令で定める資産に限る。）の取得に必要な資金の調達その他の内閣府令で定める目的のために発行するものであること。
> 　　ロ　規約においてその発行の限度額が定められていること。
> 　　ハ　イ及びロに掲げるもののほか、投資主の保護のため必要なものとして内閣府令で定める要件
> 　二　短期投資法人債の償還のための資金を調達する場合（内閣府令で定める場合に限る。）

本条は短期投資法人債の発行要件について定めるものであり、各要件を整理すると以下のとおりとなる。

法139条の13	関連する施行令・施行規則
① 次に掲げるすべての要件を満たすものである場合	
イ 特定資産（不動産その他の施行令98条の２で定める資産に限る）の取得に必要な資金の調達その他の施行規則192条１項で定める目的のために発行するものであること。	（施行規則192条１項で定める目的） (1) 特定資産（施行令98条の２各号に掲げる資産に限る。①ハ(2)において同じ）の取得に必要な資金の調達 (2) 次に掲げる不動産の修繕（事故、災害その他の事由により緊急に必要となったものに限る）に必要な資金の調達 　イ 投資法人が有する不動産 　ロ 投資法人が有する施行令98条の２第２号に規定する信託の受益権に係る信託財産に属する不動産 (3) (2)のイまたはロに掲げる不動産の賃借人に対する敷金または保証金の返還に必要な資金の調達 (4) 投資証券または投資法人債の発行により資金の調達をしようとする場合における当該発行までの間に必要な資金の調達（いわゆる「ブリッジ」目的の場合） （参考）施行令98条の２で定める資産 ① 不動産、不動産の賃借権、地上権51（施行令３条３号〜５号） ② ①に掲げる資産のみを信託する信託の受益権 ③ 当事者の一方が相手方の行う①・②に掲げる資産の運用のために出資を行い、相手方がその出資された財産を当該資産のみに対する投資として運用し、当該運用から生ずる利益の分配を行うことを約する契約に係

---

51 個別事例ごとに実態に即して実質的に判断されるべきものではあるが、例えば不動産、不動産賃借権または地上権を取得する場合において、当該不動産等に係る「地役権」または「敷金、保証金等の金銭」を併せて取得することが客観的に必要不可欠と認められる場合は、不動産等を当該地役権または金銭と併せて取得するために短期投資法人債を発行することも、①イ(1)の不動産等の特定資産「の取得に必要な資金の調達」（施行規則192条１項１号）に該当し得るものと考えられる（平成19年７月31日付金融庁「「金融商品取引法制に関する政令案・内閣府令案等」に対するパブリックコメントの結果等について」における「コメントの概要及びコメントに対する金融庁の考え方」593頁（http://www.fsa.go.jp/news/19/syouken/20070731-7/00.pdf））。

	る出資の持分 ④　資産流動化法2条3項に規定する特定目的会社（同条1項に規定する特定資産が①または②に掲げる資産であるものに限る）が発行をした同条9項に規定する優先出資証券
ロ　規約においてその発行の限度額が定められていること。	
ハ　イおよびロに掲げるもののほか、投資主の保護のため必要なものとして施行規則192条2項で定める要件	（施行規則192条2項で定める要件） (1)　①イ(1)の目的により短期投資法人債を発行する場合にあっては、①イ(1)の特定資産の取得に係る契約を締結し、または当該契約の締結の見込みが確実であること[52]。 (2)　①イ(2)の目的により短期投資法人債を発行する場合にあっては、①イ(2)の不動産の修繕に係る契約を締結し、または当該契約の締結の見込みが確実であること。 (3)　①イ(3)の目的により短期投資法人債を発行する場合にあっては、賃貸借契約の終了の見込みが確実であること。 (4)　①イ(4)の目的により短期投資法人債を発行する場合にあっては、元本の償還について、当該短期投資法人債の総額の払込みのあった日から6月未満の日とする確定期限の定めがあること。
②　短期投資法人債の償還のための資金を	（施行規則192条3項で定める場合：(1)および(2)に掲げる要件を満たす場合）

---

[52] ①ハ(1)～(3)における「見込みが確実であること」とは、不動産その他の特定資産の取得、不動産の修繕または敷金・保証権の返還のために短期投資法人債の発行により資金調達を行う場合、必ずしも当該資金調達の時点において当該取得もしくは修繕に係る契約の締結または当該返還に係る賃貸借契約の終了が行われているとは限らないことから、契約の締結または終了と同視し得る場合として、その「見込みが確実であること」で足りることとするものであり、例えば、契約書案の作成等、契約の締結または解約の準備が終了しており、当事者の意思表示または期間の経過等により直ちに契約の締結または終了の効果が生ずることとなる場合等が考えられるが、個別事例ごとに実態に即して実質的に判断すべきものとされている（平成19年7月31日付金融庁「「金融商品取引法制に関する政令案・内閣府令案等」に対するパブリックコメントの結果等について」における「コメントの概要及びコメントに対する金融庁の考え方」594頁（http://www.fsa.go.jp/news/19/syouken/20070731-7/00.pdf））。

調達する場合（いわゆる「ロールオーバー」目的。施行規則192条3項で定める場合に限る）	(1) いずれかの特定短期投資法人債（発行を予定する短期投資法人債の発行により調達した資金をもって償還が行われる短期投資法人債をいう。(2)および（※）において同じ）が①イ(1)〜(3)に掲げる目的により発行された場合であって、発行を予定する短期投資法人債の元本の償還について、当該特定短期投資法人債の総額の払込みのあった日から1年未満の日とする確定期限の定めがあること。 (2) いずれかの特定短期投資法人債が①イ(4)に掲げる目的により発行された場合であって、発行を予定する短期投資法人債の元本の償還について、当該特定短期投資法人債の総額の払込みのあった日から6月未満の日とする確定期限の定めがあること。 （※） ②(1)および(2)において、特定短期投資法人債（（※）の規定により特定短期投資法人債とみなされる短期投資法人債を含む）の発行により調達した資金をもって償還が行われる短期投資法人債は、特定短期投資法人債とみなす（施行規則192条4項）。

　短期投資法人債制度は、不動産等の個別性が強い資産の取得に係る資金調達を迅速に行うことを目的として導入された制度であり、投資法人はガバナンス構造が簡素化された導管体としての性格を有し、その資金調達を容易に多様化すべきではないことから、投資法人法において、短期投資法人債の発行要件は上記のとおり限定されたものとなっている。そのため、短期投資法人債の発行目的は上記の表の①イ(1)〜(4)および②に限定されており、既存の借入金の返済目的の発行は認められておらず、また、②のロールオーバー目的の短期投資法人債の発行においても、確定期限（すなわち、当初の短期投資法人債の払込日から1年未満（ブリッジ目的の場合、6カ月未満）の日）（②(1)(2)）を超えたロールオーバーは認められておらず[53]、規制改革要望に対する

---

[53] 例えば、不動産の取得に必要な資金の調達の目的で、払込日から元本の償還までの期間を4カ月とする短期投資法人債を発行した場合、その後、当該短期投資法人債を、期間を6カ月とする新たな短期投資法人債の発行によりロールオーバーし、これをさらに、期間を2カ月（厳密には、期間4カ月の当初の短期投資法人債の払込日から1年未満の日までの期間）とする新たな短期投資法人債の発行によりロールオーバーすることは可能であるが、それ以上のロールオーバーは合計期間が1年以上となることから認められないこととなる。

第139条の13

回答においてもこれらを今後認めることは困難であるとされている[54]（上記表中の②（※）の施行規則192条4項参照）。

---

[54] 平成21年7月24日付内閣府規制改革会議「全国規模の規制改革要望に対する各省庁からの回答について」における金融庁回答分・管理番号5030002（http://www8.cao.go.jp/kisei-kaikaku/accept/200906/0724/0724_1_04.xls）。

● 転換投資法人債(新投資口予約権付投資法人債)

　転換投資法人債(新投資口予約権付投資法人債)とは、新投資口を取得できる権利(新投資口予約権)が付与された投資法人債である。投資法人債と投資口の双方の性質を有しており、取得者は、REITの業績が振るわない間は投資法人債権者として安定した利払いを受けることができるとともに、REITの業績が好調になれば新投資口予約権を行使することにより投資主としてより多くの利益を享受することができる。また、転換投資法人債に付与されている新投資口予約権は、基本的に、一定の行使期間にわたって行使されるものであるため、既存の投資主の持分が急速に希薄化されることが避けられるというメリットもある。REITにとっても、新投資口予約権を付与する分、投資法人債の利率を低く抑えることができることや、デットからエクイティへの転換によるLTVの改善も期待できる。現行の投資法人法上は認められていないものの、リファイナンス・リスク等が顕在化し、従来の資金調達手段だけでは資金調達が困難な実態を考えると、早期に導入すべき制度のようにも思える。

　しかしながら、導入にあたっては、新投資口予約権の行使価格が時価よりも低い価格に設定されることが想定されることから、行使価格の公正性についても検討することが必要となる上、会社法のような有利発行の手続の検討も必要となると考えられる。また、仮に、一度に大量の新投資口予約権が行使されてしまうと既存の投資主の持分の急激な希薄化は避けられないため、新投資口予約権の行使について一定の制限を設けることも必要となり得るなど、既存の投資主保護のための制度的対応も慎重に検討すべきである。また、行使価格が適宜修正される修正条項付きの新投資口予約権が付された投資法人債(MSCB)については、別途、空売りによる投資口価格引下げの弊害に対する対応も必要となろう。

　転換投資法人債の導入について、金融庁は、これまで一貫して否定的な立場をとってきた。転換投資法人債の発行は資本政策の観点から高度な判断を要するものであり、投資主等の利害にも大きく関わる問題であるため、投資主保護の観点から、導管体として簡素なガバナンス構造を有する投資法人に認めることは困難であるというのが主な理由であった(平成20年度規制改革要望6月受付関係「J-REIT(不動産投資法人)による転換投資法人債(CB)の導入」、平成20年度規制改革要望10月受付関係「投資法人における転換社債型新投資口予約権付投資法人債の発行の解禁」、平成21年度規制改革要望6月受付関係「投資法人における転換社債型新投資口予約権付投資法人債の発行の解禁」に対する金融庁の各回答)。今般の金融審議会「投資信託・投資法人法制の見直しに関するワーキング・グループ」において、投資法人の簡素なガバナンス構造・導管体としての性格を踏まえて転換投資法人債の導入について検討する旨が提示されたことは大きな前進であり、この機会に、投資主保護と資金調達の利便性とのバランスが取れた制度の導入が期待される。

第 9 節

規約の変更

> （規約の変更）
> **第140条** 投資法人は、その成立後、投資主総会の決議によつて、規約を変更することができる。

　本条は投資法人の規約変更の手続について定めるものである。規約変更のための投資主総会の決議要件は特別決議である（法93条の2第2項3号）。

> （投資口の払戻しに係る規約の変更）
> **第141条** 規約を変更して投資口の払戻しの請求に応じないこととする場合には、前条の投資主総会に先立つて当該規約の変更に反対する旨を投資法人に対し通知し、かつ、当該投資主総会において当該規約の変更に反対した投資主は、投資法人に対し、自己の有する投資口を公正な価格で買い取ることを請求することができる。
> 2　前条の規定による規約の変更のうち、投資口の払戻しの請求に応じることとする規約の変更は、投資法人債の残高が存しない場合に限り、することができる。
> 3　会社法第116条第5項から第7項まで、第117条、第868条第1項、第870条第2項（第2号に係る部分に限る。）、第870条の2、第871条本文、第872条（第5号に係る部分に限る。）、第872条の2、第873条本文、第875条及び第876条の規定は、第1項の規定による請求について

準用する。この場合において、必要な技術的読替えは、政令で定める。

1 趣　旨

　規約を変更して投資口の払戻しの請求に応じないこととする場合の反対投資主の投資口買取請求権、規約を変更して投資口の払戻しの請求に応ずることとできる場合について定めるものである。

2 クローズド・エンド型に変更する際の反対投資主の投資口買取請求権

　規約を変更して投資口の払戻しの請求に応じないこととし、オープン・エンド型からクローズド・エンド型へ変更する場合には、これに反対する投資主は、自己の有する投資口を公正な価格で買い取ることを投資法人に対して請求できる（1項）。オープン・エンド型の投資法人における投資主は、投資口の払戻しを請求することにより投資口の換金性が保障されており、また、かかる規約の定めを前提に投資口を保有していたが、特別決議とはいえ、規約変更のための投資主総会の決議という多数決原理により、クローズド・エンド型の投資法人に事後的に変更されると、投資口の換金方法が第三者への売却に限定され、投資口の換金性が著しく低下することとなるため、従前のオープン・エンド型の投資法人の投資主の投下資本の回収の機会を保障するものである。

3 オープン・エンド型に変更する際の制限

　規約を変更して投資口の払戻しの請求に応ずることとし、クローズド・エンド型からオープン・エンド型へ変更する場合には、投資法人債の残高が存しないことが必要とされている（2項）。これは、投資法人の債権者の利益が害されることのないよう、投資法人債の発行が、投資主の請求による投資口の払戻しを行わない投資法人、いわゆるクローズド・エンド型の投資法人に限られていること（法139条の2第1項）によるものである。

4　準用条文（3項）

◇会社法116条5項～7項（反対株主の株式買取請求）

5　投資法人法第141条第1項の規定による請求（以下この節において「投資口買取請求」という。）は、効力発生日の20日前の日から効力発生日の前日までの間に、その投資口買取請求に係る投資口の口数を明らかにしてしなければならない。

6　投資口買取請求をした投資主は、投資法人の承諾を得た場合に限り、その投資口買取請求を撤回することができる。

7　投資法人が投資法人法第141条第1項の規約の変更を中止したときは、投資口買取請求は、その効力を失う。

◇会社法117条（株式の価格の決定等）

1　投資口買取請求があった場合において、投資口の価格の決定について、投資主と投資法人との間に協議が調ったときは、投資法人は、効力発生日から60日以内にその支払をしなければならない。

2　投資口の価格の決定について、効力発生日から30日以内に協議が調わないときは、投資主又は投資法人は、その期間の満了の日後30日以内に、裁判所に対し、価格の決定の申立てをすることができる。

3　前条第6項の規定にかかわらず、前項に規定する場合において、効力発生日から60日以内に同項の申立てがないときは、その期間の満了後は、投資主は、いつでも、投資口買取請求を撤回することができる。

4　投資法人は、裁判所の決定した価格に対する第1項の期間の満了の日後の年6分の利率により算定した利息をも支払わなければならない。

5　投資口買取請求に係る投資口の買取りは、当該投資口の代金の支払の時に、その効力を生ずる。

6　投資法人は、投資証券が発行されている投資口について投資口買取請求があったときは、投資証券と引換えに、その投資口買取請求に係る投資口の代金を支払わなければならない。

(最低純資産額を減少させることを内容とする規約の変更)
第142条　規約を変更して最低純資産額を減少させることとする場合には、投資法人の債権者は、当該投資法人に対し、当該規約の変更について異議を述べることができる。
2　前項の場合には、当該投資法人は、次に掲げる事項を官報に公告し、かつ、知れている債権者には、各別にこれを催告しなければならない。ただし、第2号の期間は、1月を下ることができない。
　一　最低純資産額の減少の内容
　二　債権者が一定の期間内に異議を述べることができる旨
3　前項の規定にかかわらず、第1項の投資法人が前項の規定による公告を、官報のほか、第186条の2第1項の規定による規約の定めに従い、同項第2号又は第3号に掲げる公告方法によりするときは、前項の規定による各別の催告は、することを要しない。
4　債権者が第2項第2号の期間内に異議を述べなかつたときは、当該債権者は、当該最低純資産額の減少について承認をしたものとみなす。
5　債権者が第2項第2号の期間内に異議を述べたときは、第1項の投資法人は、当該債権者に対し、弁済し、若しくは相当の担保を提供し、又は当該債権者に弁済を受けさせることを目的として信託会社等に相当の財産を信託しなければならない。ただし、当該最低純資産額の減少をしても当該債権者を害するおそれがないときは、この限りでない。
6　会社法第828条第1項（第5号に係る部分に限る。）及び第2項（第5号に係る部分に限る。）、第834条（第5号に係る部分に限る。）、第835条第1項、第836条から第839条まで、第846条並びに第937条第1項（第1号ニに係る部分に限る。）の規定は、最低純資産額の減少の無効の訴えについて準用する。この場合において、必要な技術的読替えは、政令で定める。

第142条

1　趣　旨

　規約を変更して最低純資産額を減少させることとする場合の債権者保護手続について定めるものである。投資法人の最低純資産額の制度は、債権者保護を主たる目的とするものであるため（法67条の解説参照）、株式会社の資本金の額の減少に関する債権者保護手続（会社法449条）と同趣旨の手続を定めるものである。

2　準用条文（6項）

◇会社法828条1項（5号）および2項（5号）（会社の組織に関する行為の無効の訴え）

　1　次の各号に掲げる行為の無効は、当該各号に定める期間に、訴えをもってのみ主張することができる。

　　五　投資法人における最低純資産額の減少　最低純資産額の減少の効力が生じた日から6箇月以内

　2　次の各号に掲げる行為の無効の訴えは、当該各号に定める者に限り、提起することができる。

　　五　前項第5号に掲げる行為　当該投資法人の投資主、執行役員、監督役員、清算執行人、破産管財人又は最低純資産額の減少について承認をしなかった債権者

◇会社法834条（5号）（被告）

　最低純資産額の減少の無効の訴えについては、当該各号に定める者を被告とする。

　五　投資法人における最低純資産額の減少の無効の訴え　当該投資法人

◇会社法835条1項（訴えの管轄及び移送）

　1　最低純資産額の減少の無効の訴えは、被告となる投資法人の本店の所在地を管轄する地方裁判所の管轄に専属する。

◇会社法836条（担保提供命令）

　1　最低純資産額の減少の無効の訴えについては、裁判所は、被告の申立てにより、当該最低純資産額の減少の無効の訴えを提起した投資主に対し、相当の担保を立てるべきことを命ずることができる。ただし、当該

投資主が執行役員、監督役員又は清算執行人であるときは、この限りでない。
2　前項の規定は、最低純資産額の減少の無効の訴えであって、債権者が提起することができるものについて準用する。
3　被告は、第１項（前項において準用する場合を含む。）の申立てをするには、原告の訴えの提起が悪意によるものであることを疎明しなければならない。

◇会社法837条（弁論等の必要的併合）
　同一の請求を目的とする最低純資産額の減少の無効の訴えに係る訴訟が数個同時に係属するときは、その弁論及び裁判は、併合してしなければならない。

◇会社法838条（認容判決の効力が及ぶ者の範囲）
　最低純資産額の減少の無効の訴えに係る請求を認容する確定判決は、第三者に対してもその効力を有する。

◇会社法839条（無効又は取消しの判決の効力）
　最低純資産額の減少の無効の訴えに係る請求を認容する判決が確定したときは、当該判決において無効とされた行為は、将来に向かってその効力を失う。

◇会社法846条（原告が敗訴した場合の損害賠償責任）
　最低純資産額の減少の無効の訴えを提起した原告が敗訴した場合において、原告に悪意又は重大な過失があったときは、原告は、被告に対し、連帯して損害を賠償する責任を負う。

◇会社法937条１項（１号ニ）（裁判による登記の嘱託）
1　次に掲げる場合には、裁判所書記官は、職権で、遅滞なく、投資法人の本店の所在地を管轄する登記所にその登記を嘱託しなければならない。
　一　次に掲げる訴えに係る請求を認容する判決が確定したとき。
　　ニ　投資法人における最低純資産額の減少の無効の訴え

第 10 節

解　　　散

（解散の事由）
第143条　投資法人は、次に掲げる事由によつて解散する。
　一　規約で定めた存続期間の満了
　二　規約で定めた解散の事由の発生
　三　投資主総会の決議
　四　合併（合併により当該投資法人が消滅する場合に限る。）
　五　破産手続開始の決定
　六　第143条の３第１項の規定又は第144条において準用する会社法第824条第１項の規定による解散を命ずる裁判
　七　第187条の登録の取消し
　八　第190条第１項の規定による第187条の登録の拒否

1　趣　　旨

投資法人の解散事由について定めたものであり、基本的には会社法471条と同趣旨である。

2　投資法人特有の解散事由

株式会社とは異なり、投資法人においては以下の解散事由が追加されている。

(1)　法187条の登録の取消し（7号）

投資法人は、内閣総理大臣の登録を受けなければ、資産の運用を行うこと

ができない（法187条）。かかる登録は、内閣総理大臣により、一定の場合に取り消されることがある（法216条）が、投資法人は資産の運用以外の行為を営業としてすることができない（法63条1項）ため、登録が取り消された場合には当然に解散するものとされている。

(2) 法190条1項の規定による187条の登録の拒否（8号）

投資法人は、内閣総理大臣の登録を受けなければ、資産の運用を行うことができない（法187条）。かかる登録の申請は、内閣総理大臣により、一定の場合に拒否されることがある（法190条1項）が、投資法人は資産の運用以外の行為を営業としてすることができず（法63条1項）、資産の運用を行うことができない投資法人を存続させる必要はないため、登録が拒否された場合には当然に解散するものとされている。

3 登　記

登録の取消し（7号）または登録の拒否（8号）により投資法人が解散したときは、内閣総理大臣は、当該投資法人の本店の所在地の登記所にその旨の登記を嘱託しなければならない（法184条1項3号）。

（解散した投資法人の合併の制限）

第143条の2　投資法人が解散した場合には、当該投資法人は、合併をすることができない。

解散した投資法人は合併をすることができないことを定めるものであり、会社法474条1号と同趣旨である。

（投資法人の解散の訴え）

第143条の3　次に掲げる場合において、やむを得ない事由があるときは、発行済投資口の10分の1（これを下回る割合を規約で定めた場合にあつては、その割合）以上の口数の投資口を有する投資主は、訴えを

第143条の3

> もつて投資法人の解散を請求することができる。
> 一　投資法人が業務の執行において著しく困難な状況に至り、当該投資法人に回復することができない損害が生じ、又は生ずるおそれがあるとき。
> 二　投資法人の財産の管理又は処分が著しく失当で、当該投資法人の存立を危うくするとき。
> 2　会社法第834条（第20号に係る部分に限る。）、第835条第１項、第836条第１項及び第３項、第837条、第838条、第846条並びに第937条第１項（第１号リに係る部分に限る。）の規定は、投資法人の解散の訴えについて準用する。この場合において、必要な技術的読替えは、政令で定める。

1　趣　旨

投資主による投資法人の解散を求める訴えについて定めたものであり、提訴権者たる投資主の要件が投資口数基準のみとなっている点を除き、会社法833条１項と同趣旨である。

2　準用条文（２項）

◇会社法834条（20号）（被告）

　投資法人の解散の訴えについては、当該各号に定める者を被告とする。
二十　投資法人の解散の訴え　当該投資法人

◇会社法835条１項（訴えの管轄及び移送）

　1　投資法人の解散の訴えは、被告となる投資法人の本店の所在地を管轄する地方裁判所の管轄に専属する。

◇会社法836条１項および３項（担保提供命令）

　1　投資法人の解散の訴えについては、裁判所は、被告の申立てにより、当該投資法人の解散の訴えを提起した投資主に対し、相当の担保を立てるべきことを命ずることができる。ただし、当該投資主が執行役員、監督役員又は清算執行人であるときは、この限りでない。
　3　被告は、第１項（前項において準用する場合を含む。）の申立てをする

には、原告の訴えの提起が悪意によるものであることを疎明しなければならない。

◇会社法837条（弁論等の必要的併合）
　同一の請求を目的とする<u>投資法人の解散の訴え</u>に係る訴訟が数個同時に係属するときは、その弁論及び裁判は、併合してしなければならない。
◇会社法838条（認容判決の効力が及ぶ者の範囲）
　<u>投資法人の解散の訴え</u>に係る請求を認容する確定判決は、第三者に対してもその効力を有する。
◇会社法846条（原告が敗訴した場合の損害賠償責任）
　<u>投資法人の解散の訴え</u>を提起した原告が敗訴した場合において、原告に悪意又は重大な過失があったときは、原告は、被告に対し、連帯して損害を賠償する責任を負う。
◇会社法937条1項（1号リ）（裁判による登記の嘱託）
1　次に掲げる場合には、裁判所書記官は、職権で、遅滞なく、<u>投資法人</u>の<u>本店</u>の所在地を管轄する登記所にその登記を嘱託しなければならない。
　一　次に掲げる訴えに係る請求を認容する判決が確定したとき。
　　リ　<u>投資法人</u>の解散の訴え

（会社法の準用）
第144条　会社法第824条、第826条、第868条第1項、第870条第1項（第10号に係る部分に限る。）、第871条本文、第872条（第4号に係る部分に限る。）、第873条本文、第875条、第876条、第904条及び第937条第1項（第3号ロに係る部分に限る。）の規定は投資法人の解散の命令について、同法第825条、第868条第1項、第870条第1項（第1号に係る部分に限る。）、第871条、第872条（第1号及び第4号に係る部分に限る。）、第873条、第874条（第2号及び第3号に係る部分に限る。）、第875条、第876条、第905条及び第906条の規定はこの条において準用する同法第824条第1項の申立てがあつた場合における投資法人の財産の

第144条

> 保全について、それぞれ準用する。この場合において、同法第824条第1項、第825条第1項及び第3項、第826条、第904条並びに第906条第4項中「法務大臣」とあるのは「内閣総理大臣」と、同法第824条第1項第3号中「業務執行取締役、執行役又は業務を執行する社員」とあるのは「執行役員又は監督役員」と読み替えるものとするほか、必要な技術的読替えは、政令で定める。

1 趣　旨

　本条は、投資法人の解散の命令および財産の保全について、会社の解散命令、官庁等の法務大臣に対する通知義務、法務大臣の関与、裁判による登記の嘱託、会社の財産に関する保全処分、会社の財産に関する保全処分についての特則に関する会社法の規定を準用することを定めるものである。

2　読替条文

◇会社法824条（会社の解散命令）
1　裁判所は、次に掲げる場合において、公益を確保するため<u>投資法人</u>の存立を許すことができないと認めるときは、<u>内閣総理大臣</u>又は<u>投資主</u>、債権者その他の利害関係人の申立てにより、<u>投資法人</u>の解散を命ずることができる。
　一　<u>投資法人</u>の設立が不法な目的に基づいてされたとき。
　二　<u>投資法人</u>が正当な理由がないのにその成立の日から1年以内にその事業を開始せず、又は引き続き1年以上その事業を休止したとき。
　三　<u>執行役員又は監督役員</u>が、法令若しくは<u>規約</u>で定める<u>投資法人</u>の権限を逸脱し若しくは濫用する行為又は刑罰法令に触れる行為をした場合において、<u>内閣総理大臣</u>から書面による警告を受けたにもかかわらず、なお継続的に又は反覆して当該行為をしたとき。
2　<u>投資主</u>、債権者その他の利害関係人が前項の申立てをしたときは、裁判所は、<u>投資法人</u>の申立てにより、同項の申立てをした者に対し、相当の担保を立てるべきことを命ずることができる。
3　<u>投資法人</u>は、前項の規定による申立てをするには、第1項の申立てが

悪意によるものであることを疎明しなければならない。
4　民事訴訟法（平成8年法律第109号）第75条第5項及び第7項並びに第76条から第80条までの規定は、第2項の規定により第1項の申立てについて立てるべき担保について準用する。

◇会社法826条（官庁等の法務大臣に対する通知義務）
　裁判所その他の官庁、検察官又は吏員は、その職務上第824条第1項の申立て又は同項第3号の警告をすべき事由があることを知ったときは、内閣総理大臣にその旨を通知しなければならない。

◇会社法904条（法務大臣の関与）
1　裁判所は、第824条第1項又は第827条第1項の申立てについての裁判をする場合には、内閣総理大臣に対し、意見を求めなければならない。
2　内閣総理大臣は、裁判所が前項の申立てに係る事件について審問をするときは、当該審問に立ち会うことができる。
3　裁判所は、内閣総理大臣に対し、第1項の申立てに係る事件が係属したこと及び前項の審問の期日を通知しなければならない。
4　第1項の申立てを却下する裁判に対しては、内閣総理大臣は、即時抗告をすることができる。

◇会社法937条1項（3号ロ）（裁判による登記の嘱託）
1　次に掲げる場合には、裁判所書記官は、職権で、遅滞なく、投資法人の本店の所在地を管轄する登記所にその登記を嘱託しなければならない。
　三　次に掲げる裁判が確定したとき。
　　ロ　第824条第1項の規定による投資法人の解散を命ずる裁判

◇会社法825条（会社の財産に関する保全処分）
1　裁判所は、投資法人法第144条において準用する第824条第1項の申立てがあった場合には、内閣総理大臣若しくは投資主、債権者その他の利害関係人の申立てにより又は職権で、同項の申立てにつき決定があるまでの間、投資法人の財産に関し、管理人による管理を命ずる処分（次項において「管理命令」という。）その他の必要な保全処分を命ずることができる。

第144条

2　裁判所は、管理命令をする場合には、当該管理命令において、管理人を選任しなければならない。
3　裁判所は、内閣総理大臣若しくは投資主、債権者その他の利害関係人の申立てにより又は職権で、前項の管理人を解任することができる。
4　裁判所は、第2項の管理人を選任した場合には、投資法人が当該管理人に対して支払う報酬の額を定めることができる。
5　第2項の管理人は、裁判所が監督する。
6　裁判所は、第2項の管理人に対し、投資法人の財産の状況の報告をし、かつ、その管理の計算をすることを命ずることができる。
7　民法第644条、第646条、第647条及び第650条の規定は、第2項の管理人について準用する。この場合において、同法第646条、第647条及び第650条中「委任者」とあるのは、「投資法人」と読み替えるものとする。

◇会社法905条（会社の財産に関する保全処分についての特則）

1　裁判所が第825条第1項の保全処分をした場合には、非訟事件手続法第26条本文の費用は、投資法人の負担とする。当該保全処分について必要な費用も、同様とする。
2　前項の保全処分又は第825条第1項の規定による申立てを却下する裁判に対して即時抗告があった場合において、抗告裁判所が当該即時抗告を理由があると認めて原裁判を取り消したときは、その抗告審における手続に要する裁判費用及び抗告人が負担した前審における手続に要する裁判費用は、投資法人の負担とする。

◇会社法906条

1　利害関係人は、裁判所書記官に対し、第825条第6項の報告又は計算に関する資料の閲覧を請求することができる。
2　利害関係人は、裁判所書記官に対し、前項の資料の謄写又はその正本、謄本若しくは抄本の交付を請求することができる。
3　前項の規定は、第1項の資料のうち録音テープ又はビデオテープ（これらに準ずる方法により一定の事項を記録した物を含む。）に関しては、適用しない。この場合において、これらの物について利害関係人の請求があるときは、裁判所書記官は、その複製を許さなければならない。

4 <u>内閣総理大臣</u>は、裁判所書記官に対し、第1項の資料の閲覧を請求することができる。

5 民事訴訟法第91条第5項の規定は、第1項の資料について準用する。

第 11 節

合　　併

　投資法人の組織再編制度として、合併に関する規定が置かれている。会社法と異なり、他の法人組織への組織変更、会社分割、株式交換および株式移転に相当する制度は、投資法人には用意されていない。投資法人の合併制度は、基本的には、株式会社の合併制度と同様であるが、資産運用型のビークルとしての投資法人の特質に応じた修正が加えられている。

第1款　通　　則

（合併契約の締結）
第145条　投資法人は、他の投資法人と合併をすることができる。この場合においては、合併をする投資法人は、合併契約を締結しなければならない。

1　趣　　旨
　投資法人の合併能力およびその相手方、ならびに合併の性質について定めるものであり、会社法748条と同趣旨である。

2　解　　説
　投資法人は合併を行うことができるが、その投資法人の合併の当事者となり得るのは投資法人に限られている。なお、解散した投資法人は合併するこ

とができない（法143条の2）。

> **（合併のための払戻しの停止）**
> **第146条** 第86条第1項に規定する投資法人は、合併協議及び合併を行うため、払戻しの停止期間を公告し又は各投資主に通知して投資口の払戻しを停止することができる。
> 2 前項の払戻しの停止期間は、3月を超えることができない。
> 3 第1項の規定による公告又は通知は、同項の払戻しの停止期間の始期から1月以上前に行わなければならない。

1 趣　旨

　投資主の請求により投資口の払戻しをする旨の規約の定めがある、いわゆるオープン・エンド型の投資法人（法86条1項に規定する投資法人）において、合併協議および合併を行うために、投資口の払戻しを停止することができることを定めたものである。投資法人に特有の規定である。

2 払戻しの停止および停止に関する公告・通知義務（1項・3項）

　オープン・エンド型の投資法人においては、投資主の請求による投資口の払戻しによって発行済投資口の総口数が変動する可能性がある。しかし、発行済投資口の総口数は、簡易合併の要件となっているなど、合併条件の決定のための一要素であることから、合併協議や合併の手続の最中に変動してしまうと、合併協議および合併にとって重大な支障となり得る。そこで、オープン・エンド型の投資法人では、合併協議および合併を行うために、一定期間、投資口の払戻しを停止することができることとした。ただし、投資口の払戻しの方法による投資口の換価が制約されることによる投資主の不利益を回避するために、合併協議および合併を行う投資法人は、払戻しの停止期間の始期から1カ月以上の期間を置いて、事前に停止期間の公告または各投資主に対する通知を行わなければならない。なお、本条に基づく投資口の払戻

しの停止を行うためには、投資法人は役員会の承認を得る必要がある（法109条2項4号）。

3　払戻しの停止期間（2項）

停止期間が長期に及ぶことによって投資口の払戻しの方法による投資主の投下資本の回収の利益が不当に害されることを防ぐため、停止可能期間は3カ月に限られている。

第2款　吸収合併

> **（吸収合併契約）**
> **第147条**　投資法人が吸収合併（投資法人が他の投資法人とする合併であつて、合併により消滅する投資法人の権利義務の全部を合併後存続する投資法人に承継させるものをいう。以下同じ。）をする場合には、吸収合併契約において、次に掲げる事項を定めなければならない。
> 　一　吸収合併後存続する投資法人（以下「吸収合併存続法人」という。）及び吸収合併により消滅する投資法人（以下「吸収合併消滅法人」という。）の商号及び住所
> 　二　吸収合併存続法人が吸収合併に際して吸収合併消滅法人の投資主に対して交付するその投資口に代わる当該吸収合併存続法人の投資口の口数又はその口数の算定方法及び当該吸収合併存続法人の出資総額に関する事項
> 　三　吸収合併消滅法人の投資主（吸収合併消滅法人及び吸収合併存続法人を除く。次項において同じ。）に対する前号の投資口の割当てに関する事項
> 　四　吸収合併がその効力を生ずる日（次条及び第4款において「効力発生日」という。）
> 2　前項に規定する場合には、同項第3号に掲げる事項についての定めは、吸収合併消滅法人の投資主の有する投資口の口数に応じて吸収合

併存続法人の投資口を交付することを内容とするものでなければならない。

1　趣　旨

吸収合併における、吸収合併契約の必要的記載事項および投資口の割当てに関する事項を定めるものであり、会社法749条と基本的に同趣旨である。

2　吸収合併契約の必要的記載事項（1項）

(1)　**吸収合併存続法人および吸収合併消滅法人の表示**（1号）

会社法749条1項1号と同趣旨である。

(2)　**合併条件**（2号・3号）

会社法749条1項2号イおよび3号と基本的に同趣旨である。

合併の対価が柔軟化されている会社法上の合併と異なり、投資法人間の合併においては、合併対価は存続法人の投資口に限定されており、投資法人債、金銭などの存続法人の投資口以外の財産を合併対価とすることはできない。そのため、会社法749条1項2号イに倣い、投資法人の吸収合併の際は、消滅法人の投資主に対して交付する存続法人の投資口の口数またはその算定方法および消滅法人の投資主への割当てに関する事項（いわゆる、合併比率）などを記載すべきものとしている。また、吸収合併により存続法人の出資総額が増加し得る（計算規則22条、23条）ことから、出資総額に関する事項についても記載をする。

この点、平成17年の会社法改正に伴う整備（平成17年7月26日法律87号）後の投資法人法においては、「消滅法人の投資主に支払うべき金額を定めたときは、その規定」（整備前の法147条1項4号）に相当する規定が合併契約書の記載事項の中に存在せず、吸収合併における合併交付金の交付の可否について解釈上の疑義を招いていた。平成21年の施行規則193条（吸収合併消滅法人の事前開示事項）の改正（平成21年1月23日内閣府令1号）により、「合併対価」（施行規則193条2項）の定義において、「吸収合併存続法人が吸収合併に際して吸収合併消滅法人の投資主に対してその投資口に代えて交付する当該吸収合併存続法人の投資口」のみならず「金銭」が加えられる等の改正がな

され、投資法人の吸収合併に際し、いわゆる合併交付金として、合併比率の調整に伴い投資口の交付に付随して金銭の交付を行うことや、合併事業年度における吸収合併消滅法人の利益を吸収合併存続法人から配当代り金として交付すること等が可能であることが明確化されている。なお、投資法人の合併については、合併対価として金銭のみを選択することなどを含めた、いわゆる合併対価の柔軟化は認められていない[55]。

なお、法147条1項2号の文言からは必ずしも明確ではないが、吸収合併をする場合において、合併比率調整等のために合併比率調整金または分配代り金の金銭として合併交付金を交付する場合には、合併契約の必要的記載事項（法147条1項2号）として、合併交付金の額またはその算定方法および消滅法人の投資主の有する投資口の口数に応じて割り当てる合併交付金に関する事項が含まれるものとされている（金融商品取引業者等向けの総合的な監督指針Ⅵ－2－7－3）。また、吸収合併においては、消滅法人の投資主に対して合併対価を交付しないことができ、このような場合には、消滅法人の投資主の利害に重要な影響を与える可能性があるので、合併対価を交付しないとすることが相当である理由も事前開示事項とされている[56]（法149条1項、施行規則193条3項本文かっこ書）。

(3) 効力発生日（4号）

会社法749条1項6号と同趣旨である。吸収合併の効力は、登記時ではなく吸収合併契約に記載された効力発生日に生じ、①存続法人が消滅法人の権利義務を承継し（法147条の2第1項）、②消滅法人の投資主が存続法人の投資主となる（同条第3項）。なお、吸収合併契約締結後の効力発生日の変更手続については、法149条の5を参照されたい。

---

[55] 平成21年1月20日付金融庁「平成20年金融商品取引法等の一部改正のうち、ファイアーウォール規制の見直し及び利益相反管理体制の構築等に係る政令案・内閣府令案に対するパブリックコメントの結果等について」における「パブリックコメントの概要及びコメントに対する金融庁の考え方」44頁（http://www.fsa.go.jp/news/20/syouken/20090120-1/00.pdf）。

[56] 弥永真生『コンメンタール会社法施行規則・電子公告規則』976頁（商事法務、2007年）参照。

3 合併対価としての投資口の割当てに関する投資主平等（2項）

会社法749条3項と同趣旨である。

（吸収合併の効力の発生等）
第147条の2 吸収合併存続法人は、効力発生日に、吸収合併消滅法人の権利義務を承継する。
2 吸収合併消滅法人の吸収合併による解散は、吸収合併の登記の後でなければ、これをもつて第三者に対抗することができない。
3 吸収合併消滅法人の投資主は、効力発生日に、前条第1項第3号に掲げる事項についての定めに従い、同項第2号の投資口の投資主となる。
4 前3項の規定は、第149条の4（第149条の9において準用する場合を含む。）の規定による手続が終了していない場合又は吸収合併を中止した場合には、適用しない。

---

1 趣　　旨

本条は吸収合併の効力の発生について定めるものであり、会社法750条と同趣旨である。

2 吸収合併の効力発生（1項～3項）

吸収合併の効力は合併契約において定めた効力発生日（法147条1項4号）に発生し、吸収合併存続法人は吸収合併消滅法人の権利義務を承継する（1項）。ただし、吸収合併消滅法人の合併による解散は、その登記の後でなければ第三者に対抗できない（2項）。また、吸収合併消滅法人の投資主は、効力発生日に合併契約において定めた投資口の割当ての条件に従い、吸収合併存続法人の投資口の投資主となる（3項）。

3 吸収合併の効力不発生（4項）

　吸収合併の効力は、吸収合併消滅法人もしくは吸収合併存続法人における債権者の異議申立手続が終了していない場合、または吸収合併を中止した場合には発生しない。なお、効力発生日経過後、上記債権者異議申立手続が終了したとしても、吸収合併の効力が発生するわけではない。

第3款　新設合併

（新設合併契約）

第148条　2以上の投資法人が新設合併（2以上の投資法人がする合併であつて、合併により消滅する投資法人の権利義務の全部を合併により設立する投資法人に承継させるものをいう。以下同じ。）をする場合には、新設合併契約において、次に掲げる事項を定めなければならない。

一　新設合併により消滅する投資法人（以下「新設合併消滅法人」という。）の商号及び住所

二　新設合併により設立する投資法人（以下「新設合併設立法人」という。）の目的、商号、本店の所在地及び発行可能投資口総口数

三　前号に掲げるもののほか、新設合併設立法人の規約で定める事項

四　新設合併設立法人の設立時執行役員、設立時監督役員及び設立時会計監査人の氏名又は名称

五　新設合併設立法人が新設合併に際して新設合併消滅法人の投資主に対して交付するその投資口に代わる当該新設合併設立法人の投資口の口数又はその口数の算定方法及び当該新設合併設立法人の出資総額に関する事項

六　新設合併消滅法人の投資主（新設合併消滅法人を除く。次項において同じ。）に対する前号の投資口の割当てに関する事項

2　前項に規定する場合には、同項第6号に掲げる事項についての定めは、新設合併消滅法人の投資主の有する投資口の口数に応じて新設合併設立法人の投資口を交付することを内容とするものでなければなら

ない。

　新設合併契約の必要的記載事項および投資口の割当てに関する事項を定めるものであり、投資法人の合併については合併対価の柔軟化が認められていないことによるものを除き、会社法753条と基本的に同趣旨である。

> （新設合併の効力の発生等）
> **第148条の2**　新設合併設立法人は、その成立の日に、新設合併消滅法人の権利義務を承継する。
> 2　前条第1項に規定する場合には、新設合併消滅法人の投資主は、新設合併設立法人の成立の日に、同項第6号に掲げる事項についての定めに従い、同項第5号の投資口の投資主となる。

1　趣　　旨

　新設合併の効力の発生等を定めた規定であり、会社法754条と同趣旨である。

2　新設合併の効力発生（1項・2項）

　新設合併の効力は新設合併設立法人の設立の登記の時に成立し（法74条）、新設合併存続法人は新設合併消滅法人の権利義務を承継する（1項）。新設合併消滅法人の投資主は、効力発生日に合併契約において定めた投資口の割当ての条件に従い、新設合併存続法人の投資口の投資主となる（2項）。

第4款　吸収合併の手続

第1目　吸収合併消滅法人の手続

> （吸収合併契約に関する書面等の備置き及び閲覧等）
> **第149条**　吸収合併消滅法人は、次に掲げる日のいずれか早い日から効

第149条

> 力発生日までの間、吸収合併契約の内容その他内閣府令で定める事項を記載し、又は記録した書面又は電磁的記録をその本店に備え置かなければならない。
> 一　次条第1項の投資主総会の日の2週間前の日
> 二　第149条の3第2項の規定による通知の日又は同条第3項の公告の日のいずれか早い日
> 三　第149条の4第2項の規定による公告の日又は同項の規定による催告の日のいずれか早い日
> 2　吸収合併消滅法人の投資主及び債権者は、吸収合併消滅法人に対して、その営業時間内は、いつでも、次に掲げる請求をすることができる。ただし、第2号又は第4号に掲げる請求をするには、当該吸収合併消滅法人の定めた費用を支払わなければならない。
> 一　前項の書面の閲覧の請求
> 二　前項の書面の謄本又は抄本の交付の請求
> 三　前項の電磁的記録に記録された事項を内閣府令で定める方法により表示したものの閲覧の請求
> 四　前項の電磁的記録に記録された事項を電磁的方法であつて吸収合併消滅法人の定めたものにより提供することの請求又はその事項を記載した書面の交付の請求

1　趣　旨

投資主が吸収合併承認のための投資主総会決議の賛否を判断し、また、債権者が合併に対して異議を述べるべきか否かを判断するための資料を提供するための、事前備置書面の備置き・開示について定めている。会社法782条と基本的に同趣旨である。

2　吸収合併消滅法人による書面等の事前備置き（1項）

吸収合併消滅法人は、以下に掲げる吸収合併契約等備置開始日のいずれか早い日から効力発生日までの間、下表の「吸収合併消滅法人における事前開示事項」のとおり、吸収合併契約の内容その他施行規則193条1項1号～5

号に定める事項を記載し、または記録した書面（または電磁的記録）をその本店に備え置かなければならない。

① 吸収合併契約の承認を受ける投資主総会（法149条の2第1項）の2週間前の日
② 反対投資主の投資口買取請求に関する通知（法149条の3第2項）・公告（法149条の3第3項）の日のいずれか早い日
③ 債権者の異議に関する公告・催告（法149条の4第2項）の日のいずれか早い日

〈吸収合併消滅法人における事前開示事項〉

① 吸収合併契約の内容（法149条1項）	法147条1項参照	
② 合併対価57の相当性に関する事項（施行規則193条1項1号・3項）	(1) 合併対価の総計（投資口の総数および金銭の総額）の相当性に関する事項（施行規則193条3項1号）	
	(2) 存続法人と消滅法人とが共通支配下関係（計算規則2条2項4号）にあるときは、当該消滅法人の投資主（当該消滅法人と共通支配下関係にある投資主を除く）の利益を害さないように留意した事項（当該事項がない場合にあっては、その旨）（施行規則193条3項2号）	
	(3) 合併対価として金銭を選択した場合は、その理由（施行規則193条3項3号）	
	(4) 存続法人が吸収合併に際して消滅法人の投資主に対して交付するその投資口に代わる当該存続法人の投資口の口数またはその口数の算定方法および当該存続法人の出資総額に関する事項（法147条1項2号）および消滅法人の投資主（消滅法人および存続法人を除く）に対する投資口の割当てに関する事項（法147条1項3号）の定め（当該定めがない場合にあっては、当該定めがないこと）の相当性に関する事項（施行規則193条3項本文）	
③ 合併対価について参考となるべき	(1) 存続法人の規約の定め（施行規則193条4項1号）	
	(2) 以下のイおよびロなど、合併対価として交付される投	

---

57 「合併対価」とは、吸収合併存続法人が吸収合併に際して吸収合併消滅法人の投資主に対してその投資口に代えて交付する当該吸収合併存続法人の投資口または金銭をいう（施行規則193条2項）。

第149条

事項58（施行規則193条1項2号・4項）		資口の換価の方法に関する事項（施行規則193条4項2号） イ　当該投資口を取引する市場 ロ　当該投資口の取引の媒介、取次ぎまたは代理を行う者
		(3)　合併対価として交付される投資口に市場価格があるときは、その価格に関する事項（施行規則193条4項3号）
		(4)　(1)～(3)に準ずる事項（施行規則193条4項本文）
④　計算書類等に関する事項（施行規則193条1項3号・5項）	存続法人	イ　最終営業期間59に係る計算書類、資産運用報告および金銭の分配に係る計算書（最終営業期間がない場合には、存続法人の成立の日における貸借対照表）の内容
		ロ　最終営業期間の末日（最終営業期間がない場合には、存続法人の成立の日）後に重要な財産の処分、重大な債務の負担その他の投資法人の財産の状況に重要な影響を与える事象が生じたときは、その内容（吸収合併契約等備置開始日後吸収合併の効力発生日までの間に新たな最終営業期間が存することとなる場合には、当該新たな最終営業期間の末日後に生じた事象の内容に限る）
	消滅法人	イ　最終営業期間の末日（最終営業期間がない場合には、存続法人の成立の日）後に重要な財産の処分、重大な債務の負担その他の投資法人の財産の状況に重要な影響を与える事象が生じたときは、その内容（吸収合併契約等備置開始日後吸収合併の効力が生ずる日までの間に新たな最終営業期間が存することとなる場合には、当該新たな最終営業期間の末日後に生じた事象の内容に限る）
		ロ　最終営業期間がないときは、吸収合併消滅

58　事前備置書面にこれらの事項の全部または一部の記載等をしないことにつき消滅法人の総投資主の同意がある場合にあっては、当該同意があった事項については、記載する必要がない（施行規則193条4項）。

59　最終営業期間とは、各営業期間に係る計算書類（法129条2項）、資産運用報告および金銭の分配に係る計算書ならびにこれらの附属明細書につき法131条2項の承認を受けた場合における当該各営業期間のうち最も遅いものをいう（施行規則193条5項1号イ）。

	法人の成立の日における貸借対照表
⑤ 吸収合併の効力発生日以後における吸収合併存続法人の債務の履行の見込みに関する事項（施行規則193条1項4号）	ただし、吸収合併について異議を述べることができる債権者（法149条の4第1項）に対して負担する債務に限る。
⑥ 吸収合併契約等備置開始日後、②～⑤に変更が生じたときは、変更後の当該事項（施行規則193条1項5号）	

3 事前備置書面の閲覧・謄本等交付（2項）

　会社法782条3項と基本的に同趣旨である。吸収合併消滅法人の投資主および債権者は、営業時間内はいつでも、事前備置書面の閲覧を請求することができ、また、当該書面の謄本または抄本の交付請求等を当該吸収合併消滅法人の定めた費用を支払って行うことができる。

（吸収合併契約の承認等）
第149条の2　吸収合併消滅法人は、効力発生日の前日までに、投資主総会の決議によつて、吸収合併契約の承認を受けなければならない。
2　吸収合併消滅法人は、効力発生日の20日前までに、その登録投資口質権者に対し、吸収合併をする旨を通知しなければならない。
3　前項の規定による通知は、公告をもつてこれに代えることができる。

　吸収合併消滅法人における吸収合併承認手続を定めるものであり、会社法783条1項・5項・6項と基本的に同趣旨である。

合併承認決議は投資主総会の特別決議による必要があり（法93条の2第2項5号）、吸収合併を行う理由、吸収合併契約の内容の概要等を投資主総会参考書類に記載しなければならない（法91条4項、施行規則141条1項、149条）。

吸収合併により、消滅法人の投資主は、合併対価として存続法人の投資口の交付を受けて存続法人の投資主となり、存続法人の規約の内容によっては資産運用の対象・方針、金銭の分配の方針が従来の消滅法人のものから変更されることとなり、または執行役員等の役員や資産運用会社が入れ替わることにより、投資法人の性格が従来の消滅法人のものから根本的に変更されることになる等の影響を受けることとなる。また、合併対価の定め方によっては、合併対価として存続法人の投資口の交付を受けることができず、投資主としての地位を失うこともあり得る。そこで、吸収合併においては、投資主総会の決議による吸収合併契約の承認という手続をもって、このような投資法人の基本的事項に関する事項の変更に関する消滅法人の投資主の利益を確保している。

（反対投資主の投資口買取請求）
第149条の3 吸収合併をする場合には、前条第1項の投資主総会に先立つて当該吸収合併に反対する旨を吸収合併消滅法人に対し通知し、かつ、当該投資主総会において当該吸収合併に反対した投資主は、当該吸収合併消滅法人に対し、自己の有する投資口を公正な価格で買い取ることを請求することができる。
2 吸収合併消滅法人は、効力発生日の20日前までに、その投資主に対し、吸収合併をする旨並びに吸収合併存続法人の商号及び住所を通知しなければならない。
3 前項の規定による通知は、公告をもつてこれに代えることができる。
4 会社法第785条第5項から第7項まで、第786条、第868条第1項、第870条第2項（第2号に係る部分に限る。）、第870条の2、第871条本

文、第872条（第5号に係る部分に限る。）、第872条の2、第873条本文、第875条及び第876条の規定は、第1項の規定による請求について準用する。この場合において、必要な技術的読替えは、政令で定める。

1　趣　旨

　投資法人の合併に反対する投資主が投資法人に対し自己の有する投資口を公正な価格で買い取ることを請求することにより、吸収合併消滅法人の投資主の投下資本の回収を図る権利を定めるものであり、会社法785条と基本的に同趣旨である。

2　投資口買取請求における「公正な価格」（1項）

　反対投資主による投資口買取請求における「公正な価格」の意義については、会社法785条の議論が基本的に当てはまる。法82条6項に規定する「投資法人の保有する資産の内容に照らし」という文言も付されていない。

　投資法人の吸収合併に反対する投資主の保有する投資口の買取価格について争われたことにおける裁判例（東京地決平24.2.20）においても、一般論として、「リート市場においては、株式市場と同様に、投資家による投機的思惑など偶然的要素の影響を受けながらも、多数の投資家の評価を通して、投資法人を取り巻く経済情勢下における個別の投資法人の資産内容、財務状況、収益力及び将来の収益見通しなどが考慮された投資法人の客観的価値が投資口価格に反映されているということができるから、吸収合併によるシナジーを適切に反映した…の投資口の客観的価値の算定は、それが…の客観的価値を反映していないことを窺わせる事情がない限り、…の投資口の市場価格を算定資料として用いて行うのが相当である」と述べている。

3　準用条文（4項）

◇会社法785条5項～7項（反対株主の株式買取請求）
　5　投資法人法第149条の3第1項の規定による請求（以下この目において「投資口買取請求」という。）は、効力発生日の20日前の日から効力発生

6 投資口買取請求をした投資主は、吸収合併消滅法人の承諾を得た場合に限り、その投資口買取請求を撤回することができる。
7 吸収合併を中止したときは、投資口買取請求は、その効力を失う。

◇会社法786条（株式の価格の決定等）
1 投資口買取請求があった場合において、投資口の価格の決定について、投資主と吸収合併消滅法人（吸収合併をする場合における効力発生日後にあっては、吸収合併存続法人。以下この条において同じ。）との間に協議が調ったときは、吸収合併消滅法人は、効力発生日から60日以内にその支払をしなければならない。
2 投資口の価格の決定について、効力発生日から30日以内に協議が調わないときは、投資主又は吸収合併消滅法人は、その期間の満了の日後30日以内に、裁判所に対し、価格の決定の申立てをすることができる。
3 前条第6項の規定にかかわらず、前項に規定する場合において、効力発生日から60日以内に同項の申立てがないときは、その期間の満了後は、投資主は、いつでも、投資口買取請求を撤回することができる。
4 吸収合併消滅法人は、裁判所の決定した価格に対する第1項の期間の満了の日後の年6分の利率により算定した利息をも支払わなければならない。
5 投資口買取請求に係る投資口の買取りは、効力発生日に、その効力を生ずる。
6 投資法人は、投資証券が発行されている投資口について投資口買取請求があったときは、投資証券と引換えに、その投資口買取請求に係る投資口の代金を支払わなければならない。

（債権者の異議）
第149条の4 吸収合併をする場合には、吸収合併消滅法人の債権者は、当該吸収合併消滅法人に対し、吸収合併について異議を述べることが

できる。
2　前項に規定する場合には、吸収合併消滅法人は、次に掲げる事項を官報に公告し、かつ、知れている債権者には、各別にこれを催告しなければならない。ただし、第3号の期間は、1月を下ることができない。
一　吸収合併をする旨
二　吸収合併存続法人の商号及び住所
三　債権者が一定の期間内に異議を述べることができる旨
3　前項の規定にかかわらず、吸収合併消滅法人が同項の規定による公告を、官報のほか、第186条の2第1項の規定による規約の定めに従い、同項第2号又は第3号に掲げる公告方法によりするときは、前項の規定による各別の催告は、することを要しない。
4　債権者が第2項第3号の期間内に異議を述べなかつたときは、当該債権者は、当該吸収合併について承認をしたものとみなす。
5　債権者が第2項第3号の期間内に異議を述べたときは、吸収合併消滅法人は、当該債権者に対し、弁済し、若しくは相当の担保を提供し、又は当該債権者に弁済を受けさせることを目的として信託会社等に相当の財産を信託しなければならない。ただし、当該吸収合併をしても当該債権者を害するおそれがないときは、この限りでない。

　吸収合併存続法人の財務状態によって、吸収合併後の債権回収が困難となる危険性が発生または増大する可能性があり、また、吸収合併存続法人の規約の内容によっては、最低純資産額が減少する可能性もある。そこで、本条は、吸収合併消滅法人の債権者保護手続を定めるものであり、会社法789条と同趣旨である。
　なお、消滅・存続法人の計算書類に関する事項（会社法789条2項3号参照）は、投資法人の合併における債権者保護手続における公告・催促事項として規定されていない。

> （吸収合併の効力発生日の変更）
> 第149条の5　吸収合併消滅法人は、吸収合併存続法人との合意により、効力発生日を変更することができる。
> 2　前項の規定により効力発生日を変更する場合には、吸収合併消滅法人は、変更前の効力発生日（変更後の効力発生日が変更前の効力発生日前の日である場合にあつては、当該変更後の効力発生日）の前日までに、変更後の効力発生日を公告しなければならない。
> 3　第1項の規定により効力発生日を変更したときは、変更後の効力発生日を効力発生日とみなして、この款及び第147条の2の規定を適用する。

本条は、当事者間の合意による吸収合併の効力発生日の変更について定めるものであり、会社法790条と同趣旨である。

第2目　吸収合併存続法人の手続

> （吸収合併契約に関する書面等の備置き及び閲覧等）
> 第149条の6　吸収合併存続法人は、次に掲げる日のいずれか早い日から効力発生日後6月を経過する日までの間、吸収合併契約の内容その他内閣府令で定める事項を記載し、又は記録した書面又は電磁的記録をその本店に備え置かなければならない。
> 　一　吸収合併契約について投資主総会の決議によつてその承認を受けなければならないときは、当該投資主総会の日の2週間前の日
> 　二　第149条の8第2項の規定による通知の日又は同条第3項の公告の日のいずれか早い日
> 　三　第149条の9において準用する第149条の4第2項の規定による公告の日又は同項の規定による催告の日のいずれか早い日
> 2　第149条第2項の規定は、吸収合併存続法人が備え置く前項の書面

> 又は電磁的記録について準用する。

1 趣　旨

投資主が合併条件の構成等を判断し、また、債権者が合併に対して異議を述べるべきか否かを判断するための資料を提供するための、事前備置書面の備置き・開示について定めている。会社法794条と基本的に同趣旨である。

2 吸収合併存続法人による書面等の事前備置き（1項）

吸収合併存続法人は、以下に掲げる吸収合併契約等備置開始日のいずれか早い日から効力発生日後6カ月が経過する日までの間、下表の「吸収合併存続法人における事前開示事項」のとおり、吸収合併契約の内容その他施行規則194条1号～5号に定める事項を記載し、または記録した書面（または電磁的記録）をその本店に備え置かなければならない。

① 吸収合併契約の承認を受ける投資主総会（法149条の7第1項）の2週間前の日（法149条の7第2項に基づく簡易合併の場合を除く）
② 反対投資主の投資口買取請求に関する通知（法149条の8第2項）・公告（法149条の8第3項）の日のいずれか早い日
③ 債権者の異議に関する公告・催告（法149条の9、149条の4第2項）の日のいずれか早い日

〈吸収合併存続法人における事前開示事項〉

① 吸収合併契約の内容（法149条の6第1項）	法147条1項参照
② 合併対価・比率（法147条1項2号・3号）についての定めの相当性に関する事項（施行規則194条1項1号）	合併対価・比率（法147条1項2号・3号）についての定めがない場合にあっては、当該定めがないことの相当性に関する事項。
③ 吸収合併消滅法人に関する事項	イ　最終営業期間に係る計算書類、資産運用報告および金銭の分配に係る計算書（最終営業期間がない場合にあっ

（施行規則194条1項2号）	ては、消滅法人の成立の日における貸借対照表）の内容 ロ　最終営業期間の末日（最終営業期間がない場合にあっては、消滅法人の成立の日）後に重要な財産の処分、重大な債務の負担その他の投資法人の財産の状況に重要な影響を与える事象が生じたときは、その内容（吸収合併契約等備置開始日後吸収合併の効力が生ずる日までの間に新たな最終営業期間が存することとなる場合にあっては、当該新たな最終営業期間の末日後に生じた事象の内容に限る）
④　吸収合併存続法人についての次に掲げる事項（施行規則194条1項3号）	イ　存続法人において最終営業期間の末日（最終営業期間がない場合にあっては、存続法人の成立の日）後に重要な財産の処分、重大な債務の負担その他の投資法人の財産の状況に重要な影響を与える事象が生じたときは、その内容（吸収合併契約等備置開始日後吸収合併の効力が生ずる日までの間に新たな最終営業期間が存することとなる場合にあっては、当該新たな最終営業期間の末日後に生じた事象の内容に限る） ロ　存続法人において最終営業期間がないときは、存続法人の成立の日における貸借対照表
⑤　効力発生日以後における吸収合併存続法人の債務の履行の見込みに関する事項（施行規則194条1項4号）	ただし、吸収合併について異議を述べることができる債権者（法149条の9、法149条の4第1項）に対して負担する債務に限る。
⑥　吸収合併契約等備置開始日後、効力発生日までの間に、②〜⑤に変更が生じたときは、変更後の当該事項（施行規則194条1項5号）	

3　準用条文（2項）

◇投資法人法149条2項（吸収合併契約に関する書面等の備置き及び閲覧等）

　2　<u>吸収合併存続法人</u>の投資主及び債権者は、<u>吸収合併存続法人</u>に対し

て、その営業時間内は、いつでも、次に掲げる請求をすることができる。ただし、第2号又は第4号に掲げる請求をするには、当該吸収合併存続法人の定めた費用を支払わなければならない。
一　第149条の6第1項の書面の閲覧の請求
二　第149条の6第1項の書面の謄本又は抄本の交付の請求
三　第149条の6第1項の電磁的記録に記録された事項を内閣府令で定める方法により表示したものの閲覧の請求
四　第149条の6第1項の電磁的記録に記録された事項を電磁的方法であつて吸収合併存続法人の定めたものにより提供することの請求又はその事項を記載した書面の交付の請求

（吸収合併契約の承認等）
第149条の7　吸収合併存続法人は、効力発生日の前日までに、投資主総会の決議によつて、吸収合併契約の承認を受けなければならない。
2　前項の規定は、吸収合併存続法人が吸収合併に際して吸収合併消滅法人の投資主に対して交付する投資口の総口数が、当該吸収合併存続法人の発行可能投資口総口数から発行済投資口の総口数を控除して得た口数を超えない場合には、適用しない。この場合においては、吸収合併契約において、吸収合併存続法人については同項の承認を受けないで吸収合併をする旨を定めなければならない。

1　趣　　旨

吸収合併存続法人における吸収合併承認手続および当該承認手続が不要となる簡易合併の手続を定めるものである。会社法795条1項、796条に相当する規定であるが、簡易合併が認められる要件などについて、投資法人独自の規律が定められている。

2　吸収合併存続法人の投資主総会の決議（1項）

合併承認決議は投資主総会の特別決議による必要があり（法93条の2第2

項5号)、吸収合併を行う理由、吸収合併契約の内容の概要等を投資主総会参考書類に記載しなければならない(法91条4項、施行規則141条1項、149条)。

吸収合併により、存続法人の投資主は、存続法人の投資主が当初予測していた規模を超えて存続法人の規模が拡大し、資産運用の対象・方針、金銭の分配の方針が従来の存続法人のものから変更されることとなり、または執行役員等の役員や資産運用会社が入れ替わることにより、投資法人の性格が従来の存続法人のものから根本的に変更されることになる等の影響を受けることとなる。そこで、吸収合併においては、投資主総会の決議による吸収合併契約の承認という手続をもって、このような投資法人の基本的事項に関する事項の変更に関する存続法人の投資主の利益を確保している。

3 合併に伴う規約変更

吸収合併契約の承認とは別に、存続法人が吸収合併により承継する消滅法人の保有資産の中に、存続法人の規約で定める投資方針に適合しないものが含まれている場合や、存続法人の規約記載事項に変更がある場合には、規約の変更についても存続法人の投資主総会において承認を得ておく必要がある。

4 簡易合併(2項)

吸収合併存続法人にとっての吸収合併は、消滅法人の投資主に対してその投資口を合併対価として割り当てるのと引き換えに、消滅法人から保有財産を承継することにより存続法人の運用資産を増加させるものであり、増加する運用資産の内容が金銭(法82条1項3号参照)ではなく消滅法人の保有資産である点は異なるものの、存続法人の投資口の発行と実質的に同様の効果を生じさせるものということができる。また、吸収合併にあたり消滅法人の投資主に対して交付される存続法人の投資口の口数が、存続法人の発行可能投資口総口数のうちの未発行投資口の口数の範囲にある場合には、吸収合併の前後において、規約の変更手続等の投資主総会の承認決議が別途必要となる資産運用の対象・方針、金銭の分配の方針の変更、執行役員等の役員の交

替、資産運用会社の入替えなどがない限りにおいて、存続法人の基本的性格に投資主の予測を超えるような変更はないといえる。そこで、投資法人の新投資口の発行は役員会の承認により行うことができ（法82条1項）、投資主総会の承認を要しないことにかんがみ、投資法人における簡易合併制度として、存続法人が吸収合併に際して消滅法人の投資主に対して交付する投資口の総口数が、当該存続法人の発行可能投資口総口数から発行済投資口の総口数を控除して得た口数を超えない場合には、存続法人は、投資主総会の決議による吸収合併契約の承認を受ける必要はないものとされている。

なお、簡易合併制度が利用できる場合であっても、吸収合併が、規約の変更、役員の変更、資産運用会社の変更などを伴う場合には、投資法人法上のそれぞれの手続に従って、投資主総会の承認決議が必要となり、また、消滅法人は依然として投資主総会の決議による吸収合併契約の承認を受ける必要がある。

（反対投資主の投資口買取請求）
第149条の8 吸収合併をする場合には、前条第1項の投資主総会に先立つて当該吸収合併に反対する旨を吸収合併存続法人に対し通知し、かつ、当該投資主総会において当該吸収合併に反対した投資主は、当該吸収合併存続法人に対し、自己の有する投資口を公正な価格で買い取ることを請求することができる。
2　吸収合併存続法人は、効力発生日の20日前までに、その投資主に対し、吸収合併をする旨並びに吸収合併消滅法人の商号及び住所を通知しなければならない。
3　前項の規定による通知は、公告をもつてこれに代えることができる。
4　会社法第797条第5項から第7項まで、第798条、第868条第1項、第870条第2項（第2号に係る部分に限る。）、第870条の2、第871条本文、第872条（第5号に係る部分に限る。）、第872条の2、第873条本文、第875条及び第876条の規定は、第1項の規定による請求について

> 準用する。この場合において、必要な技術的読替えは、政令で定める。

1 趣　旨

　投資法人の合併に反対する投資主が投資法人に対し自己の有する投資口を公正な価格で買い取ることを請求することにより、吸収合併存続法人の投資主の投下資本の回収を図る権利を定めるものであり、会社法797条と基本的に同趣旨である。

2 簡易合併と反対投資主の投資口買取請求権

　株式会社においては、株主総会決議による合併契約の承認を要しない場合には、すべての株主に反対株主の株式買取請求権が認められており（会社法797条2項2号参照）、簡易合併などに反対する存続会社の株主は株式買取請求権を行使することができる。他方で、投資法人においては、①投資主が投資主総会において反対することが投資口買取請求の要件とされていること（法149条の8第1項）、②合併をするために株主総会の決議を要しない場合にすべての株主を「反対株主」とする会社法797条2項2号に相当する規定が投資法人法にはなく、また、法149条の8第4項において、反対株主の株式買取請求手続に関する規定である会社法797条5項〜7項を準用しているにもかかわらず、会社法797条2項2号が準用されていないことから、投資法人の簡易合併においては、本条に基づく反対投資主の投資口買取請求権は保障されていないものと考えられる。

3 準用条文（4項）

◇会社法797条5項〜7項（反対株主の株式買取請求）

　5　投資法人法第149条の8第1項の規定による請求（以下この目において「投資口買取請求」という。）は、効力発生日の20日前の日から効力発生日の前日までの間に、その投資口買取請求に係る投資口の口数を明らかにしてしなければならない。

　6　投資口買取請求をした投資主は、吸収合併存続法人の承諾を得た場合

に限り、その投資口買取請求を撤回することができる。
7　吸収合併を中止したときは、投資口買取請求は、その効力を失う。

◇会社法798条（株式の価格の決定等）
1　投資口買取請求があった場合において、投資口の価格の決定について、投資主と吸収合併存続法人との間に協議が調ったときは、吸収合併存続法人は、効力発生日から60日以内にその支払をしなければならない。
2　投資口の価格の決定について、効力発生日から30日以内に協議が調わないときは、投資主又は吸収合併存続法人は、その期間の満了の日後30日以内に、裁判所に対し、価格の決定の申立てをすることができる。
3　前条第6項の規定にかかわらず、前項に規定する場合において、効力発生日から60日以内に同項の申立てがないときは、その期間の満了後は、投資主は、いつでも、投資口買取請求を撤回することができる。
4　吸収合併存続法人は、裁判所の決定した価格に対する第1項の期間の満了の日後の年6分の利率により算定した利息をも支払わなければならない。
5　投資口買取請求に係る投資口の買取りは、当該投資口の代金の支払の時に、その効力を生ずる。
6　投資法人は、投資証券が発行されている投資口について投資口買取請求があったときは、投資証券と引換えに、その投資口買取請求に係る投資口の代金を支払わなければならない。

（債権者の異議）
第149条の9　第149条の4の規定は、吸収合併存続法人について準用する。この場合において、同条第2項第2号中「吸収合併存続法人」とあるのは、「吸収合併消滅法人」と読み替えるものとする。

1　趣　　旨
吸収合併消滅法人の財務状態によって吸収合併後の債権回収が困難となる

危険性が発生または増大する可能性があるため、本条は吸収合併存続法人の債権者保護手続を定めるものであり、会社法799条と同趣旨である。

2 準用条文

◇投資法人法149条の4 （債権者の異議）
1 吸収合併をする場合には、<u>吸収合併存続法人</u>の債権者は、当該<u>吸収合併存続法人</u>に対し、吸収合併について異議を述べることができる。
2 前項に規定する場合には、<u>吸収合併存続法人</u>は、次に掲げる事項を官報に公告し、かつ、知れている債権者には、各別にこれを催告しなければならない。ただし、第3号の期間は、1月を下ることができない。
　一　吸収合併をする旨
　二　<u>吸収合併消滅法人</u>の商号及び住所
　三　債権者が一定の期間内に異議を述べることができる旨
3 前項の規定にかかわらず、<u>吸収合併存続法人</u>が同項の規定による公告を、官報のほか、第186条の2第1項の規定による規約の定めに従い、同項第2号又は第3号に掲げる公告方法によりするときは、前項の規定による各別の催告は、することを要しない。
4 債権者が第2項第3号の期間内に異議を述べなかつたときは、当該債権者は、当該吸収合併について承認をしたものとみなす。
5 債権者が第2項第3号の期間内に異議を述べたときは、<u>吸収合併存続法人</u>は、当該債権者に対し、弁済し、若しくは相当の担保を提供し、又は当該債権者に弁済を受けさせることを目的として信託会社等に相当の財産を信託しなければならない。ただし、当該吸収合併をしても当該債権者を害するおそれがないときは、この限りでない。

（吸収合併に関する書面等の備置き及び閲覧等）
第149条の10　吸収合併存続法人は、効力発生日後遅滞なく、吸収合併により吸収合併存続法人が承継した吸収合併消滅法人の権利義務その他の吸収合併に関する事項として内閣府令で定める事項を記載し、又

は記録した書面又は電磁的記録を作成しなければならない。
2　吸収合併存続法人は、効力発生日から6月間、前項の書面又は電磁的記録をその本店に備え置かなければならない。
3　第149条第2項の規定は、吸収合併存続法人が備え置く前項の書面又は電磁的記録について準用する。

1　趣　旨

　本条は吸収合併に関する書面等の開示について定めるものであり、吸収合併に関する適正手続を間接的に担保するとともに、投資主・債権者が合併無効の訴えを提起すべきか否かの検討資料を取得するための機会を保障するものである。会社法801条と基本的に同趣旨である。

2　準用条文（3項）

◇投資法人法149条2項（吸収合併契約に関する書面等の備置き及び閲覧等）
2　吸収合併存続法人の投資主及び債権者は、吸収合併存続法人に対して、その営業時間内は、いつでも、次に掲げる請求をすることができる。ただし、第2号又は第4号に掲げる請求をするには、当該吸収合併存続法人の定めた費用を支払わなければならない。
　一　第149条の10第2項の書面の閲覧の請求
　二　第149条の10第2項の書面の謄本又は抄本の交付の請求
　三　第149条の10第2項の電磁的記録に記録された事項を内閣府令で定める方法により表示したものの閲覧の請求
　四　第149条の10第2項の電磁的記録に記録された事項を電磁的方法であつて吸収合併存続法人の定めたものにより提供することの請求又はその事項を記載した書面の交付の請求

第5款　新設合併の手続
第1目　新設合併消滅法人の手続

> （新設合併契約に関する書面等の備置き及び閲覧等）
> **第149条の11**　新設合併消滅法人は、次に掲げる日のいずれか早い日から新設合併設立法人の成立の日までの間、新設合併契約の内容その他内閣府令で定める事項を記載し、又は記録した書面又は電磁的記録をその本店に備え置かなければならない。
> 一　次条第1項の投資主総会の日の2週間前の日
> 二　第149条の13第2項の規定による通知の日又は同条第3項の公告の日のいずれか早い日
> 三　第149条の14において準用する第149条の4第2項の規定による公告の日又は同項の規定による催告の日のいずれか早い日
> 2　第149条第2項の規定は、新設合併消滅法人が備え置く前項の書面又は電磁的記録について準用する。

1　趣　旨

投資主が新設合併承認のための投資主総会決議の賛否を判断し、また、債権者が合併に対して異議を述べるべきか否かを判断するための資料を提供するための、事前備置書面の備置き・開示について定めている。会社法803条と同趣旨である。

2　新設合併消滅法人による書面等の事前備置き（1項）

新設合併消滅法人は、以下に掲げる新設合併契約等備置開始日のいずれか早い日から新設合併設立法人の成立の日までの間、下表の「新設合併消滅法人における事前開示事項」のとおり、新設合併契約の内容その他施行規則196条1号～5号に定める事項を記載し、または記録した書面（または電磁的記録）をその本店に備え置かなければならない。

　①　新設合併契約の承認を受ける投資主総会（法149条の12第1項）の2

週間前の日
② 反対投資主の投資口買取請求に関する通知（法149条の13第2項）・公告（法149条の13第3項）の日のいずれか早い日
③ 債権者の異議に関する公告・催告（法149条の14、149条の4第2項）の日のいずれか早い日

〈新設合併消滅法人における事前開示事項〉

① 新設合併契約の内容（法149条の11第1項）	法148条1項参照
② 合併対価・比率（法148条1項5号・6号）についての定めの相当性に関する事項（施行規則196条1号）	
③ 他の新設合併消滅法人についての次に掲げる事項（施行規則196条2号）	イ　最終営業期間に係る計算書類、資産運用報告および金銭の分配に係る計算書（最終営業期間がない場合にあっては、他の新設合併消滅法人の成立の日における貸借対照表）の内容 ロ　他の新設合併消滅法人において最終営業期間の末日（最終営業期間がない場合にあっては、他の新設合併消滅法人の成立の日）後に重要な財産の処分、重大な債務の負担その他の投資法人の財産の状況に重要な影響を与える事象が生じたときは、その内容（新設合併契約等備置開始日後新設合併の効力が生ずる日までの間に新たな最終営業期間が存することとなる場合にあっては、当該新たな最終営業期間の末日後に生じた事象の内容に限る）
④ 当該新設合併消滅法人についての次に掲げる事項（施行規則196条3号）	イ　当該新設合併消滅法人において最終営業期間の末日（最終営業期間がない場合にあっては、新設合併消滅法人の成立の日）後に重要な財産の処分、重大な債務の負担その他の投資法人の財産の状況に重要な影響を与える事象が生じたときは、その内容（新設合併契約等備置開始日後新設合併の効力が生ずる日までの間に新たな最終営業期間が存することとなる場合にあっては、当該新たな最終営業期間の末日後に生じた事象の内容に限る）

	ロ　当該新設合併消滅法人において最終営業期間がないときは、当該新設合併消滅法人の成立の日における貸借対照表
⑤　新設合併が効力を生ずる日以後における新設合併設立法人の債務（他の新設合併消滅法人から承継する債務を除く）の履行の見込みに関する事項（施行規則196条4号）	
⑥　新設合併契約等備置開始日後、②～⑤に変更が生じたときは、変更後の当該事項（施行規則196条1項5号）	

3　準用条文（2項）

◇投資法人法149条2項（吸収合併契約に関する書面等の備置き及び閲覧等）

　2　新設合併消滅法人の投資主及び債権者は、新設合併消滅法人に対して、その営業時間内は、いつでも、次に掲げる請求をすることができる。ただし、第2号又は第4号に掲げる請求をするには、当該新設合併消滅法人の定めた費用を支払わなければならない。

　　一　第149条の11第1項の書面の閲覧の請求

　　二　第149条の11第1項の書面の謄本又は抄本の交付の請求

　　三　第149条の11第1項の電磁的記録に記録された事項を内閣府令で定める方法により表示したものの閲覧の請求

　　四　第149条の11第1項の電磁的記録に記録された事項を電磁的方法であつて新設合併消滅法人の定めたものにより提供することの請求又はその事項を記載した書面の交付の請求

(新設合併契約の承認)
第149条の12 新設合併消滅法人は、投資主総会の決議によつて、新設合併契約の承認を受けなければならない。
2 新設合併消滅法人は、前項の投資主総会の決議の日から2週間以内に、その登録投資口質権者に対し、新設合併をする旨を通知しなければならない。
3 前項の規定による通知は、公告をもつてこれに代えることができる。

　新設合併消滅法人における新設合併承認手続を定めるものであり、会社法804条1項・4項・5項と基本的に同趣旨である。
　合併承認決議は投資主総会の特別決議による必要があり（法93条の2第2項5号）、新設合併を行う理由、新設合併契約の内容の概要等を投資主総会参考書類に記載しなければならない（法91条4項、施行規則141条1項、150条）。
　新設合併により、消滅法人の投資主は、合併対価として新設法人の投資口の交付を受けて新設法人の投資主となり、新設法人の規約の内容によっては資産運用の対象・方針、金銭の分配の方針が従来の消滅法人のものから変更されることとなり、または執行役員等の役員や資産運用会社が入れ替わることにより、投資法人の性格が従来の消滅法人のものから根本的に変更されることになる等の影響を受けることとなる。また、合併対価の定め方によっては、合併対価として新設法人の投資口の交付を受けることができず、投資主としての地位を失うこともあり得る。そこで、新設合併においては、投資主総会の決議による吸収合併契約の承認という手続をもって、このような投資法人の基本的事項に関する事項の変更に関する消滅法人の投資主の利益を確保している。

（反対投資主の投資口買取請求）
第149条の13 新設合併をする場合には、前条第1項の投資主総会に先立つて当該新設合併に反対する旨を新設合併消滅法人に対し通知し、かつ、当該投資主総会において当該新設合併に反対した投資主は、当該新設合併消滅法人に対し、自己の有する投資口を公正な価格で買い取ることを請求することができる。

2　新設合併消滅法人は、前条第1項の投資主総会の決議の日から2週間以内に、その投資主に対し、新設合併をする旨並びに他の新設合併消滅法人及び新設合併設立法人の商号及び住所を通知しなければならない。

3　前項の規定による通知は、公告をもつてこれに代えることができる。

4　会社法第806条第5項から第7項まで、第807条、第868条第1項、第870条第2項（第2号に係る部分に限る。）、第870条の2、第871条本文、第872条（第5号に係る部分に限る。）、第872条の2、第873条本文、第875条及び第876条の規定は、第1項の規定による請求について準用する。この場合において、同法第806条第5項中「第3項」とあるのは「投資法人法第149条の13第2項」と、「前項」とあるのは「同条第3項」と読み替えるものとするほか、必要な技術的読替えは、政令で定める。

1　趣　　旨

　投資法人の合併に反対する投資主が投資法人に対し自己の有する投資口を公正な価格で買い取ることを請求することにより、新設合併消滅法人の投資主の投下資本の回収を図る権利を定めるものであり、会社法806条と基本的に同趣旨である。

2　準用条文（4項）

◇会社法806条5項〜7項（反対株主の株式買取請求）

5 　投資法人法第149条の13第１項の規定による請求（以下この目において「投資口買取請求」という。）は、投資法人法第149条の13第２項の規定による通知又は同条第３項の公告をした日から20日以内に、その投資口買取請求に係る投資口の口数を明らかにしてしなければならない。

6 　投資口買取請求をした投資主は、新設合併消滅法人の承諾を得た場合に限り、その投資口買取請求を撤回することができる。

7 　新設合併を中止したときは、投資口買取請求は、その効力を失う。

◇会社法807条（株式の価格の決定等）

1 　投資口買取請求があった場合において、投資口の価格の決定について、投資主と新設合併消滅法人（新設合併設立法人の成立の日後にあっては、新設合併設立法人。以下この条において同じ。）との間に協議が調ったときは、新設合併消滅法人は、新設合併設立法人の成立の日から60日以内にその支払をしなければならない。

2 　投資口の価格の決定について、新設合併設立法人の成立の日から30日以内に協議が調わないときは、投資主又は新設合併消滅法人は、その期間の満了の日後30日以内に、裁判所に対し、価格の決定の申立てをすることができる。

3 　前条第６項の規定にかかわらず、前項に規定する場合において、新設合併設立法人の成立の日から60日以内に同項の申立てがないときは、その期間の満了後は、投資主は、いつでも、投資口買取請求を撤回することができる。

4 　新設合併消滅法人は、裁判所の決定した価格に対する第１項の期間の満了の日後の年６分の利率により算定した利息をも支払わなければならない。

5 　投資口買取請求に係る投資口の買取りは、新設合併設立法人の成立の日に、その効力を生ずる。

6 　投資法人は、投資証券が発行されている投資口について投資口買取請求があったときは、投資証券と引換えに、その投資口買取請求に係る投資口の代金を支払わなければならない。

> **（債権者の異議）**
> **第149条の14** 第149条の4の規定は、新設合併消滅法人について準用する。この場合において、同条第2項第2号中「吸収合併存続法人」とあるのは、「他の新設合併消滅法人及び新設合併設立法人」と読み替えるものとする。

1 趣　　旨

　新設合併の他方の新設合併消滅法人の財務状態によって新設合併後の債権回収が困難となる危険性が発生または増大する可能性があり、また、新設合併設立法人の規約の内容によっては最低純資産額が減少する可能性もある。そこで、本条は、新設合併消滅法人の債権者保護手続を定めるものである。

2 準用条文

◇投資法人法149条の4　（債権者の異議）
　1　新設合併をする場合には、新設合併消滅法人の債権者は、当該新設合併消滅法人に対し、新設合併について異議を述べることができる。
　2　前項に規定する場合には、新設合併消滅法人は、次に掲げる事項を官報に公告し、かつ、知れている債権者には、各別にこれを催告しなければならない。ただし、第3号の期間は、1月を下ることができない。
　　一　新設合併をする旨
　　二　他の新設合併消滅法人及び新設合併設立法人の商号及び住所
　　三　債権者が一定の期間内に異議を述べることができる旨
　3　前項の規定にかかわらず、新設合併消滅法人が同項の規定による公告を、官報のほか、第186条の2第1項の規定による規約の定めに従い、同項第2号又は第3号に掲げる公告方法によりするときは、前項の規定による各別の催告は、することを要しない。
　4　債権者が第2項第3号の期間内に異議を述べなかつたときは、当該債権者は、当該新設合併について承認をしたものとみなす。
　5　債権者が第2項第3号の期間内に異議を述べたときは、新設合併消滅

法人は、当該債権者に対し、弁済し、若しくは相当の担保を提供し、又は当該債権者に弁済を受けさせることを目的として信託会社等に相当の財産を信託しなければならない。ただし、当該新設合併をしても当該債権者を害するおそれがないときは、この限りでない。

第2目　新設合併設立法人の手続

（投資法人の設立の特則）
第149条の15　第2節（第67条（第1項第5号及び第16号から第18号まで並びに第3項を除く。）及び第74条を除く。）の規定は、新設合併設立法人の設立については、適用しない。
2　新設合併消滅法人は、新設合併設立法人の規約を作成しなければならない。

本条は会社法814条と同趣旨の規定である。

投資法人法上の投資法人の設立の方法としては、新設合併以外に、第2節66条以下の設立企画人による設立の方法が存在するため、新設合併による新設合併設立法人の設立については、法67条（規約の記載又は記録事項等）の一部および法74条（投資法人の成立）以外の設立に関する規定を適用除外とすることにより、矛盾が生じないようにしている。

（新設合併に関する書面等の備置き及び閲覧等）
第149条の16　新設合併設立法人は、その成立の日後遅滞なく、新設合併により新設合併設立法人が承継した新設合併消滅法人の権利義務その他の新設合併に関する事項として内閣府令で定める事項を記載し、又は記録した書面又は電磁的記録を作成しなければならない。
2　新設合併設立法人は、その成立の日から6月間、前項の書面又は電磁的記録及び新設合併契約の内容その他内閣府令で定める事項を記載し、又は記録した書面又は電磁的記録をその本店に備え置かなければ

> ならない。
> 3 第149条第2項の規定は、新設合併設立法人が備え置く前項の書面又は電磁的記録について準用する。

1 趣　旨

　本条は新設合併に関する書面等の開示について定めるものであり、新設合併に関する適正手続を間接的に担保するとともに、投資主・債権者が合併無効の訴えを提起すべきか否かの検討資料を取得するための機会を保障するものである。会社法815条と基本的に同趣旨である。

2 準用条文（3項）

◇投資法人法149条2項（吸収合併契約に関する書面等の備置き及び閲覧等）
> 2 <u>新設合併設立法人</u>の投資主及び債権者は、<u>新設合併設立法人</u>に対して、その営業時間内は、いつでも、次に掲げる請求をすることができる。ただし、第2号又は第4号に掲げる請求をするには、当該<u>新設合併設立法人</u>の定めた費用を支払わなければならない。
> 一　<u>第149条の16第2項</u>の書面の閲覧の請求
> 二　<u>第149条の16第2項</u>の書面の謄本又は抄本の交付の請求
> 三　<u>第149条の16第2項</u>の電磁的記録に記録された事項を内閣府令で定める方法により表示したものの閲覧の請求
> 四　<u>第149条の16第2項</u>の電磁的記録に記録された事項を電磁的方法であつて<u>新設合併設立法人</u>の定めたものにより提供することの請求又はその事項を記載した書面の交付の請求

第6款　雑　　則

（1に満たない端数の処理）
第149条の17　次の各号に掲げる行為に際して当該各号に定める者に当該投資法人の投資口を交付する場合において、その者に対し交付しな

ければならない当該投資法人の投資口の口数に1口に満たない端数があるときは、その端数の合計数（その合計数に1に満たない端数がある場合にあつては、これを切り捨てるものとする。）に相当する口数の投資口を、公正な金額による売却を実現するために適当な方法として内閣府令で定めるものにより売却し、かつ、その端数に応じてその売却により得られた代金を当該者に交付しなければならない。
　一　吸収合併（吸収合併により当該投資法人が存続する場合に限る。）
　　吸収合併消滅法人の投資主
　二　新設合併契約に基づく設立時発行投資口の発行　新設合併消滅法人の投資主
2　第88条第2項及び第3項の規定は、前項の場合について準用する。

1　趣　　旨

　本条は、吸収合併消滅法人または新設合併消滅法人の投資主に対して交付する投資口について、1口未満の投資口の端数が生じた際の処理を定めるものである。会社法234条1項5号および6号に相当する規定である。

2　端数投資口の売却方法

　競売または競売以外の方法（市場価格のある株式の市場価格による売却、市場価格のない株式の裁判所の許可を得て行う売却、発行体である株式会社による買取り）を認める株式会社の株式の1株に満たない端数の処理方法（会社法234条2項）と異なり、投資法人の投資口の1口に満たない端数の処理方法は、施行規則199条において以下のとおり指定されている。

投資口の区分	売却方法
①　金融商品取引所に上場されている有価証券である投資口	取引所金融商品市場において行う取引による売却
②　店頭売買有価証券である投資口	店頭売買有価証券市場において行う取引による売却
③　①および②以外の投資口	当該投資口を発行する投資法人の純資産の額に照らして公正妥当な金額による売却

3　オープン・エンド型投資法人の特例

　いわゆるオープン・エンド型の投資法人（投資主の請求により投資口の払戻しをする旨の規約の定めがある投資法人）の場合には、投資法人の純資産の額に照らして公正な金額をもって払戻しをすることも認められ（2項、法88条2項）、その場合には、施行規則139条で定めるところにより、出資総額等から払戻しをした投資口に相当する額を控除しなければならない（3項、法88条3項）。

4　準用条文（2項）

◇投資法人法88条2項および3項（1に満たない端数の処理）

　2　前項の規定にかかわらず、第86条第1項に規定する投資法人は、第149条の17第1項各号に掲げる行為に際して当該各号に定める者に当該投資法人の投資口を交付する場合において生ずる投資口の口数の1口に満たない端数の部分について、当該投資法人の純資産の額に照らして公正な金額をもつて、払戻しをすることができる。

　3　前項の場合には、内閣府令で定めるところにより、出資総額及び第135条の出資剰余金の額（以下「出資総額等」という。）から出資総額等のうち払戻しをした投資口に相当する額を控除しなければならない。

（会社法の準用）

第150条　会社法第828条第1項（第7号及び第8号に係る部分に限る。）及び第2項（第7号及び第8号に係る部分に限る。）、第834条（第7号及び第8号に係る部分に限る。）、第835条第1項、第836条から第839条まで、第843条（第1項第3号及び第4号並びに第2項ただし書を除く。）、第846条並びに第937条第3項（第2号及び第3号に係る部分に限る。）の規定は投資法人の合併の無効の訴えについて、同法第868条第5項、第870条第2項（第5号に係る部分に限る。）、第870条の2、第871条本文、第872条（第5号に係る部分に限る。）、第872条の2、第873条本文、第875条及び第876条の規定はこの条において準用する同法第

> 843条第4項の申立てについて、それぞれ準用する。この場合において、必要な技術的読替えは、政令で定める。

1　趣　旨

合併無効の訴えに関する会社法の規定を準用するものである。

2　準用条文

◇会社法828条1項（7号および8号）および2項（7号および8号）（会社の組織に関する行為の無効の訴え）

1　次の各号に掲げる行為の無効は、当該各号に定める期間に、訴えをもってのみ主張することができる。

　　七　投資法人の吸収合併　吸収合併の効力が生じた日から6箇月以内
　　八　投資法人の新設合併　新設合併の効力が生じた日から6箇月以内

2　次の各号に掲げる行為の無効の訴えは、当該各号に定める者に限り、提起することができる。

　　七　前項第7号に掲げる行為　当該行為の効力が生じた日において吸収合併をする投資法人の投資主、執行役員、監督役員若しくは清算執行人であった者又は吸収合併後存続する投資法人の投資主、執行役員、監督役員若しくは清算執行人、破産管財人若しくは吸収合併について承認をしなかった債権者

　　八　前項第8号に掲げる行為　当該行為の効力が生じた日において新設合併をする投資法人の投資主、執行役員、監督役員若しくは清算執行人であった者又は新設合併により設立する投資法人の投資主、執行役員、監督役員若しくは清算執行人、破産管財人若しくは新設合併について承認をしなかった債権者

◇会社法834条（7号および8号に係る部分に限る）（被告）

　次の各号に掲げる訴え（以下この節において「投資法人の合併の無効の訴え」と総称する。）については、当該各号に定める者を被告とする。

　　七　投資法人の吸収合併の無効の訴え　吸収合併後存続する投資法人
　　八　投資法人の新設合併の無効の訴え　新設合併により設立する投資法人

第150条

◇会社法835条1項（訴えの管轄及び移送）
　1　投資法人の合併の無効の訴えは、被告となる投資法人の本店の所在地を管轄する地方裁判所の管轄に専属する。

◇会社法836条（担保提供命令）
　1　投資法人の合併の無効の訴えは、裁判所は、被告の申立てにより、当該投資法人の合併の無効の訴えを提起した投資主に対し、相当の担保を立てるべきことを命ずることができる。ただし、当該投資主が執行役員、監督役員若しくは清算執行人であるときは、この限りでない。
　2　前項の規定は、投資法人の合併の無効の訴えであって、債権者が提起することができるものについて準用する。
　3　被告は、第1項（前項において準用する場合を含む。）の申立てをするには、原告の訴えの提起が悪意によるものであることを疎明しなければならない。

◇会社法837条（弁論等の必要的併合）
　同一の請求を目的とする投資法人の合併の無効の訴えに係る訴訟が数個同時に係属するときは、その弁論及び裁判は、併合してしなければならない。

◇会社法838条（認容判決の効力が及ぶ者の範囲）
　投資法人の合併の無効の訴えに係る請求を認容する確定判決は、第三者に対してもその効力を有する。

◇会社法839条（無効又は取消しの判決の効力）
　投資法人の合併の無効の訴えに係る請求を認容する判決が確定したときは、当該判決において無効とされた行為（当該行為によって投資法人が設立された場合にあっては当該設立を含み、当該行為に際して投資口が交付された場合にあっては当該投資口を含む。）は、将来に向かってその効力を失う。

◇会社法843条（1項3号および4号ならびに2項ただし書を除く）（合併又は会社分割の無効判決の効力）
　1　次の各号に掲げる行為の無効の訴えに係る請求を認容する判決が確定したときは、当該行為をした投資法人は、当該行為の効力が生じた日後に当該各号に定める投資法人が負担した債務について、連帯して弁済す

一　投資法人の吸収合併　吸収合併後存続する投資法人
　二　投資法人の新設合併　新設合併により設立する投資法人
2　前項に規定する場合には、同項各号に掲げる行為の効力が生じた日後に当該各号に定める投資法人が取得した財産は、当該行為をした投資法人の共有に属する。
3　第1項及び前項本文に規定する場合には、各投資法人の第1項の債務の負担部分及び前項本文の財産の共有持分は、各投資法人の協議によって定める。
4　各投資法人の第1項の債務の負担部分又は第2項本文の財産の共有持分について、前項の協議が調わないときは、裁判所は、各投資法人の申立てにより、第1項各号に掲げる行為の効力が生じた時における各投資法人の財産の額その他一切の事情を考慮して、これを定める。

◇会社法846条（原告が敗訴した場合の損害賠償責任）

投資法人の合併の無効の訴えを提起した原告が敗訴した場合において、原告に悪意又は重大な過失があったときは、原告は、被告に対し、連帯して損害を賠償する責任を負う。

◇会社法937条3項（2号および3号）（裁判による登記の嘱託）

3　次の各号に掲げる訴えに係る請求を認容する判決が確定した場合には、裁判所書記官は、職権で、遅滞なく、各投資法人の本店の所在地を管轄する登記所に当該各号に定める登記を嘱託しなければならない。
　二　投資法人の吸収合併の無効の訴え　吸収合併後存続する投資法人についての変更の登記及び吸収合併により消滅する投資法人についての回復の登記
　三　投資法人の新設合併の無効の訴え　新設合併により設立する投資法人についての解散の登記及び新設合併により消滅する投資法人についての回復の登記

第 12 節

清　　算

第 1 款　通　　則

> （清算の開始原因）
> 第150条の2　投資法人は、次に掲げる場合には、この節の定めるところにより、清算をしなければならない。
> 一　解散した場合（第143条第4号に掲げる事由によつて解散した場合及び破産手続開始の決定により解散した場合であつて当該破産手続が終了していない場合を除く。）
> 二　設立の無効の訴えに係る請求を認容する判決が確定した場合

　本条は投資法人の清算の開始原因について定めるものであり、会社法475条と同趣旨である。

> （清算投資法人の能力）
> 第150条の3　前条の規定により清算をする投資法人（以下「清算投資法人」という。）は、清算の目的の範囲内において、清算が結了するまではなお存続するものとみなす。

　本条は清算をする投資法人の権利能力について定めるものであり、会社法476条と同趣旨である。

（投資主総会以外の機関の設置）
第150条の4　清算投資法人には、次に掲げる機関を置かなければならない。
一　1人又は2人以上の清算執行人
二　清算執行人の員数に1を加えた数以上の清算監督人
三　清算人会
四　会計監査人
2　第95条の規定は、清算投資法人については、適用しない。

本条は清算投資法人の機関構成について定めるものであり、会社法477条に相当する規定である。清算投資法人は、1人または2人以上の清算執行人（1項1号）および清算執行人の員数に1を加えた数以上の清算監督人（2号）を設置しなければならない。清算執行人は清算投資法人の清算事務に関する職務を執行する機関であり（法153条の2）、清算監督人は清算執行人の職務の執行を監督する機関であり（法154条の2）、清算執行人は執行役員に、清算監督人は監督役員に相当するものということができる。清算株式会社と異なり（会社法477条2項参照）、清算投資法人においては、役員会に相当する、すべての清算執行人および清算監督人で構成する清算人会（3号）を必ず置かなければならない。

（清算執行人等の就任）
第151条　次に掲げる者は、清算投資法人の清算執行人となる。
一　執行役員（次号又は第3号に掲げる者がある場合を除く。）
二　規約で定める者
三　投資主総会の決議によつて選任された者
2　次に掲げる者は、清算投資法人の清算監督人となる。
一　監督役員（次号又は第3号に掲げる者がある場合を除く。）
二　規約で定める者

第151条

> 　　三　投資主総会の決議によつて選任された者
> 3　第1項の規定により清算執行人となる者がないとき、又は前項の規定により清算監督人となる者がないときは、特別清算が開始された場合を除き、内閣総理大臣は、利害関係人の申立てにより又は職権で、清算執行人又は清算監督人を選任する。
> 4　前3項の規定にかかわらず、特別清算が開始された場合を除き、第143条第6号に掲げる事由によつて解散した清算投資法人又は第150条の2第2号に掲げる場合に該当することとなつた清算投資法人については、内閣総理大臣は、利害関係人の申立てにより又は職権で、清算執行人及び清算監督人を選任する。
> 5　第1項から第3項までの規定にかかわらず、特別清算が開始された場合を除き、第143条第7号又は第8号に掲げる事由によつて解散した清算投資法人については、内閣総理大臣は、職権で、清算執行人及び清算監督人を選任する。
> 6　第97条の規定は清算執行人及び清算監督人について、第98条の規定は清算執行人について、第100条の規定は清算監督人について、それぞれ準用する。この場合において、必要な技術的読替えは、政令で定める。

1　趣　　旨

本条は清算執行人および清算監督人の決定方法について定めるものである。

2　解　　説

(1)　法143条1号～3号の事由により解散した場合（1項～3項）

規約に別段の定めがある場合または投資主総会において他の者を選任した場合を除き、執行役員が清算執行人に、監督役員が清算監督人になる。また、1項の規定により清算執行人になる者がいない場合、2項の規定により清算監督人になる者がいない場合は、特別清算が開始された場合を除き（特

別清算が開始された場合は、裁判所が選任する)、内閣総理大臣が、利害関係人の申立てによりまたは職権で、清算執行人または清算監督人を選任する。会社法478条と基本的に同趣旨である。

(2) 法143条 6 号の事由により**解散した場合**または法150条の2 第 2 号に該当することとなった場合 (4項)

裁判所の解散命令により解散した場合、または設立の無効の訴えに係る請求を任用する判決が確定した場合は、利害関係人の申立てによりまたは職権で、内閣総理大臣が清算執行人および清算監督人を選任する。

(3) 法143条 7 号・ 8 号の事由により**解散した場合** (5項)

登録取消しまたは登録拒否により解散した場合は、職権で、内閣総理大臣が清算執行人および清算監督人を選任する。

3 監督官庁による後見的監督

株式会社の清算手続においては裁判所が後見的監督を行うものとされているが、投資法人の清算手続においては、清算執行人となる者がいない場合等の選任権限などの後見的監督を内閣総理大臣が行うものとされている (3項～5項など)。これは、投資法人が資産運用型の集団投資スキームの導管体として機能することのみを目的として設立された法人であり、また、設立手続の開始時より継続的に内閣総理大臣の広範な監督下に置かれていることから、清算手続においても、投資法人を用いた集団投資スキームの特殊性や投資者等の保護の必要性にかんがみて、適切な後見的監督を投資法人の監督当局である内閣総理大臣に委ねているものである。ただし、特別清算手続においては、投資法人が実質的に破産状態にあることから裁判所の監督のもとでの手続の公平性および公正性の確保が必要となるため、会社法における特別清算に関する規定を準用することにより、監督官庁ではなく、裁判所の監督に服するものとしている。

清算手続および特別清算手続においてこのような監督官庁と裁判所の後見的監督の配分を行っているその他の例としては、保険業を営む株式会社および相互会社の清算手続がある。

4　準用条文（6項）

◇投資法人法97条（投資法人と役員等との関係）

　投資法人と<u>清算執行人及び清算監督人</u>との関係は、委任に関する規定に従う。

◇投資法人法98条（執行役員の資格）

　次に掲げる者は、<u>清算執行人</u>となることができない。

一　法人
二　成年被後見人若しくは被保佐人又は外国の法令上これらと同様に取り扱われている者
三　破産手続開始の決定を受けて復権を得ない者又は外国の法令上これと同様に取り扱われている者
四　禁錮以上の刑（これに相当する外国の法令による刑を含む。）に処せられ、その刑の執行を終わり、又はその刑の執行を受けることがなくなつた日から5年を経過しない者
五　この法律、信託法、信託業法、金融機関の信託業務の兼営等に関する法律、金融商品取引法、商品先物取引法（昭和25年法律第239号）、宅地建物取引業法、出資の受入れ、預り金及び金利等の取締りに関する法律（昭和29年法律第195号）、割賦販売法（昭和36年法律第159号）、海外商品市場における先物取引の受託等に関する法律（昭和57年法律第65号）、貸金業法（昭和58年法律第32号）、特定商品等の預託等取引契約に関する法律（昭和61年法律第62号）、商品投資に係る事業の規制に関する法律（平成3年法律第66号）、不動産特定共同事業法（平成6年法律第77号）、資産の流動化に関する法律（平成10年法律第105号）、金融業者の貸付業務のための社債の発行等に関する法律（平成11年法律第32号）、会社法若しくは一般社団法人及び一般財団法人に関する法律（平成18年法律第48号）若しくはこれらに相当する外国の法令の規定に違反し、又は民事再生法（平成11年法律第225号）第255条、第256条、第258条から第260条まで若しくは第262条の罪、外国倒産処理手続の承認援助に関する法律（平成12年法律第129号）第65条、第66条、第68条若しくは第69条の罪、破産法（平成16年法律第75号）第265条、第266条、第268条から第272条まで若しく

は第274条の罪、刑法（明治40年法律第45号）第204条、第206条、第208条、第208条の3、第222条若しくは第247条の罪、暴力行為等処罰に関する法律（大正15年法律第60号）の罪若しくは暴力団員による不当な行為の防止等に関する法律（平成3年法律第77号）第46条、第47条、第49条若しくは第50条の罪を犯し、罰金の刑（これに相当する外国の法令による刑を含む。）に処せられ、その刑の執行を終わり、又はその刑の執行を受けることがなくなつた日から5年を経過しない者

◇投資法人法100条（監督役員の資格）

次に掲げる者は、<u>清算監督人</u>となることができない。

一　第98条各号に掲げる者

二　投資法人の設立企画人

三　投資法人の設立企画人である法人若しくはその子会社（当該法人がその総株主の議決権（株主総会において決議をすることができる事項の全部につき議決権を行使することができない株式についての議決権を除き、会社法第879条第3項の規定により議決権を有するものとみなされる株式についての議決権を含む。）の過半数を保有する株式会社をいう。第5号及び第200条第1号において同じ。）の役員若しくは使用人又はこれらの者のうちの1若しくは2以上であつたもの

四　投資法人の<u>執行役員及び清算執行人</u>

五　投資法人の発行する投資口を引き受ける者の募集の委託を受けた金融商品取引業者等（金融商品取引法第34条に規定する金融商品取引業者等をいう。）若しくは金融商品仲介業者（同法第2条第12項に規定する金融商品仲介業者をいう。以下この号において同じ。）若しくはこれらの子会社の役員若しくは使用人若しくは個人である金融商品仲介業者又はこれらの者のうちの1若しくは2以上であつたもの

六　その他投資法人の設立企画人、<u>執行役員又は清算執行人</u>と利害関係を有することその他の事情により<u>清算監督人</u>の職務の遂行に支障を来すおそれがある者として内閣府令で定めるもの

(清算執行人等の届出)
第152条　清算執行人及び清算監督人(内閣総理大臣が選任した者並びに特別清算が開始された場合の清算執行人及び清算監督人を除く。)は、その就任の日から2週間以内に次に掲げる事項を内閣総理大臣に届け出なければならない。ただし、その間に特別清算が開始された場合は、この限りでない。
一　解散の事由(第150条の2第2号に掲げる場合に該当することとなつた清算投資法人にあつては、その旨)及びその年月日
二　清算執行人及び清算監督人の氏名及び住所

　本条は、内閣総理大臣による投資法人の清算手続の監督のため、清算執行人および清算監督人に、①解散の事由およびその年月日、②清算執行人および清算監督人の氏名および住所を内閣総理大臣に届け出させることを定めるものである。保険業法174条8項と同趣旨である。

　本条の届出は、内閣総理大臣に清算の開始を確知させることでその監督に資することを目的とするものであるから、内閣総理大臣が清算執行人等を選任した場合や、裁判所が監督することとなる特別清算の場合には、届出は不要とされている。また、届出期限内に特別清算が開始したときも同様に届出は不要である。

(清算執行人等の解任等)
第153条　内閣総理大臣は、特別清算が開始された場合を除き、重要な事由があると認めるときは、利害関係人の申立てにより又は職権で、清算執行人又は清算監督人を解任することができる。この場合において、内閣総理大臣は、清算執行人又は清算監督人を選任することができる。
2　第108条第1項及び第2項並びに会社法第346条第3項及び第479条第1項の規定は、清算執行人又は清算監督人について準用する。この

場合において、第108条第2項中「内閣総理大臣」とあるのは「内閣総理大臣（特別清算が開始された場合にあつては、裁判所）」と、同法第346条第3項中「前項」とあるのは「投資法人法第153条第2項において読み替えて準用する投資法人法第108条第2項」と、同法第479条第1項中「前条第2項から第4項までの規定により裁判所」とあるのは「内閣総理大臣又は裁判所」と読み替えるものとするほか、必要な技術的読替えは、政令で定める。

1　趣　旨

本条は内閣総理大臣による清算執行人または清算監督人の解任の手続等につき定めるものである。

2　内閣総理大臣による清算執行人等の解任（1項）

内閣総理大臣は、投資法人の清算手続の監督の一環として、重要な事由があると認めるときは、特別清算が開始された場合を除き、利害関係人の請求によりまたは職権で、清算執行人または清算監督人を解任することができる。この場合において、内閣総理大臣は、清算執行人または清算監督人を選任することができる。保険業法174条9項と同趣旨である。

3　準用条文（2項）

◇投資法人法108条1項および2項（役員等に欠員を生じた場合の措置）
1　清算執行人又は清算監督人が欠けた場合又はこの法律若しくは規約で定めた清算執行人又は清算監督人の員数が欠けた場合には、任期の満了又は辞任により退任した清算執行人又は清算監督人は、新たに選任された清算執行人又は清算監督人（次項の一時清算執行人又は清算監督人の職務を行うべき者を含む。）が就任するまで、なお清算執行人又は清算監督人としての権利義務を有する。
2　前項に規定する場合において、内閣総理大臣（特別清算が開始された場合にあつては、裁判所）は、必要があると認めるときは、利害関係人の申立てにより、一時清算執行人又は清算監督人の職務を行うべき者を

選任することができる。

◇会社法346条3項（役員等に欠員を生じた場合の措置）

3 　裁判所は、投資法人法第153条第2項において読み替えて準用する投資法人法第108条第2項の一時清算執行人又は清算監督人の職務を行うべき者を選任した場合には、投資法人がその者に対して支払う報酬の額を定めることができる。

◇会社法479条1項（清算人の解任）

1 　清算執行人又は清算監督人（内閣総理大臣又は裁判所が選任したものを除く。）は、いつでも、投資主総会の決議によって解任することができる。

（清算執行人の職務）

第153条の2　清算執行人は、次に掲げる職務を行う。

一　現務の結了

二　債権の取立て及び債務の弁済

三　残余財産の分配

本条は清算執行人の職務について定めるものであり、会社法481条と同趣旨である。

第153条の3　清算執行人は、清算投資法人の業務を執行し、清算投資法人を代表する。

2 　第109条第3項並びに会社法第349条第4項及び第5項、第355条、第360条第1項並びに第484条の規定は清算執行人について、同法第352条、第868条第1項、第869条、第871条、第874条（第4号に係る部分に限る。）、第875条及び第876条の規定は清算執行人の職務を代行する者について、それぞれ準用する。この場合において、同法第360条第1項中「著しい損害」とあるのは「回復することができない損害」

と読み替えるものとするほか、必要な技術的読替えは、政令で定める。

1　趣　旨
本条は、清算執行人の業務執行・代表権について定め、清算執行人の職務に関する会社法の規定を準用するものである。

2　準用条文（2項）
◇投資法人法109条3項（職務）
　3　清算執行人は、3月に1回以上、自己の職務の執行の状況を清算人会に報告しなければならない。

◇会社法349条4項および5項（株式会社の代表）
　4　清算執行人は、投資法人の業務に関する一切の裁判上又は裁判外の行為をする権限を有する。
　5　前項の権限に加えた制限は、善意の第三者に対抗することができない。

◇会社法355条（忠実義務）
　　清算執行人は、法令及び規約並びに投資主総会の決議を遵守し、投資法人のため忠実にその職務を行わなければならない。

◇会社法360条1項（株主による取締役の行為の差止め）
　1　6箇月（これを下回る期間を規約で定めた場合にあっては、その期間）前から引き続き投資口を有する投資主は、清算執行人が投資法人の目的の範囲外の行為その他法令若しくは規約に違反する行為をし、又はこれらの行為をするおそれがある場合において、当該行為によって当該投資法人に回復することができない損害が生ずるおそれがあるときは、当該清算執行人に対し、当該行為をやめることを請求することができる。

◇会社法484条（清算株式会社についての破産手続の開始）
　1　清算投資法人の財産がその債務を完済するのに足りないことが明らかになったときは、清算執行人は、直ちに破産手続開始の申立てをしなければならない。

2 <u>清算執行人</u>は、<u>清算投資法人</u>が破産手続開始の決定を受けた場合において、破産管財人にその事務を引き継いだときは、その任務を終了したものとする。
3 前項に規定する場合において、<u>清算投資法人</u>が既に債権者に支払い、又は<u>投資主</u>に分配したものがあるときは、破産管財人は、これを取り戻すことができる。

◇会社法352条（取締役の職務を代行する者の権限）
1 民事保全法（平成元年法律第91号）第56条に規定する仮処分命令により選任された<u>清算執行人の職務を代行する者</u>は、仮処分命令に別段の定めがある場合を除き、<u>投資法人</u>の常務に属しない行為をするには、裁判所の許可を得なければならない。
2 前項の規定に違反して行った<u>清算執行人の職務を代行する者</u>の行為は、無効とする。ただし、<u>投資法人</u>は、これをもって善意の第三者に対抗することができない。

（清算執行人の報酬）
第154条 清算執行人（内閣総理大臣又は裁判所が選任したものを除く。）の報酬は、規約にその額を定めていない場合において規約にその支払に関する基準を定めているときは当該基準に従い清算人会の決議によつて、規約にその額及び当該基準を定めていないときは投資主総会の決議によつて、その額を決定する。
2 内閣総理大臣は、第151条第3項から第5項まで又は第153条第1項の規定により清算執行人を選任した場合には、内閣府令で定めるところにより、清算投資法人が当該清算執行人に対して支払う報酬の額を定めることができる。

本条は清算執行人の報酬について定めるものであり、内閣総理大臣または裁判所が選任した清算執行人か否かによって、報酬の額の決定方法が異なる。

> （清算監督人の職務）
> 第154条の2　清算監督人は、清算執行人の職務の執行を監督する。
> 2　第111条第2項及び前条並びに会社法第355条、第381条第3項及び第4項並びに第384条から第386条までの規定は、清算監督人について準用する。この場合において、必要な技術的読替えは、政令で定める。

1　趣　旨

本条は、清算監督人の監督権限について定め、清算監督人の職務に関する会社法の規定を準用するものである。

2　準用条文（2項）

◇投資法人法111条2項
　2　清算監督人は、いつでも、清算執行人、一般事務受託者、資産運用会社及び資産保管会社に対して清算投資法人の業務及び財産の状況に関する報告を求め、又は必要な調査をすることができる。

◇投資法人法154条（清算執行人の報酬）
　1　清算監督人（内閣総理大臣又は裁判所が選任したものを除く。）の報酬は、規約にその額を定めていない場合において規約にその支払に関する基準を定めているときは当該基準に従い清算人会の決議によつて、規約にその額及び当該基準を定めていないときは投資主総会の決議によつて、その額を決定する。
　2　内閣総理大臣は、第151条第3項から第5項まで又は第153条第1項の規定により清算監督人を選任した場合には、内閣府令で定めるところにより、清算投資法人が当該清算監督人に対して支払う報酬の額を定めることができる。

◇会社法355条（忠実義務）
　清算監督人は、法令及び規約並びに投資主総会の決議を遵守し、清算投資法人のため忠実にその職務を行わなければならない。

第154条の2

◇会社法381条3項および4項(監査役の権限)
　3　清算監督人は、その職務を行うため必要があるときは、清算投資法人の子法人(投資法人法第77条の2第1項に規定する子法人をいう。以下この条において同じ。)に対して事業の報告を求め、又はその子法人の業務及び財産の状況の調査をすることができる。
　4　前項の子法人は、正当な理由があるときは、同項の報告又は調査を拒むことができる。

◇会社法384条(株主総会に対する報告義務)
　清算監督人は、清算執行人が投資主総会に提出しようとする議案、書類その他内閣府令で定めるものを調査しなければならない。この場合において、法令若しくは規約に違反し、又は著しく不当な事項があると認めるときは、その調査の結果を投資主総会に報告しなければならない。

◇会社法385条(監査役による取締役の行為の差止め)
　1　清算監督人は、清算執行人が清算投資法人の目的の範囲外の行為その他法令若しくは規約に違反する行為をし、又はこれらの行為をするおそれがある場合において、当該行為によって当該清算投資法人に著しい損害が生ずるおそれがあるときは、当該清算執行人に対し、当該行為をやめることを請求することができる。
　2　前項の場合において、裁判所が仮処分をもって同項の清算執行人に対し、その行為をやめることを命ずるときは、担保を立てさせないものとする。

◇会社法386条(監査役設置会社と取締役との間の訴えにおける会社の代表)
　1　投資法人法第153条の3第2項において準用する第349条第4項の規定にかかわらず、清算投資法人が清算執行人(清算執行人であった者を含む。以下この条において同じ。)に対し、又は清算執行人が清算投資法人に対して訴えを提起する場合には、当該訴えについては、清算監督人が清算投資法人を代表する。
　2　投資法人法第153条の3第2項において準用する第349条第4項の規定にかかわらず、次に掲げる場合には、清算監督人が清算投資法人を代表する。

一 清算投資法人が投資法人法第154条の7において準用する第847条第1項の訴えの提起の請求(清算執行人の責任を追及する訴えの提起の請求に限る。)を受ける場合

二 清算投資法人が投資法人法第154条の7において準用する第849条第3項の訴訟告知(清算執行人の責任を追及する訴えに係るものに限る。)並びに投資法人法第154条の7において準用する第850条第2項の規定による通知及び催告(清算執行人の責任を追及する訴えに係る訴訟における和解に関するものに限る。)を受ける場合

(清算人会)
第154条の3 清算人会は、すべての清算執行人及び清算監督人で構成する。
2 第113条及び第114条第1項並びに会社法第368条及び第369条の規定は清算人会について、同法第371条(第3項を除く。)の規定は清算投資法人について、それぞれ準用する。この場合において、同法第369条第1項中「取締役の」とあるのは「構成員の」と、同条第2項中「取締役」とあり、及び同条第3項中「取締役及び監査役」とあるのは「清算執行人及び清算監督人」と、同条第5項中「取締役で」とあるのは「清算執行人及び清算監督人で」と、同法第371条第2項中「株式会社の営業時間内は、いつでも」とあるのは「内閣総理大臣(特別清算が開始された場合にあっては、裁判所。第4項及び第6項において同じ。)の許可を得て」と、同条第4項及び第6項中「裁判所」とあるのは「内閣総理大臣」と読み替えるものとするほか、必要な技術的読替えは、政令で定める。
3 内閣総理大臣は、前項において読み替えて準用する会社法第371条第2項及び第4項(同条第5項において準用する場合を含む。)の規定による許可の申立てについての処分をする場合には、当該申立てに係る清算投資法人の陳述を聴かなければならない。

第154条の3

1 趣　旨
本条は、清算人会の構成について定め、清算人会について会社法等の規定を準用するものである。

2　準用条文（2項）
◇投資法人法113条（役員会の招集）
1　清算人会は、清算執行人が1人の場合はその清算執行人が、清算執行人が2人以上の場合は各清算執行人が招集する。ただし、清算執行人が2人以上の場合において、清算人会を招集する清算執行人を規約又は清算人会で定めたときは、その清算執行人が招集する。
2　前項ただし書に規定する場合には、同項ただし書の規定により定められた清算執行人（以下この項及び次項において「招集権者」という。）以外の清算執行人は、招集権者に対し、清算人会の目的である事項を示して、清算人会の招集を請求することができる。
3　清算監督人は、その職務を行うため必要があるときは、清算執行人（第1項ただし書に規定する場合にあつては、招集権者）に対し、清算人会の目的である事項を示して、清算人会の招集を請求することができる。
4　前2項の規定による請求があつた日から5日以内に、その請求があつた日から2週間以内の日を清算人会の日とする清算人会の招集の通知が発せられない場合には、その請求をした清算執行人又は清算監督人は、清算人会を招集することができる。

◇投資法人法114条1項（役員会の権限等）
1　清算人会は、この法律及び規約に定める権限を行うほか、清算執行人の職務の執行を監督する。

◇会社法368条（招集手続）
1　清算人会を招集する者は、清算人会の日の1週間（これを下回る期間を規約で定めた場合にあっては、その期間）前までに、各清算執行人及び各清算監督人に対してその通知を発しなければならない。
2　前項の規定にかかわらず、清算人会は、清算執行人及び清算監督人の全員の同意があるときは、招集の手続を経ることなく開催することがで

◇会社法369条（取締役会の決議）
　1　清算人会の決議は、議決に加わることができる構成員の過半数（これを上回る割合を規約で定めた場合にあっては、その割合以上）が出席し、その過半数（これを上回る割合を規約で定めた場合にあっては、その割合以上）をもって行う。
　2　前項の決議について特別の利害関係を有する清算執行人及び清算監督人は、議決に加わることができない。
　3　清算人会の議事については、内閣府令で定めるところにより、議事録を作成し、議事録が書面をもって作成されているときは、出席した清算執行人及び清算監督人は、これに署名し、又は記名押印しなければならない。
　4　前項の議事録が電磁的記録をもって作成されている場合における当該電磁的記録に記録された事項については、内閣府令で定める署名又は記名押印に代わる措置をとらなければならない。
　5　清算人会の決議に参加した清算執行人及び清算監督人であって第3項の議事録に異議をとどめないものは、その決議に賛成したものと推定する。

◇会社法371条（3項を除く）（議事録等）
　1　清算投資法人は、清算人会の日から10年間、第369条第3項の議事録をその本店に備え置かなければならない。
　2　投資主は、その権利を行使するため必要があるときは、内閣総理大臣（特別清算が開始された場合にあっては、裁判所。第4項及び第6項において同じ。）の許可を得て、次に掲げる請求をすることができる。
　　一　前項の議事録が書面をもって作成されているときは、当該書面の閲覧又は謄写の請求
　　二　前項の議事録が電磁的記録をもって作成されているときは、当該電磁的記録に記録された事項を内閣府令で定める方法により表示したものの閲覧又は謄写の請求
　4　清算投資法人の債権者は、清算執行人又は清算監督人の責任を追及す

るため必要があるときは、内閣総理大臣の許可を得て、当該清算投資法人の議事録について第2項各号に掲げる請求をすることができる。
5　前項の規定は、清算投資法人の親法人（投資法人法第81条第1項に規定する親法人をいう。以下この条において同じ。）の投資主がその権利を行使するため必要があるときについて準用する。
6　内閣総理大臣は、第2項各号に掲げる請求又は第4項（前項において準用する場合を含む。以下この項において同じ。）の請求に係る閲覧又は謄写をすることにより、当該清算投資法人又はその親法人若しくは子法人（投資法人法第77条の2第1項に規定する子法人をいう。）に著しい損害を及ぼすおそれがあると認めるときは、第2項の許可又は第4項の許可をすることができない。

（清算執行人等の清算投資法人に対する損害賠償責任）
第154条の4　清算執行人又は清算監督人は、その任務を怠つたときは、清算投資法人に対し、これによつて生じた損害を賠償する責任を負う。
2　前項の責任は、総投資主の同意がなければ、免除することができない。

　本条は清算執行人および清算監督人の任務懈怠に基づく清算投資法人に対する損害賠償責任を定めるものであり、会社法486条1項・4項と同趣旨である。

（清算執行人等の第三者に対する損害賠償責任）
第154条の5　清算執行人又は清算監督人がその職務を行うについて悪意又は重大な過失があつたときは、当該清算執行人又は清算監督人は、これによつて第三者に生じた損害を賠償する責任を負う。
2　清算執行人又は清算監督人が、次に掲げる行為をしたときも、前項

と同様とする。ただし、当該清算執行人又は清算監督人が当該行為をすることについて注意を怠らなかつたことを証明したときは、この限りでない。
一　第155条第1項に規定する財産目録等に記載し、又は記録すべき重要な事項についての虚偽の記載又は記録
二　虚偽の登記
三　虚偽の公告

　本条は清算執行人および清算監督人の第三者に対する損害賠償責任を定めるものであり、会社法487条と同趣旨である。

（清算執行人等の連帯責任）
第154条の6　清算執行人、清算監督人又は会計監査人が清算投資法人又は第三者に生じた損害を賠償する責任を負う場合において、他の清算執行人、清算監督人又は会計監査人も当該損害を賠償する責任を負うときは、これらの者は、連帯債務者とする。
2　前項の場合には、第115条の8の規定は、適用しない。

　本条は、清算執行人、清算監督人または会計監査人が清算投資法人または第三者に対して損害賠償責任を負う場合における連帯責任について定めるものであり、会社法488条と同趣旨である。

（清算執行人等の責任を追及する訴え）
第154条の7　会社法第7編第2章第2節（第847条第2項、第849条第2項第2号及び第5項並びに第851条第1項第1号及び第2項を除く。）の規定は、清算執行人又は清算監督人の責任を追及する訴えについて準用する。この場合において、必要な技術的読替えは、政令で定める。

第154条の7

1　趣　旨
本条は、会社法の清算人等の責任追及等の訴えに関する規定を清算執行人または清算監督人について準用するものである。

2　準用条文
◇会社法847条（2項を除く）（責任追及等の訴え）
1　6箇月（これを下回る期間を規約で定めた場合にあっては、その期間）前から引き続き投資口を有する投資主は、清算投資法人に対し、書面その他の内閣府令で定める方法により、清算執行人又は清算監督人の責任を追及する訴え（以下この節において「清算執行人又は清算監督人の責任を追及する訴え」という。）の提起を請求することができる。ただし、清算執行人又は清算監督人の責任を追及する訴えが当該投資主若しくは第三者の不正な利益を図り又は当該清算投資法人に損害を加えることを目的とする場合は、この限りでない。

3　清算投資法人が第1項の規定による請求の日から60日以内に清算執行人又は清算監督人の責任を追及する訴えを提起しないときは、当該請求をした投資主は、清算投資法人のために、清算執行人又は清算監督人の責任を追及する訴えを提起することができる。

4　清算投資法人は、第1項の規定による請求の日から60日以内に清算執行人又は清算監督人の責任を追及する訴えを提起しない場合において、当該請求をした投資主又は同項の清算執行人又は清算監督人から請求を受けたときは、当該請求をした者に対し、遅滞なく、清算執行人又は清算監督人の責任を追及する訴えを提起しない理由を書面その他の内閣府令で定める方法により通知しなければならない。

5　第1項及び第3項の規定にかかわらず、同項の期間の経過により清算投資法人に回復することができない損害が生ずるおそれがある場合には、第1項の投資主は、清算投資法人のために、直ちに清算執行人又は清算監督人の責任を追及する訴えを提起することができる。ただし、同項ただし書に規定する場合は、この限りでない。

6　第3項又は前項の清算執行人又は清算監督人の責任を追及する訴え

は、訴訟の目的の価額の算定については、財産権上の請求でない請求に係る訴えとみなす。
　7　投資主が清算執行人又は清算監督人の責任を追及する訴えを提起したときは、裁判所は、被告の申立てにより、当該投資主に対し、相当の担保を立てるべきことを命ずることができる。
　8　被告が前項の申立てをするには、清算執行人又は清算監督人の責任を追及する訴えの提起が悪意によるものであることを疎明しなければならない。

◇会社法848条（訴えの管轄）
　清算執行人又は清算監督人の責任を追及する訴えは、清算投資法人の本店の所在地を管轄する地方裁判所の管轄に専属する。

◇会社法849条（2項2号および5項を除く）（訴訟参加）
　1　投資主又は清算投資法人は、共同訴訟人として、又は当事者の一方を補助するため、清算執行人又は清算監督人の責任を追及する訴えに係る訴訟に参加することができる。ただし、不当に訴訟手続を遅延させることとなるとき、又は裁判所に対し過大な事務負担を及ぼすこととなるときは、この限りでない。
　2　清算投資法人が、清算執行人及び清算監督人並びにこれらの者であった者を補助するため、清算執行人又は清算監督人の責任を追及する訴えに係る訴訟に参加するには、次の各号に掲げる清算投資法人の区分に応じ、当該各号に定める者の同意を得なければならない。
　　一　投資法人　清算監督人（清算監督人が2人以上ある場合にあっては、各清算監督人）
　3　投資主は、清算執行人又は清算監督人の責任を追及する訴えを提起したときは、遅滞なく、清算投資法人に対し、訴訟告知をしなければならない。
　4　清算投資法人は、清算執行人又は清算監督人の責任を追及する訴えを提起したとき、又は前項の訴訟告知を受けたときは、遅滞なく、その旨を公告し、又は投資主に通知しなければならない。

◇会社法850条（和解）

第154条の7

1 　民事訴訟法第267条の規定は、清算投資法人が清算執行人又は清算監督人の責任を追及する訴えに係る訴訟における和解の当事者でない場合には、当該訴訟における訴訟の目的については、適用しない。ただし、当該清算投資法人の承認がある場合は、この限りでない。

2 　前項に規定する場合において、裁判所は、清算投資法人に対し、和解の内容を通知し、かつ、当該和解に異議があるときは2週間以内に異議を述べるべき旨を催告しなければならない。

3 　清算投資法人が前項の期間内に書面により異議を述べなかったときは、同項の規定による通知の内容で投資主が和解をすることを承認したものとみなす。

4 　投資法人法第77条の2第5項及び第154条の4第2項の規定は、清算執行人又は清算監督人の責任を追及する訴えに係る訴訟における和解をする場合には、適用しない。

◇会社法851条（1項1号および2項を除く）（株主でなくなった者の訴訟追行）

1 　清算執行人又は清算監督人の責任を追及する訴えを提起した投資主又は第849条第1項の規定により共同訴訟人として当該清算執行人又は清算監督人の責任を追及する訴えに係る訴訟に参加した投資主が当該訴訟の係属中に投資主でなくなった場合であっても、次に掲げるときは、その者が、訴訟を追行することができる。

二 　その者が当該清算投資法人が合併により消滅する清算投資法人となる合併により、合併により設立する清算投資法人又は合併後存続する清算投資法人若しくはその完全親法人の投資口を取得したとき。

3 　第1項の規定は、同項第2号（前項又はこの項において準用する場合を含む。）に掲げる場合において、第1項の投資主が同項の訴訟の係属中に合併により設立する清算投資法人又は合併後存続する清算投資法人若しくはその完全親法人の投資口の投資主でなくなったときについて準用する。この場合において、同項（前項又はこの項において準用する場合を含む。）中「当該清算投資法人」とあるのは、「合併により設立する清算投資法人又は合併後存続する清算投資法人若しくはその完全親法人」と読み替えるものとする。

◇会社法852条（費用等の請求）
1　清算執行人又は清算監督人の責任を追及する訴えを提起した投資主が勝訴（一部勝訴を含む。）した場合において、当該清算執行人又は清算監督人の責任を追及する訴えに係る訴訟に関し、必要な費用（訴訟費用を除く。）を支出したとき又は弁護士若しくは弁護士法人に報酬を支払うべきときは、当該清算投資法人に対し、その費用の額の範囲内又はその報酬額の範囲内で相当と認められる額の支払を請求することができる。
2　清算執行人又は清算監督人の責任を追及する訴えを提起した投資主が敗訴した場合であっても、悪意があったときを除き、当該投資主は、当該清算投資法人に対し、これによって生じた損害を賠償する義務を負わない。
3　前2項の規定は、第849条第1項の規定により同項の訴訟に参加した投資主について準用する。

◇会社法853条（再審の訴え）
1　清算執行人又は清算監督人の責任を追及する訴えが提起された場合において、原告及び被告が共謀して清算執行人又は清算監督人の責任を追及する訴えに係る訴訟の目的である清算投資法人の権利を害する目的をもって判決をさせたときは、清算投資法人又は投資主は、確定した終局判決に対し、再審の訴えをもって、不服を申し立てることができる。
2　前条の規定は、前項の再審の訴えについて準用する。

（執行役員等に関する規定の適用）
第154条の8　清算投資法人については、第77条の2第4項及び第4節第1款の規定中執行役員、監督役員又は役員会に関する規定は、それぞれ清算執行人、清算監督人又は清算人会に関する規定として清算執行人、清算監督人又は清算人会に適用があるものとする。

本条は執行役員、監督役員または役員会に関する規定の清算投資法人における適用について定めるものであり、会社法491条と同趣旨である。

(財産目録等の作成等)
第155条 清算執行人は、その就任後遅滞なく、清算投資法人の財産の現況を調査し、内閣府令で定めるところにより、第150条の2各号に掲げる場合に該当することとなつた日における財産目録及び貸借対照表（以下この条及び次条において「財産目録等」という。）を作成しなければならない。
2 財産目録等は、内閣府令で定めるところにより、会計監査人の監査を受けなければならない。
3 清算執行人は、前項の監査を受けた財産目録等及び会計監査報告を清算人会に提出し、又は提供し、その承認を受けなければならない。
4 清算執行人は、特別清算が開始された場合を除き、前項の承認を受けたときは、遅滞なく、同項の財産目録等及び会計監査報告を内閣総理大臣に提出しなければならない。
5 清算投資法人は、財産目録等を作成した時から清算結了の登記の時までの間、当該財産目録等を保存しなければならない。

　本条は、清算投資法人の財産の現況の調査、財産目録・貸借対照表の作成に関する手続等を定めるものであり、会社法492条と同趣旨である。
　この清算投資法人における財産目録等に関する手続は、計算書類等の監査・承認手続と同様、株式会社とは一部異なる（会社法492条2項・3項参照）。また、株式会社においては、裁判所への財産目録等の提出が不要になったが（会社法492条参照）、清算投資法人においては、内閣総理大臣による監督を維持する観点から、清算執行人は清算人会の承認を受けた財産目録等を内閣総理大臣に（特別清算の場合は裁判所に）提出しなければならない（4項）とされている。

(財産目録等の提出命令)
第156条 裁判所は、申立てにより又は職権で、訴訟の当事者に対し、

財産目録等の全部又は一部の提出を命ずることができる。

本条は財産目録等の裁判所による提出命令について定めるものであり、会社法493条と同趣旨である。

（債務の弁済等）
第157条　清算投資法人は、第150条の2各号に掲げる場合に該当することとなつた後、遅滞なく、当該清算投資法人の債権者に対し、一定の期間内にその債権を申し出るべき旨を官報に公告し、かつ、知れている債権者には、各別にこれを催告しなければならない。ただし、当該期間は、1月を下ることができない。
2　前項の規定による公告には、当該債権者が当該期間内に申出をしないときは清算から除斥される旨を付記しなければならない。
3　会社法第500条から第503条までの規定は、清算投資法人の債務の弁済について準用する。この場合において、同法第500条第1項及び第2項中「前条第1項」とあり、及び同法第503条第1項中「第499条第1項」とあるのは「投資法人法第157条第1項」と、同法第500条第2項及び第501条第1項中「裁判所」とあるのは「内閣総理大臣（特別清算が開始された場合にあっては、裁判所）」と読み替えるものとするほか、必要な技術的読替えは、政令で定める。

1　趣　　旨

本条は債権者に対する公告・催告などの債務の弁済等に関する手続について定めるものであり、会社法499条と同趣旨である。ただし、公告期間は、投資法人の清算の簡易化のため1カ月以上と定められている（株式会社は2カ月以上の公告期間が必要（会社法499条1項））。

2　準用条文（3項）

◇会社法500条（債務の弁済の制限）

第157条

1 　清算投資法人は、投資法人法第157条第1項の期間内は、債務の弁済をすることができない。この場合において、清算投資法人は、その債務の不履行によって生じた責任を免れることができない。

2 　前項の規定にかかわらず、清算投資法人は、投資法人法第157条第1項の期間内であっても、内閣総理大臣（特別清算が開始された場合にあっては、裁判所）の許可を得て、少額の債権、清算投資法人の財産につき存する担保権によって担保される債権その他これを弁済しても他の債権者を害するおそれがない債権に係る債務について、その弁済をすることができる。この場合において、当該許可の申立ては、清算執行人及び清算監督人が2人以上あるときは、その全員の同意によってしなければならない。

◇会社法501条（条件付債権等に係る債務の弁済）

1 　清算投資法人は、条件付債権、存続期間が不確定な債権その他その額が不確定な債権に係る債務を弁済することができる。この場合においては、これらの債権を評価させるため、内閣総理大臣（特別清算が開始された場合にあっては、裁判所）に対し、鑑定人の選任の申立てをしなければならない。

2 　前項の場合には、清算投資法人は、同項の鑑定人の評価に従い同項の債権に係る債務を弁済しなければならない。

3 　第1項の鑑定人の選任の手続に関する費用は、清算投資法人の負担とする。当該鑑定人による鑑定のための呼出し及び質問に関する費用についても、同様とする。

◇会社法502条（債務の弁済前における残余財産の分配の制限）

　清算投資法人は、当該清算投資法人の債務を弁済した後でなければ、その財産を投資主に分配することができない。ただし、その存否又は額について争いのある債権に係る債務についてその弁済をするために必要と認められる財産を留保した場合は、この限りでない。

◇会社法503条（清算からの除斥）

1 　清算投資法人の債権者（知れている債権者を除く。）であって投資法人法第157条第1項の期間内にその債権の申出をしなかったものは、清算

から除斥される。
2　前項の規定により清算から除斥された債権者は、分配がされていない残余財産に対してのみ、弁済を請求することができる。
3　<u>清算投資法人</u>の残余財産を<u>投資主</u>の一部に分配した場合には、当該<u>投資主</u>の受けた分配と同一の割合の分配を当該<u>投資主</u>以外の<u>投資主</u>に対してするために必要な財産は、前項の残余財産から控除する。

（残余財産の分配）
第158条　清算投資法人は、残余財産の分配をしようとするときは、清算人会の決議によつて、次に掲げる事項を定めなければならない。
　一　残余財産の種類
　二　投資主に対する残余財産の割当てに関する事項
2　前項第2号に掲げる事項についての定めは、投資主（当該清算投資法人を除く。）の有する投資口の口数に応じて残余財産を割り当てることを内容とするものでなければならない。
3　会社法第505条及び第506条の規定は、清算投資法人について準用する。この場合において、必要な技術的読替えは、政令で定める。

1　趣　　旨

本条は残余財産の分配方法について定めるものであり、会社法504条1項および3項と同趣旨である。

2　準用条文（3項）

◇会社法505条（残余財産が金銭以外の財産である場合）
　1　<u>投資主</u>は、残余財産が金銭以外の財産であるときは、金銭分配請求権（当該残余財産に代えて金銭を交付することを<u>清算投資法人</u>に対して請求する権利をいう。以下この条において同じ。）を有する。この場合において、<u>清算投資法人</u>は、清算人会の決議によって、次に掲げる事項を定めなければならない。

一　金銭分配請求権を行使することができる期間
　　二　一定の口数未満の口数の株式を有する投資主に対して残余財産の割当てをしないこととするときは、その旨及びその口数
　2　前項に規定する場合には、清算投資法人は、同項第１号の期間の末日の20日前までに、投資主に対し、同号に掲げる事項を通知しなければならない。
　3　清算投資法人は、金銭分配請求権を行使した投資主に対し、当該投資主が割当てを受けた残余財産に代えて、当該残余財産の価額に相当する金銭を支払わなければならない。この場合においては、次の各号に掲げる場合の区分に応じ、当該各号に定める額をもって当該残余財産の価額とする。
　　一　当該残余財産が市場価格のある財産である場合　当該残余財産の市場価格として内閣府令で定める方法により算定される額
　　二　前号に掲げる場合以外の場合　清算投資法人の申立てにより裁判所が定める額

◇会社法506条（基準株式数を定めた場合の処理）
　前条第１項第２号の口数（以下この条において「基準投資口口数」という。）を定めた場合には、清算投資法人は、基準投資口口数に満たない口数の投資口（以下この条において「基準未満投資口」という。）を有する投資主に対し、前条第３項後段の規定の例により基準投資口口数の投資口を有する投資主が割当てを受けた残余財産の価額として定めた額に当該基準未満投資口の口数の基準投資口口数に対する割合を乗じて得た額に相当する金銭を支払わなければならない。

（決算報告の作成等）
第159条　清算投資法人は、清算事務が終了したときは、遅滞なく、内閣府令で定めるところにより、決算報告を作成しなければならない。
　2　特別清算が開始された場合を除き、決算報告は、内閣府令で定めるところにより、会計監査人の監査を受けなければならない。

3　清算執行人は、前項の監査を受けた決算報告及び会計監査報告（特別清算が開始された場合にあつては、決算報告）を清算人会に提出し、又は提供し、その承認を受けなければならない。

4　清算執行人（特別清算が開始された場合の清算執行人を除く。次項並びに次条第1項及び第4項において同じ。）は、前項の承認を受けた場合において、当該承認に係る同項の会計監査報告に決算報告が法令又は規約に違反し、決算の状況を正しく示していない旨の記載又は記録があるときは、第2項の監査を受けた決算報告及び会計監査報告を投資主総会に提出し、又は提供し、その承認を受けなければならない。

5　第3項の承認（前項に規定する場合にあつては、同項の規定による投資主総会の承認）があつたときは、任務を怠つたことによる清算執行人の損害賠償の責任は、免除されたものとみなす。ただし、清算執行人の職務の執行に関し不正の行為があつたときは、この限りでない。

1　趣　旨

本条は決算報告の作成手続および監査・承認手続等の清算事務の終了について定めるものであり、会社法507条と基本的に同趣旨である。

2　決算報告の監査・承認手続（2項～4項）

清算投資法人の決算報告の監査・承認手続は、清算株式会社と一部異なっている。特別清算の場合を除き、清算執行人は作成した決算報告について、会計監査人に提出してその監査を受けなければならない。清算執行人は、決算報告および会計監査人の会計監査報告（特別清算が開始された場合には、決算報告のみ）を清算人会に提出して、決算報告についての承認を受けなければならない。さらに、会計監査人の会計監査報告に不適正意見（決算報告が法令または規約に違反し、決算の状況を正しく示していない旨）が記載または記録されているときは、決算報告および会計監査人の会計監査報告を投資主総会に提出し、決算報告についての承認を受けなければならない。他方、会計監査報告に不適正意見がない場合、決算報告は清算人会による承認によって確定する。

> （清算事務終了の通知等）
> **第160条** 清算執行人は、前条第3項の承認を受けたときは、遅滞なく、投資主に清算事務が終了した旨を通知しなければならない。ただし、同条第4項に規定する場合においては、この限りでない。
> 2 第131条第4項の規定は、前項本文の規定による通知について準用する。
> 3 第1項本文の規定による通知に際しては、内閣府令で定めるところにより、投資主に対し、前条第3項の決算報告及び会計監査報告を提供しなければならない。
> 4 清算執行人は、前条第3項の承認（同条第4項に規定する場合にあつては、同項の規定による投資主総会の承認）を受けたときは、遅滞なく、当該承認に係る決算報告及び会計監査報告の謄本を内閣総理大臣に提出しなければならない。

1　趣　　旨

本条は清算事務が終了した旨の投資主への通知および内閣総理大臣への報告について定めるものである。

2　清算事務終了の通知（1項・3項）

清算執行人は、会計監査報告に不適正意見がない場合において、清算人会の承認を受けた場合、遅滞なく、投資主に清算事務が終了した旨を通知しなければならない。

3　内閣総理大臣への報告（4項）

清算執行人は、決算報告について清算人会の承認を受けた場合（投資主総会の承認を受けなければならない場合は、投資主総会の承認を受けた場合）、遅滞なく、その決算報告および会計監査報告の謄本を、内閣総理大臣に提出しなければならない。清算手続の監督者としての内閣総理大臣に清算の終了を報告し、その監督に資する趣旨である。

（帳簿資料の保存）
第161条 会社法第508条の規定は、清算投資法人の帳簿並びにその事業及び清算に関する重要な資料の保存について準用する。この場合において、同条第2項中「裁判所は、利害関係人の申立てにより」とあるのは「内閣総理大臣（特別清算が開始された場合にあっては、裁判所）は、利害関係人の申立てにより又は職権で（特別清算が開始された場合にあっては、利害関係人の申立てにより）」と読み替えるものとするほか、必要な技術的読替えは、政令で定める。

1 趣　　旨

本条は、帳簿資料の保存に関する会社法の規定を清算投資法人について準用するものである。

2 準用条文

◇会社法508条

1　清算執行人は、清算投資法人の本店の所在地における清算結了の登記の時から10年間、清算投資法人の帳簿並びにその事業及び清算に関する重要な資料（以下この条において「帳簿資料」という。）を保存しなければならない。

2　内閣総理大臣（特別清算が開始された場合にあっては、裁判所）は、利害関係人の申立てにより又は職権で（特別清算が開始された場合にあっては、利害関係人の申立てにより）、前項の清算執行人に代わって帳簿資料を保存する者を選任することができる。この場合においては、同項の規定は、適用しない。

3　前項の規定により選任された者は、清算投資法人の本店の所在地における清算結了の登記の時から10年間、帳簿資料を保存しなければならない。

4　第2項の規定による選任の手続に関する費用は、清算投資法人の負担とする。

(清算の監督命令)
第162条 内閣総理大臣は、投資法人の清算（特別清算を除く。）の場合において、必要があると認めるときは、当該投資法人又はその一般事務受託者、資産運用会社若しくは資産保管会社に対し、財産の供託その他清算の監督上必要な措置を命ずることができる。

本条は、内閣総理大臣に投資法人の清算（特別清算を除く）の監督上、必要な措置を命ずる権限を認めるものである。保険業法179条1項と同趣旨である。

(会社法の準用)
第163条 会社法第868条第1項、第869条、第870条第1項（第1号第5号及び第6号に係る部分に限る。）及び第2項（第1号に係る部分に限る。）、第870条の2、第871条、第872条（第4号及び第5号に係る部分に限る。）、第872条の2、第873条、第874条（第1号及び第4号に係る部分に限る。）、第875条並びに第876条の規定は、投資法人の清算について準用する。この場合において、必要な技術的読替えは、政令で定める。

本条は、投資法人の清算について、非訟事件の手続に関する会社法の規定を準用するものである。

第2款　特別清算

第164条 裁判所は、清算投資法人に次に掲げる事由があると認めるときは、第4項において準用する会社法第514条の規定に基づき、申立てにより、当該清算投資法人に対し特別清算の開始を命ずる。

一　清算の遂行に著しい支障を来すべき事情があること。
　　二　債務超過（清算投資法人の財産がその債務を完済するのに足りない状態をいう。第3項において同じ。）の疑いがあること。
2　債権者、清算執行人、清算監督人又は投資主は、特別清算開始の申立てをすることができる。
3　清算投資法人に債務超過の疑いがあるときは、清算執行人は、特別清算開始の申立てをしなければならない。
4　会社法第512条から第518条まで、第2編第9章第2節第2款から第10款まで（第522条第3項及び第536条第3項を除く。）、第7編第2章第4節並びに第3章第1節（第868条第2項から第5項まで及び第870条から第874条までを除く。）及び第3節（第879条、第880条、第882条第2項及び第896条第2項を除く。）並びに第938条（第6項を除く。）の規定は、清算投資法人の特別清算について準用する。この場合において、同法第521条中「第492条第3項」とあるのは「投資法人法第155条第3項」と、同法第522条第1項中「総株主（株主総会において決議をすることができる事項の全部につき議決権を行使することができない株主を除く。）の議決権の100分の3（これを下回る割合を定款で定めた場合にあっては、その割合）以上の議決権を6箇月（これを下回る期間を定款で定めた場合にあっては、その期間）前から引き続き有する株主若しくは発行済株式（自己株式を除く。）の100分の3（これを下回る割合を定款で定めた場合にあっては、その割合）以上の数の株式を6箇月（これを下回る期間を定款で定めた場合にあっては、その期間）前から引き続き有する株主」とあるのは「発行済投資口の100分の3（これを下回る割合を規約で定めた場合にあっては、その割合）以上の口数の投資口を6箇月（これを下回る期間を規約で定めた場合にあっては、その期間）前から引き続き有する投資主」と、同法第523条及び第526条第1項中「清算人」とあるのは「清算執行人及び清算監督人」と、同法第524条中「清算人」とあるのは「清算執行人又は清算監督人」と、同法第525条第1項中「清算人は」とあるのは「清算執行人は」と、「清算人代理」とあるのは「清算執行人代理」と、同法第530条第1項中「清

第164条

> 算人及び監査役並びに支配人その他の使用人」とあるのは「清算執行人及び清算監督人並びに一般事務受託者、資産運用会社及び資産保管会社」と、同法第542条第1項中「設立時取締役、設立時監査役、第423条第1項に規定する役員等又は清算人」とあるのは「設立時執行役員、設立時監督役員、投資法人法第115条の6第1項に規定する役員等、清算執行人又は清算監督人」と、同法第562条中「第492条第1項に規定する清算人」とあるのは「清算執行人」と、「同項」とあるのは「投資法人法第155条第1項」と、同法第938条第1項中「本店（第3号に掲げる場合であって特別清算の結了により特別清算終結の決定がされたときにあっては、本店及び支店）」とあるのは「本店」と、同条第2項第1号中「第479条第4項において準用する第346条第2項又は第483条第6項において準用する第351条第2項」とあるのは「投資法人法第153条第2項において読み替えて準用する投資法人法第108条第2項」と読み替えるものとするほか、必要な技術的読替えは、政令で定める。

1 趣　　旨

本条は投資法人の特別清算について定めるものである。

2 解　　説

特別清算は、投資法人の清算の遂行に著しい支障を来すべき事情があるとき、または債務超過（清算投資法人の財産がその債務を完済するのに足りない状態をいう）の疑いがあるときに、裁判所の命令により開始される。株式会社の特別清算開始原因（会社法510条1項）と同様である。投資法人の特別清算については、株式会社の特別清算に関する規定（第2編第9章第2節）をほぼ全面的に準用しており、株式会社の場合と同様であると考えられる。

第13節

登　記

> （投資法人に係る登記）
> **第165条**　会社法第908条から第910条までの規定は、投資法人の登記について準用する。この場合において、これらの規定中「この法律」とあるのは、「投資法人法」と読み替えるものとする。

1　趣　旨

本条は、登記の効力等に関する会社法の規定を投資法人に係る登記について準用するものである。

2　準用条文

◇会社法908条（登記の効力）
　1　投資法人法の規定により登記すべき事項は、登記の後でなければ、これをもって善意の第三者に対抗することができない。登記の後であっても、第三者が正当な事由によってその登記があることを知らなかったときは、同様とする。
　2　故意又は過失によって不実の事項を登記した者は、その事項が不実であることをもって善意の第三者に対抗することができない。

◇会社法909条（変更の登記及び消滅の登記）
　　投資法人法の規定により登記した事項に変更が生じ、又はその事項が消滅したときは、当事者は、遅滞なく、変更の登記又は消滅の登記をしなければならない。

◇会社法910条（登記の期間）

　投資法人法の規定により登記すべき事項のうち官庁の許可を要するものの登記の期間については、その許可書の到達した日から起算する。

（設立の登記）

第166条　投資法人の設立の登記は、その本店の所在地において、次に掲げる日のいずれか遅い日から2週間以内にしなければならない。

　一　第73条第1項の規定による調査が終了した日

　二　第73条第3項の規定により創立総会を招集したときは、当該創立総会が終結した日

　三　第69条第7項において準用する会社法第97条の創立総会の決議をしたときは、当該決議の日から2週間を経過した日

2　前項の登記においては、次に掲げる事項を登記しなければならない。

　一　目的

　二　商号

　三　本店の所在場所

　四　投資法人の存続期間又は解散の事由についての規約の定めがあるときは、その定め

　五　最低純資産額

　六　発行可能投資口総口数

　七　投資主の請求により投資口の払戻しをする旨又はしない旨

　八　投資主名簿等管理人（投資法人に代わつて投資主名簿及び投資法人債原簿の作成及び備置きその他の投資主名簿及び投資法人債原簿に関する事務を行う者をいう。第173条第1項第6号において同じ。）の氏名又は名称及び住所並びに営業所

　九　執行役員の氏名及び住所

　十　監督役員の氏名

　十一　会計監査人の氏名又は名称

十二　第108条第3項の規定により選任された一時会計監査人の職務を行うべき者を置いたときは、その氏名又は名称

十三　第115条の6第7項の規定による執行役員、監督役員又は会計監査人の責任の免除についての規約の定めがあるときは、その定め

十四　第115条の6第12項において準用する会社法第427条第1項の規定による会計監査人が負う責任の限度に関する契約の締結についての規約の定めがあるときは、その定め

十五　第186条の2第1項の規定による公告方法（投資法人が公告（この法律又は他の法律の規定により官報に掲載する方法によりしなければならないものとされているものを除く。）をする方法をいう。以下この編において同じ。）についての規約の定めがあるときは、その定め

十六　前号の規約の定めが電子公告を公告方法とする旨のものであるときは、次に掲げる事項

　イ　電子公告により公告すべき内容である情報について不特定多数の者がその提供を受けるために必要な事項であつて会社法第911条第3項第29号イに規定するもの

　ロ　第186条の2第2項後段の規定による規約の定めがあるときは、その定め

十七　第15号の規約の定めがないときは、第186条の2第3項の規定により同条第1項第1号に掲げる方法を公告方法とする旨

1　趣　旨

　本条は、投資法人の設立の登記について定めるものであり、会社法911条と基本的に同趣旨である。投資法人は、この設立の登記をすることによって成立する（法74条）。

2　設立の登記事項

　投資法人の設立の登記事項の概要は以下のとおりである。

① 目的

② 商号

③ 本店の所在場所
④ 投資法人の存続期間または解散の事由についての規約の定めがあるときは、その定め
⑤ 最低純資産額
⑥ 発行可能投資口総口数
⑦ 投資主の請求により投資口の払戻しをする旨またはしない旨
⑧ 投資主名簿等管理人の氏名または名称および住所ならびに営業所
⑨ 執行役員の氏名および住所
⑩ 監督役員の氏名
⑪ 会計監査人の氏名または名称
⑫ 一時会計監査人の職務を行うべき者を置いたときは、その氏名または名称
⑬ 執行役員、監督役員または会計監査人の責任の免除についての規約の定め（法115条の6第7項）があるときは、その定め
⑭ 会計監査人が負う責任の限度に関する契約の締結についての規約の定め（法115条の6第12項、会社法427条1項）があるときは、その定め
⑮ 公告方法についての規約の定め（法186条の2第1項）があるときは、その定め
⑯ ⑮の規約の定めが電子公告を公告方法とする旨のものであるときは、次に掲げる事項
　ⓐ 電子公告により公告すべき内容である情報について不特定多数の者がその提供を受けるために必要な事項であって会社法911条3項29号イに規定するもの
　ⓑ 事故その他やむを得ない事由によって電子公告による公告をすることができない場合の公告方法についての規約の定め（法186条の2第2項後段）があるときは、その定め
⑰ ⑮の規約の定めがないときは、官報に掲載する方法を公告方法とする旨（法186条の2第3項）

(変更の登記等)
第167条　投資法人において前条第2項各号に掲げる事項に変更が生じたときは、その本店の所在地において、2週間以内に変更の登記をしなければならない。
2　会社法第916条（第1号に係る部分に限る。）の規定は投資法人について、同法第917条（第1号に係る部分に限る。）の規定は執行役員又は監督役員について、それぞれ準用する。この場合において、同法第916条第1号中「第911条第3項各号」とあるのは、「投資法人法第166条第2項各号」と読み替えるものとする。

1　趣　　旨

本条は投資法人の変更の登記等について定めるものであり、会社法915条1項と同趣旨である。

2　準用条文（2項）

◇会社法916条（1号）（他の登記所の管轄区域内への本店の移転の登記）
　　投資法人がその本店を他の登記所の管轄区域内に移転したときは、2週間以内に、旧所在地においては移転の登記をし、新所在地においては次の各号に掲げる投資法人の区分に応じ当該各号に定める事項を登記しなければならない。
　一　投資法人　投資法人法第166条第2項各号に掲げる事項

◇会社法917条（1号）（職務執行停止の仮処分等の登記）
　　次の各号に掲げる投資法人の区分に応じ、当該各号に定める者の職務の執行を停止し、若しくはその職務を代行する者を選任する仮処分命令又はその仮処分命令を変更し、若しくは取り消す決定がされたときは、その本店の所在地において、その登記をしなければならない。
　一　投資法人　執行役員又は監督役員

(解散の登記)
第168条 第143条第1号から第3号までの規定により投資法人が解散したときは、2週間以内に、その本店の所在地において、解散の登記をしなければならない。

本条は投資法人の解散の登記について定めるものであり、会社法926条と同趣旨である。なお、規約で定めた存続期間の満了（法143条1号）、規約で定めた解散の事由の発生（法143条2号）、または投資主総会の決議（法143条3号）以外の解散事由により解散したときは、合併（法143条4号）の場合は合併の登記（法169条）により、破産手続開始の決定（法143条5号）の場合は裁判所書記官による登記嘱託（破産法257条）により、解散を命ずる裁判（法143条6号）の場合は裁判所書記官による登記嘱託（法143条の3第2項、会社法937条1項1号リ）により、内閣総理大臣による登録の取消しまたは登録の拒否（法143条7号・8号）の場合は内閣総理大臣による登記嘱託（法184条1項3号）によることとなる。

(合併の登記)
第169条 投資法人が吸収合併をしたときは、その効力が生じた日から2週間以内に、その本店の所在地において、吸収合併消滅法人については解散の登記をし、吸収合併存続法人については変更の登記をしなければならない。
2　2以上の投資法人が新設合併をしたときは、次の各号に掲げる日のいずれか遅い日から2週間以内に、その本店の所在地において、新設合併消滅法人については解散の登記をし、新設合併設立法人については設立の登記をしなければならない。
　一　第149条の12第1項の投資主総会の決議の日
　二　第149条の13第2項の規定による通知又は同条第3項の公告をした日から20日を経過した日

> 三 第149条の14において準用する第149条の4の規定による手続が終了した日
> 四 新設合併消滅法人が合意により定めた日

　本条は投資法人の合併の登記について定めるものであり、会社法921条、922条と同趣旨である。

> （清算執行人等の登記）
> **第170条**　執行役員が清算執行人となつたときは清算投資法人の解散の日から2週間以内に、清算執行人の選任があつたときは2週間以内に、その本店の所在地において、清算執行人の氏名及び住所を登記しなければならない。
> 2　監督役員が清算監督人となつたときは清算投資法人の解散の日から2週間以内に、清算監督人の選任があつたときは2週間以内に、その本店の所在地において、清算監督人の氏名を登記しなければならない。
> 3　第167条第1項の規定は前2項の登記について、会社法第917条（第1号に係る部分に限る。）の規定は清算執行人又は清算監督人について、それぞれ準用する。この場合において、必要な技術的読替えは、政令で定める。

1　趣　　旨

　本条は清算執行人および清算監督人の登記について定めるものであり、会社法928条に相当する規定である。

2　準用条文（3項）

◇投資法人法167条1項（変更の登記等）
　1　投資法人において第170条第1項及び第2項に掲げる事項に変更が生じたときは、その本店の所在地において、2週間以内に変更の登記をし

◇会社法917条（1号）（職務執行停止の仮処分等の登記）

次の各号に掲げる<u>投資法人</u>の区分に応じ、当該各号に定める者の職務の執行を停止し、若しくはその職務を代行する者を選任する仮処分命令又はその仮処分命令を変更し、若しくは取り消す決定がされたときは、その本店の所在地において、その登記をしなければならない。

一　<u>投資法人　清算執行人又は清算監督人</u>

（清算結了の登記）

第171条　清算投資法人の清算が結了したときは、第159条第3項の承認（同条第4項に規定する場合にあつては、同項の規定による投資主総会の承認）があつた後2週間以内に、その本店の所在地において、清算結了の登記をしなければならない。

本条は清算結了の登記について定めるものであり、会社法929条1号と同趣旨である。

（登記簿）

第172条　登記所に、投資法人登記簿を備える。

本条は投資法人登記簿を登記所に備えることを定めるものであり、商業登記法6条と同趣旨である。投資法人は商法上の商人に該当する（法63条の2第1項、商法4条1項）ものの会社法上の会社等には当たらず、その登記は商業登記法上の商業登記簿（商業登記法6条1号～9号）のいずれにも該当しないため、別途、投資法人登記簿を作成し、これを登記所に備え置くことを投資法人法において定めたものである。

（設立の登記の申請）
第173条　第166条第1項の登記の申請書には、法令に別段の定めがある場合を除き、次に掲げる書面を添付しなければならない。
一　規約
二　第69条第1項の規定による内閣総理大臣への届出が受理されたことを証する書面
三　設立時募集投資口の引受けの申込みを証する書面
四　設立時執行役員及び設立時監督役員の調査報告を記載した書面及びその附属書類
五　第71条第10項において準用する会社法第64条第1項の金銭の保管に関する証明書
六　投資主名簿等管理人との契約を証する書面
七　設立時執行役員、設立時監督役員及び設立時会計監査人の選任に関する書面
八　創立総会を招集したときは、その議事録
九　この法律の規定により選任された設立時執行役員及び設立時監督役員が就任を承諾したことを証する書面
十　設立時会計監査人についての次に掲げる書面
　　イ　就任を承諾したことを証する書面
　　ロ　法人であるときは、当該法人の登記事項証明書。ただし、当該登記所の管轄区域内に当該法人の主たる事務所がある場合を除く。
　　ハ　法人でないときは、第102条第1項に規定する者であることを証する書面
2　第73条第4項において準用する会社法第82条第1項の規定により創立総会の決議があつたものとみなされる場合には、前項の登記の申請書に、同項第8号の議事録に代えて、当該場合に該当することを証する書面を添付しなければならない。

本条は投資法人の設立の登記の申請書の添付書類について定めるものであり、商業登記法47条2項に相当するものである。

（合併の登記の申請）
第174条 吸収合併による変更の登記の申請書には、次に掲げる書面を添付しなければならない。
一 吸収合併契約書
二 第149条の7第2項に規定する場合には、同項に規定する場合に該当することを証する書面
三 第149条の9において準用する第149条の4第2項の規定による公告及び催告（第149条の9において準用する第149条の4第3項の規定により公告を官報のほか時事に関する事項を掲載する日刊新聞紙又は電子公告によつてした場合にあつては、これらの方法による公告）をしたこと並びに異議を述べた債権者があるときは、当該債権者に対し弁済し、若しくは相当の担保を提供し、若しくは当該債権者に弁済を受けさせることを目的として相当の財産を信託したこと又は当該吸収合併をしても当該債権者を害するおそれがないことを証する書面
四 吸収合併により最低純資産額を増加するときは、増加後の最低純資産額を超える純資産が存在することを証する書面
五 吸収合併消滅法人の登記事項証明書。ただし、当該登記所の管轄区域内に吸収合併消滅法人の本店がある場合を除く。
六 第149条の2第1項の規定による承認があつたことを証する書面
七 吸収合併消滅法人において第149条の4第2項の規定による公告及び催告（同条第3項の規定により公告を官報のほか時事に関する事項を掲載する日刊新聞紙又は電子公告によつてした場合にあつては、これらの方法による公告）をしたこと並びに異議を述べた債権者があるときは、当該債権者に対し弁済し、若しくは相当の担保を提供し、若しくは当該債権者に弁済を受けさせることを目的として相当の財産を信託したこと又は当該吸収合併をしても当該債権者を害するお

それがないことを証する書面
　八　吸収合併消滅法人において第87条第1項本文の規定による公告を
　　　したことを証する書面又は投資口の全部について投資証券を発行し
　　　ていなかつたことを証する書面

　本条は投資法人の吸収合併による変更の登記の申請書の添付書類について定めるものであり、商業登記法80条に相当するものである。

第175条　新設合併による設立の登記の申請書には、次に掲げる書面を添付しなければならない。
　一　新設合併契約書
　二　規約
　三　第173条第1項第6号、第7号、第9号及び第10号に掲げる書面
　四　最低純資産額を超える純資産が存在することを証する書面
　五　新設合併消滅法人の登記事項証明書。ただし、当該登記所の管轄
　　　区域内に新設合併消滅法人の本店がある場合を除く。
　六　第149条の12第1項の規定による承認があつたことを証する書面
　七　新設合併消滅法人において第149条の14において準用する第149条
　　　の4第2項の規定による公告及び催告（第149条の14において準用す
　　　る第149条の4第3項の規定により公告を官報のほか時事に関する事項を
　　　掲載する日刊新聞紙又は電子公告によつてした場合にあつては、これら
　　　の方法による公告）をしたこと並びに異議を述べた債権者があると
　　　きは、当該債権者に対し弁済し、若しくは相当の担保を提供し、若
　　　しくは当該債権者に弁済を受けさせることを目的として相当の財産
　　　を信託したこと又は当該新設合併をしても当該債権者を害するおそ
　　　れがないことを証する書面
　八　新設合併消滅法人において第87条第1項本文の規定による公告を
　　　したことを証する書面又は投資口の全部について投資証券を発行し

> ていなかつたことを証する書面

　本条は投資法人の新設合併による設立の登記の申請書の添付書類について定めるものであり、商業登記法81条に相当するものである。

> **（清算執行人等に係る登記の申請）**
> **第176条**　次の各号に掲げる登記の申請書には、当該各号に定める書面を添付しなければならない。
> 一　執行役員が清算執行人となり、又は監督役員が清算監督人となつた場合の清算執行人又は清算監督人の登記の申請書　規約
> 二　規約で定めた者が清算執行人又は清算監督人となつた場合の清算執行人又は清算監督人の登記の申請書　規約及びその者が就任を承諾したことを証する書面
> 三　投資主総会において選任された清算執行人又は清算監督人の選任の登記の申請書　その者が就任を承諾したことを証する書面
> 四　内閣総理大臣又は裁判所が選任した清算執行人又は清算監督人の選任の登記の申請書　その選任を証する書面
> 五　清算執行人又は清算監督人の退任による変更の登記の申請書　退任を証する書面

　本条は清算執行人および清算監督人の登記の申請書の添付書類について定めるものであり、商業登記法99条、100条に相当するものである。

> **（商業登記法の準用）**
> **第177条**　商業登記法第1条の3から第5条まで、第7条から第15条まで、第17条第1項、第2項及び第4項、第18条から第19条の2まで、第20条第1項及び第2項、第21条から第27条まで、第33条、第34条、第46条第1項及び第2項、第47条第1項及び第3項、第51条から第55

条まで、第64条、第70条、第71条、第75条、第79条、第82条、第83条、第132条から第137条まで並びに第139条から第148条までの規定は、投資法人に関する登記について準用する。この場合において、同法第15条中「第17条」とあるのは「第17条第１項、第２項及び第４項、第18条」と、「第24条、第48条から第50条まで（第95条、第101条及び第108条において準用する場合を含む。）、第51条第１項及び第２項、第52条、第78条第１項及び第３項、第82条第２項及び第３項、第83条、第87条第１項及び第２項、第88条、第91条第１項及び第２項、第92条」とあるのは「第24条」と、同法第17条第４項中「事項又は前項の規定により申請書に記載すべき事項」とあるのは「事項」と、「前２項」とあるのは「同項」と、同法第24条第７号中「若しくは第30条第２項若しくは」とあるのは「若しくは」と、同法第46条第１項中「株主全員若しくは種類株主全員」とあるのは「投資主全員」と、「取締役若しくは清算人」とあるのは「執行役員若しくは清算執行人」と、同条第２項中「株主総会若しくは種類株主総会、取締役会」とあるのは「投資主総会、役員会」と、同法第54条第１項中「取締役、監査役、代表取締役又は特別取締役（委員会設置会社にあっては、取締役、委員、執行役又は代表執行役）」とあるのは「執行役員又は監督役員」と、同条第２項及び第３項中「会計参与又は会計監査人」とあるのは「会計監査人」と、同条第２項第３号中「同法第337条第１項」とあるのは「投資法人法第102条第１項」と、同法第55条第１項中「会社法第346条第４項」とあるのは「投資法人法第108条第３項」と、同法第64条中「株主名簿管理人」とあるのは「投資主名簿等管理人（投資法人法第166条第２項第８号に規定する投資主名簿等管理人をいう。）」と、「定款及びその者」とあるのは「その者」と、同法第70条中「資本金の額」とあるのは「最低純資産額」と、「会社法第449条第２項」とあるのは「投資法人法第142条第２項」と、同法第71条第３項中「会社法第478条第１項第１号」とあるのは「投資法人法第151条第１項第１号」と、同法第75条中「会社法第507条第３項」とあるのは「投資法人法第159条第３項」と、「承認」とあるのは「承認（同条

> 第4項に規定する場合にあつては、同項の規定による投資主総会の承認)」と、同法第82条第3項中「第80条又は前条」とあるのは「投資法人法第174条又は第175条」と読み替えるものとするほか、必要な技術的読替えは、政令で定める。

　本条は、投資法人に関する登記について、必要な商業登記法の規定を準用することを定めるものである。投資法人に関する登記手続については、その大部分につき商業登記法が準用されている。なお、準用される商業登記法148条に基づき、投資法人登記規則（平成10年11月27日法務省令第51号）が定められている。

> 第178条　削除
> 第179条　削除
> 第180条　削除
> 第181条　削除
> 第182条　削除

第 14 節

雑　　則

> **（内閣総理大臣が選任した検査役等の報酬）**
> **第183条**　第154条第2項の規定は、内閣総理大臣がこの法律又はこの法律において準用する会社法の規定により投資法人の検査役、仮執行役員等（執行役員、監督役員、清算執行人又は清算監督人の職務を一時行うべき者をいう。次条第1項第2号において同じ。）又は鑑定人を選任した場合について準用する。

1　趣　　旨

本条は、内閣総理大臣が選任した投資法人の検査役、仮執行役員等または鑑定人の報酬について、内閣総理大臣が選任した清算執行人の報酬に係る規定を準用するものである。

2　準用条文

◇投資法人法154条2項（清算執行人の報酬）
　2　内閣総理大臣は、<u>この法律又はこの法律において準用する会社法の規定により投資法人の検査役、仮執行役員等（執行役員、監督役員、清算執行人又は清算監督人の職務を一時行うべき者をいう。）又は鑑定人</u>を選任した場合には、内閣府令で定めるところにより、清算投資法人が当該<u>検査役、仮執行役員等（執行役員、監督役員、清算執行人又は清算監督人の職務を一時行うべき者をいう。）又は鑑定人</u>に対して支払う報酬の額を定めることができる。

> （内閣総理大臣による登記の嘱託）
> 第184条　内閣総理大臣は、次の各号のいずれかの場合には、当該投資法人の本店の所在地の登記所にその旨の登記を嘱託しなければならない。
> 一　第153条第１項の規定により清算執行人又は清算監督人を解任したとき。
> 二　仮執行役員等を選任したとき。
> 三　第143条第７号又は第８号に掲げる事由により投資法人が解散したとき。
> 2　前項の規定により内閣総理大臣が登記を嘱託するときは、嘱託書に、当該登記の原因となる事由に係る処分を行つたことを証する書面を添付しなければならない。

　本条は、内閣総理大臣による清算執行人または清算監督人の解任、仮執行役員等の選任、登録の取消しまたは登録の拒否による投資法人の解散の場合における登記嘱託について定めるものである。

> （民事訴訟法の準用）
> 第185条　民事訴訟法（平成８年法律第109号）第３条の３第７号ハ及び第５条第８号ハの規定は、投資法人について準用する。この場合において、これらの規定中「発起人」とあるのは、「設立企画人」と読み替えるものとする。

１　趣　　旨

　本条は、投資法人の発起人および検査役等に対する訴えで、発起人および検査役としての資格に基づくものについて、管轄に関する民事訴訟法の規定を準用するものである。

2　準用条文

◇民事訴訟法5条8号ハ（財産権上の訴え等についての管轄）

次の各号に掲げる訴えは、それぞれ当該各号に定める地を管轄する裁判所に提起することができる。

八　投資法人に関する訴えで次に掲げるもの

　　投資法人の普通裁判籍の所在地

　ハ　投資法人からの設立企画人若しくは設立企画人であった者又は検査役若しくは検査役であった者に対する訴えで設立企画人又は検査役としての資格に基づくもの

（国税徴収法等の適用）

第186条　投資法人が解散した場合における国税徴収法（昭和34年法律第147号）第34条第1項及び地方税法（昭和25年法律第226号）第11条の3第1項の規定の適用については、これらの規定中「清算人」とあるのは、「清算執行人」とする。

本条は、投資法人の清算手続においては「清算人」が存しないため、国税徴収法34条1項および地方税法11条の3第1項の規定の適用については「清算人」を「清算執行人」とする旨を定めるものである。

（公告）

第186条の2　投資法人は、公告方法として、次に掲げる方法のいずれかを規約で定めることができる。

　一　官報に掲載する方法
　二　時事に関する事項を掲載する日刊新聞紙に掲載する方法
　三　電子公告（公告方法のうち、電磁的方法（会社法第2条第34号に規定する電磁的方法をいう。）により不特定多数の者が公告すべき内容である情報の提供を受けることができる状態に置く措置であつて同号に規定す

第186条の2

るものをとる方法をいう。以下この条において同じ。）
2　投資法人が前項第3号に掲げる方法を公告方法とする旨を規約で定める場合には、その規約には、電子公告を公告方法とする旨を定めれば足りる。この場合においては、事故その他やむを得ない事由によつて電子公告による公告をすることができない場合の公告方法として、同項第1号又は第2号に掲げる方法のいずれかを定めることができる。
3　第1項の規定による定めがない投資法人の公告方法は、同項第1号に掲げる方法とする。
4　会社法第940条第1項（第2号を除く。）及び第3項、第941条、第946条、第947条、第951条第2項、第953条並びに第955条の規定は、投資法人が電子公告によりこの法律の規定による公告をする場合について準用する。この場合において、必要な技術的読替えは、政令で定める。

1　趣　旨

本条は投資法人の公告方法について定めるものであり、会社法939条と基本的に同趣旨である。なお、本条は、会社法の規定を準用する場合の包括読替え（法65条1項）の対象外である。

2　準用条文（4項）

◇会社法940条1項（2号を除く）および3項（電子公告の公告期間等）
1　投資法人が電子公告により投資法人法の規定による公告をする場合には、次の各号に掲げる公告の区分に応じ、当該各号に定める日までの間、継続して電子公告による公告をしなければならない。
　一　投資法人法の規定により特定の日の一定の期間前に公告しなければならない場合における当該公告　当該特定の日
　三　公告に定める期間内に異議を述べることができる旨の公告　当該期間を経過する日
　四　前3号に掲げる公告以外の公告　当該公告の開始後1箇月を経過す

る日
3 前2項の規定にかかわらず、これらの規定により電子公告による公告をしなければならない期間（以下この章において「公告期間」という。）中公告の中断（不特定多数の者が提供を受けることができる状態に置かれた情報がその状態に置かれないこととなったこと又はその情報がその状態に置かれた後改変されたことをいう。以下この項において同じ。）が生じた場合において、次のいずれにも該当するときは、その公告の中断は、当該公告の効力に影響を及ぼさない。
一　公告の中断が生ずることにつき投資法人が善意でかつ重大な過失がないこと又は投資法人に正当な事由があること。
二　公告の中断が生じた時間の合計が公告期間の10分の1を超えないこと。
三　投資法人が公告の中断が生じたことを知った後速やかにその旨、公告の中断が生じた時間及び公告の中断の内容を当該公告に付して公告したこと。

◇会社法941条（電子公告調査）
　投資法人法の規定による公告を電子公告によりしようとする投資法人は、公告期間中、当該公告の内容である情報が不特定多数の者が提供を受けることができる状態に置かれているかどうかについて、法務省令で定めるところにより、法務大臣の登録を受けた者（以下この節において「調査機関」という。）に対し、調査を行うことを求めなければならない。

◇会社法946条（調査の義務等）
1　調査機関は、電子公告調査を行うことを求められたときは、正当な理由がある場合を除き、電子公告調査を行わなければならない。
2　調査機関は、公正に、かつ、法務省令で定める方法により電子公告調査を行わなければならない。
3　調査機関は、電子公告調査を行う場合には、法務省令で定めるところにより、電子公告調査を行うことを求めた者（以下この節において「調査委託者」という。）の商号その他の法務省令で定める事項を法務大臣に報告しなければならない。

第186条の2

　　4　調査機関は、電子公告調査の後遅滞なく、調査委託者に対して、法務省令で定めるところにより、当該電子公告調査の結果を通知しなければならない。

◇会社法947条（電子公告調査を行うことができない場合）
　　調査機関は、次に掲げる者の電子公告による公告又はその者若しくはその理事等が電子公告による公告に関与した場合として法務省令で定める場合における当該公告については、電子公告調査を行うことができない。
　一　当該調査機関
　二　当該調査機関が株式会社である場合における親株式会社（当該調査機関を子会社とする株式会社をいう。）
　三　理事等又は職員（過去2年間にそのいずれかであった者を含む。次号において同じ。）が当該調査機関の理事等に占める割合が2分の1を超える法人
　四　理事等又は職員のうちに当該調査機関（法人であるものを除く。）又は当該調査機関の代表権を有する理事等が含まれている法人

◇会社法951条2項（財務諸表等の備置き及び閲覧等）
　　2　調査委託者その他の利害関係人は、調査機関に対し、その業務時間内は、いつでも、次に掲げる請求をすることができる。ただし、第2号又は第4号に掲げる請求をするには、当該調査機関の定めた費用を支払わなければならない。
　　一　財務諸表等が書面をもって作成されているときは、当該書面の閲覧又は謄写の請求
　　二　前号の書面の謄本又は抄本の交付の請求
　　三　財務諸表等が電磁的記録をもって作成されているときは、当該電磁的記録に記録された事項を法務省令で定める方法により表示したものの閲覧又は謄写の請求
　　四　前号の電磁的記録に記録された事項を電磁的方法であって調査機関の定めたものにより提供することの請求又は当該事項を記載した書面の交付の請求

◇会社法953条（改善命令）

法務大臣は、調査機関が第946条の規定に違反していると認めるときは、その調査機関に対し、電子公告調査を行うべきこと又は電子公告調査の方法その他の業務の方法の改善に関し必要な措置をとるべきことを命ずることができる。

◇会社法955条（調査記録簿等の記載等）
1　調査機関は、法務省令で定めるところにより、調査記録又はこれに準ずるものとして法務省令で定めるもの（以下この条において「調査記録簿等」という。）を備え、電子公告調査に関し法務省令で定めるものを記載し、又は記録し、及び当該調査記録簿等を保存しなければならない。
2　調査委託者その他の利害関係人は、調査機関に対し、その業務時間内は、いつでも、当該調査機関が前項又は次条第2項の規定により保存している調査記録簿等（利害関係がある部分に限る。）について、次に掲げる請求をすることができる。ただし、当該請求をするには、当該調査機関の定めた費用を支払わなければならない。
　一　調査記録簿等が書面をもって作成されているときは、当該書面の写しの交付の請求
　二　調査記録簿等が電磁的記録をもって作成されているときは、当該電磁的記録に記録された事項を電磁的方法であって調査機関の定めたものにより提供することの請求又は当該事項を記載した書面の交付の請求

第 3 章

投資法人の業務

(法第3編第2章)

第 1 節

登　　録

> **（登録）**
> **第187条** 投資法人は、内閣総理大臣の登録を受けなければ、資産の運用として第193条に規定する行為を行つてはならない。

1　趣　旨

本条は、投資法人が実際に資産運用行為を行う要件として、内閣総理大臣の登録（投資法人登録）を要求するものである。

2　登録投資法人制度

投資法人の目的は資産運用であるところ、本条は、かかる資産運用は登録がなければ行い得ないという、登録投資法人制度の根幹を規定している。すなわち、一般の法人であれば設立によって法人としての権利能力および行為能力を有することとなるが、投資法人は設立のみでは資産運用を開始することはできず、内閣総理大臣の登録（投資法人登録）がなければ資産の運用を行うことができない。この登録は、投資法人法上の資産運用のみならず、租税特別措置法上のペイスルー課税要件や、上場審査基準・廃止基準においても要求される。そして、登録申請の結果、登録を拒否された投資法人は解散する（法143条8号）。このように、投資法人登録は、投資法人をめぐる制度において根本的な意義を有する。本条による登録を経た投資法人は「登録投資法人」と定義される。

3　登録の概要

投資法人は、資産の運用を行うためには、登録の申請を行う必要がある。内閣総理大臣は、当該申請があった場合には、登録を実施し（法189条）、または拒否する（法190条）。投資法人は、申請内容に変更があったときは変更届出をしなければならない（法191条）。

4　内閣総理大臣の登録

本条を含む法第3編第2章についての内閣総理大臣の権限は、投資法人の本店の所在地を管轄する財務局長等に内閣総理大臣の権限は管轄財務局長等に委任されているため（法225条1項、施行令135条3項）、登録の実務は管轄財務局長等が行う。

5　資産運用行為の規制

投資法人が登録前に行ってはならない行為は、法193条に掲げる資産運用行為である。投資法人は資産運用行為を資産運用会社に委託して行われなければならないため（法198条1項）、投資法人は自ら資産運用行為を行うことはない。そのため、実質的には、投資法人登録前における資産運用会社による運用行為が本条により禁じられることになる。

本条の反対解釈として、法193条に該当しない、資産運用以外の行為は、登録前にも行うことができる。具体的には、資産運用会社との資産運用委託契約、資産保管会社との資産保管委託契約、一般事務受託者との一般事務委託契約や、本店の賃貸借契約の締結といった行為は、登録前であっても行うことができる。

6　登録の取消し

内閣総理大臣は、登録投資法人が一定の事由に該当することとなった場合には、本条の登録を取り消すことができる。登録を取り消された投資法人は解散する（法143条7号）。詳細については法216条参照。

> （登録の申請）
> **第188条** 前条の登録を受けようとする投資法人は、次に掲げる事項を記載した登録申請書を内閣総理大臣に提出しなければならない。
> 　一　第67条第1項第1号から第4号まで、第6号から第10号まで、第12号、第13号及び第15号に掲げる事項並びに本店の所在場所
> 　二　執行役員、監督役員及び会計監査人の氏名又は名称及び住所
> 　三　資産運用会社の名称及び住所
> 　四　資産運用会社と締結した資産の運用に係る委託契約の概要
> 　五　資産保管会社の名称及び住所
> 　六　投資法人の存続期間又は解散の事由についての規約の定めがあるときは、その定め
> 　七　その他内閣府令で定める事項
> 2　前項の登録申請書には、当該投資法人に係る次に掲げる書類を添付しなければならない。
> 　一　前項第1号に掲げる事項が当該投資法人の設立に当たり第69条第2項の規定により提出された規約の記載と異なるときは、その旨及びその理由を記載した書面
> 　二　前項第2号に掲げる執行役員が第69条第1項の規定により届け出た設立時執行役員の候補者と異なるときは、その旨及びその理由を記載した書面
> 　三　資産運用会社と締結した資産の運用に係る委託契約書の写し
> 　四　その他内閣府令で定める書類

1　趣　旨

本条は、法187条の登録を受けようとする投資法人の①「登録申請書」の記載内容、および②その際に提出する添付書類を具体的に定めたものである。

2　登録申請書の記載事項（1項）

本条（および1項7号の具体的内容を規定する施行規則214条）によって要求される届出事項は以下のとおりである。これらの事項に変更があった場合、変更届出が必要となる（法191条）。

〈投資法人の規約の記載事項である以下の事項（1項1号前段）〉
① 目的
② 商号
③ 投資主の請求により投資口の払戻しをする旨またはしない旨
④ 投資法人が発行することができる投資口の総口数（以下「発行可能投資口総口数」という）
⑤ 投資法人が常時保持する最低限度の純資産額
⑥ 資産運用の対象および方針
⑦ 資産評価の方法、基準および基準日
⑧ 金銭の分配の方針
⑨ 決算期
⑩ 執行役員、監督役員および会計監査人の報酬の額または報酬の支払に関する基準
⑪ 資産運用会社に対する資産運用報酬の額または資産運用報酬の支払に関する基準
⑫ 借入金および投資法人債発行の限度額

〈その他、法に規定される以下の事項（1項1号後段〜6号）〉
① 本店の所在場所
② 執行役員、監督役員および会計監査人の氏名または名称および住所
③ 資産運用会社の名称および住所
④ 資産運用会社と締結した資産の運用に係る委託契約の概要
⑤ 資産保管会社の名称および住所
⑥ 投資法人の存続期間または解散の事由についての規約の定めがあるときは、その定め

〈施行規則に掲げられる以下の事項（1項7号および施行規則214条各号）〉
① 投資法人の設立に係る届出受理年月日および受理番号

第188条

② 投資法人の成立年月日
③ 投資法人の成立時の出資総額および投資口の総口数並びに投資主数
④ 主要な投資主の氏名または名称および住所
⑤ 執行役員または監督役員が他の法人の業務に従事し、または事業を営んでいるときは、当該執行役員または監督役員の氏名および当該他の法人における役職名ならびに当該他の法人の商号または名称および業務の種類または当該事業の種類
⑥ 払込取扱機関の名称および住所
⑦ 一般事務受託者の名称および住所ならびに沿革[60]
⑧ 一般事務受託者と締結した事務の委託契約の概要
⑨ 創立総会を開催した場合は、創立総会の開催日およびその理由

3　登録申請書の添付書類（2項）

1項の登録申請書には、当該投資法人に係る次に掲げる書類を添付しなければならない。その内容は以下のとおりである（施行規則215条各号）。なお、官公署が証明する書類の場合には、申請の日前3カ月以内に作成されたものに限る。

〈法に規定される以下の書類（2項1号～3号）〉
① （1項1号により届け出る規約記載事項が、投資法人の設立届出にあたり提出された規約の記載と異なるとき）その旨およびその理由を記載した書面
② （1項1号により届け出る執行役員が設立届出に記載した設立時執行役員の候補者と異なるとき）その旨およびその理由を記載した書面
③ 資産運用委託契約書の写し

〈施行規則に掲げられる以下の書類（2項4号および施行規則215条各号）〉
① 規約

---

[60] 一般事務受託者の記載は、登録申請の様式を指定する別紙様式において、当該項目は、「法第117条各号に規定する事務の別」とされている（別紙様式第9号11項）。そのため、実務上は本条の「一般事務受託者」とは、すべての「一般事務受託者」ではなく、「一般事務受託者のうち、法117条各号に掲げる者」と限定的に解釈され、運用されている。

② 投資法人の登記事項証明書
③ 払込取扱機関による払込金の保管に関する証明書
④ 執行役員および監督役員の住民票の抄本（当該執行役員または監督役員が外国人であり、かつ、国内に居住している場合には、外国人登録証明書の写し、登録原票の写しまたは登録原票記載事項証明書）またはこれに代わる書面
⑤ 執行役員および監督役員が法98条2号および3号に該当しない旨の官公署の証明書（当該執行役員または監督役員が外国人である場合を除く）
⑥ 執行役員の誓約書（施行規則別紙様式第10号）
⑦ 監督役員の誓約書（施行規則別紙様式第11号）
⑧ 執行役員・監督役員・設立企画人の履歴書。設立企画人が法人の場合、その役員および実務担当者の履歴書および当該法人の沿革（施行規則別紙様式第12号・13号）
⑨ 資産運用委託契約書の写し
⑩ 資産保管契約書の写し
⑪ 一般事務委託契約書の写し
⑫ 資産運用会社が資産運用権限の一部を再委託した場合には、その再委託契約書の写し
⑬ 創立総会を開催した場合には、創立総会の議事録

（登録の実施）
第189条 内閣総理大臣は、前条の登録の申請があつたときは、次条第1項の規定により登録を拒否する場合を除くほか、次に掲げる事項を投資法人登録簿に登録しなければならない。
一 前条第1項各号に掲げる事項
二 登録年月日及び登録番号
2 内閣総理大臣は、前項の規定による登録をしたときは、遅滞なく、その旨を登録の申請をした投資法人に通知しなければならない。

> 3　内閣総理大臣は、投資法人登録簿を公衆の縦覧に供しなければならない。

1　趣　旨

本条は、登録が行われる場合の登録内容および投資法人に対する登録完了の通知、登録内容の公衆縦覧について規定するものである。具体的には、①内閣総理大臣が投資法人登録を行う場合には、登録申請書記載事項、登録年月日および登録番号を登録する（1項）。②登録が行われたときは、その旨が投資法人に通知される（2項）。③登録の内容は、投資法人登録簿として公衆縦覧される（3項）。

2　登録の公衆縦覧

投資法人登録簿は公衆の縦覧に供される。本書執筆時点において、登録簿は電子開示システムによる開示等には供されていないため、第三者が登録内容を縦覧するには、管轄財務局等まで赴いて閲覧申請をする必要がある（施行規則217条参照。なお、投資法人が自主的に自社ウェブサイト等で公開する場合はある）。謄写権は明示されていないが、実務上は謄写が許される場合がある。

> （登録の拒否）
> **第190条**　内閣総理大臣は、登録の申請をした投資法人が次の各号のいずれかに該当するとき、又は登録申請書若しくはその添付書類のうちに虚偽の記載があり、若しくは重要な事実の記載が欠けているときは、その登録を拒否しなければならない。
> 一　不法の目的に基づいて第193条に規定する行為を行おうとするとき。
> 二　申請の日前5年以内に第196条の規定に違反する行為を行つた者を設立企画人（設立企画人が法人である場合においては、その役員及び政令で定める使用人を含む。）としているとき。
> 三　第98条各号に該当する者を執行役員とし、又は第100条各号に該

> 当する者を監督役員としているとき。
> 四　公認会計士及び監査法人以外の者又は第102条第3項各号に該当する者を会計監査人としているとき。
> 五　金融商品取引業者（第199条各号に掲げる場合にあつては、当該各号に定める金融商品取引業者）以外の者又は第200条各号に該当する金融商品取引業者に資産の運用を委託しているとき。
> 六　第208条第2項各号に該当する法人以外の者を資産保管会社としているとき。
> 2　内閣総理大臣は、前項の規定により登録を拒否したときは、遅滞なく、その理由を示して、その旨を登録の申請をした投資法人に通知しなければならない。

1　趣　旨

本条は投資法人登録拒否の事由および登録拒否の場合の通知について定めたものである。なお、本条により登録を拒否された投資法人は解散する（法143条8号）。

2　登録拒否事由

本条に列挙される登録拒否事由の概要は以下のとおりである。

審査対象	拒否事由
投資法人	投資法人が、不法の目的に基づいて資産運用行為を行おうとするとき
設立企画人	設立企画人（法人である場合、その役員および実務担当者を含む）が、投資証券の募集に関する金融商品取引法の準用規定（法197条参照）に違反する行為を、申請日前の5年以内に行った者であるとき
役員	執行役員または監督役員が欠格事由に該当するとき（法98条各号、100条各号参照）
会計監査人	会計監査人が資格要件を満たさず、または欠格事由に該当する場合（法192条参照）
資産運用会社	資産運用会社が資格要件を満たさず、または欠格事由に該当す

	る場合（法199条、200条参照）
資産保管会社	資産保管会社が資格要件を満たさない場合（法208条参照）

以上のとおり、登録拒否事由は投資法人としての仕組みを組成するための最低限の要求事項である。なお、設立企画人等に金融商品取引法違反があった場合は登録拒否事由とされているところ、この「違反」とは、文言上、刑罰等の適用がなされたことまでは要求されていない（この点において役員等の欠格事由とは異なる）。したがって、設立企画人やその役員・実務担当者が、過去の投資法人設立に際し、例えば交付書面（金商法37条の3、37条の4など）の交付を失念したような場合であっても、形式的には本条の登録拒否事由に該当する。

（変更の届出）
第191条 登録投資法人は、第188条第1項各号に掲げる事項に変更があつたときは、その日から2週間以内に、その旨を内閣総理大臣に届け出なければならない。
2　内閣総理大臣は、前項の規定による届出を受理したときは、届出があつた事項を投資法人登録簿に登録しなければならない。

1　趣　旨

本条は、投資法人登録事項に変更があった場合の変更の届出について規定するものである。第1項は、法188条1項各号の登録事項に変更が生じた場合、2週間以内に変更届出を行わなければならないとする。当該届出は、投資法人登録簿に登録される（2項）。規約のうち登録部分の変更や役員の変更はもちろん、主要投資主の変更、役員の住所変更といった事項についてもすべて変更届出が必要となるため、本条に基づく変更届出は頻繁に行われる。

なお、変更届出が必要となる場合はあくまでも登録事項（法188条1項各号）の変更のみであって、添付書類（法188条2項各号）の内容変更（規約の

変更）は、その変更が登録事項の変更に該当しない限り、必要ではない。

2　変更届出を要する事項

　法188条1項各号に掲げる登録内容の全部について、その変更が変更届出の対象となる（非常勤の監督役員の引越しによる住所変更や他社との兼職状況といった事項についてもすべて変更届出が必要となるため、これらの事項の変更届出には失念等による遅滞が生じやすい）。

3　添付書類

　添付書類は、変更事由に応じて以下のとおり規定されている。基本的には、登録申請時の添付書類と同様であるが、役員兼職の場合に必要となる書面（下記⑥）については、変更届出に独自のものである。

変更事由	添付書類
①　商号変更	投資法人の登記事項証明書（当該変更を記載したもの）
②　本店所在場所の変更	投資法人の登記事項証明書（当該変更を記載したもの）
③　執行役員・監督役員に変更があった場合	新たに役員となった者の、住民票抄本、登記されていないことの証明書、身分証明書、誓約書、履歴書
④　資産運用会社・資産保管会社・一般事務受託者に変更があった場合	新たに資産運用会社・資産保管会社・一般事務受託者となった者に係る資産運用委託契約書、資産保管委託契約書、一般事務受託契約書の写し
⑤　資産運用会社が資産の運用に係る権限の一部を再委託した場合の当該再委託を受けた者に変更があった場合	新たに再委託を受けることとなった者に係る再委託契約書の写し
⑥　執行役員または監督役員が新たに他の法人の業務に従事し、または事業を営むこととなった場合	①当該役員の氏名、②当該他の法人の商号または名称、③業務の種類または当該事業の種類を記載した書面

> （解散の届出等）
> **第192条** 登録投資法人が次の各号のいずれかに該当することとなつたときは、当該各号に定める者は、その日から30日以内に、その旨を内閣総理大臣に届け出なければならない。
> 一 合併により消滅したとき。 その執行役員であつた者
> 二 破産手続開始の決定により解散したとき。 その破産管財人
> 三 第143条第1号から第3号までに掲げる事由により解散したとき。 その清算執行人
> 2 登録投資法人が前項各号のいずれかに該当することとなつたときは、第187条の登録は、その効力を失う。

1 趣　旨

本条は登録投資法人が合併による消滅や解散をした場合における届出義務および届出義務者について定めるものである。登録を経ていない投資法人にはこのような届出義務はない。これらの届出事由に該当することとなったときは、投資法人登録はその効力を失う（2項)。この場合、登録は抹消される（法217条）。

第 2 節

業　　務

第 1 款　業務の範囲

> （資産の運用の範囲）
> 第193条　登録投資法人は、規約に定める資産運用の対象及び方針に従い、特定資産について次に掲げる取引を行うことができる。
> 一　有価証券の取得又は譲渡
> 二　有価証券の貸借
> 三　不動産の取得又は譲渡
> 四　不動産の貸借
> 五　不動産の管理の委託
> 六　前各号に掲げるもののほか、政令で定める取引
> 2　登録投資法人は、前項の規定によるほか、規約に定める資産運用の対象及び方針に従い、特定資産以外の資産についてその取得又は譲渡その他の取引を行うことができる。

1　趣　旨

本条は、登録投資法人が資産の運用として行うことのできる行為について規定したものである。投資法人は、資産の運用以外の行為を営業としてすることができない（法63条1項）とされているところ、本条は、投資法人が営業として行うことのできる行為の範囲を画定したものであるとされる[61]。なお、施行令116条の規定により、結果として投資法人は、一部の例外を除

き、特定資産か特定資産でないかにかかわらず、ほとんどの取引を本条との関係では事実上、制限なく行うことができる。投資法人が行うことのできないとされる例外は、宅地建物の造成・建築を自ら行うことや、商品の採掘・加工事業である。

登録投資法人ではない投資法人は、そもそも資産の運用ができないため（法187条）、本条の名宛人は登録投資法人に限られている。なお、投資法人は、特定資産については1項に掲げられた行為以外の行為を資産の運用として行うことはできない。しかし、現段階では、投資法人が特定資産について行い得る行為にはほとんど制限がない（施行令116条）。また、特定資産以外の資産については、取得または譲渡その他の取引が可能であり、特段の制限がない（2項）。

2 登録投資法人が行うことができる取引の範囲

1項においては、登録投資法人は、特定資産について、以下の取引のみ行うことができるとされている。

① 有価証券の取得または譲渡
② 有価証券の貸借
③ 不動産の取得または譲渡
④ 不動産の貸借
⑤ 不動産の管理の委託
⑥ 政令で定める取引

そしてこの⑥について、ⓐ宅地の造成または建物の建築を自ら行うことに係る取引およびⓑ商品の生産、製造、加工その他これらに類するものとして内閣府令で定める行為を自ら行うことに係る取引以外の取引であれば、いかなる取引でもなし得るものとされている（施行令116条）。当該政令の規定によって、投資法人は特定資産について、規約に定める資産運用の対象および

---

61 乙部辰良『詳解投資信託法』191頁（第一法規出版、2001年）。ただし、本条で規定される資産の運用は、営業として行われる資産運用委託契約、資産保管契約、一般事務委託契約を含まないことから、法63条1項の「資産の運用」よりも範囲が狭いとの指摘がある（河本一郎ほか「金融システム改革法について(2)」インベストメント51巻5号95頁）。

方針に従うという以外にはほとんど制限なく取引などを行うことができることになる[62]。

なお、上記「不動産の取得」（③）には、投資法人が宅地の造成または建物の建築に係る請負契約の注文者になることを含むが、投資法人が過大なリスクを負担する場合は含まれない（下記4参照）。

3 宅地の造成または建物の建築を自ら行うことに係る取引（施行令116条1号）

平成12年の特定資産概念の導入による不動産投資法人制度解禁の時から、投資法人は、宅地の造成または建物の建築を「自ら」行うことはできないとされた。その趣旨は、不動産投資法人は安定収益を生み出す投資ビークルとして想定されていたところ、開発案件によって投資法人が過大なリスクを負担することを制限することにあったものと考えられる。

他方で、不動産投資法人には、不動産の継続的取得の観点から開発型案件を行う需要もある。既存物件は投資対象としての適格性等の観点から取得可能な物件が制限されることも1つの要因となる。このように開発型案件を行う需要のある投資法人につき、どのような範囲の行為が施行令116条1項によって排除されることとなるか、問題となる。

そもそも「開発型案件」とは、開発中の建物を取得後に取得する単なる売買予約から、自らが施主となり建築を主体的に行うような場合まで幅広い。不動産投資法人が開発型案件に投資する場合、この規制の範囲および意義については個々の開発型案件において検討する必要がある。

なお、現在、金融庁は、「投資法人が宅地の造成又は建物の建築に係る請負契約の注文者になること」は、「不動産の取得」に該当し、可能であると解している（下記4参照）。投資法人は従業員を雇用できないため、役員しかおらず、自らの社内組織を用いて宅地造成・建物建築を行うことは想定できないが、第三者から不動産に関する注文を受注し、下請けの建設会社を用いて不動産の建築を行うことは、理論上は可能であるものの本項によって禁

---

[62] 乙部辰良『詳解投資信託法』191頁（第一法規出版、2001年）参照。

止されることになる。

4　金融庁監督指針における開発型案件に関する解釈

　開発型案件が許容される範囲については、金融庁「金融商品取引業者等向けの総合的な監督指針」が重要な解釈を提示している（以下抜粋）。この見解は不動産投資法人制度の開始以来、金融庁が非公式に採用してきた立場を明文化したものである。

金融商品取引業者等向けの総合的な監督指針
Ⅵ－2－5－3(4)①　「不動産の取得」等の範囲について

　投信法第193条第1項第3号に規定する「不動産の取得」には、投資法人が自ら宅地の造成又は建物の建築を行うことは含まない一方、投資法人が宅地の造成又は建物の建築に係る請負契約の注文者になることを含む。また、不動産関連ファンド運用業者の本業（不動産信託受益権に対する投資運用）や届出業務（不動産に対する投資運用）の範囲の考え方も、同様とする。

　ただし、例えば以下のような場合など、投資法人が宅地の造成又は建物の建築に係る請負契約の注文者になることがふさわしくない場合は、当該行為は「不動産の取得」に含まれないことに留意する。

イ．大規模修繕・改修工事等を行う際には、一定期間テナントの退去が必要になることがあり、その場合のキャッシュフローの変動がポートフォリオ全体に過大な影響を与える場合。

ロ．投資法人が更地を購入し、新たな建物を建築するときは、不動産の開発にかかる各種リスク（開発リスク、許認可リスク、完工リスク、テナントリスク、価格変動リスク、開発中の金利変動リスク及び大規模な自然災害発生リスク等）を投資者に負わせることとなること及び直ちにキャッシュフローを生まない投資であることに鑑み、ポートフォリオ全体に過大な影響を与える場合。

　このように、一定の開発リスクを投資法人が抱えること自体は許容されているが、投資法人のポートフォリオと勘案して「過大な」リスクを負担させる場合には許容されない（平成19年7月31日付金融庁「「金融商品取引業者等向けの総合的な監督指針（案）」に対するパブリックコメントの結果等について」における「コメントの概要とコメントに対する金融庁の考え方」194～196番（http://www.fsa.go.jp/news/19/syouken/20070731-3/01.pdf）参照）。この金融庁の解釈は、宅地造成・建物建築の規制の趣旨が、投資法人による過大なリスクの負

担の回避という点にあることに則しているといえる。ここで、「ポートフォリオ全体に過大な影響を与える」の意義については、ファンドの規模や運用方針、投資者の資質等の観点から個別的に判断され、画一的な基準はない（同197番）。

5 商品の生産、製造、加工等を自ら行うことに係る取引 （施行令116条2号、施行規則220条の2）

投資法人は、以下の行為を自ら行うことに係る取引は行えないとされる。

① 商品の生産、製造、加工（施行令116条2号）
② 採鉱、採取、製錬、精製その他これらに類する行為（施行規則220条の2）

当該規定は、平成20年金商法改正に伴う政省令改正により、特定資産に商品が追加されたことに伴い規定された。その趣旨は、投資法人はあくまでも商品に対する投資のみ行い得るものであり、生産・製造等に関与することは想定していないという点にあるものと考えられる。

6 特定資産以外の資産の運用の範囲（2項）

2項は、特定資産以外の資産についての取引可能な範囲として、規約に定める資産運用の対象および方針に従わなければならないとする以上の特段の規制を置いていない。そのため、特定資産以外の資産（例えば、特定商品取引所法の商品に該当しない動産や、温泉権など）については、「その取得又は譲渡その他の取引」が可能である。

（資産の運用の制限）

第194条 登録投資法人は、同一の法人の発行する株式を、第1号に掲げる数が第2号に掲げる数を超えることとなる場合においては、取得してはならない。

一 保有する当該株式に係る議決権の総数
二 当該株式に係る議決権の総数に内閣府令で定める率を乗じて得た

| 数 |

1　趣　旨

　本条は、投資法人による株式会社の支配を禁止した規定である。具体的には株式会社の総議決権の過半数の取得が禁じられる（施行令221条）。

2　解　説

　法は、委託者指図型投資信託につき、投資信託による会社支配の禁止として、投資信託委託会社による指図の禁止という形でこれを禁止している（法9条）。これに対し、法は、投資法人については、資産運用会社による運用の禁止という形ではなく、直接に投資法人を禁止の名宛人としている。これは、投資法人が、ファンド自体が投資者を構成員として自立的な意思決定ができる法主体であるためである[63]。

　なお、支配が禁じられているのはあくまでも「株式会社」である以上、他の投資法人の投資口、合同会社の出資持分、資産流動化法上の特定目的会社の出資などについては本条の禁ずるところではない。

第195条　登録投資法人は、次に掲げる者との間において第193条に規定する行為（同条第1項第5号に掲げる取引その他登録投資法人の投資主の保護に欠けるおそれが少ないと認められる行為として政令で定める行為を除く。）を行つてはならない。
一　その執行役員又は監督役員
二　その資産運用会社
三　前2号に掲げるもののほか、政令で定める者

1　趣　旨

　本条は利益相反取引の防止を目的とする。すなわち、投資法人とその役員

63　乙部辰良『詳解投資信託法』192頁（第一法規出版、2001年）。

や資産運用会社等との間で資産運用取引が行われると、投資法人（および投資主）の利益よりもこれらの役員や資産運用会社の利益が優先されるおそれがあり、投資法人（および投資法人）の利益が害される可能性がある。そのため、一定の除外事由に該当する場合を除き、これらの者との取引を禁ずるのが本条である。

2　禁止対象となる相手方

本条および施行令118条によると、本条の禁止対象となる相手方は以下のとおりである。

① 執行役員または監督役員
② 執行役員または監督役員の配偶者ならびに二親等以内の血族および姻族
③ 資産運用会社
④ 資産運用会社の取締役、会計参与（会計参与が法人であるときは、その職務を行うべき社員を含む）、監査役もしくは執行役もしくはこれらに類する役職にある者または使用人

3　禁止対象となる行為および適用除外行為

本条の対象となる行為は、法193条に規定する行為（すなわち資産運用行為一般）である。しかし、登録投資法人の投資主の保護に欠けるおそれが少ないと認められる一定の行為は、以下のとおり除外されている。

① 不動産の管理の委託（法193条1項5号）
② 資産運用会社に、宅地または建物の売買または貸借の代理または媒介を行わせること
③ 不動産の管理業務を行う資産運用会社に、不動産の管理を委託すること
④ 不動産特定共同事業（不動産特定共同事業法2条4項）を行う資産運用会社が、資産運用委託契約の終了に伴い、不動産特定共同事業契約としての匿名組合契約など（不動産特定共同事業法2条3項2号）の営業者として不動産を取得する場合

⑤　第1種金融商品取引業または第2種金融商品取引業を行う資産運用会社に、有価証券の売買またはデリバティブ取引の委託を行うこと
⑥　資産運用会社に、商品の売買の委託を行うこと
⑦　その投資口を資産運用会社に取得させること
⑧　ⓐ資産運用会社が賃借している不動産を登録投資法人の資産に組み入れる場合において、当該不動産の賃貸借を継続する場合に、当該不動産を資産運用会社に賃貸する場合、または、ⓑ資産運用会社が登録投資法人の不動産について賃借人の募集を行ったにもかかわらず、当該不動産を賃貸するに至らない場合において、他の賃借人の賃借条件と著しく異ならない条件で当該不動産を資産運用会社に賃貸する場合
（施行規則222条）
⑨　個別の取引ごとにすべての投資主の同意を得て行う取引
⑩　その他投資主の保護に欠けるおそれのないものとして金融庁長官の承認を受けて行う取引

（投資法人の発行する投資証券等の募集等）

第196条　投資法人の執行役員は、当該投資法人の発行する投資証券等の募集等（募集（金融商品取引法第2条第3項に規定する有価証券の募集をいう。）、私募（同項に規定する有価証券の私募をいう。）その他政令で定める行為をいう。以下同じ。）に係る事務を行つてはならない。

2　投資法人の資産運用会社が当該投資法人の発行する投資口又は投資法人債を引き受ける者の募集に関する事務を受託した一般事務受託者である場合における金融商品取引法の適用については、当該資産運用会社が行う当該投資法人の発行する投資証券等の募集の取扱いその他政令で定める行為を行う業務は、同法第28条第2項に規定する第2種金融商品取引業とみなす。

3　第85条第3項において準用する会社法第217条第1項から第5項までの規定若しくは第86条第1項の規定に基づく規約の定めにより投資法人が投資証券を発行しない場合における前2項、次条及び第219条

の規定の適用については、当該投資証券に表示されるべき投資口は投資証券とみなす。

1　趣　旨

本条は、執行役員によるいわゆる自己募集行為の禁止（1項）、資産運用会社による募集行為は第2種金融商品取引業とみなす旨（2項）、投資証券不発行の場合においても、本条以下の適用については投資証券とみなす旨（3項）を定めるものである。

2　執行役員による自己募集行為の禁止（1項）

本条においては、執行役員が投資証券等の以下の募集行為に関与することが禁じられている。なお、投資証券等とは、投資証券および投資法人債券をいう（法117条3号）。

① 募集（金融商品取引法2条3項）
② 私募（金融商品取引法2条3項）
③ その行う募集または私募に係る有価証券の転売を目的としない買取りその他これに類する行為（施行令119条）

執行役員が自ら投資者に接触し、投資法人の発行する投資証券および投資法人債券に関する「事務」を行ってはならない。この意味するところは、執行役員は投資者に対し、投資証券および投資法人債券の売込みを自らしてはならないということである。かかる事務は一般事務として、基本的には証券会社に委託されて行われることが想定されており（法117条1号参照）、委託を受けた証券会社が募集に関する事務を行うこととなる。なお、資産流動化法上の特定目的会社についても同様の規定（資産流動化法207条参照）があったが、これは特定目的会社の役員による募集事務の要請により一部緩和されている。

3　資産運用会社による販売（いわゆる直販行為）（2項）

投資信託委託会社が自ら受益証券を売却する行為は一般に「直販」（直接販売）と呼ばれる。本条に基づき資産運用会社がその運用する投資法人の投

資口を販売する場合も同様に直販と呼ばれることがある。ただし、投資信託委託会社は投資信託の「発行者」であるため、「直接販売」といえるが、資産運用会社は投資証券等の「発行者」ではないため、厳密には「直接販売」とはいえない。そのため、資産運用会社が投資法人の投資証券等の募集等に関する事務を行う行為は本来であれば第1種金融商品取引業に該当するが、本条により第2種金融商品取引業とみなされ、許認可要件が軽減されている。これは、資産運用会社による投資証券等の販売行為は自己発行証券の募集と同視し得るためと考えられる（なお、投資信託の自己募集は第2種金融商品取引業である。金商法2条8項7号イ、28条2項1号）。

　資産運用会社が第2種金融商品取引業としてかかる取引を行う場合、実際の勧誘を行う役職員はいわゆる証券外務員登録が必要となる（金商法64条参照）。

　なお、この直販の委託を受けた資産運用会社は、一般事務受託者にも該当することとなる。また、金商法の適用を受けるため、金商法上の行為規制を遵守する必要がある。

　実務上は、上場不動産投資法人の多くはかかる「直販」としての第2種金融商品取引業を行ってはいないのではないかと思われる。この点に関し、実務上問題となるのは、上場不動産投資法人の資産運用会社がその大口投資者や潜在的投資者を訪問し、その運用する投資法人に関する情報を提供する行為（いわゆるIR活動を含む投資者向け活動などもこの範囲に入る）や、資産運用会社が、投資法人が新規発行する投資法人債の引受先（すなわちデット資金の出し手）と、証券の発行条件について交渉をする行為などが、投資法人のために投資者と接触し、その取得を促している行為であるとして「募集等」に該当し、本条2項の第2種金融商品取引業登録を行わなければならないかという点であるが、基本的には個別事情に即しつつ、「募集等」に該当しない限度であるかどうかを検討することになる。

4　投資証券不発行の場合（3項）

　投資証券不発行の投資法人の場合も、本条、197条および219条との関係においては、当該投資証券に表示されるべき投資口は投資証券とみなされる

（3項）。

> （投資証券の募集等に当たつての金融商品取引法の準用等）
> 第197条　金融商品取引法第36条第1項、第37条（第1項第2号を除く。）、第37条の3第1項（第2号及び第6号を除く。）及び第2項、第37条の4、第38条、第39条第1項、第3項及び第5項、第40条、第44条の3第1項（第3号を除く。）並びに第45条（第3号及び第4号を除く。）の規定は設立企画人が設立中の投資法人の発行する投資証券の募集等を行う場合におけるその設立企画人（法人である場合においては、その役員及び使用人を含む。以下この条において「特定設立企画人等」という。）について、同法第39条第2項及び第4項の規定は特定設立企画人等の顧客について、それぞれ準用する。この場合において、必要な技術的読替えは、政令で定める。

1　趣　旨

　本条は、設立企画人、その役員および使用人が設立中の投資法人の発行する投資証券の募集等を行う場合に、一定の範囲で、金商法の投資者保護規制に服することを規定したものである。

2　金商法の準用

　設立中の投資法人については、設立企画人、その役員および使用人は当該投資法人の投資証券の募集等に関する事務を行うことが可能である。具体的には、投資者と接触し、当該投資証券を購入することを勧誘することが考えられる。このような行為は、設立企画人が設立に際して募集等を行ういわゆる自己募集行為として、金商法上の「自己募集」規制（同法2条8項7号）の対象とされていないものの、投資者保護の徹底を図る観点から、同法の販売・勧誘ルールに関する行為規則を定めている。準用規定の概要は以下のとおりである。

　①　顧客に対する誠実義務（金商法36条1項）

② 広告等の規制（同法37条）
③ 契約締結前の書面の交付（同法37条の3）
④ 契約締結時等の書面の交付（同法37条の4）
⑤ 虚偽告知の禁止等の禁止行為（同法38条）
⑥ 損失補てん等の禁止（同法39条）
⑦ 適合性の原則等（同法40条）
⑧ 親法人等または子法人等が関与する行為の制限（同法44の3）
⑨ 特定投資家を相手とする場合の義務軽減（同法45条）

3 特定投資家制度の部分的準用

金商法45条が準用されることにより、特定投資家を相手とする場合は、広告規制、契約締結前後の書面交付義務が免除される。一方で、金商法に規定される、いわゆる「プロ成り」「アマ成り」という、特定投資家（プロ）が非特定投資家（アマ）となり、またはその逆に非特定投資家（アマ）が特定投資家（プロ）となることを可能とする特定投資家移行の制度（金商法34条〜34条の4参照）は本条においては準用されていない。したがって、適格機関投資家以外の特定投資家が非特定投資家に移行することにより投資者保護規制の適用を受けるということは、本条との関係ではできない。

第2款　業務の委託

（資産運用会社への資産の運用に係る業務の委託）
第198条　登録投資法人は、資産運用会社にその資産の運用に係る業務の委託をしなければならない。
2　前項の委託に係る契約（第67条第1項第14号に規定する資産運用会社となるべき者と締結するものを除く。）は、投資主総会の承認を得なければ、その効力を生じない。

1 趣　　旨

本条は、登録投資法人が資産運用会社に資産運用業務を委託することを義務付けることにより、投資法人の資産運用は資産運用会社のみが行うという、投資法人制度の根幹をとなる仕組みを規定する。

2 資産運用会社への委託（1項）

登録投資法人は、資産運用会社に資産運用に係る業務をすべて委託しなければならない。換言すると、投資法人が自ら資産運用行為を行うことは想定されていない。資産運用委託に係る契約を、一般的に資産運用委託契約といい、これは投資法人の最も基本をなす契約の1つである。資産運用会社が投資法人との間で資産運用委託契約を締結することは金融商品取引業のうち、投資運用業に該当する（金商法2条8項12号イ）。

3 投資主総会の承認（2項）

資産運用委託契約（設立当初の資産運用会社となるべき者と締結するものを除く）は、投資主総会の承認を得なければ、その効力を生じない（2項）。これは、資産運用委託契約が投資法人の根幹となる契約であり、その契約締結の相手方である資産運用会社や、資産運用委託契約の内容が、投資法人の資産運用に与える影響が非常に大きいため、その締結については投資主の意思にかからしめるとしたことがその趣旨であると考えられる。

（資産運用会社）

第199条　資産運用会社は、金融商品取引業者（次の各号に掲げる場合にあつては、当該各号に定める金融商品取引業者）でなければならない。

一　登録投資法人が投資の対象とする資産に不動産が含まれる場合　宅地建物取引業法第3条第1項の免許を受けている金融商品取引業者

二　登録投資法人が主として不動産に対する投資として運用することを目的とする場合　宅地建物取引業法第50条の2第1項の認可を受

> けている金融商品取引業者
> 三　前2号に掲げる場合のほか、政令で定める場合　政令で定める金融商品取引業者

1　趣　　旨

　本条は資産運用会社が金融商品取引業者であることを要求し、また、金融商品取引業者であっても一定の要件を満たすものであることを要求するものである。

2　資産運用会社の資格要件の加重

　金商法上、金融商品に投資する投資法人に対し資産運用を行う資産運用会社は金融商品取引業者（投資運用業）でなければならない。加えて、本条は、投資対象に応じて、資産運用会社に金融商品取引業以上の資格要件を課している。

投資法人の条件	資産運用会社の資格要件
登録投資法人が投資の対象とする資産に不動産が含まれる場合（1号）	宅地建物取引業の免許（宅地建物取引業法3条1項）を受けた金融商品取引業者であること。
登録投資法人が主として不動産に対する投資として運用することを目的とする場合（2号）	取引一任代理（宅地建物取引業法50条の2第1項）の認可を受けた金融商品取引業者であること。
登録投資法人が外国法人である金融商品取引業者にその資産の運用に係る業務の委託をする場合（3号、施行令122条）	国内に営業所又は事務所を有する外国法人である金融商品取引業者であること。

3　登録投資法人が投資の対象とする資産に不動産が含まれる場合

　登録投資法人が投資の対象とする資産に不動産が「含まれる」場合であるから、投資対象に不動産が一部でも含まれていれば、資産運用会社は宅地建物取引業の免許が必要となる。なお、ここで「不動産」とは、建物または宅

地建物取引業法に規定される「宅地」をいい、いわゆる現物の不動産に限られる（法3条1号）。そのため、例えば不動産を信託受益権化したものや、現物不動産を引当てとする匿名組合出資等は含まれない。

4 登録投資法人が主として不動産に対する投資として運用することを目的とする場合

　登録投資法人が「主として」不動産に対する投資として運用することを目的とする場合には、宅地建物取引業免許に加えて、いわゆる取引一任代理[64]の認可が必要となる。「主として」とは、50％を超えることをいうと解されている。したがって、投資法人が、過半数の資産を現物不動産に投資する場合には、取引一任代理の認可が必要となる[65]。

5 外国法人への委託

　登録投資法人が外国法人である金融商品取引業者にその資産の運用に係る業務の委託をする場合、国内に営業所または事務所を有する外国法人である金融商品取引業者であることが必要となる。

（利害関係を有する金融商品取引業者等への委託の禁止）
第200条　登録投資法人は、次の各号のいずれかに該当する金融商品取引業者に、その資産の運用に係る業務を委託してはならない。
一　当該登録投資法人の監督役員を、その役員若しくは使用人又は子会社の役員若しくは使用人（以下この号において「役員等」という。）としている金融商品取引業者又はその役員等としたことのある金融商品取引業者
二　当該登録投資法人の監督役員に対して継続的な報酬を与えている

---

[64] 取引一任代理は、宅建業法に規定される説明義務・書面交付義務が免除される特例である（宅建業法50条の2）。
[65] 換言すると、いわゆる不動産に投資する不動産投資法人であっても、その保有資産を主として受益権や匿名組合出資等に限定すれば、例えば宅地建物取引業の取引一任代理の認可は不要である。

> 金融商品取引業者
> 三　前2号に掲げるもののほか、当該登録投資法人の監督役員と利害関係を有する金融商品取引業者として内閣府令で定めるもの

1　趣　旨

　本条は、投資法人が資産運用を委託する金融商品取引業者についての欠格事由を規定するものであり、大要として、監督役員が雇用等の関係や利益供与関係がある資産運用会社への委託を禁止している。

2　監督委員の資産運用会社からの独立性

　登録投資法人は、次の各号のいずれかに該当する金融商品取引業者に、その資産の運用に係る業務を委託してはならない。本条は、監督役員と一定の関係を有する資産運用会社への委託を禁止することで、反射的に監督役員の欠格事由として機能することとなる（監督役員の欠格事由全般について、法100条の解説参照）。その類型としては、①「雇用等関係」（監督役員（またはその親族[66]）が、資産運用会社（またはその子会社）の役職員経験者である場合）、および、②「利益供与関係」（監督役員が、資産運用会社から何らかの利益供与を受けている場合）に分類できる。具体的な規定は以下のとおりである。

　　①　当該登録投資法人の監督役員を、その役員もしくは使用人または子会社の役員もしくは使用人（「役員等」）としている金融商品取引業者またはその役員等としたことのある金融商品取引業者
　　②　当該登録投資法人の監督役員に対して継続的な報酬を与えている金融商品取引業者
　　③　当該登録投資法人の監督役員の親族を、役員等としている金融商品取引業者（施行規則244条1号）
　　④　当該登録投資法人の監督役員に無償または通常の取引価格より低い対価による事務所または資金の提供その他の特別の経済的利益の供与

---

[66] 親族とは、配偶者ならびに二親等以内の血族および姻族をいう（施行規則113条1号イ）。

をしている金融商品取引業者（施行規則244条2号）

　上記のように、規制の対象となるのはあくまでも監督役員と資産運用会社の関係であり、監督役員の資産運用会社からの独立性が求められている。これに対し、執行役員にはこのような独立性は求められておらず、資産運用会社の役職員が不動産投資法人の執行役員を兼任することは一般的に行われている。このような場合でも、監督役員は常に執行役員よりも少なくとも1名は多く選任されている（法95条2号）ことから、監督役員が資産運用会社から独立性を保っていれば、投資法人の資産運用会社からの一定の独立性を担保できる構造となっている。

（特定資産の価格等の調査）

第201条　資産運用会社は、資産の運用を行う投資法人について特定資産（土地若しくは建物又はこれらに関する権利若しくは資産であつて政令で定めるものに限る。）の取得又は譲渡が行われたときは、内閣府令で定めるところにより、当該特定資産に係る不動産の鑑定評価を、不動産鑑定士であつて利害関係人等（当該資産運用会社の総株主の議決権の過半数を保有していることその他の当該資産運用会社と密接な関係を有する者として政令で定める者をいう。次項及び第203条第2項において同じ。）でないものに行わせなければならない。ただし、当該取得又は譲渡に先立つて当該鑑定評価を行わせている場合は、この限りでない。

2　資産運用会社は、資産の運用を行う投資法人について前項に規定する特定資産以外の特定資産（指定資産を除く。）の取得又は譲渡その他の内閣府令で定める行為が行われたときは、当該投資法人、その資産運用会社（その利害関係人等を含む。）及びその資産保管会社以外の者であつて政令で定めるものに当該特定資産の価格その他内閣府令で定める事項の調査を行わせなければならない。ただし、当該行為に先立つて当該調査を行わせている場合は、この限りでない。

第201条

1　趣　旨

　本条は、平成23年の法改正（資本市場及び金融業の基盤強化のための金融商品取引法等の一部を改正する法律（平成23年5月17日成立・5月25日公布））により改正された。これ以前においては、特定資産が不動産である場合には、価格調査は不動産鑑定士により鑑定評価を前提として行うという、価格調査のダブルチェックが義務付けられていた[67]。これが煩雑であるという不動産業界からの要望を受け、前記平成23年法改正において、鑑定評価義務への一本化が行われた。

2　1項の対象資産

　1項の対象資産は「土地若しくは建物又はこれらに関する権利若しくは資産であつて政令で定めるもの」である。これを受け、施行令122条の2および16条の2第1号および第2号が対象資産を定めている。

　① 　土地または建物の賃借権および地上権[68]（施行令16条の2第1号）。
　② 　信託の受益権であって土地もしくは建物または①に掲げる権利のみを信託するもの（受益権の数が一であるものに限る）（施行令16条の2第2号）。

　ここで「信託の受益権であって土地もしくは建物または①に掲げる権利のみを信託するもの」とは、信託財産に金銭や動産、無形固形資産が含まれる場合であっても、一定の場合には、本号でいう「信託の受益権であって土地もしくは建物または①に掲げる権利のみを信託するもの」に該当するとされる[69]。また、「受益権の数が一であるものに限る」とある点については、同時に改正が行われた資産流動化法施行令15条1項2号の解釈が参考となる。すなわち、同号の解釈として、「受益権の数が一であるものに限る」とされている趣旨は、受益権が複数の優先受益権、劣後受益権に分割される、いわ

---

[67] 平成23年改正前201条2項。なお、乙部辰良『詳解投資信託法』78頁（第一法規出版、2001年）参照。
[68] 地役権、永小作権などの特定資産に該当しない使用収益権は価格調査の必要はない（平成23年11月11日付金融庁「平成23年金融商品取引法等改正（6カ月以内施行）に係る政令・内閣府令案等に対するパブリックコメントの結果等について」における「コメントの概要及びコメントに対する金融庁の考え方」23頁・25頁（http://www.fsa.go.jp/news/23/syouken/20111111-1/00.pdf））。

ゆる優先劣後構造を有する場合などには、裏付けとなる不動産の鑑定評価はその受益権の鑑定評価と一致しなくなるため、不動産鑑定評価ではなく、その優先劣後構造を前提とした受益権の価値評価が必要となるためとされている[70]。

3　不動産鑑定士による鑑定評価

施行規則244条の2は、1項に規定される「内閣府令で定めるところ」の内容として、不動産鑑定士による鑑定評価を要求している。その上で、利益相反の防止等の観点から、当該不動産鑑定士が、その投資法人の資産運用会社および資産保管会社の利害関係人である場合などの一定の場合（以下の①～④参照）には、その不動産鑑定士による鑑定は行い得ないものとされている。

①　資産運用会社の利害関係人等[71]
②　資産保管会社の利害関係人等[72]

---

[69] 具体的には、「不動産を信託する信託の受益権の譲受け時点において信託財産に金銭が含まれている場合であっても、例えば、信託内の金銭について、敷金・保証金、未払租税や前受賃料等の名目で精算や債務の承継が行われることにより、特定資産である信託受益権の取得代金の支払が、実質的に信託不動産の価値に相当する対価の支払と同視できるような場合には、当該信託受益権は「信託の受益権であって土地若しくは建物又は前号に掲げる権利のみを信託するもの」（資産流動化法施行令15条1項2号、投信法施行令16条の2第2号）に該当するものと考えられます」「また、不動産を信託する信託の受益権の譲受け時点において信託財産に動産や無形固定資産等が含まれている場合であっても、例えば、当該動産や無形固定資産等の価値が軽微である場合等、信託受益権の価値と鑑定評価の対象となる信託不動産の価値が実質的に同視できるような場合には、当該信託受益権は上記「信託の受益権であって土地若しくは建物又は前号に掲げる権利のみを信託するもの」に該当するものと考えられます」とされている（平成23年11月11日付金融庁「平成23年金融商品取引法等改正（6カ月以内施行）に係る政令・内閣府令案等に対するパブリックコメントの結果等について」における「コメントの概要及びコメントに対する金融庁の考え方」24頁（http://www.fsa.go.jp/news/23/syouken/20111111-1/00.pdf））。

[70] かかる趣旨から、資産流動化法の解釈としては、受益権が準共有され、その準共有持分を取得する場合には、「受益権の数が一であるもの」に該当するとされる（平成23年11月11日付金融庁「平成23年金融商品取引法等改正（6カ月以内施行）に係る政令・内閣府令案等に対するパブリックコメントの結果等について」における「コメントの概要及びコメントに対する金融庁の考え方」24頁・25頁（http://www.fsa.go.jp/news/23/syouken/20111111-1/00.pdf））。

[71] 法201条1項に規定する利害関係人等をいう。
[72] 施行令124条に規定する利害関係人等をいう。

③　投資法人・資産運用会社・資産保管会社の役職員
　　　④　「不動産の鑑定評価に関する法律」上、法201条1項の不動産の鑑定評価をできない者

4　2項の対象となる行為

　本条2項の対象となる「取得又は譲渡その他の内閣府令で定める行為」とは、施行規則245条および22条2項各号によると、以下のとおりである。
　　　①　有価証券[73]の取得及び譲渡並びに貸借
　　　②　店頭デリバティブ取引[74]
　　　③　約束手形[75]の取得及び譲渡
　　　④　金銭債権の取得及び譲渡[76]
　　　⑤　匿名組合出資持分[77]の取得及び譲渡
　　　⑥　商品[78]の取得及び譲渡並びに貸借
　　　⑦　商品投資等取引[79]

5　2項の調査を行う者

　特定資産以外の資産に関する本条2項の調査を行うことができる者は、当該投資法人、その資産運用会社（その利害関係人等を含む）、その資産保管会社（その利害関係人等を含む[80]）以外の者とされ、具体的には、施行令により弁護士（または弁護士法人）または公認会計士（または監査法人）とされている（施行令124条）。これらの弁護士、公認会計士等であっても、例えばその調査を依頼する投資法人やその資産運用会社、保管会社の役職員である者な

---

[73]　施行令16条の2第2号ならびに施行規則22条1項1号および2号に掲げるものを除く。
[74]　金商法2条22項に規定する「店頭デリバティブ取引」をいう。
[75]　「約束手形」とは施行令3条6号に掲げるものをいう。
[76]　「金銭債権」とは、施行令3条7号に掲げるものをいい、施行規則22条1項5号に掲げるコールローンや譲渡性預金を除く。
[77]　施行令3条8号に規定する匿名組合出資持分をいう。
[78]　施行規則22条1項6号に掲げる上場商品などを除く。
[79]　施行令3条10号に規定する商品投資等取引をいい、施行規則22条1項7号に掲げる市場における商品投資取引を除く。
[80]　施行令124条柱書。

ど、一定の利害関係を有する者は除外され、調査を行い得ないこととされる（下表参照）。

調査を行い得る者	除外される者
弁護士または弁護士法人	①　投資法人・資産運用会社・資産保管会社の役職員 ②　弁護士法人で上記①に該当する社員のある者 ③　弁護士法の規定により、法201条2項の調査を行えない者
公認会計士または監査法人	①　投資法人・資産運用会社・資産保管会社の役職員（監査法人の場合、会計参与） ②　監査法人で、上記①に該当する社員のある者 ③　公認会計士法の規定により、法201条2項の調査を行えない者
上記のほか、特定資産の評価に関し専門的知識を有する者として施行規則で定めるもの[81]	―

6　調査対象事項

調査対象となる事項は、対象資産ごとに、施行規則245条2項および22条2項各号により定められている。

対象資産[82]	調査項目
有価証券	銘柄、数量、信託に係る信託財産を特定するために必要な事項その他当該有価証券の内容に関すること。
店頭デリバティブ取引に係る権利	取引の相手方の名称、銘柄、約定数値、金融商品または金融指標の種類、プットまたはコールの別、権利行使価

---

[81]　本書執筆時点において該当する施行規則は規定されていない。
[82]　対象資産の「有価証券」「店頭デリバティブ取引」「約束手形」「金銭債権」「匿名組合出資持分」「商品」「商品投資等取引」の意義については本節4「2項の対象となる行為」の脚注73～79に記載したとおり。

	格、権利行使期間、取引期間その他の当該店頭デリバティブ取引の内容に関すること。
約束手形	約束手形上の債務者、保証の設定状況その他の当該約束手形の内容に関すること。
金銭債権	金銭債権の種類、債権者および債務者の氏名および住所、担保の設定状況その他の当該金銭債権の内容に関すること。
匿名組合出資持分	匿名組合契約に係る営業財産に関する前各号に掲げる事項ならびに当該匿名組合契約の内容および営業者に関すること。
商品	種類、数量その他当該商品の内容に関すること。
商品投資等取引に係る権利	取引の相手方の名称、銘柄、約定価格または約定数値、商品または商品指数の種類、プットまたはコールの別、権利行使価格、権利行使期間、取引期間その他の当該商品投資等取引の内容に関すること。

7　調査結果の投資法人への通知

　資産運用会社は、本条 1 項または 2 項の調査が行われたときは、当該鑑定評価または調査の結果を当該鑑定評価または調査に係る資産の運用を行う投資法人に通知しなければならない（施行規則245条3項）。

（投資法人から委託された権限の再委託等）

第202条　資産運用会社は、投資法人の委託を受けてその資産の運用を行う場合において、当該投資法人から委託された資産の運用に係る権限の全部を他の者に対し、再委託してはならない。

2　資産運用会社が投資法人から委託された資産の運用に係る権限の一

部を再委託した場合における前条の規定の適用については、同条中「資産運用会社」とあるのは、「資産運用会社（当該資産運用会社から資産の運用に係る権限の一部の再委託を受けた者を含む。）」とする。

1　趣　旨

本条は、資産運用会社による資産運用権限の再委託を制限する。同様の規定のある金商法42条の3の特則となる。

2　投資法人法上の再委託規制（1項）

金商法42条の3においては、投資運用業者である資産運用会社は、一個の投資法人の運用権限であれば、他の金融商品取引業者等（投資運用業を行う者に限る）および外国の法令に準拠して設立された法人で外国において投資運用業を行う者（投資助言・代理業以外の金商法29条の登録を受けた者を除く）（金商法施行令16条の12）に対して、全部委託できるとされている。本条は、金商法42条の3の特則として、投資法人から委託された資産の運用に係る権限については、資産運用会社は、その資産運用権限につき、「全部」の再委託をすることができず、「一部」の再委託のみ許されるとする。その他の点については、運用権限の再委託については金商法42条の3の規定に従う。下表はこれをまとめたものである。

	金商法42条の3	本条による修正
運用する全ファンドの全部の運用権限の委託	× 不可	× 不可
運用する一部のファンドの全部の運用権限の委託	○ 可能	× 不可（本条）
運用する一部のファンドの一部の運用権限の委託	○ 可能	○ 可能
委託先 （金商法施行令16条の12）	①　投資運用業者 ②　外国で投資運用業を行う者	
要件 （金商業等府令131条）	資産運用委託契約に下記の事項を記載する必要がある ①　再委託をする旨、および委託先の商号・名称 ②　委託の概要	

| | ③ 委託報酬（報酬を運用財産から支払う場合） |

　なお、投資信託については、本条のように、金商法に加重する形での再委託の規制はなされていない。この理由については、投資信託の場合は、①商品設計・募集を行う投資運用業者と②資産運用を行う投資運用業者との両者の分業を認めることに合理性があるが、一方で、投資法人の資産運用会社の場合は、資産運用のみを行うことが想定されているために、運用権限の丸投げとしての権限全部の再委託を認める必要性に乏しいためと説明される[83]。

3　再委託先の価格調査義務（2項）

　資産運用会社が資産運用権限の一部を再委託した場合においては、その再委託先もまた、法201条による特定資産の価格調査義務を負う（2項）。

（契約を締結している投資法人等に対する書面の交付）

第203条　資産運用会社は、その資産の運用を行う投資法人に対し、3月に1回以上、次に掲げる事項を明らかにする書面を交付しなければならない。
　一　当該資産運用会社が自己の計算で行つた有価証券の売買その他の政令で定める取引のうち当該投資法人の資産の運用を行つたものと同一の銘柄について取引を行つた事実の有無
　二　前号の場合において、取引を行つた事実があるときは、その売買

---

[83] 乙部辰良『詳解投資信託法』199頁（第一法規出版、2001年）は、「投資信託の場合には、ある投資信託財産の指図権限の全部を他に委託することが可能であったが、投資法人の資産運用の場合には、ある投資法人から委託を受けた資産運用権限の全部を再委託することは認められていない。投資信託委託業の場合には、業務内容が投資の仕組みの設計、受益証券の発行、資産の運用指図と広範にわたっているため、ある投資信託について、自らは投資の仕組みの設計及び受益証券の募集を行うが、資産の運用の指図は他の業者に委託するという分業を認めることにも合理性がある。これに対して、投資法人資産運用業の場合には、資産運用を行うだけであるため、運用権限の全部の再委託が必要な場合には、最初から投資法人が直接その再委託先と資産運用委託契約を締結すればよく、受託した資産運用業務の他への丸投げを認めなければならない必要性に乏しいからである」とする。

の別その他の内閣府令で定める事項
三　当該資産運用会社が自己の計算で行つた不動産の売買その他の政令で定める取引の有無（当該投資法人が投資の対象とする特定資産に不動産が含まれる場合に限る。）
四　前号の場合において、取引を行つた事実があるときは、その売買の別その他の内閣府令で定める事項
五　前各号に掲げるもののほか、政令で定める事項
2　資産運用会社は、資産の運用を行う投資法人と自己又はその取締役若しくは執行役、資産の運用を行う他の投資法人、利害関係人等その他の政令で定める者との間における特定資産（指定資産及び内閣府令で定めるものを除く。以下この項において同じ。）の売買その他の政令で定める取引が行われたときは、内閣府令で定めるところにより、当該取引に係る事項を記載した書面を当該投資法人、資産の運用を行う他の投資法人（当該特定資産と同種の資産を投資の対象とするものに限る。）その他政令で定める者に交付しなければならない。
3　第5条第2項の規定は、第1項の規定による書面の交付について準用する。この場合において、同条第2項中「受益証券を取得しようとする者」とあるのは、「資産の運用を行う投資法人」と読み替えるものとする。
4　第5条第2項の規定は、第2項の規定による書面の交付について準用する。この場合において、同条第2項中「受益証券を取得しようとする者」とあるのは、「資産の運用を行う投資法人、資産の運用を行う他の投資法人（当該特定資産と同種の資産を投資の対象とするものに限る。）その他政令で定める者」と読み替えるものとする。

1　趣　旨

本条は、資産運用会社がいわゆる「競合行為」および「利益相反行為」を行った場合における書面交付義務等を規定している。

具体的には、いわゆる①「競合取引」（資産運用会社が第三者と行う取引で、投資法人の利益を害するおそれがある取引）および、②「利益相反取引」

第203条

（資産運用会社と投資法人間の取引のように、資産運用会社等の利益と投資法人の利益が相反するおそれのある取引）が資産運用会社等との間で行われた場合に、その事実を投資法人に対し報告する義務を資産運用会社に課している。1項は競合取引に関する規制を、2項は利益相反のおそれのある取引の報告義務を、それぞれ規定している。

	「競合取引」（1項）	「利益相反取引」（2項）
取引の態様	資産運用会社が第三者と行う取引	資産運用会社と投資法人の取引、またはその他の者と投資法人の取引
報告のタイミング	3カ月に1度	取引後、遅滞なく報告
金商法との関係	金商法上、原則として明文による禁止はない。	金商法上、原則として禁止されている取引が含まれるため、金商法上、かかる禁止の適用除外となる取引が行われた場合を想定している。

2　競合行為の報告（1項関係）

1項は、いわゆる競合行為についての資産運用会社の義務を定めている。具体的には、資産運用会社は、その資産の運用を行う投資法人に対し、3カ月に1回以上、次に掲げる事項を明らかにする書面を交付しなければならない（一定の要件に従った電子的方法による交付も認められる。3項）。

その取引の対象としては、①有価証券取引・デリバティブ取引、②不動産取引、③商品取引に大きく分類できる。対象となるのは、資産運用会社が自己の計算で行った取引である。報告事項の詳細は政令および内閣府令で定められている。その大要については下表のとおり。

取引の類型	対象となる取引	報告事項
①　有価証券取引・デリバティブ取引（1項1号、施行令125条1項、施行規則246条1項2号）	有価証券の取得・譲渡・貸借およびデリバティブ取引（法2条6項） ※投資法人の資産の運用を行ったものと同一の銘柄の取引に限る。	その売買の別・銘柄、件数、単価などの詳細
②　不動産取引（1項3	①　不動産の取得・譲渡	取引の有無、およびその

号、施行令125条2項、施行規則246条2項）	② 不動産の賃貸借 ③ 不動産の管理の委託および受託 ④ 不動産の賃借権の取得・譲渡 ⑤ 地上権の取得・譲渡	取引の詳細（取引の種類、対価、取引の相手方、取引日、対象不動産など）
③ 商品取引（1項5号、施行令125条3項3号・4号、施行規則246条5項・6項）	① 商品の取得・譲渡・貸借 ② 「商品投資等取引」（施行令3条10号） ※投資法人の資産の運用を行ったものと同一の種類の商品の取引に限る。	取引の有無、およびその取引の詳細（種類、数量、単価、銘柄、件数、対価など）
④ その他（1項5号）	賃借権・地上権など	

3 利益相反のおそれのある行為の報告（2項）

(1) 概　　要

　2項の趣旨は、資産運用会社の取締役と投資法人の間において取引が行われる場合などには、利益相反取引により投資法人の利益が害されるおそれがあることから、当該取引を投資法人に報告し、その監督に服せしめることにある。なお、2項の規定は金商法の規定と一部重複する。すなわち、①資産運用会社と投資法人の間の取引（いわゆる自己取引）や資産運用会社が運用を行う複数の投資法人の間の取引（いわゆるファンド間取引）は、金商法42条の3によって規制されている場合がある。例えば、いわゆる「自己取引」に該当する資産運用会社と投資法人の間の取引は原則として禁止される（金商法42条の2。この点については、金商業等府令128条においてすべての投資主の同意を得た場合等には自己取引を行い得るとする例外が規定されている）。したがって、このような取引について2項の適用があるのは、金商法上の原則禁止の例外に該当する取引が行われた場合となる。

(2) 投資法人に対する報告

　資産運用会社は、2項に列挙される利益相反のおそれのある取引が行われたときには、遅滞なく、投資法人などに対して、一定の事項を記載した書面

を交付しなければならない（施行規則248条2項）。一定の要件に従った電子的方法による交付も認められる（4項）。

(3) 投資法人の取引の相手方（施行令126条1項、施行規則247条）

2項による規制の対象となる投資法人の取引の相手方は以下のとおりである。

① 資産運用会社自身、またはその取締役・執行役
② 資産の運用を行う他の投資法人（ファンド間取引）
③ 運用の指図を行う投資信託財産（ファンド間取引）
④ 利害関係人等（法201条1項に規定する利害関係人等）
⑤ 登録投資法人の資産の運用に係る業務または委託者指図型投資信託に係る業務以外の業務の顧客であって、資産運用会社が投資法人の資産である宅地または建物の売買または貸借の代理または媒介を行う場合における取引の相手方
⑥ 登録投資法人の資産の運用に係る業務または委託者指図型投資信託に係る業務以外の業務の顧客であって資産運用会社が投資法人の資産である特定資産に係る投資に関し助言を行う場合において、当該助言に基づき行われる当該特定資産の取引の相手方

(4) 対象取引

報告の対象とされる取引は以下のとおりである（施行令126条2項、19条3項各号・5項各号）。

① 不動産の取得・譲渡、賃貸借、管理の委託[84]・受託
② 不動産の賃借権の取得・譲渡
③ 地上権の取得・譲渡
④ 一定の有価証券の取得・譲渡、貸借
⑤ 店頭デリバティブ取引（金商法2条22項）

---

[84] 金融商品取引業者等向けの総合的な監督指針Ⅵ－2－3－2(2)②は、「管理の委託」とは、「投信法施行令第19条第3項第1号の「管理の委託」とは、不動産に係るテナントとの賃貸借契約の更改や賃料の収受のテナント管理業務を委託するものをいい、建物の警備や保守等を外部の専門業者に委託する場合を含まない」とする。

⑥　約束手形の取得・譲渡

⑦　一定の金銭債権の取得・譲渡

⑧　匿名組合出資持分の取得・譲渡

⑨　一定の商品の取得・譲渡、貸借

⑩　一定の商品投資等取引

(5)　交付の相手方

報告書交付の相手方は以下のとおりである（2項、施行令126条3項）。

①　当該投資法人

②　資産の運用を行う他の投資法人（当該特定資産と同種の資産を投資の対象とするものに限る）

③　資産運用会社が投資信託委託会社として運用する投資信託財産（不動産等に投資するものに限る）のすべての受益者（公募投信の場合は、知れている受益者）

(6)　報告方法および報告事項

資産運用会社は、以下の事項を記載した書面を交付する方法により報告する（施行規則248条1項）。

①　当該取引に係る投資法人の名称

②　書面の交付を行う理由（当該取引の相手方と当該資産運用会社の関係を含む）

③　取引を行った理由

④　取引の内容（取引を行った特定資産の種類、銘柄（その他の特定資産を特定するために必要な事項）、数および取引価格、取引の方法ならびに取引を行った年月日）

⑤　特定資産の価格等の調査（201条1項）の結果

⑥　当該書面の交付年月日

⑦　その他参考になる事項

（資産運用会社の責任）

第204条　資産運用会社（当該資産運用会社から資産の運用に係る権限の一

部の再委託を受けた者を含む。以下この条において同じ。）がその任務を怠つたことにより投資法人に損害を生じさせたときは、その資産運用会社は、当該投資法人に対し連帯して損害を賠償する責任を負う。
2　資産運用会社が投資法人又は第三者に生じた損害を賠償する責任を負う場合において、執行役員、監督役員、一般事務受託者又は会計監査人も当該損害を賠償する責任を負うときは、その資産運用会社、執行役員、監督役員、一般事務受託者及び会計監査人は、連帯債務者とする。
3　会社法第429条第1項の規定は資産運用会社について、同法第424条の規定は第1項の責任について、同法第7編第2章第2節（第847条第2項、第849条第2項第2号及び第5項並びに第851条第1項第1号及び第2項を除く。）の規定は資産運用会社の責任を追及する訴えについて、それぞれ準用する。この場合において、必要な技術的読替えは、政令で定める。

資産運用会社（その資産運用権限の再委託先を含む）が任務懈怠により投資法人に損害を生じさせたときは、その資産運用会社は、当該投資法人に対し、同様に任務を怠った再委託先やその他の者（執行役員、監督役員、一般事務受託者または会計監査人）と連帯して損害を賠償する責任を負う。

（資産運用会社による資産の運用に係る委託契約の解約）
第205条　資産運用会社は、登録投資法人の同意を得なければ、当該登録投資法人と締結した資産の運用に係る委託契約を解約することができない。
2　執行役員は、前項の同意を与えるためには、投資主総会の承認を受けなければならない。ただし、やむを得ない事由がある場合として内閣総理大臣の許可を得たときは、この限りでない。

1　趣　　旨

本条は、資産運用会社による資産運用委託契約の解約権を制限するものである。

2　解　　説

資産運用会社は、登録投資法人の同意を得なければ、資産運用に係る委託契約を解約することができない（1項）。資産運用委託契約の私法上の性質は委任または準委任契約または類似の契約であると考えられ、原則として各当事者が随時の解約が可能である（民法651条参照）。本条は、この民法上の原則に例外を設けている。投資法人の執行役員が解約の同意を与えるためには、投資主総会の承認（普通決議。法93条の2第1項）を受けなければならない（やむを得ない事由がある場合として内閣総理大臣の許可を得たときを除く）。

（投資法人による資産の運用に係る委託契約の解約）
第206条　登録投資法人は、投資主総会の決議を経なければ、資産運用会社と締結した資産の運用に係る委託契約を解約することができない。
2　登録投資法人は、次の各号のいずれかに該当するときは、前項の規定にかかわらず、役員会の決議により資産運用会社と締結した資産の運用に係る委託契約を解約することができる。
一　資産運用会社が職務上の義務に違反し、又は職務を怠つたとき。
二　前号に掲げる場合のほか、資産の運用に係る業務を引き続き委託することに堪えない重大な事由があるとき。

1　趣　　旨

本条は、登録投資法人が資産運用委託契約を解約するための要件を定め、原則として投資主総会の決議を必要としている。

2　投資主総会決議とその例外

　登録投資法人は、投資主総会の決議を経なければ、資産運用委託契約を解約することができない（1項）。資産運用委託契約の私法上の性質は委任または準委任契約またはその類似の契約であると考えられ、原則として各当事者による随時の解約が可能である（民法651条参照）。本条は、登録投資法人が、このような解除をする場合の内部手続を定めている。そして、資産運用会社の変更はファンドである投資法人の性質を実質的に大きく変更させる効果を持つ可能性があるため、投資主総会の決議という慎重な手続を要求している。

　一方、①資産運用会社の義務違反・任務懈怠や、②資産運用業務を引き続き委託することに堪えない重大な事由があるときには、投資主総会決議ではなく役員会議にて資産運用委託契約を解約できることとされている（本条2項）。かかる重大な事由としては、例えば、資産運用会社が金融商品取引業者の登録を抹消された場合などが考えられる（法207条参照）。

3　資産運用委託契約の解約権

　本条は、投資法人が資産運用委託契約を解約する場合の投資法人の内部手続を規定しているにすぎず、投資法人に投資法人法に基づく特別な解約権があることまでは規定していない。この点に関し、資産運用委託契約に解約権制限を規定した場合にその効力関係が一応問題となる。

第207条　投資法人は、資産運用会社が次の各号のいずれかに該当するときは、当該資産運用会社と締結した資産の運用に係る委託契約を解約しなければならない。
　一　金融商品取引業者（第199条各号に掲げる場合にあつては、当該各号に定める金融商品取引業者）でなくなつたとき。
　二　第200条各号のいずれかに該当することとなつたとき。
　三　解散したとき。
2　投資法人の資産の運用に係る業務の全部又は一部を行う資産運用会

社が欠けることとなるときは、執行役員は、当該全部又は一部の業務を承継すべき資産運用会社を定めて、当該業務の委託をしなければならない。
3　前項の委託をした場合においては、執行役員は、資産運用会社と締結した委託契約について、遅滞なく、投資主総会の承認を求めなければならない。この場合において、当該承認を受けられないときは、当該契約は将来に向かつてその効力を失う。

1　趣　　旨

本条は、投資法人が義務的に資産運用委託契約を解約しなければならない場合を規定する。

2　解　　説

投資法人は、資産運用会社が、①金融商品取引業者でなくなったとき（法199条各号に掲げる資産運用会社の要件を欠く場合を含む）、②監督役員が資産運用会社と一定の関係を有するようになったとき（法200条各号のいずれかに該当することとなったとき）、③解散したときのいずれかの場合、資産運用委託契約を解約しなければならない。本条によって投資法人に解約義務が生ずる場合、基本的には法206条2項2号に該当するものとして、投資法人は役員会決議のみで資産運用委託契約を解約することができるものと考えられる。登録投資法人は、その場合、投資法人は、別の資産運用会社との間で資産運用委託契約を締結することとなるが（2項）、かかる場合には法198条2項の承認は、本条3項の事後承認で足りることとなる。

（資産保管会社への資産の保管に係る業務の委託等）
第208条　登録投資法人は、資産保管会社にその資産の保管に係る業務を委託しなければならない。
2　資産保管会社は、次の各号のいずれかに該当する法人（登録投資法人が有価証券その他の内閣府令で定める資産以外の資産の保管に係る業務

第208条

を委託する場合にあつては、第2号に掲げる法人を除く。）でなければならない。
　一　信託会社等
　二　金融商品取引法第2条第9項に規定する金融商品取引業者（同法第28条第5項に規定する有価証券等管理業務を行う者に限る。）
　三　前2号に掲げるもののほか、登録投資法人の資産の保管に係る業務の委託先として適当なものとして内閣府令で定める法人

1　趣　旨

本条は、登録投資法人の資産の保管は資産保管会社に委託すべきことを義務付けるものである。

2　資産保管会社

投資法人はその体制上、自ら資産の保管を行うことができない。そのため、資産保管会社にその資産の保管に係る業務を委託しなければならない[85]（1項）。かかる資産保管会社は、次の①～③のいずれかに該当する法人でなければならない（2項）。

①　信託会社等	信託会社または信託銀行（信託兼営金融機関）（法3条）
②　金融商品取引業者（証券会社）	有価証券等管理業務（金商法28条5項）を行う金融商品取引業者に限る。また、有価証券およびデリバティブ取引に係る権利のみ委託が可能である。施行規則251条参照。

---

[85] 単に投資法人の体制上、資産の保管を別法人に委ねる必要があるというのであれば、資産運用会社が資産保管を行うという構成もあり得たはずであるが、法律の建前上は、資産保管会社という別の法主体が想定されることとなる。このように資産保管会社と資産運用会社を分離した趣旨は、①コミングルリスクへの対応や②相互牽制の観点であったとされる（ただし、信託勘定については破綻の場合に独立性が法的に担保されているため、受託者運用型の投信について信託銀行の外にさらに資産保管会社の設置を義務付ける必要はないとされた）。さらに、金銭や、有価証券等の善意取得の対象となる資産については、コミングルリスクに対応するため資産保管会社の一定の者に限定する必要があるとされた（金融審議会第一部会第16回会合議事録平成11年11月16日（http://www.fsa.go.jp/p_mof/singikai/kinyusin/gijoroku/b111116.htm）、金融審議会第一部会第18回会合議事録平成11年11月30日（http://www.fsa.go.jp/p_mof/singikai/kinyusin/gijoroku/b111130.htm））。

③ 一定の法人 （「3号保管会社」）	一定の資産の保管業務を遂行できる財産的基礎・人的構成を有する法人[86]。一定の資産とは、ⓐ不動産、不動産の賃借権または地上権、ⓑ金銭債権（施行令3条7号）、またはこれらⓐまたはⓑに対する投資運用を目的とする匿名組合出資持分をいう。なお、法201条1項の利害関係人等は除かれる。施行規則252条1項参照。	

3 「3号保管会社」の資産保管委託契約に記載すべき事項

「3号保管会社」に登録投資法人が資産保管業務を委託する場合、保管委託契約に、下記の条項を規定しなければならない（施行規則252条2項）。信託銀行等・証券会社等に委託した場合はこれらの記載は不要となる。

① 分別保管義務	保管業務の受託者（「受託者」）は、受託した資産を、自己の固有財産と分別して保管すること。
② 説明義務	受託者は、保管業務を委託した投資法人の求めに応じ、受託した資産の保管業務の状況について説明すること。
③ 説明書の備置義務	受託者は、受託した資産の保管業務の状況を記載した書類を主たる事務所に備え置き、委託した投資法人の閲覧に供すること。
④ 再委託の禁止	受託者は、委託者の同意なく業務の再委託を行わないこと。

4 保管義務の対象となる資産

実務上、いかなる資産が実際に保管会社へ委託しなければならないかについては必ずしも明確とはいえない面がある。たとえば、資産保管会社が土地や建物などの現物不動産それ自体を「保管」することはできないのは当然で

---

[86] 3号保管会社に関し、「資産の保管に係る業務を適性に遂行するに足りる一定の財産的基礎及び人的構成」に関する具体的な規準は定められていないため、投資法人が自らの責任で判断することになる。これらの3号保管会社については、免許制等の行政庁による事前審査はないが、その保管する財産の性質上、倒産からの隔離が果たされているため許容される。すなわち、3号保管会社の保管する不動産、不動産の賃借権、地上権、金銭債権、これらの資産に対する投資運用を目的とする匿名組合の出資持分は、①3号保管会社の破産時においても破産財団に含まれることはなく、②また3号保管会社が投資法人に無断で処分をしたとしても第三者に善意取得されることがないためであるとされている（乙部辰良『詳解投資信託法』215頁（第一法規出版、2001年））。

あるし（土地については権利証が保管の対象となり得る。施行規則253条3項1号参照）、当該土地建物に付属する動産（什器備品など）を不動産から取り外して保管することを求めるものではないことはいうまでもない。このように考えると、資産保管会社による保管の対象となる資産は投資法人の保有資産の全部ではない。

そもそも資産保管会社制度は、有価証券をその投資対象とする「証券投資法人」制度のもとで考案されたものである。「証券投資法人」の資産としては、基本的には有価証券が想定されていたことから、資産運用会社倒産時の混入の危険性が実際に起こり得るため、本条の保管委託の対象とされた。そのため、有価証券など善意取得可能な財産については、資産保管会社による保管が必須となる。

（資産保管会社の義務）

第209条 資産保管会社は、投資法人のため忠実にその業務を遂行しなければならない。

2 資産保管会社は、投資法人に対し、善良な管理者の注意をもつてその業務を遂行しなければならない。

---

1 趣　　旨

本条は、資産保管会社は投資法人のため、忠実かつ善良な管理者の注意をもって業務を遂行しなければならないとするものである。

2 解　　説

1項および2項により、かかる忠実義務・善管注意義務が資産保管委託契約書に定められていない場合であっても、資産保管会社はこれらの義務を負担することになる。

> （資産の分別保管）
> 第209条の2　資産保管会社は、投資法人の資産を、確実に、かつ、整然と保管する方法として内閣府令で定める方法により、自己の固有財産と分別して保管しなければならない。

1　趣　旨

本条は、資産保管会社による資産の保管の具体的方法を定めることにより、コミングルリスクの回避等を図ることを目的としている。

2　解　説

本条は、資産保管会社の分別管理義務を定めており、施行規則253条が具体的な保管方法を規定している。その概要は下表のとおりである。

通常保管	資産保管会社が自ら保管する場合	投資法人の資産と、その他の資産の保管場所を区分し、判別できる状態で保管
	資産保管会社が第三者に保管させる場合	保管する第三者に、投資法人の資産と、その他の資産の保管場所を区分し、判別できる状態で保管させる。
混蔵保管	資産保管会社が自ら保管する場合	投資法人の資産と、その他の資産の保管場所を区分し、帳簿上の分別を行う。
	資産保管会社が第三者に保管させる場合	①他の口座と区分し、②帳簿上の分別を行う方法。ただし、外国のカストディアンを使用する場合であって外国の法令により区分保管ができない場合などのとくにやむを得ない場合は、保管会社の帳簿上の分別。

内閣府令においては、大要、①資産保管会社の自己の固有財産（投資法人以外からの第三者からの預入資産を含む）と投資法人の資産とを、保管場所を分別して保管すること、②複数の投資法人の資産を保管する場合、どの投資法人の資産に属するかが明確にわかる形で保管することが求められている（第三者に保管させる場合は、当該第三者にこれらの保管方法を遵守させることになる）。投資法人と資産保管会社が資産を共有しており、上記の区分ができ

ない場合には、帳簿上の分別をする（施行規則253条2項）。

なお、金融業者が多数者から同種の有価証券の寄託を受ける場合には「混蔵保管」の手法が用いられることがある。これは、預入れを受けた有価証券そのものを返還するのではなく、同種同量の有価証券を返還する寄託である[87]。保管にこのような手法を採る場合、投資法人の資産を形式的に分別することはできないため、帳簿上の分別によることとされている（施行規則253条1項3号・4号）。また、海外の資産保管会社（海外カストディアンなど）が、その固有資産と投資法人資産を区分して保管することが当該国の法制上不可能である場合などの例外も設けられている。

この分別管理が必要な資産とは、「投資法人の資産等」の意義という文脈で、以下のように規定されている（施行規則253条3項）。

不動産・不動産の賃借権・地上権	当該資産に係る権利を行使する際において必要とする当該資産に係る権利を証する書類その他の書類（土地の権利証や契約書をいうとされる[88]）
その他資産	当該資産及び当該資産に係る権利を行使する際において必要とする当該資産に係る権利を証する書類その他の書類

（資産保管会社の責任）
第210条　資産保管会社がその任務を怠つたことにより投資法人に損害を生じさせたときは、その資産保管会社は、当該投資法人に対し連帯して損害を賠償する責任を負う。
2　資産保管会社が投資法人に生じた損害を賠償する責任を負う場合において、執行役員、監督役員、一般事務受託者、会計監査人又は資産

---

[87] 同じ物を返還するわけではないため寄託契約（民法657条）とは異なり、受寄物を消費しないため消費寄託（民法666条）とも異なる。そのため、民法に明文のない無名契約である。株券電子化等により必要性が薄れ、実務的には減少している。
[88] この、「当該資産に係る権利を行使する際において必要とする当該資産に係る権利を証する書類その他の書類」とは、土地の権利証や契約書をいうとされる。そのため、実務上、権利証や契約書が資産保管会社に預け入れられることが多い。

> 運用会社も当該損害を賠償する責任を負うときは、その資産保管会社、執行役員、監督役員、一般事務受託者、会計監査人及び資産運用会社は、連帯債務者とする。

1　趣　旨

　本条は、資産保管会社の任務懈怠により投資法人に損害が生じた場合には、投資者保護の観点から、連帯して、投資法人に対して責任を負うとするものである。

2　解　説

　資産保管会社がその任務を怠ったことにより投資法人に損害を生じさせたときは、その資産保管会社は、それぞれ、当該投資法人に対し損害を賠償する責任を負うことは当然である。しかし、本条により、複数の資産保管会社が任務懈怠により投資法人に損害を生じさせた場合に、当該債務は連帯債務となる。その結果として投資法人は、損害の全額につき、それら複数の資産保管会社のうち1つに対し請求が可能となる（1項）。

　さらに、資産運用会社およびその執行役員・監督役員や、一般事務受託者、会計監査人もその損害を賠償する責任を負うときは、これらのものは資産保管会社と連帯して債務者となる（2項）。

　民法上、連帯債務は当事者間の特約または法律上の規定のない限り成立しないところ（民法427条参照）、本条はその法律の特則を定めることにより投資家保護を図っている。

● REITにおけるガバナンス

　REITは、その資産運用形態の違いにより、資産運用部門を内部に設置する内部運用型と資産運用部門を外部に設置する外部運用型とに分けることができる。REIT制度について長い歴史を持つ米国では、内部運用型のREITが認められているのに対し、我が国では、REITの導管体としての性格が重視された結果、外部運用型が採られ、資産の運用に係る業務を外部の資産運用会社に委託することが義務付けられている（法198条１項）。このような外部運用型のREITにおいては、REITとは別の主体がREITに代わって資産の運用を行うことになるため、従来、REITと資産運用会社との間の利益相反の懸念が指摘されることがあった。REITの利益（ひいては投資主の利益）と相反するおそれが類型的に生ずるような場面において、あらかじめ利益相反の発生を防止し、投資主の利益を保護する適切なガバナンス構造が整備されることは、市場の信頼性の確保につながり、ひいてはREIT制度の発展にもつながる。外部運用型のREITにおいて、利益相反行為を防止するための適切なガバナンス構造は不可欠なものであるといえよう。

　そのほか、外部運用型のREITに限らず、投資主間の公平を確保するため、あるいは既存の投資主の保護のための適切なガバナンス構造が整備されることも、当然ながら重要である。

　現行法における、REIT内に設置された役員会と投資主総会がREIT外の資産運用会社を監督するというガバナンス構造は、導管体としての簡素なガバナンス構造と投資主の利益の保護の両立を図るものとして優れているものと考えられるが、より適切なガバナンス構造として、例えば、以下の制度を導入することも検討に値する。

　まず、REITと資産運用会社との間の利益相反行為を防止するためのガバナンスとしては、資産運用会社の役員等にインセンティブを与えることが考えられる。あるいは、資産運用会社の役員等にセイムボートとしての出資を求めることもあり得るだろう。また、REIT側に独立役員を導入することで、資産運用会社を監督する機能を強化することや、資産運用会社側に社外取締役を導入することで、資産運用会社内の監督機能を強化することも考えられる。

　また、投資主間の公平や、既存の投資主の利益を確保するためのガバナンスとしては、投資主総会の権限の強化が考えられる。なお、投資主総会におけるみなし賛成制度は、必ずしも投資主の意向を反映したものではないという指摘もあるところであり、投資主によるガバナンス機能の向上のためにも見直すことも考えられる。

　外部運用型のREITにおける簡素なガバナンス構造は、これまで、REITの資金調達手段や資本政策手段の多様化を否定的に解する場合の根拠としても挙げられてきたところであるが、役員会、投資主総会、それらによる資産運用会社の監督という基本的な構造はそのままに、各機関の機能を強化するなどして、利益相反行為の防止や投資主の利益の保護を図ることは十分可能であると考えられる。REITにおけるガバナンスを見直す場合には、抜本的な改革を行うという視点よりも、現状存在する機関をよりよく機能させるという視点で、実務上過度の負担を生じさせないよう整備を行うことが必要であろう。

第 3 節

監　　督

> **（業務に関する帳簿書類）**
> **第211条**　投資法人は、内閣府令で定めるところにより、その業務（投資法人に係る業務に限る。次項において同じ。）に関する帳簿書類を作成し、これを保存しなければならない。
> 2　資産保管会社は、内閣府令で定めるところにより、その業務に関する帳簿書類を作成し、これを保存しなければならない。

1　投資法人の法定帳簿（1項）

　投資法人は、施行規則254条で定めるところにより、その業務（投資法人に係る業務に限る）に関する以下の帳簿書類を作成し、これを保存しなければならない。保存期間は決算承認後（ただし、商業帳簿についてはその閉鎖の時より）、10年間とされている（同条2項）。これらの帳簿書類の様式は同規則別表2に記載されている。

　　① 総勘定元帳
　　② 現金出納帳
　　③ 分配利益明細簿
　　④ 投資証券台帳
　　⑤ 投資証券不発行管理簿
　　⑥ 投資証券発行金額帳
　　⑦ 投資証券払戻金額帳
　　⑧ 未払分配利益明細簿

⑨　未払払戻金明細簿
⑩　未払報酬明細簿
⑪　投資法人債券台帳
⑫　特定資産の価格等の調査結果等に関する書類

2　資産保管会社の法定帳簿（2項関係）

　資産保管会社は、施行規則255条で定めるところにより、その投資法人に係る業務に関する以下の帳簿書類を作成し、これを保存しなければならない。保存期間は投資法人の決算の承認後10年間である（同条2項）。その様式は同規則別表3に記載されている。

①　有価証券保管明細簿
②　不動産保管明細簿
③　その他資産保管明細簿

（営業報告書の提出）

第212条　登録投資法人は、営業期間（当該営業期間が6月より短い期間である場合においては、6月。以下この条において同じ。）ごとに、内閣府令で定める様式により、営業報告書を作成し、毎営業期間経過後3月以内に、これを内閣総理大臣に提出しなければならない。

　登録投資法人は、営業期間ごとに（営業期間が6カ月未満の場合は、6カ月ごとに）、営業報告書を作成しなければならない。営業報告書の様式は規則別紙様式第18号に定められている。そして、上記の期間の経過後3カ月以内に、以下の書類を添付書類ととも管轄財務局長等に提出しなければならない（本条および施行規則256条）。

①　営業報告書正本
②　営業報告書副本
③　計算書類
④　資産運用報告

⑤　金銭の分配に係る計算書

⑥　附属明細書

（立入検査等）

第213条　内閣総理大臣は、この法律の施行に必要な限度において、設立中の投資法人の設立企画人、設立時執行役員又は設立時監督役員（以下この項において「設立企画人等」という。）に対し、当該設立中の投資法人に係る業務に関し参考となるべき報告若しくは資料の提出を命じ、又は当該職員に当該設立中の投資法人の設立企画人等の営業所若しくは事務所に立ち入り、当該設立中の投資法人に係る業務若しくは帳簿書類その他の物件を検査させ、若しくは関係者に質問させることができる。

2　内閣総理大臣は、この法律の施行に必要な限度において、投資法人に対し、当該投資法人に係る業務に関し参考となるべき報告若しくは資料の提出を命じ、又は当該職員に当該投資法人の本店に立ち入り、当該投資法人に係る業務若しくは帳簿書類その他の物件を検査させ、若しくは関係者に質問させることができる。

3　内閣総理大臣は、この法律の施行に必要な限度において、投資法人の資産保管会社若しくは一般事務受託者又はこれらの者であつた者（以下この項及び第5項において「資産保管会社等」という。）に対し、当該投資法人に係る業務に関し参考となるべき報告若しくは資料の提出を命じ、又は当該職員に当該投資法人の資産保管会社等の営業所若しくは事務所に立ち入り、当該投資法人に係る業務若しくは帳簿書類その他の物件を検査させ、若しくは関係者に質問させることができる。

4　内閣総理大臣は、この法律の施行に必要な限度において、投資法人の執行役員若しくは執行役員であつた者又は監督役員若しくは監督役員であつた者（以下この項において「執行役員等」という。）に対し、当該投資法人に係る業務に関し参考となるべき報告若しくは資料の提出を命じ、又は当該職員に当該投資法人の執行役員等の事務所に立ち入

り、当該投資法人に係る業務若しくは帳簿書類その他の物件を検査させ、若しくは関係者に質問させることができる。
5　内閣総理大臣は、この法律の施行に必要な限度において、投資法人又は当該投資法人の資産保管会社等と当該投資法人に係る業務に関して取引する者に対し、当該投資法人に係る業務に関し参考となるべき報告又は資料の提出を命ずることができる。
6　第22条第2項及び第3項の規定は、第1項から第4項までの規定による立入検査について準用する。

本条は、以下の者に対する、内閣総理大臣の資料の提出の命令権および立入検査権を定めるものである。なお、資産運用会社は含まれていないが、これは金融商品取引業者として金商法に基づく検査の対象となるためである。

① 設立中の投資法人関係者（設立企画人、設立時執行役員、設立時監督役員）
② 投資法人
③ 資産保管会社
④ 一般事務受託者
⑤ 執行役員
⑥ 監督役員

（※③〜⑥については、過去にこれらの者であった者も含まれる）

なお、この立入検査の権限は、行政による検査のために認められたものであり、犯罪捜査のために認められたものではない（6項、法22条3項）。また、内閣総理大臣は、必要な限度において、投資法人・資産保管会社・一般事務受託者の取引先（投資法人に係る業務に限る）に対し、①報告命令・②資料提出命令を行うことができる（5項）。ただし、これら取引先に対しては、立入検査権までは規定されていない。

（業務改善命令）
第214条　内閣総理大臣は、設立中の投資法人の設立企画人、設立時執

第214条

　　行役員若しくは設立時監督役員若しくは投資法人又は当該投資法人の資産運用会社、当該資産運用会社から資産の運用に係る権限の一部の再委託を受けた者、資産保管会社若しくは一般事務受託者の業務（投資法人に係る業務に限る。以下この項において同じ。）の状況に照らして、投資法人の業務の健全かつ適切な運営を確保し、投資主の保護を図るため必要があると認めるときは、当該設立企画人又は当該投資法人に対し、その必要な限度において、業務の方法の変更、資産運用会社の変更その他業務の運営の改善に必要な措置をとるべきことを命ずることができる。
2　内閣総理大臣は、前項の規定による処分をしようとするときは、行政手続法第13条第1項の規定による意見陳述のための手続の区分にかかわらず、聴聞を行わなければならない。
3　内閣総理大臣は、第1項の規定による処分をした場合においては、遅滞なく、その旨及びその理由を書面によりその処分を受ける投資法人に通知しなければならない。

　本条は、投資法人（または設立企画人）に対する、内閣総理大臣による業務改善命令の権限を規定している。業務改善命令の内容としては、業務の方法の変更や資産運用会社の変更が例示されているが、その他の措置の命令も可能である。本条による業務改善命令の名宛人は投資法人（または設立企画人）であるが、投資法人のみならず、資産運用会社、資産保管会社、一般事務受託者などの業務の状況も、業務改善命令の根拠となり得る。また、業務改善命令の要件は「投資法人の業務の健全かつ適切な運営を確保し、投資主の保護を図るため必要があると認めるとき」とされており、法令違反があることまでは要件とされていない。
　行政手続法は、許認可の取消しなど重要な不利益処分についてのみ「聴聞」（審理手続）の履践を義務付け、その他の処分については、原則として「弁明の機会を付与」（意見陳述）のみで足りるとしている（行政手続法13条）。しかし、本条による業務改善命令をしようとするときには、必ず聴聞を行わなければならない（2項）。

> （通告等）
> **第215条** 登録投資法人は、その純資産の額が基準純資産額を下回るおそれがあるときは、速やかに、内閣府令で定める様式により、臨時報告書を作成し、これを内閣総理大臣に提出しなければならない。
> 2 内閣総理大臣は、登録投資法人の純資産の額が最低純資産額を下回つたときは、当該登録投資法人に対して、一定の期間内にその純資産の額が当該最低純資産額以上に回復しない場合には登録を取り消す旨の通告を発しなければならない。
> 3 前項の期間は、3月を下回ることができない。

　投資法人の最低純資産額は債権者を保護し市場参加者としての信頼を確保するという目的を有するところ、これを担保するために本条の予防措置が設けられている。具体的には、登録投資法人は、その純資産額が「基準純資産額」を下回るおそれがあるときは、速やかに、臨時報告書（施行規則別紙様式第19号）を作成し、その正本および副本を管轄財務局長等に提出しなければならない（1項、施行規則257条）。

　「基準純資産額」とは、最低純資産額に5000万円を加えた額である（法124条1項3号、施行令90条）。

　また、内閣総理大臣は、純資産額が「最低純資産額」未満となった登録投資法人に対して、3カ月以上の一定の期間を定め、その期間内に純資産額が最低純資産額以上に回復しない場合には登録を取り消す旨の通告を発しなければならない（2項・3項）。この期間中に最低純資産額以上に回復しなかった投資法人は登録を取り消される（法216条2項）。

　「最低純資産額」とは、投資法人が常時保持する最低限度の純資産額として、5000万円以上で当該投資法人の規約に定める額をいう（法67条1項6号・4項、施行令55条）。

（登録の取消し）
第216条　内閣総理大臣は、登録投資法人が次の各号のいずれかに該当するときは、第187条の登録を取り消すことができる。
一　第190条第1項第1号又は第3号から第6号までのいずれかに該当することとなつたとき。
二　不正の手段により第187条の登録を受けたとき。
三　この法律若しくはこの法律に基づく命令又はこれらに基づく処分に違反したとき。
2　内閣総理大臣は、前条第2項の通告を発したにもかかわらず、同項の期間内に当該通告が発せられた登録投資法人の純資産の額が最低純資産額以上に回復しない場合には、当該登録投資法人の第187条の登録を取り消さなければならない。

　内閣総理大臣は、登録投資法人が、①事後的に登録拒否事由に該当することとなったとき、②不正の手段により登録を受けたとき、③投資法人法違反または投資法人法に基づく行政処分等に違反したときには、その登録を取り消すことができる（1項）。
　また、内閣総理大臣は、最低純資産額回復の通告（法215条2項）にもかかわらず、その投資法人が最低純資産額を回復しない場合、登録を取り消さなければならない（2項）。

（登録の抹消）
第217条　内閣総理大臣は、第192条第2項の規定により第187条の登録がその効力を失つたとき、又は前条の規定により第187条の登録を取り消したときは、当該登録を抹消しなければならない。

　本条により、内閣総理大臣は、大要、①登録投資法人の解散により登録が失効した場合、②登録が取り消された場合には、当該登録投資法人の登録を

抹消しなければならない。この抹消行為は、既に効力を失い、または取り消された登録を登録簿から抹消するものであり、この抹消によって登録の効力に影響が生ずるものではない。

（監督処分の公告）
第218条　内閣総理大臣は、第215条第2項の通告を発し、又は第216条の規定による第187条の登録の取消しの処分をしたときは、内閣府令で定めるところにより、その旨を公告しなければならない。

　内閣総理大臣は、①215条2項の通告（登録投資法人の純資産の額が最低純資産額を下回った場合における、当該最低純資産額以上に回復しない場合には登録を取り消す旨の通告）、または、②登録投資法人の登録を取消しの処分をしたときは、官報により、監督処分の公告を行わなければならない（本条および施行規則258条）。
　これらの通告および登録取消しは投資者保護のために重要な情報であるところ、その公告を必要とする趣旨である。

（投資証券等の募集の取扱い等の禁止又は停止命令）
第219条　裁判所は、投資証券等の募集の取扱い等につき次の各号のいずれかに該当すると認めるときは、内閣総理大臣の申立てにより、その行為を現に行い、又は行おうとする者（以下この条において「行為者」という。）に対し、その行為の禁止又は停止を命ずることができる。
　一　当該行為者がこの法律若しくはこの法律に基づく命令又はこれらに基づく処分に違反している場合において、投資者の損害の拡大を防止する緊急の必要があるとき。
　二　当該投資証券等を発行する投資法人の資産の運用が著しく適正を欠き、かつ、現に投資者の利益が著しく害されており、又は害され

> ることが明白である場合において、投資者の損害の拡大を防止する緊急の必要があるとき。
> 2　第26条第2項から第6項までの規定は、前項の規定による裁判について準用する。
> 3　金融商品取引法第187条及び第191条の規定は、第1項の規定による申立てについて準用する。

　本条は投資証券および投資法人債券の募集の取扱い等につき、投資者の損害の拡大を防止する緊急の必要があるときに、裁判所が当該募集の取扱い等の禁止または停止を命ずることができるとする。同様の規定として、法26条（受益証券の募集の取扱い等の禁止または停止命令）、法60条（外国投資信託の受益証券の募集の取扱い等の禁止または停止命令）、法223条（外国投資証券の募集の取扱い等の禁止または停止命令）がある。

　裁判所が本条の禁止・停止命令を発することができるのは、①法令違反等の場合、または、②資産運用が著しく適正を欠く場合で、①または②により、投資者の損害の拡大を防止する緊急の必要があるときである。

　2項は、投資信託の募集の取扱い等において裁判所に同様の権限を与える法26条2項〜6項を準用している。それによると、裁判所は、1項の規定による裁判をするときは、あらかじめ、内閣総理大臣および当該行為者の陳述を求めなければならず、また、裁判は、理由を付した決定をもってしなければならない。また、裁判所は、1項の命令を取り消し、または変更することができる。

　裁判管轄は、当該行為者の主たる事務所の所在地を管轄する地方裁判所とする。その他、裁判に関する手続については、非訟事件手続法の定めるところによる（法26条2項〜6項）。

　3項により、1項の申立てには、金商法187条（審問等に関する調査のための処分）、191条（参考人または鑑定人の費用請求権）が準用される。

● REITとインサイダー取引

　現行の金商法において、REITが発行する投資証券は、基本的には、インサイダー取引規制の対象とはされていない（金商法166条1項、163条1項、金商法施行令27条の3、27条の4）。そのため、例えば、上場するREITの役員が、当該REITの重要事実を知りながら、当該REITの投資証券について売買等を行い、不当な利益を得た場合であっても、罰則や課徴金の対象とはならない（ただし、不正行為の禁止（金商法157条）に該当する場合があり得ると考えられる）。

　そもそも、インサイダー取引規制とは、金融商品市場の公正性、それに対する投資者の信頼の確保を目的とするものである。日本のREIT制度は導入から10年以上が経過し、上場しているREITの時価総額は数兆円規模まで拡大した。そして今後も継続的な成長が期待されている。このように、REITが日本における金融商品市場において重要な地位を占めるに至っていること、また、さらなる成長には市場の信頼の確保が不可欠であることから、REITに対するインサイダー取引規制の導入は、早急に検討されるべき事項とされている。

　また、今後、例えば、資本政策手段の多様化として自己投資口の取得が解禁される場合には、自己投資口の取得が実質的にインサイダー取引規制の趣旨に違反するようなおそれも十分に考えられる。このように、REITの活動の幅が広がれば、それだけインサイダー取引等の不公正な取引を未然に防止すべき場面も増加するであろう。

　なお、REITに対してインサイダー取引規制を導入するにあたっては、会社関係者の範囲や重要事実の範囲等について、REITに対して一般的な上場会社等と一律に同じ規制を適用することが適当かどうか十分に検討することが必要だろう。その上で、本当に必要でかつ適切なインサイダー取引規制を適用すべきである。REITは、我が国の不動産市場の発展等といった一般の上場会社等とは異なる役割を担っているのであり、そのようなREITの特徴を踏まえた制度が整備されることを望む。

第 4 章

外国投資法人

（法第3編第3章）

> （外国投資法人の届出）
> **第220条** 外国投資法人又はその設立企画人に相当する者は、当該外国投資法人の発行する投資証券又は投資法人債券に類する証券（以下この条及び第223条において「外国投資証券」という。）の募集の取扱い等（その内容等を勘案し、投資者の保護のため支障を生ずることがないと認められるものとして政令で定めるものを除く。）が行われる場合においては、あらかじめ、内閣府令で定めるところにより、当該外国投資法人に係る次に掲げる事項を内閣総理大臣に届け出なければならない。
> 一　目的、商号及び住所
> 二　組織及び役員に関する事項
> 三　資産の管理及び運用に関する事項
> 四　計算及び利益の分配に関する事項
> 五　外国投資証券が表示する権利に関する事項
> 六　外国投資証券の払戻し又は買戻しに関する事項
> 七　前各号に掲げるもののほか、内閣府令で定める事項
> 2　前項の規定による届出には、当該外国投資法人の規約又はこれに相当する書類その他内閣府令で定める書類を添付しなければならない。

1　趣　　旨

本条は、外国投資法人の発行する外国投資証券の募集の取扱い等が行われる場合には、あらかじめ内閣総理大臣に届け出ることを義務付けるものである。

2　外国投資法人

平成10年以前においては、外国投資法人に対する出資持分の販売等に係る国内投資者の保護は通達または事務ガイドラインによる規制により図られてきた[89]。

その後、平成10年6月4日成立の金融システム改革の一環としての投資法人法改正により、外国投資信託の届出制度および証券投資法人制度が新設さ

れたことに合わせ、これらの新制度の一環として外国投資法人の届出制度が同時に規定された。すなわち、内外規制無差別の観点から、それまで証券取引法上の開示義務しかなかった外国投資信託が投資法人法の届出を必要とするものとして新たに規制され、また、会社型投信としての内国の証券投資法人制度が整備された。これにより、同じく内外無規制差別の観点から会社型の外国投資信託についても届出を必要とするとしたのが外国投資法人届出制度の端緒である。制定当時は「外国証券投資法人」と呼称されていたが、その後、平成12年の証券投資法人が投資法人へと改組された際に「外国投資法人」と呼称を改めた。

　外国投資法人とは、外国の法令に準拠されて設立された法人たる社団または権利能力のない社団で、投資証券または投資法人債券に類する証券を発行するものをいう（法2条23項）。通常、外国投資法人の規制・監督は、当該外国投資法人の設立準拠法のある本国その他の外国の規制当局が行っていると考えられるが、その発行する証券（外国投資証券）の募集の取扱い等が日本国内において行われる場合には、日本国内における投資者保護等の観点から、我が国においても必要な届出（本条～法222条）および募集の取扱い等の禁止または停止命令（法223条）といった最小限度の規制を課している[90]。

3　外国投資証券、募集の取扱い等

　本条に基づく届出を要するのは「外国投資証券」の「募集の取扱い等」が行われる場合である。

---

[89] 平成6年12月21日大蔵省証券局の日本証券業協会会長宛て「外国投資信託の国内販売に係る取扱い基準について」および「証券会社、証券投資信託委託会社及び証券投資顧問業者等の監督等に当たっての留意事項について」（事務ガイドライン）第2部5「外国投資信託の国内販売に係る留意事項」。なお、これらの対象となる「外国投資信託」は「外国の法制に基づき海外で設定、運用される契約型若しくは会社型の投資信託をいい…」と規定され、会社型のスキームも含むものである。これらにおいては、現行法のような外国投資法人の届出義務は設けられていない一方、「国内投資信託制度の形骸化防止等の観点から」、①基準価額の建値が外貨建てであり、かつ円資産の組入れは50％以下であること、②我が国の証券取引法上の有価証券に相当する証券等への運用割合が50％以上であること、③当該外国投資信託の当初募集時における海外での募集額が原則として基準総額の6分の1以上であること（私募による場合には①および②のみ）が求められていた。

[90] 乙部辰良『詳解投資信託法』227頁、224頁（第一法規出版、2001年）参照。

第220条

「外国投資証券」とは、外国投資法人の発行する投資証券または投資法人債券に類する証券をいう。かかる証券の発行は、当該発行体が「外国投資法人」に該当するための要件ともなっている（法2条23項）。

「募集の取扱い等」とは、①募集の取扱い、②私募の取扱い、③募集、④私募、⑤その行う募集または私募に係る有価証券の転売を目的としない買取り、⑥金商法2条8項1号～3号および8号に掲げる行為（ⓐ売買、ⓑ売買の媒介、取次ぎもしくは代理、ⓒ取引所金融商品市場等における売買の委託の媒介、取次ぎもしくは代理またはⓓ売出しもしくは特定投資家向け売付け勧誘等）、⑦売出しの取扱い、⑧特定投資家向け売付け勧誘等の取扱い、ならびに⑨③～⑧に掲げるものに類する行為をいう（法26条1項、施行令24条）。

「募集の取扱い等」の定義はこのように広範であるところ、規制の文言上は、例えば国外から持ち込まれた外国投資証券が国内において投資者間で売買される場合にまで、投資法人に届出義務が課されるように読める（法26条1項、施行令24条、金商法2条8項1号）。これは、そもそもは、内国投資信託および内国投資法人に係る投資者保護のため広範に規定されている「募集の取扱い等」という定義を外国投資法人の届出義務にそのまま流用したことから解釈上の問題が生ずるものである。とくに、外国投資法人の意思に関わりないセカンダリーの売買等が無届出で行われたような場合に、なお当該外国投資法人が本条違反になると解するべきかどうかは難しい問題である。ただし、少なくとも刑事罰規定（法246条1号）との関係では、故意犯処罰の原則（刑法38条1項）および属地主義の原則（刑法1条1項）から、本条違反の罪は成立しないと考えるべき場合が多いだろう（刑法8条参照）。

上記①～⑨に該当するものであっても、以下の行為については、本条に基づく届出が不要とされる（施行令128条、施行規則259条、259条の2）。

ⓐ 金融商品取引所に上場されている外国投資証券（金融商品取引所が売買のため上場することを承認したものを含む）の募集の取扱い等

ⓑ 第1種金融商品取引業を行う者（以下「第1種金融商品取引業者」という）が行う外国投資証券（外国において上場されている有価証券指数連動型かつエクイティ型のもの（施行規則259条参照）に限る）に係る次に掲げる行為

ⓐ　外国金融商品市場における売買の媒介、取次ぎまたは代理
　　ⓘ　外国金融商品市場における売買の委託の媒介、取次ぎまたは代理
　　ⓦ　適格機関投資家を相手方として行う売付けまたは当該適格機関投資家のために行う買付けの媒介、取次ぎもしくは代理（外国金融商品市場において売付けをし、または当該第１種金融商品取引業を行う者に譲渡する場合以外の場合には当該外国投資証券の譲渡を行わないことを当該適格機関投資家が約することを条件として行うものに限る）
　　ⓔ　その行うⓐ～ⓦに掲げる行為により当該外国投資証券を取得した者からの買付け
　ⓒ　第１種金融商品取引業者が適格機関投資家を相手方とし、または適格機関投資家のために行う外国金融商品市場に上場されている外国投資証券（ⓑの外国投資証券を除く）に係る次に掲げる行為
　　ⓐ　外国金融商品市場における売買の媒介、取次ぎまたは代理（外国金融商品市場における買付けの媒介、取次ぎまたは代理にあっては、外国金融商品市場において売付けをし、または当該第１種金融商品取引業者に売却する場合以外の場合には当該外国投資証券の売却を行わないことを当該適格機関投資家が約することを条件として行うものに限る）
　　ⓘ　外国金融商品市場における売買の委託の媒介、取次ぎまたは代理（外国金融商品市場における買付けの委託の媒介、取次ぎまたは代理にあっては、外国金融商品市場において売付けをし、または当該第１種金融商品取引業者に売却する場合以外の場合には当該外国投資証券の売却を行わないことを当該適格機関投資家が約することを条件として行うものに限る）
　　ⓦ　売付けまたは買付けの媒介、取次ぎもしくは代理（外国金融商品市場において売付けをし、または当該第１種金融商品取引業者に売却する場合以外の場合には当該外国投資証券の売却を行わないことを当該適格機関投資家が約することを条件として行うものに限る）
　　ⓔ　その行うⓐ～ⓦに掲げる行為により当該外国投資証券を取得した者からの買付け
このように本条に基づく届出が不要となる例外については規定が煩雑とな

っているが、きわめて簡略化して述べるならば、以下の行為がこれに当たる。

① 我が国の金融商品取引所に上場されている外国投資証券の募集の取扱い等
② 外国において上場されている有価証券指数連動型・エクイティ型の外国投資証券について、第1種金融商品取引業者が行う外国金融商品市場における売買の取次ぎ等
　ⓐ 外国市場における売買の媒介、取次ぎまたは代理
　ⓑ 外国市場における売買の委託の媒介、取次ぎまたは代理
　ⓒ 適格機関投資家を相手方として行う売付けまたは適格機関投資家のために行う買付けの媒介、取次ぎまたは代理
　ⓓ 上記ⓐ～ⓒにより外国投資証券を取得した者からの買付け
③ ②の外国投資証券以外の、第1種金融商品取引業者が適格機関投資家を相手方とし、または適格機関投資家のために行う、外国市場に上場された外国投資証券（有価証券指数連動型・エクイティ型のものを除く）に係る次の行為
　ⓐ 外国市場における売買の媒介、取次ぎまたは代理
　ⓑ 外国市場における売買の委託の媒介、取次ぎまたは代理
　ⓒ 売付けまたは買付けの媒介、取次ぎまたは代理
　ⓓ 上記ⓐ～ⓒにより外国投資証券を取得した者からの買付け

ただし、②のⓒおよび③のⓐ～ⓒについては、適格機関投資家が外国投資証券を取得する場合には、国内において当該投資証券が転々流通することのないよう、外国市場での売却か、または当該第1種金融商品取引業者への売却以外には売却を行わないことを条件として行うものに限定されている[91]。

4　届出書事項および提出先等

届出事項（届出書の記載事項）については、本条1項各号および施行規則261条2項に定められており、金融商品取引業者等向けの総合的な監督指針

---

[91] 高橋洋明ほか「ETFの多様化、銀行等の業務範囲の拡大等に関する政府令の概要」旬刊商事法務1857号23頁参照。

Ⅵ－3－2－7において記載要領が公表されている。

　届出義務者は、施行規則別紙様式第20号により作成した届出書に、当該外国投資法人の規約等および施行規則261条3項に定める書類を添付して、金融庁長官に提出しなければならない（法225条1項、施行規則261条1項）。なお英語で記載された添付書類については、訳文を付すことを要しない（施行規則2条4号）。

　届出を行うには、国内に住所を有する者であって当該届出に関する一切の行為につき当該外国投資法人等を代理する権限を有するものを定める必要がある（施行規則260条）。

　必要な添付書類は以下のとおりである（施行規則261条3項）。

　① 届出書に記載された代表者が正当な権限を有する者であることを証する書面（在職証明書）
　② 国内に住所を有する者に届出に関する一切の行為につき代理する権限を付与したことを証する書面（委任状）
　③ 当該外国投資法人が設立された国の法令に基づき、当該外国投資法人の設立について承認、認可、許可、届出またはこれらに相当するものが行われている場合には、その承認書、認可書、許可書、届出書またはこれらに相当する書面の写し
　④ 当該外国投資法人の設立が適法であることについての法律専門家の法律意見書および当該意見書に掲げられた関係法令の関係条文
　⑤ 当該外国投資法人の資産の運用に係る権限を有する者が、当該権限を他の者に委託して当該外国投資法人の資産の運用を行わせている場合は、その委託に関する内容を明らかにした書類

　なお、③の認可証は、会社自体の届出書、登録証等を添付する場合もあるが、例えばケイマン諸島のミューチュアル・ファンド法に基づく特別の許認可などファンド規制に関連するもののみを意味し、これとは関係しない単なる会社法上の届出書、登録証等は提出しないという実務もある。

　また、実務上、⑤の再委託契約書は、運用会社等の運用権限を有するものがその運用権限を再委託した場合に必要となるものであり、このような再委託がない場合、添付しないものとされている。すなわち、「当該外国投資法

人の資産の運用に係る権限を有する者」には、文言上、当該外国投資法人自身は含まれず、当該外国投資法人が単に運用会社に運用権限を委託しているとしても、その契約内容を記載した書面は原則として添付する必要がないものとして取り扱われているようである。

5 外国投資証券の募集・私募に係る業規制

　外国投資証券の募集や私募が行われる場合、当該募集の取扱いまたは私募の取扱いは金融商品取引業（第１種金融商品取引業）となり（金商法２条８項９号、28条１項１号）、金融商品取引業（第１種金融商品取引業）の登録を受けた金融商品取引業者以外の者がこれを行うことはできない。ただし、登録金融機関が外国投資証券の募集または私募の取扱いを行うことは可能である（金商法33条１項・２項２号、33条の２）。

　他方、外国投資証券の発行者が自ら勧誘を行ういわゆる自己募集については業規制の対象となっていない（金商法２条８項７号、金商法施行令１条の９の２参照）。

　これらのことから、外国投資法人自体が運用機能を備えている場合において外国投資法人の役職員が国内において募集行為を行う場合には業規制の問題は生じない一方、外国投資法人が運用を運用会社に委託し、その一環として運用会社が投資証券の勧誘を行う場合には、基本的に当該運用会社は金融商品取引業（第１種金融商品取引業）の登録を受ける必要がある[92]。

---

[92] 当該運用会社が外国の法令に準拠し、外国において外国投資証券の募集の取扱いまたは私募の取扱いその他の有価証券関連業を行っている場合、当該運用会社は「外国証券業者」に該当するため（金商法58条）、金融商品取引業の登録を受けずに、国内にある者を相手方として、（それが「業として」行うものでなくても）外国投資証券の募集の取扱いまたは私募の取扱いを行うことはできない（金商法58条の２）。ただし、投資運用業を行う金融商品取引業者を相手方とする場合（当該者が行う投資運用業に係るものに限る）など、一定の行為については、金融商品取引業の登録を受けずに行うことが可能と考えられる（金商法施行令17条の３。外国証券業者がかかる行為を業として行うことができることにつき（平成19年７月31日付金融庁「「金融商品取引法制に関する政令案・内閣府令案等」に対するパブリックコメントの結果等について」における「コメントの概要及びコメントに対する金融庁の考え方」593頁２・３番（http://www.fsa.go.jp/news/19/syouken/20070731-7/00.pdf）参照）。

（外国投資法人の変更の届出）
第221条 外国投資法人（前条第1項の規定による届出がされたものに限る。次条において同じ。）は、同項各号に掲げる事項を変更しようとするときは、あらかじめ、その旨及びその内容を内閣総理大臣に届け出なければならない。
2 前条第2項の規定は、前項の場合について準用する。

1 趣　　旨

本条は、外国投資法人の継続的な実態把握等の観点から、法220条に基づく外国投資法人の届出に係る届出事項を変更しようとするときは、事前に変更届出を行うことを義務付けるものである。

2 届出書の記載事項および添付書類等

本条の規定による届出書の記載事項および添付書類については、施行規則262条各項に定められている。

なお、字句の訂正、事実の錯誤など、そもそも届出事項が間違っていた場合などは、本条に定める「変更」ではなく、（条文上の根拠はないものの）訂正届出で対処すべきと考えられる。

また、我が国の金融商品取引所に上場されている外国投資法人等、法220条による届出義務が免除されているものについては、本条による変更届出についても行う必要はない（1項かっこ書）。

3 届出が必要となる範囲

本条においては、外国投資法人は届出事項を「変更しようとするとき」本条の届出が必要としている。それでは、外国投資法人の意図によらない届出事項の変更は本条の届出義務を生ずるか。具体的には、資産保管会社や事務受託会社の商号は通常届出書に記載されるが、これらの会社の商号変更があった場合などに変更届出の義務が生ずるかが問題となる。

解釈論としては、以下の理由から、外国投資法人の意図による変更（いわ

ば「決定事実」）のみが変更届出の対象となり、外国投資法人の意図によらない変更（いわば「発生事実」）は本条の変更届出の対象とはならないと考える。

① 「変更しようとする」との文言に忠実であること。本条は刑罰規定であることからも厳格に解するべきであること
② 本条においては、事前の届出が必要とされているが、「発生事実」については、事前の届出が不可能である場合が少なからずあること

なお、このような解釈を採る以上、「発生事実」についての変更の事後届出を本条から導き出すことも困難であり、「発生事実」により届出事項と事実の間に齟齬が生じても事前および事後の変更届出は必要ないものと考えられる。

（外国投資法人の解散の届出）
第222条　外国投資法人が破産手続開始の決定その他内閣府令で定める事由により解散したときは、破産管財人若しくは清算人又はこれらの者に相当する義務を負う者は速やかに、その旨を内閣総理大臣に届け出なければならない。
2　外国投資法人は、前項に定める場合を除くほか、解散しようとするときは、あらかじめ、その旨を内閣総理大臣に届け出なければならない。

本条は外国投資法人が解散する場合の届出義務を定めるものである。

外国投資法人が解散した場合であって、当該解散が①破産手続開始の決定、②合併、③規約で定めた解散事由、④投資主総会に相当する総会における解散決議、⑤解散を命ずる裁判または⑥外国において受けている登録等の取消しによる場合は事後に、速やかに金融庁長官（法225条1項）に届け出る必要があり、その他の事由によって外国投資法人が解散しようとする場合は事前に金融庁長官（法225条1項）に届け出る必要がある（本条1項・2項、施行規則263条）。なお、外国投資法人は外国の設立準拠法に基づく主体である

こと、外国投資法人の解散に係る届出義務者に破産管財人または清算人「に相当する義務を負う者」が含まれていること等から、特段の定義を置かずに用いられている本条1項の「破産手続開始の決定」や施行規則263条1号の「合併」には、日本法に基づく破産手続開始の決定や合併だけでなく、外国の法律に基づくこれらの制度に相当するものも含むものと考えられる。

届出書の記載事項および添付書類は施行規則264条において定められている。なお、前条の変更届出と同様、法220条による届出義務が免除されているものについては、本条による解散届出についても行う必要はない（法221条1項かっこ書）。

（外国投資証券の募集の取扱い等の禁止又は停止命令）

第223条　裁判所は、外国投資証券の募集の取扱い等につき当該外国投資証券を発行する外国投資法人の資産の運用が著しく適正を欠き、かつ、現に投資者の利益が著しく害されており、又は害されることが明白である場合において、投資者の損害の拡大を防止する緊急の必要があると認めるときは、内閣総理大臣の申立てにより、その行為を現に行い、又は行おうとする者に対し、その行為の禁止又は停止を命ずることができる。

2　第26条第2項から第6項までの規定は、前項の規定による裁判について準用する。

3　金融商品取引法第187条及び第191条の規定は、第1項の規定による申立てについて準用する。

1　趣　旨

本条は、外国投資証券の募集の取扱い等につき、投資者の損害の拡大を防止する緊急の必要がある場合における裁判所による禁止・停止命令を定めるものである。

2 解　説

　外国投資証券の募集の取扱い等（法26条1項。法220条の解説を参照）について、①外国投資法人の資産の運用が著しく適正を欠き、②現に投資者の利益が著しく害されており、または害されることが明白である場合において、③投資者の損害の拡大を防止する緊急の必要があると認めるときは、裁判所は内閣総理大臣（法225条1項により金融庁長官に権限委任）の申立てにより、当該募集の取扱い等を現に行い、または行おうとする者（すなわち、外国投資法人のみならず、証券会社や一般投資者も含まれる）に対し、その行為の禁止または停止を命ずることができる。

　外国投資法人については国内投資法人のような登録制（法187条）や監督官庁による監督上の処分（法214条）等の制度が設けられておらず、直接に投資者の保護を図るための処分としては本条による禁止・停止命令がほぼ唯一の制度である（ただし、外国投資証券の募集の取扱い等が金融商品取引業者（金商法2条9項）または登録金融機関（同法2条11項）により行われる場合は、当該金融商品取引業者または登録金融機関に対する監督上の処分（同法51条等）を行うなど、他の法令に基づく権限を適切に行使することにより投資者保護を図ることは可能である）。

資料1　金融審議会資料 （金融庁のウェブサイトより抜粋して転載）

①　金融審議会第一部会「中間整理（第一次）」（平成11年7月6日）

　　　　　金融審議会　第一部会「中間整理（第一次）」
　　　　　平成11年7月6日
　　　　　金融審議会第一部会

Ⅴ．集団投資スキームに適用されるルール
　１．集団投資スキームとは何か
　金融サービスの高度化・専門化が進展している中で、多数の投資家から資金を集め、市場で専門家が運用・管理する、いわゆる集団投資スキームは21世紀の金融において一層重要な役割を担うと期待される。
　集団投資スキームについては、大まかに「資産運用型」と「資産流動化型」の2種類に分類することができる。
　「資産運用型」は、多数の投資家から集めた資金をプールし、これを専門家たるファンドマネージャー等が各種の資産に投資・運用することによって得られたキャッシュフローを投資者に配分するものであり、既存のものとしては、証券投資信託、商品ファンド、実績配当型合同運用金銭信託等がこれに当たる。
　「資産流動化型」は、これに対し、特定の資産から生じるキャッシュフローを、専門家たるアレンジャー等が組み換えて主として多数の投資家に証券等を販売することにより資金調達を行う仕組みであり、既存のものとしては、SPC（特定目的会社）法や特定債権法による証券化商品等がこれに当たる。
　現在、こうした資産運用型や資産流動化型の特性や、投資される商品の対象、さらには仕組みを組成する際に受け皿として用いられるファンド等（ビークル）の法的枠組み等の特性を踏まえつつ、それぞれの業法によって、ルールや投資家保護のあり方についての枠組みが規定されている。
　集団投資スキームにおいて、業者による一層の創意工夫の発揮によって金融のイノベーションを促進し、より多様で魅力的な商品の提供を可能としていくためには、適切な投資家保護が図られることを前提としつつ、より横断性と自由度の高い法制・ルールを検討していくことが望ましい。
　この検討に当たり、金融審議会第一部会では、まず、集団投資スキームについての基本的性格と、スキームに必要とされるルールとその背後にある考え方を整理することが、将来の具体的な制度の見直しに当たり有益な前提となるのではないかとの考えに立ち、こうした点の検討を出発点として議論を行ってきたところである。

　２．集団投資スキームに関する法制・ルールの必要性
　投資家にとって、集団投資スキームへの投資は、プールされ、第三者により運用される等といった性格をもっている。すなわち、投資の受動性、共同性という性格である。こうした特色から、
　①　投資家が投資対象資産を直接支配・管理しないという性格のゆえに、投資家がその金融商品であるスキームの内容について理解することが困難である場合が多いだけで

はなく、スキームの運営者による不正行為や利益相反行為が行われるおそれがある、
② 投資家が多数存在するために、投資者間の利害対立が起きたり、個別の投資家がモニタリングを行うインセンティブが欠如するおそれがある、

といった問題が存在する。また、多数の専門の金融サービス業者が分業してスキームを構成している場合が多く、どのようなリスクを誰がどの程度負担し、リスクを移転するためには何をなすべきなのかが分かりにくい、といった問題もある。したがって、集団投資スキームにおいては、スキームの適正な運営を確保するとともに、関係当事者間のリスク分担を明確にするためのルールを具体的に明らかにしていくことが重要になる。

現在、各業法において、投資される商品の対象や受け皿として用いられるファンド等（ビークル）などの特性に応じた投資家保護の枠組みをそれぞれ定めているが、これは他方で、それぞれの投資家保護の枠組みを超える商品設計等について一定の制約に働いている面がある。今後、各業法の枠を越えた横断性と多様性を持つ商品を生み出す環境を整備するに当たって、これまでの各業法の規制を単に重畳的にかけることにより投資家保護を確保しようとすれば、コスト的に商品の設定が困難になったり、さらには、そもそも商品の組成自体が現実に不可能となりかねない。他方で、適切な投資家保護の枠組みを確保しなければ、投資家の信頼を失い、結果として市場が育たず、資産を運用する国民のためにも、国民経済的にも不利益となろう。

したがって、より多様で透明性の高い集団投資スキームの構築に向けての投資家保護の枠組みを新たに模索していくことが望まれる。このような公正性担保の枠組みが整備されれば、商品設計の面での自由度がより一層高まり、金融イノベーションの促進が図られることが期待される。そして、このような横断的な枠組みの中で、業者が、自由な発想の下に十分に創意工夫を発揮し競い合って、世界の金融革新の先端を行くプロ向けの商品から、一般投資家向けのミドルリスク・ミドルリターンの商品まで、投資家のニーズに応えた多様な商品設計を行い、市場に提供していくことが推進される。この結果、リスク配分と資本利用の効率性が高まることを通して、わが国経済や世界経済の発展にも寄与しよう。

なお、こうした集団投資スキームの適正な運営の確保やリスク分担を明確にするためのルールを考えていくに際し、その前提として、適切なディスクロージャーの枠組みを整備することにより、自己責任原則の下、投資家の主体的な投資判断が行われる環境を確保しておくことが重要であることはいうまでもない。特に集団投資スキームにおいては、そのスキームの仕組みについても、十分なディスクロージャーが確保されることが必要である。

(1) ガバナンス機能の活用による対応

情報開示は投資家保護の基本的前提であるが、情報開示の目的は主として金融サービス業者と投資家との間の情報格差の是正等にあり、金融サービス業者の利益相反行為等に対する牽制効果等はあるものの、直接的に規律づけを行うものではない。このため、集団投資スキームの受け皿となるファンド等（ビークル）の適正な運営の確保について、ファンド等（ビークル）自体として自律的に規律づけるルールの確保が重要になる。

こうした自律的な規律づけの具体的な方策としては、
(i) 議決権行使等、投資家の直接の権利行使を通じる方法、あるいは
(ii) 社外監査役監査をはじめとする第三者による外部チェックを通じる方法、

といったファンド等（ビークル）のいわゆる「ガバナンス機能」を活用することが考えられる。

集団投資スキームに対する自律的な規律づけ（ガバナンス）が効率的・効果的に発揮されるためには、こうした種々のガバナンス機能について、コスト等も勘案しつつ、適切に活用していくことが必要である。
　なお、集団投資スキームの受け皿となるファンド等（ビークル）に関する主な根拠法制としては、民法上の任意組合、商法上の匿名組合・株式会社、信託法上の信託、等がある。そして、こうした根拠法制に応じて、組織形態、出資者等の責任、業務執行に対する監視等のルールが定められている。さらに、集団投資スキームが、資産運用型か資産流動化型かといった点によっても、ファンド等（ビークル）の果たすべき役割が異なってくる。具体的なルールを考えていくに当たっては、こうしたファンド等（ビークル）のさまざまな特性を踏まえつつ、追加的なルールの整備の必要性の有無等も念頭に置いて、検討を進めていくことが必要である。

(2)　受託者責任の具体化・明確化による対応
　集団投資スキームのガバナンス機能の活用を図ったとしても、スキーム運営者の不正行為や利益相反行為をモニタリングすることには困難が伴い、また、コストがかかる。したがって、ガバナンス機能の活用に加え、何らかの方策によって業者の規律づけを行っていくことが重要な意味を持つ。
　英米では、スキームに関与するそれぞれの金融サービス業者に、受託者（広義）としての責任があることを明確化し、一定範囲の任務を遂行すべき義務を負っていると考える、fiduciary duty（受託者責任）の法理が発達している。他方、わが国においては、「受託者（広義）が当然に負うべきさまざまな責任の総称」といった広い意味での受託者責任についての法理は、十分には明確になっていなかった。今後、スキームのそれぞれの特性を踏まえつつ、できるだけ法制・ルールの横断化を図っていくに際しては、受託者責任についてのルールの具体化・明確化を行い、金融サービス業者の横断的な行為規範として受託者責任の考え方を積極的に位置づけていく必要がある。
　　（注）　本「中間整理（第一次）」では、受託者という用語を、わが国で一般的に使用されている信託契約におけるtrusteeを指すものではなく、英米におけるfiduciaryを示すものとして用いている。また、「受託者責任（fiduciary duty）」についても、fiduciaryが負う責任のうち、何か特別の性格を持つものをfiduciary dutyとしているものではなく、fiduciaryが負うさまざまな責任を総称して広く捉えている。
　この受託者責任の具体的内容はさまざまである。集団投資スキームにおいて重要になるものとしては、忠実義務（利益相反防止義務）、善管注意義務（適切投資義務）、分別管理義務等が挙げられる。そして、これらのさまざまな義務が提供される金融サービスの機能に則して、さまざまなルールとして具体化される。
　ルールの明確化・具体化に当たっては、法令による対応だけでは弾力性に欠けるおそれがあることなどから、自主ルール、契約等による当事者間の取り組み等が適切に組み合わされることが望ましく、今後、その具体的なあり方について、一層検討を進めていく必要がある。

3．機能面に着目した集団投資スキームに関するルール

　以下、機能面に着目した集団投資スキームに関するルールについて、検討する。集団投資スキームに関するルールを大まかに整理すれば、①スキームの「仕組み」に関するルール（ファンド等（ビークル）のガバナンス機能、スキームの仕組み行為、スキーム等の適

格性)、②スキームの運営に関するルール（資産運用、助言、資産管理）、及び③組成された金融商品の取引に関するルール（販売・勧誘、ディスクロージャー等）に分類することが可能である。なお、このうち、特に①「仕組み」に関するルール及び②運営に関するルールについては、資産運用型と資産流動化型のスキームとの間では、必要とされるルールについて差異が存在することに留意が必要である。

(1)　資産運用型スキームについて

　資産運用型スキームは、関与する金融サービス業者としては、スキームを組成する仕組み業者、スキームの基本的な投資方針にしたがって実際の運用を行う資産運用業者、それに対し投資助言サービスを提供する助言業者、プールされ運用されている資産を管理する資産管理業者等が存在する。

　　　(注)　なお、ここで仕組み業者と呼んでいるのは、専門的・継続的に仕組み行為を行う者を広く指している。他方、仕組み業者に含まれることをもって、何らかの業法の下で規制を受けるということは必ずしも想定されていない。

　①　仕組み行為に関するルール

　集団投資スキームにおいて、その仕組みのあり方は、商品そのものの内容を左右する重要なものである。したがって、運用の基本方針と運営のあり方、資産管理のあり方というものから、スキームの運営経費、金融サービス業者に対する報酬、キャッシュフローの分配方法、発行した証券等の解約や買取りにおける価格や手数料のあり方、買取りの原資の確保などについて明確にしておくことが必要になる。

　運用型の特徴としては、資産運用業者に裁量が働く余地があるため、利益相反といった弊害が生じる可能性があることである。したがって、スキームを組成する仕組み業者（スポンサー）としての受託者責任は、こうした利益相反等による不測の損害が起こりにくくなるよう、利害関係に関するディスクロージャー、適正な資産運用業者や助言業者の選任、適正な仕組みの設計といった面に反映される。

　なお、例えば、基本的な投資方針の決定・変更等を投資家の直接の権利行使による決定に委ねるなど、スキーム運営の適正性確保について、投資家のガバナンスを発揮させるケースもあり得る。この場合には、決定された方針に不服な投資家が保有する株式の買取請求や譲渡等ができるようにしておくことが必要となると考えられる。

　さらに、専門的知識を有する独立した第三者（例えば、トラスティー）によるチェックを受けることによる外部チェック機能の活用も考えられる。

　このような受託者責任、投資家によるガバナンス機能、及び外部チェック機能を、ファンド等（ビークル）の類型等に応じて組み合わせてスキームの適正な運営を確保することが必要と思われる。なお、この場合、会社型のファンド等（ビークル）の場合には、投資家自身によるガバナンス機能がより重要な役割を果たすと考えられる。

　スキームや業者に対する適格性の認定についてのルールも重要である。スキームの仕組みを構築することは、商品性の内容を決定することに他ならず、その適正性を確保することは、投資家保護の観点から極めて重要である。したがって、わが国のみならず、欧米等においても、その適格性を確保するために、何らかの行政の関与を行う場合が多い。

　適格性を確保するための方法としては、仕組み業者（スポンサー）等に対し、一定の適格性（fit and proper）を求める方法と、個別のスキームについて認可等を条件とする方法とがある。英国では業者及びスキームの認可制が採られており、米国では投資会社を含めたスキーム自体の登録制が採られている。わが国においては、証券投資信託について、委託業者の認可制を採る一方で信託約款は届出制となっている。また、商品ファンド法に

ついては、業者に対しては許可制が採られているが、スキームについてのルールは存在しない。集団投資スキームについて横断的・整合的な法制・ルールを考えていく際には、業者又はスキーム自体のどちらにウエイトをかけて適格性を確保していくかが問題となる。この問題については、受託者責任の浸透度、投資家によるガバナンス機能や外部チェック機能の実効性の程度等を踏まえつつ、全体として判断していく必要があろう。

② 資産運用に関するルール

事前に定められた基本的な投資方針に従いつつも、裁量性を持って実際の運用に携わる資産運用業者に対しては、利益相反等の弊害が発生しないようなルールが必要になると思われる。こうした観点からは、利益相反を防止する必要性の程度等に応じて、投資家に対する利害関係にあることの情報開示や、一定の利益相反関係にある取引の禁止、利益相反の立場にあることの禁止等のルールを整備・明確化することが考えられる。

また、資産運用業者に対する受託者責任については、英米では、適切（prudent；プルーデント）な運用を行うべきことを定めたプルーデント・インベスター・ルールが存在する。他方、運用の適切性を確保する他の態様のルールとして、ファンドの流動性確保等を目的とした、ポートフォリオ規制が存在する場合がある。ポートフォリオ規制は目的に沿った運用の適切性を直接確保するものであるが、他方で、商品設計に制約を与える面もあるとの指摘もある。今後、プルーデント・インベスター・ルールの確立・浸透の程度等に照らしつつ、この点について検討していく必要があろう。

③ 助言に関するルール

集団投資スキームにおける資産運用に対し助言行為を行う業者について、受託者責任としては、依頼者のニーズに合った助言を確保するといった、ベスト・アドバイス・ルールが存在する。さらに、利益相反を防止するためのルールとして、顧客との金融商品の取引や、自己の保有する金融商品を顧客に推奨する行為（scalping：スカルピング）を禁止するなどのルールが考えられる。

④ 資産管理に関するルール

資産管理業者に課される受託者責任としては、自己の信用リスクから受託した資産を隔離するとともに利益相反を防止するため、受託した資産を分別して管理することが求められる。

なお、この分別管理については、投資家の資産を自己の破産リスクから遮断することが重要であり、資産を分別管理していること等を要件として破産の際に他の資産として分離して取り扱われることが、法的に担保されなければならない。こうした観点から、取引の類型や資産の種類に応じた分別管理の方法や法的位置づけの明確化等の検討が論点になる。

(2) 資産流動化型スキームについて

資産流動化型の集団投資スキームの金融商品は、資金調達のために特定の資産が生み出すキャッシュフローを用いて金融商品を組成するための仕組みである。このため、キャッシュフローを独立させ維持・管理することが重要であり、仕組み（ストラクチャリング）が終了しスキームが運営される段階においては、スキームの変動を防ぐこと（導管性の確保）が重要になる。スキームの安定性を維持することが重要であるという性格から、運用型の場合とは異なり、投資家によるガバナンス機能については、むしろ一定の制約が存在せざるを得ないこととなる。

このように考えた場合、受託者責任の重要性が増してくる。スキームを組成する仕組み業者（スポンサー）に対する受託者責任としては、資産運用型と同様に、利益相反防止に

関する措置の手当てに関する内容が課せられると考えられよう。
　スキームの適格性の確保については、例えば、特定債権法では特定債権等譲受業者の許可制と流動化スキームの届出及び確認が、SPC法では、SPCの登録制（スキームの内容は資産流動化計画等に記載され登録の要件となる）が採られている。スキームと業者の適格性についても、全体としての投資家保護の枠組みの中で、望ましい取り扱いを考えていく必要がある。
　資産管理については、資産運用型と同様に、破産リスクの遮断、利益相反防止のための資産管理業者への分別管理が基本となる。
　いずれにせよ、資産流動化型のスキームは、構造が比較的に単純なものから非常に複雑なものまで、多様なストラクチャーの構成が可能である。今後、仕組み行為に関するルールについて一層具体的な検討を進めていくに当たって、このような特徴を十分に踏まえていく必要があろう。

〔参考〕　用　語　集
○集団投資スキーム
　　仕組み行為者（スポンサー）が主として多数の投資者の資金をプールし、各種の資金に投資・運用する仕組み、または特定の資産から生じるキャッシュフローを専門家たるアレンジャー等が組み替えて主として多数の投資者に証券等を販売することにより資金調達を行う仕組みである。前者は「資産運用型」（例：証券投資信託、商品ファンド等）、後者は「資産流動化型」（例：SPC法や特定債権法による証券化商品等）に分類することができる。
○SPC（特定目的会社）
　　SPC法（特定目的会社による特定資産の流動化に関する法律）に基づき、指名金銭債権や不動産の流動化のために設立される特別法上の会社。金融システム改革の一環として我が国にも導入された。
○アレンジャー
　　ある投資物件の買付、売付、応募または引受けをする他人のために取りまとめをする者、またはその取りまとめに関与する者のために取りまとめをする者。
○ビークル
　　集団投資スキームの受け皿となるファンド等のことをいう。例としては、民法上の任意組合、商法上の匿名組合・株式会社、信託法上の信託、SPC（特定目的会社）法上のSPC、証券投資信託及び証券投資法人に関する法律上の証券投資法人等がある。
○ガバナンス機能
　　一般的に「ガバナンス機能」とは、金融取引にかかる利用者等の当事者の権利実現および規律付けのための仕組み全般として捉えることが可能である。具体例としては、①市場メカニズムを通じるもの、②（集団投資スキームの場合には）ビークルの運営者の行為規範を通じるもの、③投資者による直接の権利行使を通じるもの、④第三者による外部チェックを通じるものが考えられるほか、さらにはエンフォースメントの範疇に入るものとして、⑤民間レベルの制裁等を通じるもの、⑥公権力を通じるもの（例：民事責任、刑事罰、行政処分等）といったものが考えられる。
○民法上の任意組合
　　二以上の当事者の契約に基づき、各当事者が出資をし、共同事業を行う組織（法人ではない）。
○商法上の匿名組合

営業者と匿名組合員の二当事者間の契約に基づき、匿名組合員が営業者に出資をし、営業から生じる利益の分配を受ける組織（法人ではない）。営業者は商人でなければならないが、匿名組合員の資格や人数には制限がない。
○fiduciary duty（フィデューシャリーデューティー）
　本「中間整理（第一次）」においては、fiduciary（受託者）が負うさまざまな責任を総称してfiduciary dutyとして広く捉えている。その内容としては、説明義務、分別管理義務、忠実義務（利益相反防止義務）、善管注意義務等が挙げられる。なお、fiduciaryとは、もともと英米法における概念で、他者の信認を得て一定範囲の任務を遂行すべき者を指す幅広い概念である。
○仕組み業者（スポンサー）
　集団投資スキームについて、投資会社（法人）、信託、匿名組合、任意組合、特定目的会社（SPC）といったファンド等（いわゆる「ビークル」）を組成する者のこと。契約や約款に基づいて、持分権ないし受益権等を分割するなどして、金融商品を作り出している。
○トラスティー
　受託者。他人の利益のために資産への法的権利を持つ者。

② 集団投資スキームに関するワーキンググループ報告
　「横断的な集団投資スキームの整備について」（平成11年11月30日）

横断的な集団投資スキームの整備について
－「特定目的会社による特定資産の流動化に関する法律」及び
「証券投資信託及び証券投資法人に関する法律」の改正－
（平成11年11月30日）
（集団投資スキームに関するワーキンググループ報告）

1．当ワーキンググループは、多数の投資者から資金を集めて市場で専門家が管理・運用する、いわゆる集団投資スキームについて、金融審議会第一部会からの委託を受け、具体的な法整備に向けて専門的・技術的な検討を中心として6回にわたり審議を行い、
　(1) 資産流動化型スキームについて、「特定目的会社による特定資産の流動化に関する法律（以下、「SPC法」という。）」を改正し、投資者保護に配意しつつ法制の簡素・合理化を図ることにより使い勝手のよい制度に改めるとともに、流動化対象資産を拡大し流動化の器として信託も利用可能とすることにより幅広く利用できる法制とする、
　(2) 資産運用型スキームについて、「証券投資信託及び証券投資法人に関する法律（以下、「投信法」という。）」を改正し、不動産を含めた幅広い資産に投資運用が可能となるよう横断的な法制とする、
　ことが適当であるとの結論に達した。
　審議内容は各般にわたっており、それぞれの論点に関する検討結果は別紙に記載するが、法制整備の基本的方向は以下のとおりである。

2．資産流動化型スキームは、特定の資産を企業本体から切り離し、そのキャッシュフローや資産価値を裏付けとして投資者に証券等を発行することにより流動化を図るとい

う、資金調達のための仕組みである。

そのひとつの制度であるSPC法は、指名金銭債権及び不動産等を特定目的会社（以下「SPC」という。）を利用して流動化するものであり、特定資産を投資者の唯一の拠り所とする資産流動化の特質を踏まえてスキームの変動防止などの投資者保護の枠組みを定める一方、流動化の器としてのSPC自体は簡素な組織になるように制度化されている。

SPC法については、資産流動化型スキームという現行法の基本的性格を維持しつつ、以下の方向で法制の簡素・合理化を図り、より使い勝手の良い制度とすることが適当である。
① SPCの最低資本金制度の見直し
② SPCの発行証券の商品性の改善（優先出資の途中減資、優先出資の無議決権化、転換社債・優先出資引受権付社債の発行等）
③ 借入金制限の緩和（特定資産取得のための借入金）
④ 資産流動化計画に関する規制の簡素・合理化（定款記載事項からの除外、反対者の買取請求権を前提とした特別多数決による変更等）
⑤ 特定社員の影響力の制限（特定出資に関する特別の管理信託等）
⑥ SPCの登録制から届出制への移行

また、流動化対象資産を幅広く拡大するとともに、流動化の器として信託も利用できるようにして、柔軟な法制とすることが適当である。

3．資産運用型スキームは、投資者から集めた資金を合同して専門家が各種資産に投資運用し、その利益を投資者に配分するものであり、資金運用という金融サービスを提供するための仕組みである。

その代表的な制度である投信法は、有価証券の発行により広く一般投資者から資金を集め、これを、信託又は投資法人という器を利用して、主として有価証券に投資運用するための法律であり、利益相反や運用リスク等に対して投資者保護を図る観点から、投資運用業務を担当する会社の適格性確保等のための兼業制限や認可制による検査監督、利益相反による弊害防止のための情報開示、一定事項の禁止、投資者や外部の第三者によるガバナンスの確保等を定めている。

横断性と自由度の高い法制の整備により金融のイノベーションを促進して多様な金融商品の開発が可能となるよう、投信法について、「主として有価証券に対する投資として運用する」という規定を改正し、不動産を含めて幅広く投資運用できるようにするとともに、信託を利用したスキームについて外部の運用会社が運用指図する仕組みに加え、受託者たる信託銀行自らが運用する仕組みも整備することが適当である。

同時に、これによって生み出される新しい金融商品が我が国金融市場に定着し発展していくためには、透明性・公正性の高い仕組みとして広く一般投資者に受け入れられることが不可欠である。資産運用型スキームの投資証券の信頼性はひとえに運用会社にかかっているといっても過言ではなく、法制整備に当たっては、内外の過去の歴史の教訓を踏まえて透明性・信頼性の高い仕組みとするため、運用会社の在り方をはじめとする投資者保護のための現行法の枠組みを基本とした上で、投資運用対象資産の拡大等に伴う制度の整備・改善を図ることが必要である。

その際、投資者保護の実効性やスキームの円滑な運営が確保されるよう、すべての資産に共通するルールを形式的に規定するのではなく、対象資産の特性や取引市場、取引慣行を踏まえた対応を行う必要がある。

4．なお、このように整備される資産流動化型と資産運用型の集団投資スキームが円滑に機能するためには税制上の措置が必要と考えられることから、所要の措置が取られるよう要望する。

5．以上のような不動産を含む幅広い資産をその対象とする資産流動化型及び資産運用型スキームの整備は、金融審議会第一部会「中間整理（第一次）」における集団投資スキームの基本的考え方に沿ったものであり、本問題と並行して第一部会で検討中の販売・勧誘ルールと合わせて、いわゆる日本版金融サービス法の重要な枠組みを構成するものである。当面の対応としてその実現を期待するとともに、更に21世紀を展望した金融サービスの在り方を踏まえた金融のルール整備を推進することを要望する。

（別紙）
資産運用型スキーム（投信法の改正）に係る論点

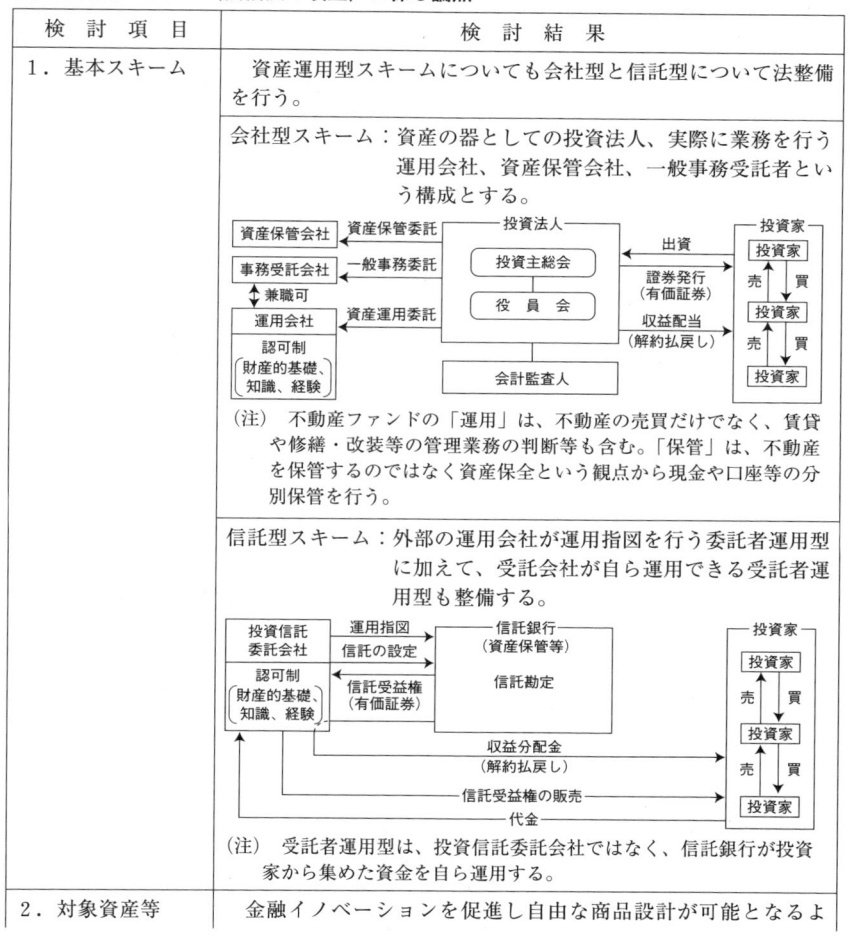

検 討 項 目	検 討 結 果
1．基本スキーム	資産運用型スキームについても会社型と信託型について法整備を行う。
	会社型スキーム：資産の器としての投資法人、実際に業務を行う運用会社、資産保管会社、一般事務受託者という構成とする。
	（注）不動産ファンドの「運用」は、不動産の売買だけでなく、賃貸や修繕・改装等の管理業務の判断等も含む。「保管」は、不動産を保管するのではなく資産保全という観点から現金や口座等の分別保管を行う。
	信託型スキーム：外部の運用会社が運用指図を行う委託者運用型に加えて、受託会社が自ら運用できる受託者運用型も整備する。
	（注）受託者運用型は、投資信託委託会社ではなく、信託銀行が投資家から集めた資金を自ら運用する。
2．対象資産等	金融イノベーションを促進し自由な商品設計が可能となるよ

(1)対象資産の範囲	う、横断性と自由度の高い運用型集団投資スキームを整備する必要があり、財産権を幅広く投資運用の対象とすべきである。 　法制の整備にあたっては、既存の資産運用型法制との関係について、過重な二重規制とならないよう配意する必要がある。また、それぞれの資産には特有の性格や取引形態・市場があるので、すべての資産に共通する行為規制を形式的に定めるのではなく、投資対象資産の特性も踏まえた対応を行う必要がある。
(2)ファンドのポートフォリオ等	リスク分散の可能性も含めて商品設計の自由度を広げる観点から、1つのファンドが様々な資産に投資して運用する混合運用もできるようにすべきである。また、ファンドの設計や運用にあたっては、設立したファンドが想定された成果をあげられるよう、適切な投資やファンドのタイプに応じた流動性の手当て等を図る必要があるが、具体的にどのような内容とするかはファンドの内容に大きな影響を与えるものである。創意工夫により多様なファンドの創設が可能となるよう、法令では、適切な投資やファンドのタイプに応じた流動性の手当てを講ずることを求める一般的な規定を設けるとともに、具体的な内容の設定は各ファンドが行い、これを投資者にディスクローズさせることが適当である。
(3)資産の適正評価の担保	組織化された公開の市場による価格形成が行われていない資産について一定規模以上のものをファンドが取得、売却するにあたっては、ファンドの運営の透明性、公正性を確保し投資者保護を図る観点から、SPC法のように外部の者による価格評価の適正手続を義務付ける等の手当てを講ずることが必要である。 　オープンエンド型のファンドについては、解約価格や新規投資価格算出のためファンドの資産価値を定期的に時価評価する必要がある。公開市場による価格形成が行われていない資産については、ファンドごとに個別に評価基準を定めて規約に記載するとともに、時価評価の計算根拠等も含めて資産の時価評価額及び解約価格・新規投資価格をディスクローズすべきである。これとは別に、財務諸表の作成については、投資目的の金融資産のように市場価格で売買することで利益を得る目的で保有する資産については時価評価すべきであるが、使用により収益を得る目的で保有する資産については取得原価又は低価法で評価することとする。 　クローズドエンド型のファンドについては、常時新規投資価格等を算出する必要性はないが、投資者自らが当該ファンドの価値を判断するに足る時価情報を開示していくことが重要であり、運用報告書等において、財務諸表に加えて、資産の時価を判断するに足る情報も開示することが必要である。なお、不動産は日々の時価評価が困難なほか、流動性が低く大規模な入替えも困難なことから、投資者の意思に基づく追加投資や一部解約に対応しにくいため、オープンエンド型よりはクローズドエンド型のファンドに馴染みやすいと考えられるが、この場合、投資証券を取引所に上場するなどして一般投資者が随時購入・換金できるようにすることが必要である。

3．ファンドの設立等 (1)設立時の最低規模、常時保持すべき最低純資産額		詐欺的な小規模ファンド設立を防止するため、一定以上の規模とすることは必要であるが、具体的な金額レベルについては商品設計の自由度を阻害しないよう十分な配慮が必要である。
	(2)ファンドを設立する者	ファンドを企画・設立する者は、ファンドを適切に設計するとともに適正な運用会社を選択する必要があり、この観点から対象資産に関する十分な知識と経験を有する者に限定する必要がある。
4．ガバナンス		会社型については、投資者が投資法人の社員として規約違反行為の差止請求権や規約変更の議決権等、種々の権利を有している証券投資法人と同様の仕組みとする。 信託型については、現行の証券投資信託では、投資者の帳簿閲覧権と外部の会計監査人の監査が定められているが、他方で商品としての同一性が失われるような信託約款の重大な変更についても投資者の同意なしに変更可能な法制となっている。信託約款の変更は、投信委託会社と信託銀行の合意が必要であることや、投資者や市場の評価を受けることから、現実には投資者の利益を害するおそれのある変更が行われることは稀であると考えられるが、他方で投資者間で評価が分かれる可能性のある変更を行うことは事実上困難である。約款の重大な変更も必要に応じて現実に行うことができるようにするため投資者のガバナンスの仕組みを整備する必要がある。既に、多数の投資者が受益証券を保有しており、新たなガバナンスの仕組みのコストは投資者の負担となることや、約款の変更には受託会社たる信託銀行の同意が必要であり事実上のチェック機能が期待できることも踏まえ、信託約款の重大な変更については公示するとともに、反対者が異議を述べることができることとし、反対者が過半数に達しない場合には変更が承認されたとする手続を導入することとする。また、当該ファンドがクローズドエンド型である場合には反対者には信託受益権の買取請求権を与えることが必要である。
5．発行証券 (1)投資証券		資産運用型スキームにおいては複数の種類の投資証券を発行すれば投資者間の利害対立が生じるため、エクイティ型の発行証券は1種類とすべきである。なお、会社型のクローズドエンド型については、エクイティ型証券1種類に加えてデット型の証券の発行ができるようにすることが望ましい。
	(2)オープンエンド型の可否	投資者の選好を考え、随時の払戻が可能であるオープンエンド型の組成も引き続き可能とすべきである。なお、流動性の低い資産に投資するオープンエンド型については、払戻資金の手当てを講ずるとともに、払戻手続や払戻制限等について定め、投資者に対して十分なディスクロージャーを行うことが必要であるが、どのような内容とするかはファンド毎に異なるため、法令では適切

		な対応を求める一般的な規定を設けるとともに、具体的な内容はファンドの組成者が定めることとするのが適当である。
6．借入制限・レバレッジ規制		個別性の強い資産については、売却のオファーがされている時期を逃すと取得は困難であることから、このような資産に投資するファンドについては、機動的で柔軟な資金調達の道が用意されている必要があり、その手段として借入が行えるようにすることが必要である。この場合、貸し手と投資者の間で利害の対立が生じることがあるので、オープンエンド型ファンドの解約に関する利害調整措置が必要である。
		デリバティブ取引に関するレバレッジ規制については、投資者保護の観点から様々な議論があり、投資者に対する適切なディスクロージャーを行えばレバレッジ規制は必要ではないとの意見がある一方で、投資判断の情報として意味があるとともに理解が容易な適切なディスクロージャーを行うことは困難であり規制が必要との意見もある。この問題については各国においても様々な議論が行われているが、未だコンセンサスが得られている状況にはない。当面は、法令レベルでのレバレッジ規制は定めず各ファンドの設計に委ねるとの現行法制を前提に、ディスクロージャーの充実に努めることが現実的である。
7．運用（指図）会社 (1)資格要件		今回整備を検討している資産運用型スキームは、有価証券の発行により広く一般投資者から資金を集めて多様な資産に運用するファンドであり、この新しい投資ファンドが我が国金融市場に定着し発展していくためには、透明性・信頼性の高い仕組みとして一般投資者に受け入れられることが必要不可欠である。資産流動化型スキームは企業の資金調達のための手段であり、その投資証券は裏付けとなる特定資産に支えられているのに対し、資産運用型スキームは、一般投資者から資金を預かって運用するという金融サービスを提供するための仕組みであり、その投資証券の信頼性はひとえに運用会社にかかっている。
		このため資産運用型スキームの運用会社については、投資者保護の観点から各国とも金融監督当局による適格性の確保が図られており、我が国においても投資者保護の観点から、運用会社について、健全な財産的基礎・良好な収支見通し、運用対象資産についての十分な知識・経験や社会的信用を有する人的構成、的確な業務執行体制等を要件とする認可制とすべきである。
(2)兼業制限		運用会社については、投資者との間の利益相反の問題について情報開示や利益相反行為の禁止規定で対処する一方、ファンドの運用に必要な各種情報の入手、有能な運用担当者の確保や経営基盤の強化を図ることができるよう、業務範囲を制限せず、ファンドと同種の投資事業を自ら営むことも含めて幅広い業務が行えるようにすべきとの要望がある。
		しかしながら、利益相反のリスクは単に禁止行為を定めることによって防止しうるものではなく、その実効性が確保されなけれ

	ばならない。このためには運用会社の事業や保有資産の内容の透明性が確保され投資者が利益相反の有無を現実にチェックできることが必要であり、この点は、組織化された公開の市場がなく、客観的かつ公正な価格評価が難しい資産を投資対象とするファンドの運用会社においては特に重要である。このため、運用会社は専業制を基本とすることが望ましい。更に、他業の事業リスクを遮断し運用会社の健全性を確保するとともに、適格性確保のための検査・監督の実効性を確保するためにも、運用会社は専業制を基本とすることが必要である。以上の理由から、運用会社は専業制を基本とし、兼業範囲はファンドの運用業務を営むにつき公益又は投資者の保護に欠けるおそれがないと認められるものに限るべきである。また、兼業部分についても投資者に対して透明性が確保される必要があるとともに、ファンドの運用に与える影響という観点から業務及び財産の状況について検査・監督の対象とする必要がある。
(3)受託者責任	利益相反防止のため、①ファンド相互間の取引、②運用会社とファンドの間の取引、③運用会社の利害関係者とファンドの間の取引、④ファンドが第三者との間で行う取引であって、投資者の平等を害する行為や運用会社、利害関係者及びこれらの顧客等、ファンドの投資者以外の者の利益を優先する行為、⑤運用会社又はその利害関係者が第三者と行う取引であってファンドの運用・管理に何らかの関連性を有する取引、等について情報開示義務や一定の行為の禁止等を定める必要がある。 但し、利益相反取引の禁止については、大量に流通し価格・利回り等の条件だけで売買される資産と個別性の強い資産とでは区別して考える必要があり、不動産等の個性の強い資産についてはファンドのパフォーマンスをあげるためには利害関係人との取引等が有益な場合もあり、取引行為そのものを禁止するのでなく情報開示や投資者等のガバナンスの確保により対応することが必要である。 このほか、売買価格の適正性確保のためのアームズ・レングス・ルール、プルーデント・インベスター・ルール、関係者が複数存在する場合の責任関係の明確化等を図る必要がある。
8．資産保管会社	コミングルリスクへの対応や相互牽制の観点から、資産運用会社と資産保管会社は分離することが適当である。また、金銭や有価証券等の即時取得の対象となる資産については、コミングルリスクに対応するため資産保管会社を一定の者に限定する必要がある。 但し、信託勘定については破綻の場合に独立性が法的に担保されているため、受託者運用型について信託銀行の外に更に資産保管会社の設置を義務付ける必要はない。

③ 金融審議会第一部会「中間整理（第二次）」（平成11年12月21日）

金融審議会　第一部会「中間整理（第二次）」
平成11年12月21日
金融審議会第一部会

２．集団投資スキームの整備について
　多数の投資者から資金を集めて市場で専門家が管理・運用する、いわゆる集団投資スキームについての当面の対応としては、
　① 資産流動化型スキームについて、「特定目的会社による特定資産の流動化に関する法律（以下、「SPC法」という。）」を改正し、投資者保護に配意しつつ法制の簡素・合理化を図ることにより使い勝手のよい制度に改めるとともに、流動化対象資産を拡大し流動化の器として信託も利用可能とすることにより幅広く利用できる法制とする、
　② 資産運用型スキームについて、「証券投資信託及び証券投資法人に関する法律（以下、「投信法」という。）」を改正し、不動産を含めた幅広い資産に投資運用が可能となるよう横断的な法制とする、
ことが適当である。
　以上２つの法改正のより具体的な内容は以下の通りである。

(1) 資産流動化型スキーム（SPC法の改正について）
　資産流動化型スキームは、特定の資産を企業本体から切り離し、そのキャッシュフローや資産価値を裏付けとして投資者に証券等を発行することにより流動化を図るという、資金調達のための仕組みである。
　そのひとつの制度であるSPC法は、指名金銭債権及び不動産等を特定目的会社（以下、「SPC」という。）を利用して流動化するものであり、特定資産を投資者の唯一の拠り所とする資産流動化の特質を踏まえてスキームの変動防止などの投資者保護の枠組みを定める一方、流動化の器としてのSPC自体は簡素な組織になるように制度化されている。
　SPC法については、資産流動化型スキームという現行法の基本的性格を維持しつつ、以下の方向で法制の簡素・合理化を図り、より使い勝手の良い制度とすることが適当である。
　① SPCの最低資本金制度を見直し、最低資本金水準を引き下げる。
　② SPCの発行する証券の商品性を改善する。（優先出資の途中減資を可能とする、優先出資の無議決権化を図る、転換特定社債・新優先出資引受権付特定社債の発行を可能とする等）
　③ 借入金制限の緩和（特定資産取得のための借入れを可能とする。）
　④ 資産流動化計画に関する規制の簡素・合理化（定款記載事項から除外する、反対者の買取請求権を前提とした特別多数決による変更を可能とする等）
　⑤ 特定社員の影響力の制限（特定出資に関する特別の管理信託の導入等）
　⑥ SPCの登録制から届出制への移行
　また、流動化対象資産を幅広く拡大するとともに、流動化の器として信託も利用できるようにし、柔軟な法制とする。

(2) 資産運用型スキーム（投信法の改正について）

　資産運用型スキームは、投資者から集めた資金を合同して専門家が各種資産に投資運用し、その利益を投資者に配分するものであり、資金運用という金融サービスを提供するための仕組みである。

　その代表的な制度である投信法は、有価証券の発行により広く一般投資者から資金を集め、これを、信託又は投資法人という器を利用して、主として有価証券に投資運用するための法律であり、利益相反や運用リスク等に対して投資者保護を図る観点から、投資運用業務を担当する会社の適格性確保等のための兼業制限や認可制による検査監督、利益相反による弊害防止のための情報開示、一定事項の禁止、投資者や外部の第三者によるガバナンスの確保等を定めている。

　横断性と自由度の高い法制の整備により金融のイノベーションを促進し、多様な金融商品の開発が可能となるよう、投信法の「主として有価証券に対する投資として運用する」という規定を改正し、不動産を含め幅広く投資運用できるようにするとともに、信託を利用したスキームについては外部の運用会社が運用指図する仕組みに加え、受託者たる信託銀行自らが運用する仕組みも整備する。

　同時に、これによって生み出される新しい金融商品が我が国金融市場に定着し発展していくためには、透明性・公正性の高い仕組みとして広く一般投資者に受け入れられることが不可欠である。とりわけ、資産運用型スキームの投資証券の信頼性はひとえに運用会社にかかっているといっても過言ではない。それ故、投資運用対象資産の拡大等に伴う法制整備に当たっては、内外の歴史の教訓を踏まえ、現行法を基本とした上で、運用会社のあり方をはじめとする投資者保護のための枠組みの、整備・改善を図ることが必要である。

　なお、その際、投資者保護の実効性やスキームの円滑な運営が確保されるよう、すべての資産に共通するルールをただ形式的に規定するのではなく、対象資産の特性や取引市場、取引慣行を踏まえた対応にも留意しなければならない。

　このように整備される資産流動化型と資産運用型の集団投資スキームが円滑に機能するためには、税制上の措置が必要と考えられることから、所要の措置が取られるよう要望する。

　以上のような不動産を含む幅広い資産をその対象とする資産流動化型及び資産運用型スキームの整備は、「中間整理（第一次）」における集団投資スキームの基本的考え方に沿ったものである。

資料2　導管性要件の概要

　投資法人は、導管性要件を満たすことにより、配当等の額を、適用事業年度の所得の金額の計算上、損金の額に算入することができ、投資法人段階における法人税課税の負担を軽減することができる。そのため、導管性要件の充足は投資法人にとってきわめて重要な事項であることから、以下の表のとおり、導管性要件の概要を巻末資料として付することとする。なお、以下の表はあくまで「概要」であり、正確な要件・文言については租税特別措置法67条の15および租税特別措置法施行令39条の32の3等の関連条文を参照されたい。

投資法人に関する要件（租税特別措置法67条の15第1項1号）	次に掲げるすべての要件を満たしていること。 イ　投資法人法187条の登録を受けているものであること。 ロ　次のいずれかに該当するものであること。 　(1)　その設立に際して公募（金商法2条3項1号参照）により発行をした投資口の発行価額の総額が1億円以上であるもの 　(2)　当該事業年度終了の時において、その発行済投資口が50人以上の者によって所有されているものまたは機関投資家（※1）のみによつて所有されているもの ハ　規約においてその発行をする投資口の発行価額の総額のうちに国内において募集される投資口の発行価額の占める割合が100分の50を超える旨の記載または記録があるものであること（租税特別措置法施行令39条の32の3第3項）。 ニ　会計期間（※2）が1年を超えないものであること（租税特別措置法施行令39条の32の3第4項）。
事業年度に関する要件（租税特別措置法67条の15第1項2号）	次に掲げるすべての要件を満たしていること。 イ　投資法人法63条の規定に違反している事実がないこと。 ロ　その資産の運用に係る業務を投資法人法198条1項に規定する資産運用会社に委託していること。 ハ　その資産の保管に係る業務を投資法人法208条1項に規定する資産保管会社に委託していること。 ニ　当該事業年度終了の時において法人税法2条10号に規定する同族会社のうち政令で定めるもの（※3）に該当していないこと。 ホ　当該事業年度に係る配当等の額の支払額が当該事業年度の配当可能利益の額として政令で定める金額（※4）の100分の90に相当する金額を超えていること。 ヘ　他の法人の発行済株式または出資（当該他の法人が有する自己の株式または出資を除く。）の総数または総額の100分の50以上に相当する数または金額の株式又は出資を有していないこと。 ト　機関投資家（※1）以外の者から借入れを行っていないこと（租税特別措置法施行令39条の32の3第8項）。

（※1）　金商法2条9項に規定する金融商品取引業者（同法28条1項に規定する第1種金融商品取

引業のうち同条 8 項に規定する有価証券関連業に該当するものまたは同条 4 項に規定する投資運用業を行う者に限る）その他の財務省令で定めるものをいう。
(※ 2) 法人税法13条 1 項に規定するものをいう。
(※ 3) 租税特別措置法施行令39条の32の 3 第 5 項に規定する同族会社は、次に掲げるものをいう。平成20年税制改正により、同族会社に関する要件が緩和され、3 投資主グループ基準から 1 投資主グループ基準に変更された。
① 投資法人の投資主（その投資法人が自己の投資口を有する場合のその投資法人を除く。②において同じ）の 1 人並びにこれと法人税法 2 条10号に規定する政令で定める特殊の関係のある個人及び法人（②において「特殊の関係のある者」という）がその投資法人の投資法人法77条の 2 第 1 項に規定する発行済投資口（その投資法人が有する自己の投資口を除く）の総数の100分の50を超える数の投資口を有する場合における当該投資法人
② 投資法人の投資主の 1 人及びこれと特殊の関係のある者がその投資法人の法人税法施行令 4 条 3 項 2 号イからニまでに掲げる議決権のいずれかにつきその総数（当該議決権を行使することができない投資主が有する当該議決権の数を除く）の100分の50を超える数を有する場合における当該投資法人
(※ 4) 投資法人法136条に規定する利益の額として財務省令で定めるところにより計算した額をいう（租税特別措置法施行令39条の32の 3 第 6 項）。平成21年税制改正により、税務上の所得と会計上の利益の乖離を原因とする導管性要件の破綻懸念に対応するため、「配当可能所得」から「配当可能利益」に変更された。なお、租税特別措置法施行令39条の32の 3 第 7 項も参照。

資　料　471

逐条解説　投資法人法

平成24年8月28日　第1刷発行

編著者　額　田　　雄一郎
発行者　倉　田　　　勲
印刷所　図書印刷株式会社

〒160-8520　東京都新宿区南元町19
発　行　所　一般社団法人　金融財政事情研究会
　　　編集部　TEL 03（3355）1721　FAX 03（3355）3763
販　　　売　株式会社きんざい
　　　販売受付　TEL 03（3358）2891　FAX 03（3358）0037
　　　　　　　URL http://www.kinzai.jp/

・本書の内容の一部あるいは全部を無断で複写・複製・転訳載すること、および磁気または光記録媒体、コンピュータネットワーク上等へ入力することは、法律で認められた場合を除き、著作者および出版社の権利の侵害となります。
・落丁・乱丁本はお取替えいたします。定価はカバーに表示してあります。

ISBN978-4-322-12149-0